中学校・高等学校
スポーツ指導叢書

Ⅲ　レクリエーション・スポーツ

解説　小山　凜雄・石井　隆憲
協力　民和文庫研究会

クレス出版

中学校・高等学校
スポーツ指導叢書
Ⅲ

レクリエーション
スポーツ

東京大学教授　加藤橘夫
東京教育大学教授　前川峯雄　監修

世界書院

は　し　が　き

　チーム・スポーツ編，個人スポーツ編に次いで，スポーツ指導叢書第3巻として，レクリエーション・スポーツ編を発刊する運びとなった。本編において選んだ種目は，テニス，卓球，ソフト・ボール，バドミントン及び遊戯である。

　元来，レクリエーション・スポーツと言っても，厳格な意味からするならば，本質的に区別することは困難である。サッカーやラグビーや陸上競技のような種目でも，それを行う人の態度によってレクリエーションとなるし，また本書に選んだ種目などでも，対抗競技として行う場合には，極めて激しいスポーツとなる。それならば，一体何を基準として，レクリエーション・スポーツと称するのであろうか。その詳細については，本書の総論に述べられている通りであるが，いま簡単にそれに触れるならば，次のごとく言えるであろう。比較的軽度の運動で楽しく行うことのできるもの，広い場所や大掛りの施設を必要としないもの，学校を卒業後になお継続して勤労の余暇に多く行われるもの，老若男女誰でも，或はその混合によっても行うことができるもの，平素の生活の中で手軽に行うことができるもの等の要素と充すことのできるスポーツ，すなわち，大衆に好まれ，手軽に楽しまれ，その日常生活の中に存在するスポーツを指して，レクリエーション・スポーツと言うことができるであろう。

　若し，レクリエーション・スポーツを大衆の生活の中に存在し，大衆に愛好されるものとするならば，難しい理窟を抜きにして，大衆に教える必要がある。本年改訂された中学校の学習指導要領をみると，このような点に多くの注意が払われていない。生徒の生活の中に密着し，且つ卒業後の勤労生活において親しまれるレクリエーション的なスポーツの技術を身につけることは，如何に彼等の日常生活を豊かにし，且つ卒業後の生活を楽しくさせるか，計りしれないものがある。その意味から，高等学校は勿論のこと，中学校においてもこの種のスポーツの指導に或る程度力を入れるようお奨めしたい。

　レクリエーション・スポーツは，手軽に誰でも行うスポーツなので，これの本格的な指導はとかく手が抜かれ勝ちである。生徒たちは我流でそのスポー

に入ってしまう。そうなると，高い技術に到達することが困難となる。レクリエーション・スポーツは楽しくプレイできればそれで充分だという考えもあろうが，長年月に亘ってそれを楽しむためには，矢張り技術の向上ということが大切な要素となる。多くの人々は，レクリエーション・スポーツには余り高い技術が存しないように考え勝ちであるが，レクリエーション・スポーツといえども技術的には奥が深いのである。この高く深い技術を身につけるためには，矢張り本格的な練習が必要であり，正課の時間においてそれを系統的に指導することが，最も効果的なのである。

このスポーツ叢書の狙いとするところは，単なるスポーツ技術の解説ではなくて，それらの技術をどのような順序で且つどのような方法で，しかも生徒の興味をつなぎながら指導してゆくかという方法を示すことである。したがって，本書の内容は教室に主力がおかれており，或る種目の技術に未熟な指導者でも，直に巧みな指導ができるよう，日案さえも示している。また，技術の高い指導者にも，指導の手順において参考となるものが多いと信ずる。

本編の執筆者は，いずれも斯界の真面目な指導的人物であり，且つ研究者である。それらの人々の長い経験と研究による知識の集積が，本書に集められたことは，編集者の最も誇りとするところである。読者諸氏が，本書によって，スポーツ指導の効果を一層高められるならば，編集者の喜びはこれに過ぎるものはない。

昭和 33 年 8 月

加 藤 橘 夫
前 川 峯 雄
西 尾 貫 一

目　　次

総　　論

I　レクリエーション・スポーツとは …………………………………… 9
II　レクリエーション的種目の種類 …………………………………… 14
III　レクリエーション種目の学習内容 ………………………………… 17
　　1　身体的目標に関連するもの ……………………………………… 17
　　2　社会的目標に関連するもの ……………………………………… 18
　　3　レクリエーション的目標に関連するもの …………………… 21
IV　本書で取扱うレクリエーション種目 …………………………… 23
　　1　遊　　　　戯 ……………………………………………………… 24
　　2　テ　ニ　ス ………………………………………………………… 24
　　3　卓　　　　球 ……………………………………………………… 25
　　4　バドミントン ……………………………………………………… 26
　　5　ソフトボール ……………………………………………………… 26
V　レクリエーション・スポーツの計画 …………………………… 28
　　1　時　間　配　当 …………………………………………………… 29
　　2　種目配列の季節的考慮 …………………………………………… 29
　　3　学校行事と関係して ……………………………………………… 30
　　4　施設を考えて ……………………………………………………… 31
　　5　種目並行制をとる ………………………………………………… 31
　　6　学習集団の組織 …………………………………………………… 32
VI　レクリエーション種目の指導 …………………………………… 35
　　1　レクリエーション種目の学習領域 …………………………… 35
　　2　学習の集団組織とその指導 …………………………………… 37

テ　ニ　ス

I　軟式テニスの歴史と特徴 …………………………………………… 41
　　1　歴　　　　史 ……………………………………………………… 41
　　2　特　　　　徴 ……………………………………………………… 42

目次

- Ⅱ 軟式テニスの性格と指導目標 …………………………………44
  - 1 性　　　格 ………………………………………………44
  - 2 指　導　目　標 …………………………………………44
- Ⅲ 指　導　計　画 ……………………………………………………46
  - 1 指導計画の立て方 ………………………………………46
  - 2 単元コースの全体計画 …………………………………47
  - 3 学習指導の形態 …………………………………………48
  - 4 グルーピング ……………………………………………49
  - 5 学習指導の展開例 ………………………………………50
- Ⅳ 単元の展開とその方法 ……………………………………………54
  - 1 Aコース（初心者……中学初級程度） ………………54
    - 単元Ⅰ テニスＡＢＣ ……………………………………54
    - 単元Ⅱ 上手にあてよう …………………………………59
    - 単元Ⅲ 方向をきめよう …………………………………66
    - 単元Ⅳ ロビング・テニス ………………………………73
    - 単元Ⅴ 簡　易　ゲーム …………………………………79
  - 2 Bコース（やや経験ある者……中学上級または高校初級程度）…81
    - 単元Ⅰ バックハンド・ストロークを工夫しよう ……81
    - 単元Ⅱ フォームを直そう ………………………………85
    - 単元Ⅲ 攻　撃　プレー …………………………………88
    - 単元Ⅳ 得意なプレーを伸そう …………………………94
    - 単元Ⅴ ゲ　　　ー　　　ム ……………………………95
  - 3 Cコース（経験者……高校上級程度） ………………103
    - 単元Ⅰ 前衛のプレー ……………………………………103
    - 単元Ⅱ 後衛のプレー ……………………………………107
    - 単元Ⅲ 攻　撃　プレー …………………………………110
    - 単元Ⅳ ゲームの計画と運営 ……………………………113
    - 単元Ⅴ ゲ　　　ー　　　ム ……………………………115
- Ⅴ 評　　　　　価 ……………………………………………………118
  - 1 評価の意味 ………………………………………………118
  - 2 評価の方法 ………………………………………………118
- Ⅵ 校内競技及びクラブ活動との関連における留意点 ……………125
  - 1 正課時指導の立場から …………………………………125
  - 2 体育全体計画の立場から ………………………………126

目次

- Ⅶ 施設・用具 ……………………………………127
  - 1 施設・用具の基準 ……………………127
  - 2 附帯施設 ………………………………127
  - 3 管理 ……………………………………128
  - 4 その他 …………………………………130

卓球

- Ⅰ 卓球の歴史と特徴 ……………………………135
  - 1 卓球の起源と歴史 ……………………135
  - 2 卓球の現状 ……………………………137
  - 3 卓球の特徴 ……………………………137
- Ⅱ 卓球の性格と指導目標 ………………………139
  - 1 性格 ……………………………………139
  - 2 指導目標 ………………………………139
- Ⅲ 指導計画 ………………………………………141
  - 1 指導計画の立て方 ……………………141
  - 2 時間配当 ………………………………142
  - 3 グループ編成 …………………………143
- Ⅳ 単元の展開とその方法 ………………………145
  - 1 Aコース（初心者……中学初級程度）………146
  - 2 Bコース（やや経験ある者……中学上級または高校初級程度）………171
  - 3 Cコース（経験者……高校上級程度）………179
- Ⅴ 評価 ……………………………………………202
  - 1 内容 ……………………………………202
  - 2 方法 ……………………………………202
- Ⅵ 校内競技とクラブ活動 ………………………208
  - 1 校内競技の性格 ………………………208
  - 2 校内競技の運営 ………………………208
  - 3 クラブ活動 ……………………………210
- Ⅶ 施設・用具 ……………………………………211
  - 1 競技室 …………………………………211
  - 2 コート …………………………………213

ソフトボール

- I ソフトボールの歴史と特徴 … 217
  - 1 ソフトボールの起源 … 217
  - 2 日本におけるソフトボールの発達 … 218
  - 3 ソフトボールの特色 … 219
- II ソフトボールの性格と指導目標 … 221
- III 指導計画 … 224
  - 1 指導計画案の方針 … 224
  - 2 ソフトボール単元における時間配当 … 225
  - 3 グループ活動 … 226
  - 4 年間学習指導計画案例 … 228
- IV 単元の展開とその方法 … 230
  - 1 Aコース（初心者……中学初級程度） … 230
  - 2 Bコース（やや経験ある者……中学上級または高校初級程度） … 248
  - 3 Cコース（経験者……高校上級程度） … 270
- V 評価 … 297
- VI 校内競技及びクラブ活動との関連における留意点 … 305
- VII 施設・用具の基準 … 307
- VIII 主な競技規定の解説 … 309
  - 1 投手の投球に関する規定 … 309
  - 2 不正投球（イリガリー・ピッチ） … 310
  - 3 離塁規定 … 311
  - 4 オーバー・スローの規定 … 312

バドミントン

- I バドミントンの歴史と特徴 … 315
  - 1 バドミントンの歴史 … 315
  - 2 バドミントンの特徴 … 316
- II バドミントンの性格と指導目標 … 317
  - 1 性格 … 317

（前項）3 その他の用具 … 213

目次

　　2　指導目標……………………………………317
　　3　知的学習のねらい…………………………319
Ⅲ　バドミントンの指導計画………………………320
　　1　指導計画の立て方…………………………320
　　2　時間配当……………………………………320
　　3　グループ編成………………………………321
Ⅳ　単元の展開とその方法…………………………323
　　1　Aコース（初心者……中学初級程度）……324
　　2　Bコース（やや経験ある者……中学上級または高校初級程度）……351
　　3　Cコース（経験者……高校上級程度）……380
Ⅴ　評　　　　価……………………………………397
　　1　ゲーム中の目標に対するものとしての評価……397
　　2　技能の評価…………………………………397
　　3　集団的自己評価……………………………398
Ⅵ　校内競技とクラブ活動…………………………399
　　1　校内競技の目標……………………………399
　　2　校内競技の準備……………………………399
　　3　クラブ活動への主なる留意点……………400
Ⅶ　用具・施設………………………………………401
附　用語の解説……………………………………402

遊　　　戯

Ⅰ　遊戯の性格と指導目標…………………………407
　　1　遊戯の性格…………………………………407
　　2　遊戯の指導目標……………………………408
Ⅱ　指導上の一般的注意……………………………409
Ⅲ　指導の段階と注意………………………………411
Ⅳ　教　材　例………………………………………420
　　1　集団的なもの………………………………420
　　2　準備運動的なもの…………………………424
　　3　一般的なもの………………………………426
　　4　休養的な遊び………………………………449
　　5　野外遊戯……………………………………453

総　　論

I　レクリエーション・スポーツとは

　　　　　　　(註1)
　高等学校学習指導要領保健体育科篇（昭和31年）によると，高等学校の時期に適当と考えられる運動を三つの主要な目標（身体的，社会的，レクリエーション的）と関連する度合によって，①個人的種目，②団体的種目，③レクリエーション的種目に分類している。

　本書も，このような趣旨によって，高校の運動分類の方式にしたがって，その主な内容をおさめているのであり，それを総括するものとして，「レクリエーション・スポーツ篇」という表題にしたのである。

　しかし，「レクリエーション」スポーツ，または recreational sports とは，そもそもどのようなものであるかを明かにしなければ，本書編集の意図の一つが明かにならないと考えるので，以下その要点をのべよう。

　運動を分類するには，分類基準がなければならない。F. A. シュミツトは，運動が身体諸器関に及ぼす影響によって，急速運動，持久運動，力運動，巧緻運動に分類したことは周知のことである。また，独逸では今日も体育のための運動を体操，競技，遊戯，ダンス（Turn, Sport, Spiel und Tanz）に分類している。これらは文化形式を分類の基準としている例である。昭和31年の高校指導要領では，①個人的種目，②団体的種目，③レクリエーション的種目にわけている。昭和33年の中学校，保健体育科指導要領では，①徒手体操，②器械運動，③陸上競技，④格技，⑤球技，⑥水泳，⑦ダンスのような分野に運動を分類している。これも，独逸の場合と同様，文化財による運動分類の場合である。

　これらの分類のうち，昭和31年に出された高等学校の指導要領は，ある意味で異色のものということができる。ここでは，二つの分類基準が併用されてい

　（註1）文部省　高等学校学習指導要領　保健体育科篇　1956　P.9

る。その一つは運動を構成する要素を人的な単位によって分類していることである。すなわち，徒手体操，巧技，陸上競技などは個人を単位として行うものである。ところがバスケットボール，バレーボールなどの球技に含まれる種目は，個人だけでは成立しない。何人かのものが一定の組織のもとに協力的に活動するのであるから，それを行う単位（unit）は，個人ではなく，チームまたは団体である。5人でチームを作る種目では5人まとまらなければ，その運動が成り立たないからである。

ところが，このようなものとならんで，高校の指導要領には「レクリエーション的種目」というのがある。これは，少なくとも，運動が何のために活用されるかという「目標」によって分類されているとみるべきである。

したがって，この分類基準には，さまざまな運動の果すべき「目標」が考えられているといえる。すなわち，身体的目標に対しては個人的種目を，社会的目標に対しては団体的種目を，最後にレクリエーション的目標に対しては，レクリエーション的種目を対応させたのはそのためである。

しかし，それぞれの運動種目を，このような目標とのみ対応させることはかなり無理がある。そこで，高校の指導要領でも，これについて次のような注釈を加えている。すなわち，「各運動種目は三つの主要な目標にそれぞれ関連をもつので，どれか一つの目標に決めてしまうのには無理がある」（註2）ことを明かに認めている。にもかかわらず，「このような分類の立場をとったのは，高等学校の時期の発達や卒業後の生活との関連を考えて指導計画をたて，また学習活動を展開する場合の便宜のためである」と断っている。したがって，目標の観点から運動種目を分類しようとしたのであるが，それがかなり困難であることをも認めているのである。その困難はむしろ次の事情による。

すなわち，個人的種目および団体的種目について，身体的目標，社会的目標を対応させているのであるが，個人，団体はいうまでもなく，人的基準による分類であり，しかも，これをもって，直ちに身体的，社会的という目標基準と同一のものにしようとしたからである。運動における人的構成単位は，運動そ

（註2）文部省　高等学校学習指導要領　保健体育科篇　1956

I レクリエーション・スポーツとは

のものの性格であり，目標によってそれをみようとするときは，運動が手段とみられているのである。

「レクリエーション的」というのは，もちろん，目標によって運動を分類する角度である。それは身体的，社会的目標とならぶものである。

しかし，このようなことに紙数を費やすことは，本書の意図ではないから，標題の「レクリエーション的種目」に分類する立場についてのみやや詳しく考えてみよう。

端的にいえば，「日常生活において，レクリエーションとしての目的をみたすために活用することができる種目」が，ここでいうところのレクリエーション的種目である。これには，「一般的に個人的種目や団体的種目のいずれかに分類できるものが含まれている」(註3)といわれているように，本質的には，どのような種目もそれに含むことができるのである。何となれば，運動は，個人的か団体的かの種目以外にはないのであるから（詳しくは dual sports の分解がある）結局，どの運動もレクリエーション的種目となりうる可能性があるといえるのである。

かくて，レクリエーション的種目とは，「日常生活によりよく活用できる運動種目」ということができよう。もう少し判り易く説明をしよう。簡単にいって，レクリエーションは，余暇（leisure）を善用することであって，望ましい余暇活動として活用しうるスポーツであれば，それはすべて，レクリエーション的種目といえる。しかし，日常の余暇活動として行うのに適した種目といえば，必ずしもすべての運動種目がレクリエーション的種目となるわけではない。高等学校の指導要領にあげているレクリエーション的種目「水泳，スキー，スケート，テニス，卓球，バドミントン，ソフトボールまたは軟式野球，ダンス」をみると，そこには共通の条件がみられる。それらをあげてみると，

（1） 成人になっても，余暇活動として行うことができるものである。

（2） いわゆる競争的スポーツとして行うこともできるが，自己の能力に応じて，競争的でなくとも，十分に楽しむことができる。

（註3） 文部省　高等学校学習指導要領　保健体育科篇　1956

(3) これらの種目は，多人数がそろわなければ出来ないというのでなく，最少限1人の相手があればできるもの，あるいは1人だけでもできる種目である。

(4) 比較的少ないエネルギー消費でもってスポーツを楽しむことができるので，スポーツをしたことによって，翌日の仕事の能率をさげるようなことが少ない。（軽スポーツの特色をそなえている）

(5) 大がかりな施設，用具がなくともある程度できる。

などの如き特色をもっている。それ故に，上記のような運動種目がとくにレクリエーション的種目とよばれるのであろう。

レクリエーション的種目の重要な特色の一つは，最も活動力の旺盛な時期にその発達をさらに助けるというよりも，日常生活における気分の転換，すなわち日常生活に変化（change of pace）を与え，疲労を回復し，生活力を回復することなどをねらいとして行われるものであるから，中学・高校時代に全く適した種目とはいえない。しかしながら，この種の運動に対する技能は，将来の生活において，それが必要になったときに，直ちにえられるものではない。少なくとも，中学校，高等学校のようにスポーツ技能がもっともよく発達する時期に，その基本を学び，相当程度，相手とともに楽しくすることができるように用意していなければならないものである。したがって，多分に，将来の生活に対する準備的な意味をもっているといえよう。

それではレクリエーションの目的に運動が役立つのは，どんな場合であろうか。

労働や仕事に追われ，またあれやこれやと雑事に追い回わされていると，気分も晴々しくなる。怒りっぽくなり，不安な状態になってくる。いわゆる「いらいらした」状態が起ってくる。レクリエーションの一つの役割はこのような「いらいら」を防止することである。いらいらの原因にはいろいろあるが，最近の研究によると，ホルモン分泌の不調和によるといわれる。この不調和を取りもどすには，人生の諸問題が解決されねばならない。しかし，人生の諸問題は一つが解決すれば，他に新しく発生する。しかも，それにとらわれすぎると不快な情緒状態がつづくことになる。この不快な状態を一時的にせよそらせる

のがレクリエーションの一つである。多忙な政治家や，多角的問題に没頭している実業家などが，休日ゴルーフに興じて一切を忘れるということが，かれらのレクリエーションの一つとなっている。これによって，一切を忘れて，青天のもとで晴々した気分になることができる。ことに，腕前がすすめば，その効果は一層高まる。このようにスポーツなどを行ずることによってあらゆる苦労や雑事，問題などを，一時的にもせよ忘れ去り，スポーツの興味に没入して，不安定な情緒の安定化をはかるのが「運動によるレクリエーション」(physical recreation) の意味である。

したがって，身体的活動がレクリエーションとなるためには，①没入することができる　②自己表現が十分に出来る　③その過程において楽しみが湧いてくる……などを必要な条件とする。それ故に，少なくとも，緊張場面からの逃避，気の知れた相手などとともに，打込むことのできる興味と，それをもって満足することのできる技術的水準などは，レクリエーションに欠いてはならないのである。

Ⅱ　レクリエーション的種目の種類

　すでに述べたようにレクリエーション的種目は運動そのものの性格によって生れるのではなく，むしろ，運動が活用される目的をレクリエーションにおきそのために選ばれ，行われるものがレクリエーション種目とみるべきものであるとすれば，どのような種目でも，レクリエーション的種目とよばれないことはないのである。

　たとえば，一見はげしそうに見える運動種目であっても，その当人が，余暇の最も楽しい生活を充たすものと感じているとすれば，それはレクリエーションのために活用しうる種目ということができよう。

　したがって，運動自体に，レクリエーションとしての性格にぴったりするものがあるわけではない。

　また，それは個人差によって著しく異ってくる。その人の好みや経験によって，ある人にとってはレクリエーション的種目になりえても，他の人にはそうでないということもある。したがって，「レクリエーション」のために活用しうる種目であるか否かは，主観的判断にまたなければならないことが多い。

　しかし，このようなことがあっても，一般的にいってレクリエーションのために活用することができるような種目がないわけではない。このようなものとして，高等学校の指導要領では9つの種目があげられている。これらはたしかに多くの人々のレクリエーションのために活用することができるものである。

　これらをまとめてみると，

　（1）　運動遊戯——集会やグループ活動の場合に，笑をさそい，愉快にすごすことのできる「遊戯」的な活動がある。遊戯といえば，子供時代にのみ属するもののように考えられていたが，必ずしもそうではない。外国人は老人にいたるまで，この種の運動遊戯を楽しんでいるといわれている。気分の転換や，緊張の解消のために行われるさまざまな運動遊戯は成人生活においても行うことのできるものである。

(2) 個人的スポーツ——この中には，さきにあげたレクリエーション種目としての水泳，スキー，スケートなどの如きものもある。これらは，一面において競技として，非常な練習，鍛錬を要するものではあるが，他面，楽しみのために行われるものでもある。夏季の海水浴として，職場から帰えりの泳ぎとして……などのごときものもありうる。また冬季休暇や，休日，週末のスキー，スケートは競技そのもののためではなく，むしろ，明かにレクリエーション的であるといえる。

(3) 団体的スポーツ——この中には，年齢によって，相違はあるがバスケットボール，バレーボールなどもあり，後者は農村などのレクリエーションとして今日かなり普及している。しかし，それにもまして，軟式野球，ソフトボールは，最も一般化した，レクリエーションのための団体スポーツである。

(3) 対人スポーツ——テニス，バドミントン，卓球は，男も女も，また年をとっても行うことのできるレクリエーションのためのスポーツである。わけても，卓球は，わが国で，都市といわず，農村といわず，また家庭にまで普及しているレクリエーションとしてのスポーツである。またテニスは，高年齢のものも楽しむことのできるもので，必ずしも卓球のように多くの人口をもってはいないが，古くから人々によって愛好されている。戦後，外国から輸入されたバドミントンも，急速に普及し，多くの男女によって行われるようになった。

これらは「ダブルス」として，団体的に行うことのできるものでもある。

(4) ダンス——とくにフォークダンスは，レクリエーションのためにしばしば行われている。婦人会や青年団の集会でも今は一般に行われるようになった。また地域のフォークダンス協会などの主催する民衆のレクリエーションには，なくてはならないものになっている。多くの男女が，礼儀正しく，郷土の踊りやいわゆるフォークダンスをして過すのは，たしかに楽しい一時の憩であり，スポーツとは違った雰囲気を作り出すのに役立っている。

この他に表現舞踊もある。趣味をのばし，生活を豊かにするのに適している。
（5）　体操——徒手の体操や簡単な器械による体操もまた，レクリエーションのためにしばしば活用されている。これは，個人ですることもあればグループで行われることもある。スポーツやダンスとは違って，身体を調整し，さわやかな気分と，健康の保持のために大切なレクリエーション活動となりうるのである。
（6）　野外スポーツ——ハイキング，キャンピング，サイクリングなども，近代人にとって欠くことのできないものとなっている。ことに，都会のそう音や雑踏，工場の不自然な労働などをその特色とする近代生活にとっては，それから逃れ，そこに発生する緊張を解消し，大自然の中で，自由な空気にしたるには，極めて重要なものとなりつつある。

　その他にも，レクリエーション活動としてあげることのできるものは数多くあろう。しかし，上にあげたような種目は，現代人の生活の必然の要求として生れたものであって，少なくとも，これらの種目のいくつかができるように用意されていることは，近代人にとって必要な生活技術と考えてもよいであろう。

　しかし，この本ではこれらのすべてについて書く余猶はない。また，それらのうちのあるものは，この叢書のチーム・スポーツ篇，個人スポーツ篇のうちですでに取り扱われたものもあるので，この本では主として高校指導要領に出てくる冬季スポーツ，ダンスを除く種目を取りあげることにしている。

Ⅲ　レクリエーション種目の学習内容

　これらのレクリエーション種目を体育科で学習させる主たるねらいは，レクリエーションに対する能力をつけることにある。すなわち，これらの種目が，日常生活において活用されるところにある。
　しかし，そのためには，単に運動の技能だけでなく，技能をも含めた「生活技術」をつかませることが必要である。
　このような観点から，高校の指導要領が示めしているところの「レクリエーション的種目」の学習内容を一応検討してみよう。
　周知のごとく指導要領では，レクリエーション的種目の学習内容として(註4)
（1）身体的目標に関連する内容，（2）社会的目標に関連する内容，（3）レクリエーション的目標に関連する内容をそれぞれあげている。

1　身体的目標に関連するもの
　（1）　レクリエーション的種目の特性や方法を理解する。
　（2）　各種目についてなるべく広く経験して，必要な技能をもつ。
　（3）　自己に適した運動を選ぶ。
　（4）　正しい練習法を身につける。
　（5）　技要の要点を評価できる。
　ここにあげられている5つの学習内容は，レクリエーションとして，いろいろな運動を活用しようとする場合の「技能的側面」に関するものということができよう。
　まず「レクリエーション的種目の特性や方法」を「理解」するということはいうまでもなく，レクリエーションの観点から運動種目を理解することである。つぎに，いろいろな種目について広い経験をするということは，レクリエーションとして活用しうる運動技能を獲得することを意味している。中学校や

（註4）　文部省　高等学校学習指導要領　保健体育科篇　1956　p.p. 10～11

高等学校で，この種の運動経験を広くもつには，理解したものを実践し，それを自分のものにするためである。そして広い種目についての練習の結果，自己の体質，体力や技能の獲得水準などを一つの条件とし，他はそれの行われる季節的，施設的条件を考慮して「自己に適した運動を選ぶ」ことができるようになるのである。しかも，それらは，さらに伸ばさなければならない。運動がレクリエーションとしての意味をもつには，その過程や結果，本人に何等かの意味で満足を与えなければならない。その要因の一つは，技能的に進歩がみられ，それによって，自己表現 (self-expression) ができるということである。しかし，「技能的上達」や「自己表現」ができるようになるには，常に正しい練習を続けなければならない。この意味で「正しい練習法を身につける」ということが大切になるのである。しかし，正しい練習の過程においては，自己ならびに他人の技能についての「評価」をし，練習過程における欠点や誤りを見出し，さらに真に求めている技術が，自己のうちに作り上げられているか否かをつねに反省しなければならないであろう。

このようにみると，高等学校の指導要領が，レクリエーション的種目に関して身体的目標との関係においてあげているところの内容は，結局，すべてのものに，自分に適したレクリエーション的種目の技能を獲得させるということに他ならないであろう。そのためには種目の特性や方法についての理解を必要とし，さらに多種目にわたる経験をへて，自己のレクリエーション種目をつくり上げねばならない。それには，正しい「練習法」が判っていなければならないし，さらに，技術の要点をみる力がついていなければならないのである。

2　社会的目標に関連するもの

これについても，同指導要領の学習内容をひき合いに出し，それを検討してみよう。

（1）　他人の健康や安全に注意する。

（2）　他人の立場を尊重し，礼儀正しく行動する。

（3）　正しい権威に従い，規則を守る。

（4）　公共の施設用具を正しく活用する。

Ⅲ　レクリエーション種目の学習内容

　（5）　集団行動が自主的にできる。

　以上の5内容は，社会的目標に関連したものである。これは，一つには，レクリエーション種目の学習を通じて，体育の一般的目標につらなるものと，いま一つは，レクリエーション活動において必要な社会的態度として期待すべきものとが考えられる。体育の学習として，レクリエーション種目の学習が行われる以上，それは，当然体育の一般目標と関係しなければならないことはいうまでもない。しかし，この一般目標は，レクリエーションにおける必要な態度として，具体化しなければならないものであるとすれば，ここでは，むしろレクリエーション生活における態度，習慣という角度から考えてもよいであろう。

　このような立場から，社会的目標に関連するさきの5つの学習内容をみると，それには

　（1）　レクリエーション場面における正しい人間関係を持つための能力
　（2）　レクリエーションの行われる場としての公共施設に対する態度
　（3）　グループ作りの能力

のごときものが含まれている。

　レクリエーションは，活動の過程や結果に，楽しさやよろこびが伴わなければならない。ところが，相手をもち，または集団を作って活動をしようとするとき，そこに「自主」と「秩序」がなければならない。他からの強制や圧迫によって動かされるのではなく，自ら進んでするところにレクリエーションの重要な意義があるわけであるが，同時に相手をもち，かつ集団を作ってレクリエーションを行うためには，この自主性をもちながら，しかも，他人との間に相互理解の実をあげなければならない。さきの内容において，他人の立場や健康・安全などを尊重するような態度を期待したのは，結局レクリエーションにおける人間関係のあり方を示したものといえよう。

　人は誰でも，他人から自己の立場や健康，安全などについて保証して呉れることを期待している。それがみだりに他によっておかされ，圧迫をうけるときには，よい気持にはなれない。したがって，運動の過程や結果から楽しさや，よろこびをえようとすれば，他を圧迫をしないという消極的な態度ではなく，むしろ互に他の健康や安全に注意し，他の立場を尊重するというような積極的

態度が必要なのである。「他に対して礼儀正しく行動する」というのも，相手や他人を尊重する態度に他ならない。とくに，レクリエーションとしスポーツを行うときには，試合場面において，「正しい権威に従い」かつ「規則を守る」ことはいうまでもない。すっきりした試合をする点で大切であるが，スポーツのふんいきを味うレクリエーションとしては，試合につきものの勝敗の結果が後味のわるいものにならないようにすることが大切である。それには，上述の如く，規則に従いそれを守ることはもちろんであるが，そのために，相手を見下げたり，また自己を卑下することなく，常に相手とともに楽しむ態度が大切である。試合のあとの歓談，相手の長所をほめること，さらには勝敗を越えて互いに楽しむ度量が必要である。したがって，学校体育は，将来のレクリエーションに必要な，このような人間関係に対する態度心構えをつねにつくり上げるようにしなければならないであろう。

　公共の施設その他，運動の場に対する態度を形成することも，レクリエーションにとっては重要なことである。公共の施設は，いうまでもなく，民衆のために作られ，民衆によって利用さるべきものである。したがって，公共の施設用具などの利用に当っては，

（1）　少数者が独占しないようにすること
（2）　公共の施設は私的なもの以上に大切にすること
（3）　次に使用するものを考えて，整理すること

などは，すべての人々の生活を楽しくする上に重要なことである。要するに公共物であろうと，商業施設であろうと，これらを媒介にして民衆のレクリエーションが行われるのであるから，広い意味では，施設を介して，使用者全体の立場を考えるということが大切になるであろう。

　ところが，この点になると，まことに残念なことが多い。ハイキングや遠足で休憩したときの清潔の問題，登山家やハイカーの不注意に基く山火事，さては道標に対するいたずら，公共物を破損して一向にかえりみない態度，あげるならば問題は無数にある。しかも，それは多くの民衆がやっていることである。しかし，これは是非とも改めなければならない。体育もまたこの改善のために一層力を注がなければならない。すべてのものが，いろいろの施設を使って気

持よく，スポーツ活動をすることが出来るようにすることこそは，レクリエーションを推進しようとするわれわれの念願である。したがって，これらはレクリエーション種目の学習において欠くことのできない内容となるであろう。

3 レクリエーション的目標に関連するもの

レクリエーション的目標に関連したものとして指導要領があげている内容には，次の8つある。
　（1）　レクリエーションの時間を作り，よく活用する。
　（2）　健全なレクリエーション・グループを作る。
　（3）　健全なレクリエーション活動に参加する。
　（4）　施設や用具の選択ができる。
　（5）　施設や用具の管理ができる。
　（6）　規則を作り，運用する。
　（7）　健全なグループ活動を計画し，運営する。
　（8）　よい作品や演技を鑑賞する。

ここにあげられている内容のうち，(1)，(2)，(3)，(4)，(7)のようなものは，正課時間の学習で期待することのできないもので，せいぜい知的に理解することに止まらねばならないであろう。したがって，レクリエーション的種目の学習を通して，直接経験するものは，(5)，(6)，(8)，それに準じて(7)を考えることができる。

しかしながら，ここにあげられた項目は，第1の身体的（実は技能的）目標に関連するものとならんで，レクリエーションのための諸運動の展開に当って重要なものを含んでいる。

これらの内容を大別すると，次のように分けることができよう。
　（1）　余暇時間を運動によって充たしていくことに関するもの
　（2）　レクリエーション・グループをつくることに関するもの
　（3）　レクリエーションの実施に当って，施設用具の管理，活動の計画，運営に関するもの
　（4）　鑑賞に関するもの

第1の余暇時間の捻出は，レクリエーション活動それ自身からでてこない。むしろ，それは仕事や労働における態度でなければならない。しかし，レクリエーションを生活のうちでもとうとすれば，このような態度が必要であり，捻出された時間を有効に使うということは，レクリエーションにおける第1の要件である。第2に「レクリエーション・グループ」を作ることも重要である。気の合ったものが，民主的なグループを作り，グループにそれぞれ所属して，活動を共にするということもレクリエーションの要件である。レクリエーションは，もちろん自ら進んで行うものであるが，よいグループに支えられることによってそのねらいは一層十分に充たされるであろう。したがって，正課学習においては，よい意味でのグループ作りの能力を期待しなければならない。

　第3に，レクリエーションのために必要な計画，管理，運営も，レクリエーション活動を望ましく展開させるのに必要なことである。このような能力は，計画し，管理し，運営するような経験を通して獲得されるのである。したがって正課時においてこれらの基本の学習経験をもたせることは，やがて，卒業後社会人として地域社会のレクリエーションを推進する能力の基そを作ることになるであろう。

　このような能力の中には，施設用具に関するもの，プログラムに関するもの，規則に関するもの，大会や催しの運営，進行なども含まれ，これらは民衆のレクリエーションの振興上，期待しなければならない内容である。

　最後の「鑑賞」は，むしろこの項目に入れるべきではないかもしれない。作品や演技の鑑賞はレクリエーション的種目に対する技能的目標に当るものである。他人の演技や作品を，どのような観点から，どのように観察し，それらの良所を如何に味うかは，人生を豊かにする上で大切なポイトである。

　以上は指導要領に示されたレクリエーション種目の学習内容についての説明であるが，これを通して，このような内容の学習は，余暇活動のための基本的技能，態度，習慣を形成する上で重要なものである。教育が学習者にこのような内容を身につけさせようとするのは，レクリエーションの能力を持たせたいと期待しているからである。この意味で，教育としての体育は，レクリエーション的教育（recreational education）の一面をもつともいえるのである。

Ⅳ 本書で取扱うレクリエーション種目

　さきに，レクリエーション的種目は，本質的には，運動そのものによって決定されるものではなく，むしろ，レクリエーションの目的に活用されるとき，レクリエーションのための運動（physical recreation）となることについてのべたのであるが，しかし，運動の種目によって比較的この目的にかなうようなものと，そうでないものとがあることをも明かにしておいた。そして，このような観点から，レクリエーション種目群のいくつかについて説明をしておいた。

　けれども，本書はこれらのすべてを取り扱うのではない。水泳，体操のようなものは，すでに，個人的種目として，既刊の「個人的スポーツ篇」におさめられており，ダンスのようなものについては，むしろ本叢書の中で将来一本にまとめたいという意図もあるので，本叢書では，日常生活においてしばしば使われそうな「運動遊戯」，高校の指導要領にでてくるテニス，卓球，バドミントン，ソフトボールのみを取り扱うことにした。したがって，これだけがレクリエーション種目であるかの如き印象を与えてはならないので，この点をとくにお断りをしておく次第である。

　本書においては，この種のレクリエーション的種目の学習によって，
（1）将来の生活において活用されるところの運動種目をどのように学習させるか。
（2）その学習を通して，レクリエーションに必要な態度をどのように形成するか。
（3）現実の生活を豊かにするために，どのような工夫をすればよいか。
などの点を明かにしようとしているのである。

　これらのレクリエーション的種目はすでに，わが国のいたるところで行われ，それは男女をとわず，また都市や農村にかかわらず盛んに行われ，また行われようとしているものである。さらにこれらは社会生活や職場生活，家庭生活において，すでに取り上げられようとしているのであるが，よく考えてみると，

それらはレクリエーションの本質に照して必ずしも適切に行われているわけではない。したがって，レクリエーション種目の学習によって，従来のレクリエーション・スポーツの実践を一層正しく方向づけるために，新しい方法，着眼点を期待しようとするのである。そこで，レクリエーション種目の学習の指導におけるいくつかの着眼点を各運動種目ごとにのべておくことにする。

まず「運動遊戯」が何故レクリエーション種目として取り上げられたかという点についてその要点をあげよう。

1 遊　　　戯

遊戯といえば，子供の遊び位に考えるのが普通である。しかし，われわれは「遊戯的態度」と「運動種目としての遊戯」を区分しておく必要がある。遊戯的態度というのは，何ものをも生産しない活動というようにもとられるが，それは，自ら進んで，よろこんである活動に打ち込み，それが作り出す産物よりも，活動そのものにねらいをおくような活動や態度をさしている。これは丁度レクリエーションの態度そのものともいえよう。ところが「遊戯的種目」という場合には，このような態度によって支えられる一定の活動をさしている。それは，民族生活の間に生れ出たものであって，形態的には多種多様である。本書では，このような多様な活動のうち，他の運動の学習の導入として，または，運動学習における緊張の解消や気分の転換のために利用することができ，しかも，さまざまな集会などで，なごやかな笑いや，ユーモアーをひき出すような種目が選ばれている。かっては，このような運動をつまらないものとして軽べつするようなことがしばしばみられたが，再考してみる必要があろう。

2 テニス

本書でとり上げたのは軟式庭球である。詳しいことは，テニスの章でみて貰うことにする。ただここでは，何故テニスを取り上げたかについて簡単にふれておく。日本では，テニスは明治時代から行われるようになった。そして，日本のどこへ行ってもテニス・コートのないところはないくらいに普及している。それと同じく，テニスをする人も多数ある。このような人は，多くは中・

高校時代にその基礎の技能をえたものであり，それがレクリエーションとして行われている点から考えるとき，その手ほどき位は在学中に学習しておかなければならないという立場から，このスポーツが取り上げられたのである。

最小限2人おればよいし，ダブルスでも4人おれば，テニス・コートのあるところ，容易にできるし，費用もかからない。

さらに，50才台，60才台のテニス愛好家がいることから考えても，一度技能が身につけば，少なくとも一生涯楽しむことができるという点でも，レクリエーションとして行われるスポーツに必ずあげなければならない種目であろう。

また，地域のテニス・クラブなどをみると，一度できあがると，比較的永つづきしていること，その仲間がいつまでもテニスを媒介として親しく交わり合っているという点からもレクリエーションのためのスポーツに適している。

本書で，テニスを取り上げたのは，主としてこのような理由からである。

3 卓 球

卓球人口は，正確には判らないが，恐らく民衆の間で最も普及しているものの一つであろう。某中学校で，クラブ活動の希望をとったところ，約1000人のうち180名以上もの希望者があった。手軽にできること，上手になるには際限ないが，それほどでなくとも結構楽しめる。また年齢的にいって子供から老人にいたるまですることができ，身体をそれほどはげしく動かさなくともできる。このように，金のかからない，手軽なスポーツ，場所をとることの少ない割に興味のもてることなどが，わが国のいたるところで卓球の行われる理由であろう。また屋内のほかに庭先でもできるという点で，家庭のスポーツにもむいている。

それにもかかわらず，戦前は，卓球が，中高校生の体育科の教材として重きをおかれていなかった。それは，この時期の教材として不適当であると考えれらたからであろう。しかし，戦後，レクリエーションの観点から卓球が取り上げられ，単にクラブ活動ばかりでなく，正課の教材に入れられた。中学校でも施設の十分あるところでは，これを行っているが，しかし施設の関係で正課体育の内容としては一般には行われる程度に到っていない。高等学校や大学では，

選択種目として行っているところが多い。しかし，本書では，時間の許す限り国民の各層にひろがっている卓球に対して，基本的技能や態度をつくることをめざして，全員参加の方法を工夫し，将来の生活を豊かにしようと考えたのである。

4　バドミントン

これも軽スポーツの一種で，大衆のレクリエーションに適している。テニス卓球とならんで庭球型のスポーツであり，わが国では戦後急速に普及するようになった種目である。

日本の羽根つきだと，観念的に正月を中心とするもののように季節がきまっておることと，風のあるとき行えないこと，さらにゲームとしての深みが足りないことなどの欠点がある。季節にかかわらず，また多少の風があってもできる点，正月のようにはれ着を着飾ってするのではなく，他のスポーツと同様の服装でする点，さらに，施設や場所の簡易さ，動きが余りはげしくないことなど，大衆のレクリエーションとして普及させる必要を感じたので，本書に取り上げることになった。

一般には，女子のスポーツと考えられている。しかし，男子もするし，また男女混合のレクリエーション（corecreation）にも適している。とくにわが国のように女子向きのスポーツの少ない，そして女子がスポーツに参加しないことを考えると，男子よりも，女子向きのレクリエーションのためのスポーツとして取り上げる必要もあろう。

5　ソフトボール

高校の指導要領では，野球型のレクリエーション的種目として，ソフトボールまたは軟式野球があげられている。本書は，このうちソフトボールを取り上げた。軟式野球は国民スポーツといわれるほどに普及し，これに類するものでは子供の「三角ベース」のような幼稚なものに始まり，町々のキャッチボール，地区の少年野球，中学生の軟式野球，社会人のそれというように，あらゆる年齢層，あらゆる地域に普及している。このような実状に鑑み，さらにこれ

IV　本書で取扱うレクリエーション種目　　　27

に加える何ものもないと考えた。また軟式野球をするものはほとんど男子に限られており，女子がこの面では全く除外されているというのが現状である。しかし，バドミントンの場合にも述べたように，女子に適したレクリエーション的種目が少ないのでこれを考えようとした。つぎに正式の軟式野球では，かなり広大な場所を必要とする。したがって，ばく大な野球人口に対して，その要求を充たすには，場所や施設の問題が十分に解決されていない。

　このような点を考えて，普及については多少おくれているが，狭いところで費用もかけずに，しかも女子にもできるソフトボールを選び，軟式野球を割愛することにしたのである。

　ことに戦後10年たらずの間に女子のソフトボールの発達には目を見はらさせるものがある。著者が昭和33年3月のはじめ神戸高校を訪れたとき，たまたま自由時間であったが，広大な運動場でサッカーをしている生徒と，数ヵ所でくりひろげられている女子のソフトボールの練習場面をみたとき，この種目に対する女子の進出，技能的進歩などにおどろかされた。女子は野球をするものでないという考えが，ここで完全にくつがえされた。この意味でも，軟式野球とならんで，ソフトボールの将来性は極めて明るいものがあるように思われる。

V レクリエーション・スポーツの計画

　昭和33年8月1日に発表された中学校の指導要領案では,球技の種目のうち,第1学年にソフトボールが男女を対象として行われることになった。なお,第3学年では,テニス,卓球,バドミントンなどの庭球型の種目を「適宜選択して指導してもよい」ことになった。しかし,この際,指導時間は,正味「6時間以内とする」というように規定されている。

　これは,中学校における指導時間の最低限の基準であるから,これ以上の時間学習させる分については一向さしつかえないわけである。

　高等学校の場合は次の表のようである。

レクリエーション的種目に対する配当時間

種　目	男　子	女　子
水　　　泳	36〜45（時間）	36〜45（時間）
ス　キ　ー	36〜45	36〜45
ス　ケ　ート	18〜27	18〜27
テ　ニ　ス	9〜18	9〜18
卓　　　球	9〜18	9〜18
バドミントン	9〜18	9〜18
ソフトボールまたは軟式野球	18〜27	（ソフトボール）9〜18
ダ　ン　ス	9〜18	45〜63

　要するにレクリエーション種目に対する指導時教は,中学校では非常に少ないが,高等学校ではかなり多く配当されていることがわかる。これは,発達段階や生活の必要性と関係するのであって,中学校時代では,レクリエーション的種目よりも,心身の発達を促すような運動刺激を与えることに主眼的がおかれているのに対し,高等学校では発達が次第に頂点に近づくために,むしろ生活技能に重点が移行しているとみてよいであろう。

　以上は,レクリエーション種目の計画作成に当って,配当すべき時間の最小限度の基準であるが, 実際の指導計画（curriculum）を作成するには,さら

に考慮すべきいくつかの点をあげておかなければならない。

1 時間配当

　まず，これらの種目を年間計画に入れるには，学年配当を考える必要がある。もちろん，中学校では，レクリエーション種目という名を冠してはいないが，水泳は，1年から3年までの各学年にわたって，5ないし10％（すなわち5〜10時間）配当しているし，ダンスも，各学年を通じて，男子は0〜5％，女子は20〜25％というように学年配当を行っている。けれども，高等学校では，高校3年間の全授業時間をきめ，この中に，それぞれの種目に割り当てられた時間数を示めしているだけであるから，年間計画を立てるためには学年配当をしなければならない。

　そのうち，「水泳」，「女子のダンス」，「スキー」には36〜45時間が当てられているのであるから，たとえば各学年に対して均等に12時間ないし15時間配当するのも一つの方法である。

　同様に「スキー」，「スケート」にもかなりまとまった時間が配当されているので，学年配当を考慮する必要があろう。

　しかし，テニス，卓球，バドミントン，男子のダンス，女子のソフトボールのようなものは，9ないし18時間割り当てられているので，これを3ケ学年に配列することは，余りにも小きざみになりすぎる。したがって，9時間の場合は1つの学年だけに，18時間のときは，2つの学年に配当するのも一つの方法であろう。

2　種目配列の季節的考慮

　上に，各種目に対する学年配当を考えたのであるが，ここでは，さらに季節による種目の配列を考えてみよう。

　上述のレクリエーション種目のうち，明かに季節の決まっているものは，夏季の水泳と冬季のスキー，スケートである。

　テニス，ソフトボールなどは，冬季をのぞけば大体どのシーズンでも行うことができる。

室内スポーツとしての卓球，バドミントン，ダンスなどは，しようと思えば，年中いつでもできるわけであるから，一応季節のないものとみてよいのである。

しかし，レクリエーション種目だけで，体育科のカリキュラム構成を図るわけではないから，個人的種目，団体的種目の配列とにらみあわせて決定しなければならないであろう。この際，春，秋のスポーツシーズンには，どうしても活ぱつな活動をもって構成される種目に重点がおかれるであろうから，勢いレクリエーション種目はこれ以外の季節に配列されるのが普通であるが，それでも，主要な種目が終ったあとにレクリエーション的種目を当てることができる。

3　学校行事と関係して

運動会やレクリエーション大会は，特別教育活動のうちに入るので，もちろん正課体育ではない。しかし，学校によって，これらの行事に関連づけて単元構成をするようなところもある。「行事単元」というのがそれである。この場合は，行事と関係して，正課体育としては，どんなことをしなければならないか，それ以外の例えば生徒会，クラブ，その他は何をすればよいかをはっきり決めて，単元構成をしなければならない。

すでに述べたように，レクリエーション種目の内容には，レクリエーションの会合の計画，運営，管理なども含まれていた。しかし，この内容を現実に即して経験していくには，どうしても正課時の学習だけに期待することは不可能といえよう。行事単元，または生活単元は，教科と教科外とにまたがっているので，以上のような欠点を補うのに極めて適しているといってよいであろう。著者は，中・高校では，このような単元構成をとることをすすめているが，計画がうまくいけば，非常に成功するように思う。したがって，全校生徒の出場するレクリエーション大会という学校行事を設定するときには，その内容となる運動種目の学習，これに関連した計画，運営などに必要な基本の態度技能をもたせて，最後のレクリエーション大会にもっていくようなことを，予め，単元として構成し，正課時，生徒会，学校などの分野にわけて，それぞれなすべき内容を分担し，その総合をしていくことをすすめたい。

また，ところによっては，ダンスを運動会のためにのみ学習させているところがある。むしろ，このような学校が多いのかもしれない。このような場合に他教科から，運動会のために時間をとられて困るというような不平をしばしば聞く。このような不平や不満は，行事単元をとることによって，最小限度にくいとめることができる。何となれば，運動会を単元の山として，正課時の学習内容を計画すれば，運動会のための予行演習その他で特別に他教科の時間を割くようなことも少なくてすむわけである。

4 施設を考えて

水泳のプールのないところでは，数日間まとめて「臨海学校」などの名称のもとに全校一斉にまたは一つの学年だけを学習させるのも一つの方法である。それも不可能であるとすれば，水泳の学習指導を断念しなければならない。そして，このために割当てられた時間を，他の種目にまわすべきであるが，このようなときには，なるたけレクリエーション種目に振り当てるべきである。

また，卓球，テニス，バドミントンのような種目については，コートがどの程度まで使用できるかを考えておかなければならない。正課学習としては，なるたけ指導の能率化を考えるべきである。例えば，1台しか卓球台のないところで，卓球の学習をさせようとすることは問題である。何となれば，1台ではせいぜいダブルスにしても4人しか練習ができない。1組50人というような場合であれば，すべてのものの練習時間はほとんど問題にならない。これでは卓球をカリキュラムの中に入れることを断念するのが当然といえよう。

庭球にしても，バドミントンにしても同じことがいえよう。ソフトボールにしても全員がチームを作って参加できるように施設の用意をしなければ，短かい学習時間がさらに無駄に失われることになるであろう。

5 種目並行制をとる

上述のように，施設が，全員を受け入れるだけの余力をもっていないときには，同一時間に二つ以上の種目を配列し，そのいずれかを学習させるように選択させるとよい。

たとえば，卓球，バドミントン，または，卓球，テニス，バドミントンというように，レクリエーション種目を並行して配当し，なるたけ収容しうる施設的条件に応じて，人を割り当てるようにしなければならない。このような場合に必要なことは，教師の指導，管理とともに，生徒自身が自発的に各グループを学習行わせるなど　決して放任しないようにすべきである。

6　学習集団の組織

中学生以上になると，個人差が一層大きくなり，技能的にも個人差が目立ってくる。ところが，一般的には学習内容の系統性を重んずる結果，個人差を無視して，内容の発展段階を運動種目の立場から単元計画または年間の計画を立てようとする。その結果，かなり多くのものは，学習者の能力にあわないことを学習させられることがしばしばある。

かくて，学習集団の編成に当って，能力差を考慮することが必要になってくる。

基本的には，すべてのものは，その能力に応じて適切な指導が与えられねばならないのであるから，ここではレクリエーション的種目に対する学習集団の編成上の原則を示すことにする。

すべてのものが，新しい教材をはじめて学習するような場合には，もちろんすべてのものに同じ内容を学習させてよいわけである。したがって，ここでは一斉または，異質集団の編成でもよいわけである。

しかし，同じ種目が中学校から高校にわたるような場合には，中学時代の学習の基礎に，その積み重ねをしていくことになる。ところが，一つの単元の学習の結果でも，明かに生徒の間に能力差が生じている。したがって，いつまでも能力の著しく違ったものをもって構成される異質集団では，個人の能力を十分にのばす所以とはならない。ここにおいて，能力の近いものを集めた集団，いわゆる能力別学習集団の構成を考えなければならないであろう。

能力別の等質集団の長所は，練習や競争の相手が能力的に接近しているので一方が著しく調子をおとし，あるいは相手にするのをいやがるようになり，学習意欲のもり上りを抑えるようなことがなくなる点にある。学習意欲の上らな

い練習をいくら繰り返えしても，1人1人の能力を高めることにはならない。このような欠陥をなくするには，能力別集団編成がよいわけである。

しかし，能力のすぐれたものが，能力の劣っているものの集団に対して，指導し，コーチをするようなサービス的な役割を自覚して活動する場合は，また意味がちがってくる。

一つの単元が終ったならば，能力別集団を再編成するのが原則である。また指導者の数や能力の程度によっては，ときとして，優秀者をコーチのような位置につかせて，並列的種目の各集団ごとの学習を進めていくのも一つの方法である。しかし，この場合は，教師はかれらに十分な指導方針と計画とを与えておく必要がある。

このような原則にしたがって，①入門的段階から，②やや進んだ段階，③さらに進んだ段階を設定して，カリキュラム編成をすることが最も適しているように思われる。

しかし，これは学習内容の段階であって，生徒は能力によって，それぞれの段階にふさわしい集団に編入するようにすることになる。

このよな形で学習内容を編成しようとすれば，次のようにいろいろの計画が可能となる。

（1）　直進式編成

これは，一つの学年でやったことを基にして，次の学年では更にそれを高め，内容を複雑にし，技能を積み重ねる方式をいう。

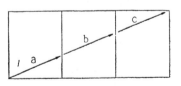

（1）　直　進　式

（2）　並　行　式

学習内容を最低から最高の段階にわけ，生徒をその能力によってそれぞれのコースに配分する。この場合，一つの単元学習の期間の，適当な時期に，下の段階から上の段階にうつることができるようにする。

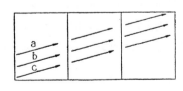

（2）　並　行　式

（3） 中　間　式

これは，直進，並行とわり切るのでなくこの両者を混用する場合をいう。

（3）　中　間　式

〔註〕

　（1）の型式をとるのは，あまり能力差のはっきりしないもので，しかも全体のものが学習するような場合，学年または段階によってすすめていくので，運動遊戯や徒手体操，ダンスのようなものに適用することができる。

　（2）の型式は，例えば，中学と高校に同じ種目が当てられる場合，すでに中学時代に能力差が出来上っているような種目では，高校の始めから，能力別コースを作るのがそれである。

　（3）の型式は，水泳のように，中学時代に泳げないのが，高校になってもまだ泳げない場合とか，学年が進んでも，まだ初級クラスに止まるものや，中級に進めるものが出来るという場合である

いずれの形式をとるかは，主として運動種目の特性によることが多い。とにかく，学習能力や学習の成果が上るようにしなければならない。

この本の，各種目の章では，A，B，Cの三つのコースにわけた指導の方式が述べられている。Aは入門的段階に当り，Bはややすすんだ段階，Cはさらに進んだ段階を示めしている。これを一層判り易くいえば，Aはもちろん初めて学習する初心者を対象としている。しかしこれは，初心者位の程度ということであって，必ずしも初心者とは限らない。Bはおおよそ校内競技会に出場することのできる程度のものを対象としている。Cは一層進んだもので，クラブの段階，したがって，対外試合の選手ほどではないが，それとまじって練習する程度のものを対象としている。

しかし，学校段階にわけ直進的内容排列をするようなところでは，Aは中学校下級程度，Bは中学校上学年または高校低学年，Cは高校の高学年またはクラブ程度ということにもなりうる。それぞれの学校の実状に応じて採用または参考にして頂き度い。

Ⅵ　レクリエーション種目の指導

1　レクリエーション種目の学習領域

　すでに，レクリエーション種目の学習内容のところでふれておいたように，その目標は三つの領域をもっている。すなわち，（1）身体的目標に関連する領域 （2）社会的目標に関連する領域，および （3）レクリエーション的目標に関連する領域がそれである。

　しかし，目標に関連した内容には，（1）生徒が直接経験するものと （2）それらの経験の過程を合理化し，組織化しすることによって到達することのできるものとがある。そして後者の場合は，直接的には生徒の学習経験とはなりえないのである。

　そこで，生徒が直接，身体活動を通して経験することのできる分野をあげるならば （1）運動の技能的学習（練習法を含む）（2）人間関係について （3）健康安全について，の三つの領域がその主なものとなる。そして，この領域に含まれる経験内容は種目によって，それぞれちがっているが，それらは，やがて統一されて，さらに高い目標に向っていなければならない。

　たとえば，運動技能に関する諸経験は，直接的には，運動技能の上達に向けられ，それがレクリエーションとなるためには，日常生活において活用しうるように組織化しなければならない。そして，最後には，生活を健全にし，かつ豊かにするという方向に，すべてが統一されるのでなければならない。

　また，レクリエーション種目の練習やゲームを通じて，さまざまな人間関係を直接経験することができよう。しかし，この経験が，体育の目標に対して方向づけられるためには，体育またはレクリエーションとして望ましい人間関係の像がなければならない。このような像は，教師が生徒達に期待するところのアイディアである。教師は，このアイディアによって，生徒の人間関係経験を方向づける。これが，教師の指導ということである。したがって，教師は，何をもって正しい人間関係経験であるかについて，学習者に正しい理解を与え，この理解にもとづいて，学習者のさまざまな経験のうち，必要なものを伸長し

無用なものを抑制していくようにしなければならない。

　また，レクリエーション的種目の学習においては，健康，安全についてのさまざまな経験をもつことができよう。これらのうち，何が，自らの安全を守り，障害の防止に役立つかを経験させ，またどのような方法が，健康的であるかについて，学習者自身の練習を通じて経験させる必要があろう。そして，これらの経験が，自己の健康生活を維持していくために，生活の知恵としてまとまったものになり，実践的に生かされねばならないであろう。指導というのは，このような観点に立って，既に経験しつつあるものが，何に関係するかをはっきりさせることによって，その方向から脱逸しないように学習者を導くことであるといえよう。

　さて，レクリエーション種目の学習においては，他の種目の学者と同様，二つの重要な側面がある。その一つはいわゆる，運動学習（motor learning）であり，他は，運動の学習の過程において同時にまたは随伴的に起るところの学習であって，これを随伴学習（concomitant learning）とよんでいる。さらに，レクリエーション種目の学習において，何等かの学習集団が構成されるときには，上述の随伴学習の内容は一層拡大されることになる。最近各所で行われるようになった「グループ学習」は，このような意味をもっているといえよう。

　上述の二つの学習は，それぞれ違った方向をもっている。前者は，運動技能の学習を通じて，運動文化を獲得していくのであり，後者は，運動種目の練習を通じて，身体的，情緒的，社会的目標にいたらせようとするのである。前者は，その運動種目の獲得をねらいとするのであるから，運動が目的となるのに対し，後者は，運動の学習によって運動以外のねらいを達成しようとするのであるから，運動が媒介者または手段となる。前者は，運動技能の獲得を通じて，日常生活を豊かにし，生活を健全にすることを究極のねらいとしているので，学習の方向は生活の満足，充実に方向づけられるのに対し，後者は，人間のもっているさまざまな能力，態度などを発達させるという点で，発達に方向づけられるものである。

　もちろん，このようなことを，学習者たる生徒が直接ねらうものとは限らな

い。それは，学習が，一定のコースを辿りながら進めば，当然その結果として（end results）そのねらいを充たすことができるようなものである。

そこで，このような学習では，生徒たちの学習や練習を，一定のコースに向うようにするところに，いわゆる指導があるとみなければならない。

2 学習の集団組織とその指導

レクリエーション種目の学習は，他の種目の学習と同様，一定の学習集団において行われることが多い。これに着目して，レクリエーション的種目の学習内容を一層確実に把握させるために，特定の集団組織をするのが一般である。この集団組織は，学習の能率化をはかるための一つの手段とみることもできるが，またグループ学習派のいうように，これによって，組織づくりの能力をつけさせようとする意図をもって行われることもある。

しかし，実際においては，どのような集団構成をするにしても，一つは学習の能率化を，他はレクリエーション生活に必要なさまざまなグループ作りの能力をめあてにして集団組織をしようとするので，集団学習においては，この両者が矛盾しないようにしなければならない。この矛盾の起らないようにするところに教師の指導の重要性がある。

中学生ともなれば，集団組織や集団的活動の能力は次第に発達してくる。しかし，教師の意図するような内容の学習に向わせようとすれば，計画，役割分担，練習，試合，運営などの段階において，集団として望ましいあり方を示唆しなければならない。したがって，ここでは，自然的，衝動的ではなく，理性的な働きに進ませるように仕向けねばならないであろう。

ここで，とくに教師が指導しなければならない点は，集団のモラール（group morale）や，集団の空気（group atomosphere）を醸成することである。秩序立った，組織附けられた集団活動が行われるように，練習者の気構を作り上げることが大切である。高校生にもなれば，この点の指導だけで，集団の自主的活動は大いに展開するものである。（詳しいことについては，グループ学習の理論にゆずる。）

さらに，中学校，高等学校では，小学校とちがって，男女の性差がはっきりで

て，それぞれの時期の特色を示めしてくる。しかし，レクリエーション的種目では，男女混合で行う場合もある。このようなときには，とくに，男女でそれぞれ適当な役割をもち，互に反撥することなく助け合いながら，楽しいふん囲気をつくるようにつとめなければならない。現在の教室学習における共学は，男女の競争的なふん囲気をつくる傾向がつよい。これでは，共学の精神の半分しかでていない。男女が，それぞれ正しく理解しあうとともに，助け合う面もなければならない。 男女混合のレクリエーション (corecreation) の場面では，このような態度を作るのに適しているので，正しい指導によって，その成果をあげなければならないであろう。

レクリエーション的種目の用具の最低基準

	中学校			高等学校		
	1～5クラス	6～17クラス	18クラス以上	1～5クラス	6～17クラス	18クラス以上
テニス用ラケット	4	8	12	10	16	16
ネット	1	1	2	2	2	2
支柱	1	1	2	2	2	2
卓球台	1	1	2	4	5	6
卓球用ラケット	4	4	8	16	20	24
ネット	1	1	2	4	5	6
バドミントン用ラケット	—	—	—	2	2	2
ネット	—	—	—	2	2	2
支柱	—	—	—	10	16	16
ソフトボール	4	4	8	—	—	—
バックネット	0	1	1	1	2	2
バット	4	4	8	5	10	10
グローブ	8	8	16	8	16	16
ミット	1	1	2	1	2	2
野球用ベース	4	4	8	—	—	—
マスク	—	—	—	1	2	2

〔註〕 この基準は，学校設備調査報告書（指定統計第74号，文部省調査局統計課昭和29年10月現在調査）を参考にして作成したものである。

テ ニ ス

東京女子大講師
東京ローンテニス倶楽部 太田芳郎
支　　配　　人

順天堂大学 斎藤定雄
助　教　授

I 軟式テニスの歴史と特徴

1 歴　　史

〔芽生え〕明治5，6年頃には，日本に在留していた外人が，既にテニスを行なっていたが，日本人が始めたのは，明治11年に体操伝習所の体育の教師として招かれた米国人リーランド（G. E. Leland）について教わった高等師範の学生達である。これが日本におけるテニスの芽生えとなった。この当時は硬式のテニスでボールも高価で大衆スポーツとしては考えられなかったが，この面白いスポーツを普及させようとする熱意から，明治23年（1890）に安価な軟球が考案され，ここにわが国独特な軟式テニスが誕生した。

〔普及〕軟式テニスは速くも学生スポーツの寵児となり，高師，（現教育大学）高商,（現一ツ橋大学）慶大，早大などが相次いで部を創設した。又，高師の卒業生は全国の中学校に赴任し，行く先々でテニスを教えたので，明治35年頃には中等学校にまで庭球部が設けられ，忽ち全国の津々浦々に拡がった。

対抗試合の行なわれたのは，明治31年（1893）の高師・高商戦が最初である。この頃諸外国では，盛に硬式テニスの全国的な大会が行なわれていた。（1877年全英大会，1881年全米大会，1891年全仏大会，1900年デヴィス・カップ選手権大会，1905年全豪大会等が初めて行なわれた。）その後，早慶両校も加わり，この4校定期戦が代表的な試合となった。

明治末期には，次第に専門学校や，各大学，銀行，会社までにも部やクラブの結成をみ，学生スポーツから社会人スポーツへと進展した。

〔混乱〕　しかし，大正に入るや慶大は硬式に転換し，大正9年には，他の3校も硬式を採用したので，今まで全国的に報じられ，テニス熱の普及に貢献していた，4校リーグ戦は幕を降す結果となった。ここに至って軟式テニスは衰微するかに見えたが，社会人の主唱によって大正11年には，東京軟球協会が結成され，次いで13年には，日本軟式協会と改め，次第に組織の拡充を見ると共に，対抗，リーグ戦から更に各種大会が催され，テニスの愛好者は寧ろ増加した。この間に行なわれた主な大会は，全日本選手権大会，第1回全日本男女

中等学校選手権大会，第1回東西対抗戦などである。
　明治神宮大会には大正14年の第2回より参加したが，この大会をめぐって新たに連盟が結成され，二者，相対立の状態となり，昭和8年に漸く二者合一の日本軟式庭球連盟が作られ，不動の組織が確立された。
　この混乱の中にあっても，テニスは愛され，親しまれてテニス人口は益々増加し，昭和15年の東亜競技大会，伊勢神宮大会，東西対抗，明治神宮国民体育大会等各種大会には多くの参加選手が見られ，明治神宮大会出場者は2,200名をも数えるほどであった。
　〔戦後〕　大正から明治にかけて，混乱の状態が続き，一方は硬式への歩みを進め，他方軟式は紆余曲折を経たが，戦後は復興の気運と共にスポーツは隆盛を極め，テニス界にあっても多彩な行事と相まって，老若男女に親しまれ，社会人，学生に或は地域レクリエーション的なスポーツとして進展の一途をたどっている。戦後，全国的な大会を拾ってみると，国民体育大会，マ杯大会，天皇，皇后杯大会を始め，壮年，男女高校，教員，大学の各選手権大会，男女一般，壮年，大学の東西対抗等，その他地域的には，府県，地区別，中学，教員の各対抗戦や大会，小学校の奨励大会，又百才会テニス（前・後衛の合せた年令が100才を越える組合せ）等，実に多くの催があり，これを見てもテニス愛好者の拡がりと，規模を知ることが出来る。
　現在では，各大学を始め高校，中学校の正課体育に採り入れられ，レクリエーション・スポーツとして教えられ，健全な発展が期待されている。

2　特　徴

　軟式テニスの特徴は「日本特有であると同時に，レクリエーションに適したスポーツである」の一語に集約出来る。
　個々の特徴をあげれば次の如くなる。
　①　全身運動を伴い，しかも比較的軽度な運動量でゲームが楽しめる。
　②　ルールが簡便で容易に理解され，親しみ易い。
　③　体力の優劣がゲームを左右しないので，異性，老若混合で実施出来る。
　④　少人数で行なうスポーツであるからまとまり易く，家族や近隣の数人で

行なうことが出来，技術の優劣にかかわりなく充分スポーツの楽しさが味わえる。
⑤ 傷害は殆んど皆無といってよい。
⑥ 公共施設が比較的多く，用具さえあれば冬期を除き，いつでも行なえる。用具も比較的安価である。

スポーツが，レクリエーションとして生活化されるためには，
① プレーする過程に興味が湧く
② プレーの場は又よき人間関係を生み出す場でもある
③ プレーする人（対象）に対する制約が少ない
④ ルールを簡易化してもプレーとしてまとまりがある
⑤ プレーに深みがある
⑥ 少人数でも楽しめる
⑦ 軽度な運動量でも全身運動を伴い，健康的である
⑧ 用具が安価であり，スポーツとして普及している

等の条件が必要であるが，これらのすべてを備えているのが軟式テニスの特徴でもあり，レクリエーション・スポーツたるゆえんである。

従って，テニスをレクリエーションとして価値づけ，その特徴を更に発展させるためには，学校体育教材として計画的な指導がなされ，テニスを通して運動文化を高めるという方向に進みたいものである。

参 考 文 献

1. 福 田 稚之助　　庭球五十年　　　　　　　　　時事通信社
2. 木 村　　　毅　　日本スポーツ文化史　　　　　　洋 々 社
3. 奥 川 辰 雄　　旺文社 スポーツ・シリーズ　　旺 文 社
　　　　　　　　　　　　　軟式庭球
4. 柳 田　　　享　　社会体育（レクリエーション）　世 界 書 院
5. 保健体育学大系　　体育の領域　　　　　　　　　中 山 書 店

Ⅱ 軟式テニスの性格と指導目標

1 性　　格

性格として代表されるものをあげると次の如くなる。

① スポーツマンシップを基礎とし，コートマナーを尊重する。
② ボールとラケットを媒介として行なわれるデュアル・スポーツ（Dual Sports）である。
③ ルール，運動量共に簡易，軽度で容易にゲームが出来，親しみ易い。

　テニスは得点を競い，時間を勝敗の要素としない。従ってベストを尽して正正堂々とプレイし，勝敗にこだわらずフェアに終始する事がテニスの精神であり，不文律ともなっている。これはプレイヤーのみでなく観客にも当然な事として，ファイン・プレーにはグッド・ショット（Good Shot）として誉め，相手方のエラーに対しては労う気持で拍手は絶対さける。プレイヤーはベストを尽すと共に観客も又品位をもって拍手を送り，ゲームを共にもりたてて行くことがテニスの見逃すことの出来ない性格でもある。

　又少人数で，しかもラケットを介してプレーが行なわれるために，個人技術が大切である。それと同時に，パートナーとのコンビネーションが要求される。テニスはゲームの構造が簡単である反面，ラケットを使用する点において，個個の技術は，複雑な要素を備えている。我流では上達の遅いスポーツでもある。

　しかし，小学生高学年より壮年以上に到るまで適応年令も広く，男女共に混合でも出来ることから，親しみ易く生活化に適当している。コートさえあれば少人数で行なえ，短時間でも軽度な全身運動を経験出来，大衆性をもっているのが軟式テニスである。

　以上の性格に照して，これを体育の教材として指導する場合には，当然その長を採り短を補う指導がなされなければ，良き教育効果を期待することは出来ないであらう。

2 指 導 目 標

Ⅱ 軟式テニスの性格と指導目標

(1) 生活化との関連を考える。
　① レクリエーションとしての性格を理解させ活用させる。
　② 競技会を計画運営し，参加出来る能力を得させる。
　③ 審判が出来ると共に合理的な練習が行なえる。
(2) 社会的目標との関連を考える。
　① フェア・プレーの精神を向上させ良きコートマナーの体得を図る。
　② グループ化を促進し，協力して能率的な学習を行なわせ，社会的態度を発達させる。
　③ 規則を守り正しい権威に従うと共にリーダーシップの向上につとめさせる。
(3) 身体的発達との関係を考える。
　① 活発な全身運動を計画し，発達に応じて適度な運動量を得させる。
　② 補償運動を教え，身体の均整な発達に留意させて行なわせる。
　③ 神経系，内臓諸器官の発達に役立てる。
(4) 技能的発達を考える。
　① テニスに必要な基礎的技能を向上させる。
　② 身体の適応性，（正確，速度，バランス）を高める。
　③ 技能の上達を評価する能力を得させる。
(5) 健康安全との関連を考える。
　① 適正な練習法を身につけさせ健康増進に役立たせる。
　② 健康安全とスポーツとの関連を理解させる。

Ⅲ 指 導 計 画

1 指導計画の立て方

 合理的な学習経験を得させるためには,どんな点に留意して指導計画を立案したらよいか。

(1) テニスの取扱い

 ① 最初に単元としての取扱いを考えねばならない。

 わが国の現状としては,教材単元として取扱う事が効果的であらう。しかしこの決定は地域の特性,学校環境（施設,用具）,児童,生徒の要求や経験などを考えたり,調べたりした上でなされなければ,合理的な計画は出て来ないであらう。

 「今秋の球技大会に,テニスのマッチを加えようと考えるが,施設も用具も不足勝ちである」という場合は,先ず,「校庭の一部のコート作り（地ならし程度）から,家庭にある用具の活用,そして球技大会という行事を中心に,学習を計画し,マッチの計画と運営に至る様々な問題の解決を進めて行く」といった扱い方は,生活単元的な取扱いである。しかし,テニスは既成のスポーツであり,複雑な技術を伴う。従って簡易な学習経験から複雑な内容へ,基礎から高度なものへとテニスに含まれる体育としての素材を分析して,到達目標に至る系統的な指導を行なおうとする場合は,教材単元としての取扱いとなる。

 ② 次いで気候条件を考慮する。

 テニスは夏のスポーツであって,冬期を除けばいつでも実施可能である。ところが,屋外の整地されたコートで行なう関係から,強風の少ない,晴天の続く季節が適切である。

 ③ 更に,教師の指導能力や施設と関連して,複教材として併列に扱う（同一時限に2教材＝2種目＝学習させる）場合も考えられるが,この場合には,次のことが基礎となり,何れが欠けても効果的な学習の展開は困難となる。

 （ⅰ） グループ学習を経験し,グループのまとまりがあり,各自役割を持って結びついている学級であること

（ii） 学級がグループを単位として，分割出来ること
（iii） 教材に対する技能の高いリーダーが得られること
（iv） 指導計画が，生徒の学習計画に移されていること
（v） 教師の管理し易い位置で，学習が展開出来ること

などが検討され，自主的に技術学習の能力のある学年において，計画されることが，望ましい扱いである。

（2） 時間配当

文部省の学習指導要領では(註1)，年間の指導時間数を9〜18時間としているが，各学校で適当した時間配当を考えてよいのは勿論である。

後述の指導計画例は，参考までに，10時間と15時間配当を考え，Aコース（初心者……中学校初級程度）Bコース（やや経験あるもの…中学校上級または高校初級程度）Cコース（経験者…高校上級程度）の3単元を設けたものである。

テニスは何れの学年に配当しても良く，他教材との関連から，時間や学習内容を適宜変えることも必要となる場合が考えられるが，一定期間継続して時間を配当し，段階的に指導の出来る計画が必要である。

（3） 特別教育活動及び自由時学習との関連

指導要領に示されている9〜18時間は，学習指導の時間数であって，これだけの時間で充分という意味ではない。テニスの技能を発達させるためには，更に多くの学習時間が準備されなければならないのであって，そのためには，校内大会，クラス対抗戦，クラブ活動等，生徒の組んだ自発的な学習計画と，正課時学習とを関連させ，綜合的に学習させる指導が効果のある方法であり，学習意欲を喚起するためにも必要な計画である。

2 単元コースの全体計画

教材単元として扱う場合には，生徒の発達段階に応じた到達目標を決め，それに基づいて指導（学習）の系統を考慮し，単元計画が立案されねばならない。

（註1） 文部省 高等学校学習指導要領 保健体育科編 P.44 昭和31年

ここに示したコースの全体計画は次の諸点に留意して組んだ案である。

(1) 第1単元　Aコース

このコースは，いわば「はじめ」の段階で，テニスを構成する基礎的な技術や知識を分節的に学習させ，基本的な技能を得させるのが目的である。そのためには単一的な学習形態を避け，教材ごとに一つのまとまりを持たせつつ指導することが望ましい。そこで各教材をリードアップしてゲーム化を考え，興味を持たせつつ技術のドリルを行なおうとする形が中心となる。テニスはラケットを介してのプレーがすべてであるために，初歩にあってはゲーム化が比較的困難であるが，一応リードアップを考え，活発な活動に導くことを念頭においた。そして学習の終りの段階にはテニス形式のゲームに導入するため，簡易テニスが出来るということを到達の目標として立案した。

(2) 第2単元　Bコース

Bコースは「なか」の段階とも考えて良い。このコースでは，Aコースの上に，テニスの基礎的なプレーを学習させ，テニスに必要な個々の内容について理解と能力を高め，正規ゲームに至る道程を考えて配列した。

Bコースは，基本が経験されているので，技能の進歩も速く，興味を持ってくるので意識的（生徒自身で工夫させながら）に学習を進めることを重点とした。

正規ゲームが行なえ，レクリエーションとして活用出来る素地を得させることが，このコースの到達目標となる。

(3) 第3単元　Cコース

Cコースは「まとめ」でもある。テニスのゲームに要する技能や知識の向上を狙い，正規ゲームの学習を中心に，自主的にマッチや，レクリエーションとしての活用が出来る能力を得させる学習内容を計画した。（別表参照）

3　学習指導の形態

学習指導の形態には，地位，組織，目的，活動などの観点から種々な形が研[註2]

（註2）教育大学講座　第16巻　学習指導　P 158〜240　昭和29年　金子書房

「テニス」年間学習指導計画案

1. Aコース（初心者……中学校初級程度）

単元	主　教　材	10時間配当 15時間配当	指導の着眼点	雨天時の教材
テニスABC	1. ラケットの握り方 2. ボールのあて方 3. 球突きゲーム 　ボレーリレー	1　2	1. グリップの位置を工夫させる。 2. 打ち方を変えながらグリップに慣れさせる。 3. ラケットの使い方、ウエスタン・グリップの要領を会得させる。	軟式テニスの歴史
上手にあてよう	1. ストライク・テニス　フォアーハンドのボレー、ストローク 2. ストライク・テニス　ゲーム	2　3	1. ボールを良く見させ、体を近づけてあてさせる。 2. ストロークは、打ち上げ打法で行い、ラケットにボールをよくあてさせることをねらいとする。 3. 得点を数えながら、あて方の反復練習をさせるとともに、グループの協力性を高める。	ラケット打球の名称と打球の回転
方向をきめよう	1. フットワーク 2. ストライク・テニス　ボールの高い打ち方、ボールの低い打ち方 3. ラリー（ショートの打ち合い）	3　2	1. 正しいフットワークを教え、実習させる。 2. スイングの方法を変えさせ、打球に方向性を持たせる。 3. ショートの打ち合いを始め、ストローク、ボレーの技術を高める。 4. フォームを直す。	打ち方の種類（グランドストローク、ボレー、サーブ）
ロビング・テニス	1. アンダーハンド・サーブ（セカンド・サーブ） 2. ロビング・テニス 3. ロビング・ゲーム	2　3	1. アンダーハンド・サーブの要領で安全にいれることを指導する。 2. ロブで打ち合いが出来る所まで技能を高める。 3. テニス・ゲームの形式に導入させる。 4. 教材の復習を兼ねて行い、基礎技術を上達させる。	テニスの基礎ルールと試合の方法
簡易ゲーム	1. ラリー 2. ロビング・テニス 3. 6人テニス	3　4	1. ストロークの技能を高める。 2. 基礎的なルールの理解を深める。 3. 前・後衛の役割を知り、そのプレーを学習させる。 4. よい学習方法を身につけさせる。	テニスの性格と学習の評価

2. Bコース (やや経験ある者……中学校上級または高校初級程度)

単元	主　教　材	時間配当（10時15分間）	指　導　の　着　眼　点	雨天の教材
バックハンド・ストロークを工夫しよう	1. ストライク・テニス、バックハンド・ボレー、バックハンド・ストローク	1　2	1. バックハンド・ストロークでよくあてることが出来る。 2. バックハンドの基礎技術を教え、打点と体の廻転に注意を向ける。 3. バックハンド・ストロークの欠点を直す。	軟式テニスの特徴
フォームを直そう	1. ドライブ打法 2. ラリー	2　3	1. ラケットのスイングをドライブ打法に変えさせる。 2. 打球にコントロールを持たせる。 3. フォームとタイミングの大切なことを知るとともに、工夫させる。	打法と球質
攻撃プレー	1. オーバーハンド・サーブ（ファースト） 2. スマッシング 3. レシーブ・プレイシング	2　3	1. 攻撃サーブが入れられる。 2. スマッシングのフットワークとボールの打点を重点に練習させる。 3. 左右両サイドのサーブを安全に返せる。 4. フットワークとスイングを工夫させながら、プレイシングを行わせる。 5. 強打法に重点をおく。	前後衛の任務と試合の方法
得意なプレーを伸ばそう	1. ラリー、ストローク 2. 前衛のプレー 3. 後衛のプレー	2　3	1. ラリーが5本以上続けて打てる。 2. 前衛のプレーとして、ボレー、スマッシュの上達をはかる。 3. 後衛のサービス、グラウンド・ストロークの上達をはかる。 4. レシーブ技術を高める。 5. 攻撃プレーを身につけさせる。	ルール
ゲーム	1. ポジション 2. 6人テニス 3. ダブルス	3　4	1. 前・後衛の正しいポジションを理解させ、ゲームに応用させる。 2. 正規ゲームのプレーに導入する。 3. よいコートマナーを発達させる。 4. チーム・ワークを高め、グループのまとまりを持たせ、自由時学習の出来る素地を体得させる。	テニスとレクリエーション学習の評価

3. Cコース（経験者……高校上級程度）

単元	主教材	10時15時間配当	指導の着眼点	雨天の教材
前衛のプレー	1. ボレー、スマッシングのプレイレシーブ 2. 攻撃とモーション	2　3	1. 基礎技術をまとめて、実戦的に練習させる。 2. 狙った場所に打ち込むことに重点に練習させる。 3. 攻撃とモーションは密接な関係のあることを理解させ、攻撃に生かす。 4. モーションが意識的にとれるように工夫させる。	スポーツマン・シップとテニス
後衛のプレー	1. サービスのプレイレシーブ 2. グラウンド・ストロークとプレイシング	2　3	1. 後衛プレーをまとめて学習させ、技能の向上をはかることに重点とするが、ゲーム中心にプレーを工夫させる。 2. コントロールをつけるために、フォーム、タイミングに注意させる。	コート・マナーとテニス
攻撃プレー	1. 攻撃とコンビネーション 2. カットとスライス	2　3	1. コンビネーションの重要性を理解させ、コンビの合ったチームを作らせる。 2. 攻撃と防禦に関する試合技術を身につける。 3. チームワークを高める。 4. カットとスライスをゲームを通して練習させる。	テニス界の展望（軟式と硬式とを対照させる。）
ゲームの計画と運営	1. 施設用具の管理 2. 試合の計画と運営 3. 審判と記録	1　2	1. 簡単なコートの整理法、ラインの引き方、ボールに空気の詰め方を教え、実際に行なわせる。 2. 試合の組み方や運営法を理解させ、それに基づいて試合を行なわせる。 3. ルールを理解して、審判のし方を上達させる。	よい練習法
ゲーム	1. ダブルス 2. 3回マッチ 3. 5回マッチ	3　4	1. 楽しいテニスのマッチに導く。 2. 生徒の自主的な計画を中心として、ゲームを進める。 3. チーム・ワークを向上させ、グループのよいモラルを発達させる。 4. テニスを理解し、実施出来る素地を得させる。	レクリエーションとテニスと学習の評価

究されているが，オールマイティな学習形態はなく，夫々欠点長所を持っている。学習の形態は能率的学習を進め効果を最大限にあげようとする手段であり，方法であるから学習のねらう方向によって一様でない。

現状で用いられる体育の代表的形態としては，一斉学習，個別学習，グループ学習（班別）がある。（グループ学習は班別学習ではない，との説があるが同意と考えておく。）更に最近，系統学習として新たな形態が考察されたかの如くいわれるが，これは前述の三形態と対立するものではなく，内容を系統的に学習する意であり，多くは教材単元学習の場合，教材を系統的に学習させる，という学習内容を主体にした名称で，学習形態に対照させて用いることは適当でない。勿論前三形態においても，教材単元学習には系統的に学習が進められるべきである。

しかしながら，現在，体育の目標に対応した学習形態の中心はグループ学習である。

グループ学習は単に学習の能率を高めるだけでなく，集団の原理を応用した形で，グループの一員として行動することから，様々な社会的能力を身につけることが重点となっているが，学級の場におけるグループの機能的側面をみると①成員は夫々の役割を持ち，有機的に結合し，リーダーを中心として行動は全員のものとなる。②問題解決がグループを主体としてなされ，自主的学習能力が高まり，協力的態度の発達に役立つ。③個人はグループによって助けられ，遅滞を防ぐ。④人間的結合が密となる等の特徴がある。

従って体育の学習には効果的な形態と考えられる。しかし，これとてもオールマイティでないことは前述した通りであって，直接的指導には，一斉指導が効果的であることは論を待たない。

4 グルーピング

グループ学習の参考までに，グループの構成を述べておこう。
（1）グルーピングの資料

グルーピングの基礎資料としては，経験や技能の優劣；体力テスト，ソシオメトリーの結果などを用いるのが一般的であるが，更に，興味調査の結果な

どを加えるとよい。

(2) グループの構成

構成には，等質的と異質的の二つの形態がある。

等質グループは個人差が少なく類似した成員で構成される。従ってグループ間の能力は異質的となる。

これに反して，異質グループは個人差はあるが，グループ間の能力差を少なくする編成である。

テニスは個人で学習することは困難であって相手を必要とし，相手の能力によって技能の発達が左右される場合が多い。従って，能力の高いものと低いものとの相互学習を基礎におきたい。このためには異質グループを作るべきであらう。

(3) メンバーの役割

グループを構成することは，一方から見ればメンバーに夫々の役割を持たせることでもある。グループ学習ではどんな役割を必要とするか。

① リーダー……リーダーは信頼され，グループをまとめる能力があること

② 副リーダー……リーダーとしての能力と，良きリーダーの協力者としての性格を持つこと。

この何れかに，テニスの部員か，技能の優れた者か，がなることが学習上能率的である。テストの試技の相手や，指導の助手として活用出来る。

③ 記録係……ゲームの記録や学習の経過記録をする。

④ 準備係……必要に応じ，コート係，用具係，等細かく分けて準備をする。

⑤ その他……発表係なども考えると良い。グループ対抗マッチや，ゲームの結果の報告や発表を行なわせる。

以上の如き役割が考えられる。

5 学習指導の展開例

(1) 学習指導の準備

年間学習指導計画が立案され，学習の段階に入るためには，準備としていくつかの手続が必要である。

指 導 計 画　　　　　　　51

(附表1)　　　　　**経 過 記 録 表**

			記入例
	第2週　第2時限，教材		ストライク・テニス ボレー打ち バウンドボール打ち

<table>
<tr><th rowspan="8">正課授業</th><th rowspan="4">技能の記録</th><th></th><th>自分(個人)のプレー</th><th colspan="2">相手とのプレー</th><th colspan="2">チームのプレー(グループ)</th></tr>
<tr><td>種目</td><td></td><td>フォアーハンド
バウンドボール打ち</td><td rowspan="2">相手</td><td>鈴木良雄
スロアー</td><td>ストライク
テニス
ゲーム</td><td>メンバー　10人</td></tr>
<tr><td rowspan="2">方法・結果</td><td rowspan="2"></td><td colspan="2" rowspan="2">5本中
3本成功</td><td>自分の得点</td><td>チームの得点</td></tr>
<tr><td>得点　4
失点　1</td><td>得点　30
順位　㊗勝　敗
順位(　)</td></tr>
</table>

		項　目	大いにした	普通	少なかった
正課授業	態度・習慣の記録	1. グループのために計画をしたり意見を述べたりしたか	○		
		2. 進んで世話をしたりし，仕事や計画を実行したか	○		
		3. 約束や自分の役割を果したか		○	
		4. グループと協力したり，注意を守ったか	○		
		5. ずるいことをせず正しい事をしていたか		○	
		6. 勝っても敗けても平静でいたか			○
		7. 全力をうちこんで最後まで頑張ったか	○		
		8. クラスメートと親しくしたか		○	

		月　日	プレー	相手の名前	どんな人か	場　所	
課外・休日	レクリエーションの記録	4月20日	ストライク・テニスの練習	鈴木良雄 田中三郎	級友〃	㊗校内	校外
		4月22日	打ち合い	金子孝	上級生	〃	〃
		月　日					
		月　日					

註 { ①この記録は生徒が自身で自分の能力や学習の反省資料とするものであるが，提出させて評価の参考にすることは大いに意義がある。
②正課授業時に，この経過記録のために試技を行なわせ，或はゲームの結果などを記入させる。
③態度・習慣の項では，1 リーダーシップ　2 積極性　3 責任　4 協同　5 公正　6 自制　7 忍耐　8 社交　の特性をみるものである。
④レクリエーションの項では，その週に行なった内容を記入しておく。

① 指導の計画を知らせ，学習の方向を持たせておく。この方法としては，計画をプリントしてわたし，生徒が学習時の前に，本時は何を学習するかを理解しているように導く。

② 学習経過記録を各自作らせる。年間10時間の場合は，10枚用意させ，記入要領を理解させておく（附表1）。

③ 施設，用具の点検をしておく。

④ グルービングを考え，リーダーや役割の数，配置の予定をたてておく。

(2) 学習指導の展開

学習内容の順序は，「はじめ」「主運動」「まとめ」に区分される。「はじめ」は，整列から準備運動までを含める。準備運動は，初歩の段階に直接指導し，次第にグループで自主的に実施出来るように移して行く。

「主運動」の学習形態は，グループの自主的学習を育てる方向に進め，中心をグループ学習におくが，初歩の段階や，新しい教材に対しては，教材や技術の解説をしながら，注意や示範し，一斉学習からグループ学習に移る。

時間ごとには，主運動の初めに新教材や技術を解説し，一斉に指導してから，グループの自主学習を進める。終りには経過記録のために技能のテストをグループで行なわせる。

グループの自主学習においても，必要に応じ注意，指導を個々に行なうことが重要である。

学習のための話し合いは，グループのみで行なわせる場合，或は直接指導の形で行なう場合，とある。グループの自主性のみを尊重し，非能率的な話し合いや問題解決学習ばかり進めていたのでは，根本的な体育の問題解決がなされない。

「まとめ」の学習では，整理運動，反省と評価，あとしまつ，などがその主な活動で，経過記録は終了後の休憩時に忘れずに記入させておく。また自身の指導メモをもっておく（附表2）。

(附表2)　　　　**指導案の展開例（日案）**

本時の目標	①教材の学習効果を高める ②助け合いを通して相互の協力学習を進める ③興味を喚起させる ④活発な全身運動を促進する	}等の基本的な狙いを時間ごとに掲げる			
指導内容及び順序	生徒の学習活動	指導上の留意点	時間	用具	
はじめ	1. 整列 あいさつ 2. 話し合い（導入） 3. 組分け（クルーピング） 4. 準備運動 　　ウォーミング・アップ	1. 出欠調査，健康，服装の観察 2. 本時の学習計画をどのように展開するかを知らせ，理解させておく。 3. 準備運動の重点を教える。	10分以内		
主運動	1. 教材の理解 　　一斉学習 2. 教材の練習 　　グループ学習 3. 話し合い 　　問題解決のため注意を聞き話し合う	1. 前時限の学習と本時との関連を考えながら前時の学習を導き出し本時のねらいを乗せて行く。 2. 新教材は，理解の能率をあげるために示範や解説を行ない一斉に指導する。 3. 系統を考えながら主教材としてのまとまりを持たせつつ指導を展開する。 4. 適宜，話し合いを持ち，学習の仕方や，よい技術，よい協力の仕方，或は共通の欠点など理解させ或は注意する機会とする。	30分以上	ラケット 12本 ボール 24箇 ライン引 ロープ コート2面ネットを張る。	
まとめ	1. 整理運動 2. 反省と評価 　　記録方法の理解 3. あとしまつ	1. 補償矯正的な運動を含める徒手体操を念頭において指導する。 2. 楽しく協力出来たか，技術のよい点悪い点の自覚，次時限の約束などを決めさせる。 3. 次時限の計画を伝え，理解させておく。 用具，身体，衣類の始末について指示や注意を与える。	10分以内	組合せカード	

参 考 文 献

1. 教育大学教育学研究室，教育大学講座（第16巻）学習指導　　　金子書房
2. 教師育成研究会，体育科教育部会　　体 育 科 の 教 育　　　学芸図書
3. 青木誠四郎 著　　　　　　　　　　学習指導法　　　　　　朝倉書店
4. 加藤橘夫，前川峯雄 監修　　　　　高等学校 体育理論　　　世界書院
5. 日本体育指導者連盟 編　　　　　　体育の学習指導　　　　金子書房
6. 前川峯雄，江橋慎四郎 著　　　　　体育の指導計画　　　　国 土 社
7. 前川峯雄 著　　　　　　　　　　　教師のための体育科　　河出書房

Ⅳ 単元の展開とその方法

　テニスを教材として学習させるには，施設や用具が大きな制約となる。現在の学校施設では，大きな生徒数をもつ学級の場合，取扱いが適切を欠き，教材単元として指導することは困難と考えられていた傾向がある。

　しかし，コート2面の施設があれば，教材単元として充分指導出来，活発な学習を展開させることが可能である。施設・用具は，最少限，コート2面，ラケット12本，ボールはラケット1本につき2個の準備が必要である。

　ここに示した学習の展開例は，上の施設・用具を基準とし，教材単元として取扱った案である。学級人員は50～60人を仮定し，6グループ編成と考えた。(時間配当は各コース10時間案である。又指導は右手利きの場合を解説した)

1　Aコース（初心者……中学初級程度）

単元Ⅰ　テニスＡＢＣ

第　1　時　限

（1）　主教材　ラケットの握り方（グリップ），ボールのあて方

（2）　本時のねらい

　ラケットを握らせ，ボールのあて方や打ち方を変えながら，テニスのグリップに慣れさせ，ボールをラケットの中心に，あてることが出来るよう指導に重点をおく。

（3）　準　備

　コート2面，ネットを張る。ラインを図10の如く引いておく。（ラインは粉末石灰でよい。）ラケット12本，ボール24箇。

（4）　展　開

A　準備運動

　① ラジオ体操第1を教える。

② 軽くランニングでコートを1周する。
B 導　　入
　①「楽しいテニスを学習するわけですが，今迄にテニスをした経験を持っている人はありますか？　どんな人と行ないましたか？　試合を見たことがありますか？　どんな人達の試合でしたか？」など話し合いながら調べ，生徒の経験や理解の程度を知る。

　②「実際に行なった人は多くないようですが，テニスはいろいろな所で，いろいろな人達が行なっていますね。テニスには軟式と硬式とあって，デヴィス・カップのような国際試合は全部硬式です。ここで学ぶテニスは日本で考案された特有なスポーツで，男も女も老いも若きも，みんな一緒に出来る特徴をもつ軟式です。このラケットが，軟式用のラケットです。さあ持ってみましょう。ここで簡単にラケットの名称を教えますから，よく覚えておきましょう。」

図　1

ここでラケットの説明をすると共に導入する。
C　ラケットの握り方（4分）
　「持っているラケットを足の前に置き，腕を伸して真上から持ってみましょ

図　2

図　3

う。腕を伸して上からみると，腕の線と，ガットの面がほぼ直角です（図3）。横から見るとガットの面が平らです。（図4）。この握り方が軟式テニスの代表的なグリップで『ウエスタン・グリップ』と云うのです。ほかにも打つボールの性質によって『イースタン・グリップ』や『イングリッシュ・グリップ』な

図 4

どがありますが，イングリッシュ・グリップは軟式では殆んど用いません。図5において，Aはウエスタン，Bはイースタン，Cはイングリッシュ・グリップです。（腕がガット面と平行になるのが，イングリッシュ・グリップであり，ウエスタンとイングリッシュの中間がイースタン・グリップである。）ウエス

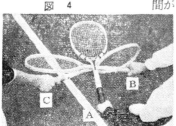

図5 グリップの種類

図6 横振りをしてみよう

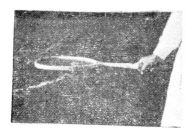

図7 短い握り方

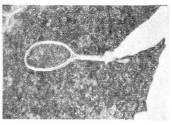

図 8

タン・グリップで振ってみよう（図6）。重く感じる人は少し短かめに持ってもよろしい（図7・8）。腕とラケットが直線になるように伸して楽に握ると，人さし指は中指から，ややはなれてきます。この位置で握ったのがよいグリップです。各自，他の人に見てもらって直しておこう。」

D　グループの役割を決める（3分）

「さて次には，ボールのあて方を練習するゲームを行ないますから，係りを決めましょう。グループのメンバーは決っていますから，グループの中で，リーダー1名，副リーダー1名，記録係2名，準備係2名，発表係2名計8名を，相談して2分で決めます。この係りはいつも同じでなく適宜交代しますから，

どんな係でも進んで引受けよう。」

E　あ　て　方（25分）
　（a）　球突きゲーム
　「早速，ボールのあて方を練習しよう。ボールを最初上にはずませて，ポンポン突き，こんどは地面にはずませて突く。この二つの方法だと，どんな握り方になるか工夫しながら，グループごとにサークルを作って各自5，6本ずつ練習し，終ったらゲームを行ないます。」

　分れて練習する間に，リーダーを集め，ゲームの方法を相談し，リーダーはグループに帰って方法をよく伝え，合図をしてグループごとに行ない，得点した者はよく記憶させておく。

　①　自由に移動して突いてよい。（図9）
　②　5回（或は3回）以上上方に続けて突けた者には1点を与える。
　③　グループの総得点で勝敗を決める。

　ねらいをガットの中心にボールをあてることにおき，ラケットの使い方は，打ち方を変えることによって学ばせる。（上にはずませる要領では横握り＝イングリッシュ・グリップとなり，地面に突く要領では自然ウエスタン・グリップとなる。）

図9　球突き

　「終ったところから集合！　発表係は何点になったかを報告します。先生は結果をずっと記録しておいてゲームの全体の成績をみますから，各自得点した人は知っていますね。結果は時間の終りにまとめて発表しましよう。」

　（b）　ボレー・リレー
　「今度は，前から投げられたボールを体の前であてる練習です。グループが2組に分れて味方同士で，一方がスロアーラインから投げ，一方があてるのです。投げる要領は，オーバースローでも，アンダースローでもよいが，打ち易いボールを考える。ねらう所は，ストローカー（打ち手）の顔とする。ストローカーは，ストロークサークルに入って，投げられたボールのコースにラケットを出して，ポンとあてる。直角にあたったボールはよい音がするし，真直ぐに

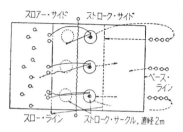

図10 ボレーリレー　　　　　　　図 11

返る。あてる時に押し気味にするのがよい。スロアーサイドの者も，ストローク・サイドの者もよくボールを拾って，能率をあげよう。5本ずつあてたら交代し，全員が終ったらサイドを代える。全部終ったら，ベース・ラインからスタートして，2本打っては帰るリレーをします。スロアーはよいボールを投げストローカーはよくボールを見て，見逃さない様に気をつける。ネットを越して相手側のコートに入らない場合はやり直しとする。スロアーは2人で投げ，残りの人はボール拾い。拾い手はなかなか大変ですよ。それでは準備が出来ましたね！」合図をして始めさせる。

　リーダーはどこのグループが速いか判定をする。片方終ったら判定，また合図で始める（図10，11）。速い組を勝とする。

　ここでは，ボレーの打ち方を中心として，走や投，ボール拾いなどから**運動量を増し，興味をゲームに向けさせ活発な学習を展開させる**。

F　整理運動（5分）

　①コートをグループごとに軽く1周する。

　②ラジオ体操，グループごとに行なう。

　(5) ま と め

A　話し合い（5分）

　①　ゲームとリレーの結果を発表する。

　②　自分の記録表に，球突きゲームの結果，ボレー・リレーの結果などを記入することを指示する。

　③　楽しかったか，上手にあたる様になったか，どんな点がうまく行かなかったか，などを生徒と一緒に話しながら，学習の経過を反省させる。役割の果

④　次の時間の予定を知らせる。
B　あとしまつ
　　①　施設・用具のあとしまつを指示する。ボールに土がついている場合は，よく洗わせておく。
　　②　汗や衣類の清潔について注意して終る。

単元Ⅱ　上手にあてよう

第 2 時限

（1）主教材　ストライク・テニス，フォアーのボレー打ち，フォアーのバウンドボール打ち

（2）ねらい
　①　テニスの打法の基礎技術を得させる。
　②　ドリルを行ない技能を高める。

（3）準備
コートには図26，27の如くラインを引いておく。ラケット6本，ボール12箇。

（4）展開

A　準備運動（5分）
前時限と同様に行なう。

B　技術の解説（技術の解説には右手打ちとする。）（5分）
　（a）フォアーハンド・ボレー
ネットに平行に構え，ラケットは胸の辺に引いておく。右足を踏み出し眼を出来るだけボールに近づける様，体を移動する。ラケットは押し出す気持で，曲げている腕を伸すと同時にボールに直角（フラット）にあてる（図12）。
　正面のボールは顔の前であてるのもよいが，体を左に移し，右肩前で打つのが，自然で打ち易い。低いボールに対しては充分重心を落す（図13）。高めのボールに対しては，あてる時にガットの面をおさえることが必要である（図14）。

この場合にはスイング（振り）がやや大きくなるので，重心を残し，ネット・タッチやネット・オーバーをしない様に注意させる（図14）。またボレーは，通常速いボールを打ち，体から離れた（リーチが長いという）ボールを打つのでラケットの面とボールをよく見ることが大切である（図15）。

図 12

図 13

図 14

図 15

ボールの来た方向によってラケットの角度を調節する（図16）。

（b） フォアーハンド・ストローク

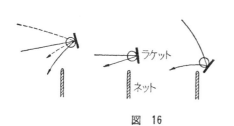

図 16

ボールがバウンドして，落ちて来る地点に走り，すばやく構える。ボールのコースとの距離は1m以内がよい（腕の長さ約0.5m＋ラケットのグリップからガットの中心までの長さ 0.5m＝約1m……高校生）。両

IV　単元の展開とその方法　　　　　　　　　　61

足はほぼボールのコースに平行に，しかも重心移動が充分行える程度に開く。ラケットは充分引いて，重心の移動と共に大きく振り出す（図17）。体の中央から前足までの間で，ボールに強くあて，前方へ強く押す要領となる（図18．19 20）。この場合，ボールを見なかったり，肩が先に出たり（図21），或は腕だけのスイングで体の廻転がなかったりするのは悪いフォームである（図22）。

図 17

図 18

図 19

図 20

（比較的女子に多い）振り終り（フォロースルー）は，左肩上方に自然に振り上げる。体の捻りは，左肩でラケットの振りを導く感じが必要である。

技術の解説は要点を簡略に説明し，示範して理解を深めておく。

図 21　　　　図 22

C　ストライク・テニス
　（a）　フォアーのボレー打ち

〔ストライク・テニスは，スロアー（投げ手）とストローカー（打ち手）に分れて行なう，リードアップ・ゲームである。〕

「投げられたボールをバウンドさせないで打つプレーを，ボレーといいます。ボレーはネットの近くにいて，来たボールをすばやく打って得点するプレーですから，正確に，ラケットの真中で上手にあてる練習をしよう。」

① 前の2人は，専らボールを投げる役でスロアーという。相手の顔から右側の方向で，余り高くなく，打ち易いボールを投げさせる。2人の中，早くボールを取った人が投げる。

② 残りの人は，フォロアーで早くボールを拾って，スロアーに送る。隣りの組のボールを取ってはいけない。スロアーと適宜交代して，協力して行なう。

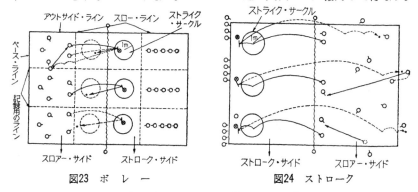

図23 ボレー　　　　　　図24 ストローク

③ ストローカーは1人5本打ったら，交代する。全員終ったら，サイドを交代する。（その場で逆の学習となる。）

「練習を見ると，中々あて方は上手ですが，手だけで体の移動が伴なわない人が多いですよ。自分の1番打ち易い所にボールが来なくては，上手に打てませんね。そのためには，よく動いてよい位置で構えることが必要です。打ち下している人も大部ありますが，よくないですね。何故よくないか，ボレーはネットに近い位置で打つから，ネット，タッチやオーバーの反則をし勝ちになります。出来れば，ただあてるだけでなく，ポンと押す。

大部よい音が多くなりましたが，もう少し多くなる様に練習しよう。フォロアーは忙しいようですね。余り変な方向え打たないようにラケットの向をよく考えて打とう。」人員配置（図23参照）。

(b) フォアーのバウンドボール打ち

「大部上手にあたる様になって来ました。次は，ボールが一度落ちてバウンドしたボールにあてるのです。グラウンドに落ちたボールを打つので，グラウンド・ストロークといいます。これが，テニスの技術では代表的なものです。注意すべき点をよく考えて練習しましょう。」

① スロアーは，ストライク・サークルに落ちるボールを投げる。他の要領は（a）と同様。

② ストローカーは，ボールがバウンドして落ちるまでよく見て，ボールの落ちるコースに，ラケットを直角に出してあてる。

③ 体を捻りながら，打ち上げる様に，ラケットを大きく振る。

④ フラット（直角）にあてると，大きな音がする筈です。全員このよい音が出る様に，注意をよく考えながら打とう。

⑤ 自分の打ち方を見て貰い悪い所は直しておこう。人員配置（図27）。

D 記　　録（10分）

「今まで練習した結果を記録にとろう。自分でどの程度上手にあてられるか。又時間ごとに上手になって行く様子を，自分自身で確かめ，記録して，『初めはこの程度だったけれども，今ではこんなに進んだ』と判断出来ると，随分楽しいものです。」

「準備係が中心になって，記録用ラインを引こう。」

① スロアーはよいボールを投げることが大切ですから，上手な人を選ぼう。

② ボレーでは，ネット・タッチや，ネット・オーバーをしないこと。

③ 5本の中何本，味方コートにボレーが返ったか。

④ ストロークでは，5本中何本ネットを越したか。

各自，自分の成功したボール数を覚えておく様注意し，グループ単位で始める。

要領は，練習時と同様。

E 整理運動（5分）

① ランニング　軽くコート1周

② ラジオ体操

（5） ま　と　め（5分）

A　話し合い

　① 練習状態の技術や，係の協力などについて反省させ，よい所は誉める。

　② 記録の結果がどうであったか，本時の学習はどうであったか（楽しかったか，一生懸命やったか，協力したか）を尋ね，自身で確認させ，記録する様指示する。

　③ 次の時間の予定を知らせ，準備の内容を納得させておく。

B　あとしまつ

前時限と同様な注意をして終る。

第　3　時　限

（1）　主教材　ストライク・テニス・ゲーム

（2）　ねらい

　① 協力学習を高める。

　② 誠実な態度の発達をはかる。

　③ ゲームとして，楽しく行なわせる。

（3）　準備

第2時限と同様（図23，24）

（4）　展開

A　準備運動（5分）

第2時限と同様

B　ゲームの解説（約束）（10分）

話し合いの形でルールを決める。

（a）　ボレー・ゲーム

　① スローアーはスローラインを越えて投球してはいけません。（反則）

　② ネット・タッチ，ネット・オーバーは反則。

　③ 反則を1点，コートの区劃線内に打ち返されたボールを1点とする。

　④ 1人3本ずつ打つ。悪いボールは打たなくとも採点しない。（ノーカウント）

⑤ 両サイドに，1人ずつの記録係をおき，スロアー・サイドでは，スロアーの反則点と，成功点（得点）を数える。ストローク・サイドでは，ストローカーの反則を数える。
⑥ 発表係が，両サイドの点をまとめ，グループの反則点と得点を出す。
⑦ 得点と反則点を総合して勝敗を決める。
⑧ 第1回の得点を判定し，次いで第2回（逆ゲーム）の得点を判定する。
（b） グラウンド・ストローク（フォア）
① 半径1mの円内に満ちたボールを，ストライクとする。
② ストライクは打たなければならない。
③ ネットを越えた打球に対して1点を与える。（コートから出てもネットを越せばよい。）
④ 1人5本だけ打つ。ストライクでなくとも，1度打ったボールは採点する。
⑤ 記録係は得点を数える。
C ゲーム（25分）
① 時間を競うゲームでなく，正確に打つことを主眼としたゲームであるから，その点をよく理解させて，ゲームに移る。
② 一方のサイドが終ったら，そこで採点させ，指示してから交代して行なわせる。
③ ゲームの状態をよく観察し，必要に応じ，注意や個別指導を行なう。
④ 技術の程度，個人差（男女差）を確かめておき，以後の指導に生かす。
⑤ 役割は第2時限と同様な要領で行ない，協力させ，判定は正しく行なう様指導する。
⑥ ゲームはグループの自主的学習となるが，指導とよく結びつけた形で進めさせる。
D 整理運動（5分）
第2時限と同様
（5） ま と め（5分）
A 話し合い

①　勝敗を発表する。（グループの発表係に代表させて発表するのもよい。）

②　ゲームの行ない方や学習状況，ゲームの得点や失点などを反省させ記録事項を指示する。

③　次の時間の予定を知らせ，準備の内容を納得させておく。

B　あとしまつ（省略）

単元Ⅲ　方向をきめよう

第 4 時限

（1）主教材　フット・ワーク，ストライク・テニス，ボールの高い打ち方　ボールの低い打ち方

（2）ね ら い

①　打球の基礎としてフット・ワークを理解させ，応用させる。

②　フォームを注意させ，安定化をはかる。

③　高・低のボールに対する打球技術の応用を練習させる。

④　高いボールを打ち上げる要領から，打球を低く下げる打ち方を学習させる。

（3）準　　備

①　コートにラインを引き，ネットを張る（図26）。

②　ラケット 8 本，ボール12個

（4）展　　開

A　準備運動（6分）

①　ラジオ体操を一斉に行なわせる。

②　フット・ワークの基礎として，足のステップを制限して走らせる。

要領は図28を参照すること。

縦走・順足，横走・送り足，或は順足走を行なう。

B　フットワーク（図27）（10分）

「きょうは初めにフット・ワークの練習ですが，フット・ワークは，打球の基礎でもあり，テニスの基本といってもよいでしょう。ボールが来ても走れな

ければ，よい構えも出来ませんし，第一，フォームも
とれませんね。
　フット・ワークは，第一にボールに向って走るこ
と，第二に正しくボールの打てる位置で構えること，
第三に体重をよく乗せて安定させることが基本です。
フット・ワークを使ってよい構えが出来れば，次はラ
ケットのスイングとなるわけですね。

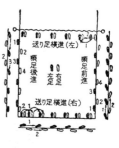

図　25

　実際に，ネットの方向から来たボールを打つつもり
で構え，ストロークのスイングをしてから走る。
　足はボールの来る方
向に対して平行に踏み
出す。
　コートにスイングの
位置を印しておいたか
ら，その位置でスイン
グする。
　6グループの中2グ
ループは他のグループ
に入って4組となる。

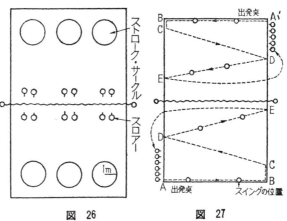

図　26　　　　　図　27

　先頭の2人がラケットを持ち，先の人がD点まで行ったら，次の人がA点か
らスタートします。横走りをしますから，転ばない様に注意して始めよう。」
　①　時間に応じてくり返し練習させる。
　②　欠点をよく観察し，グリップ，スイング，体の回転などの悪いものには
個別に指導する。
C　ストライク・テニス（15分）
　フォアーのストローク（6グループとする。）
　（a）　高いボールの打ち方
　「次はストライク・テニスですが，ただ打つだけでなく，きょうはボールの
方向をきめて打とうというわけです。グラウンド・ストロークで高く打ち上げ

るのには，どんな注意が必要か，低めのボールを打つには，どうすればよいかが本時の課題です。

図 28

ボールを上にあげるには，スイングは下から上へ，ラケットの面は上方向となる。打点は比較的，前がよい（図28）。ラケットは左肩に振り上げるつもりで打つ。前時間の練習を思い出して，高いボールを上手に打ち上げてみよう。」

① 打球が大き過ぎない様打力を調節させる。時間で交代させる。
② 体の重心を下げて，低い構えを指導する。
③ 人員配置や練習要領は第3時限と同様。

（b） 低いボールの打ち方

「高いボールがよく上る様になりましたが，今度は，逆に低いボールを打つ様に工夫してみよう。

打球を低くするには，スイングは横振りで水平に近い方がよいことになります。

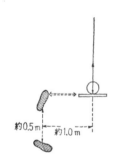

図29 打点

ラケットの面は地面に対して直角に近くなる。ここで，ますますフット・ワークが大切になってきます。フット・ワークがよくとれないと，とんでもない方向に飛びますから，先ずボールに対して，平行に構えることが大切になります。ここで新しい技術（要領）を教えましょう。

先ずボールにラケットをあてる位置ですが，前足の側方で，ボールの高さは膝よりやや低めの位置（図32）が理想的です。足の間隔は人によって違いますが大体0.5m程度，ボールとの距離は前にも話した通り約1mが適当です。

次に，あてたら，ラケットを押す気持で振りながら，ラケットの面を下向きにしてスイングするのです。よく注意しながら練習してみましょう」。

Ⅳ　単元の展開とその方法　　　　　　　　　　69

図 30

図 31

図 32

図 33

① 出来る限り，示範して理解を深めさせる。
② よい打ち方の判定に，打音を利用させる。
③ 体の廻転とスイングの一致に注意させる。
④ 打つ本数か時間で練習量を決めて行なわせる。
⑤ 練習要領は前と同様。

D　記　　録（10分）
　5本中何本，相手方コートに返せたか，を第3時限と同様にグラウンド・ストロークの要領で行なう。
　5本の試技の中，コートに返せた数を見るので反則や，得点などと関係させず，力試しのつもりで行なわせる。

E　整理運動（6分）
　① 本教材中のフット・ワークを行なう。
　② ラジオ体操をグループで行なわせる。

（5）ま　と　め（3分）
　上手に打てたと思ったボールがあったか，そのボールの打点はどの位置だっ

たか，どんな方向に飛んだかなどを質問し，打球の方向を決めるのには，フット・ワークやフォーム，打点などが，いかに大切かを理解させておく。以下前時に準じて指導のまとめをして終る。

第 5 時 限

（1） 主教材　ラリー（ショート）
（2） ね ら い
① 3本以上続けて打ち合いが出来る。
② 方向を決めて打たせる。
（3） 準　備
① コートに，ベース・ライン，サイド・ラインを引き，ネットを張っておく。
② ラケット12本，ボール12箇。
（4） 展　開

A　準備運動（10分）
① ラジオ体操第一をグループごとに行なわせる。
② 前時間教材の蛇行フット・ワークを1回，準備運動として行なわせる。

B　ラ リ ー（10分）
「いよいよラリーです。今迄は打ち易いストライクのボールを打っていましたが，きょうからは，どんなボールも，しかもワンバウンドで打つのですからなかなか打ちにくくなってきます。又打つだけでなく，相手の所へ返さなければなりませんから，1球1球打ち方を工夫しながら練習することが大切です。ラリーは，上手な人同志で打っていてはいけません。上手な人はよく打てない人を相手にして，よいボールを送ってやる事を心がけ，みんな同じ様に上手に打つ練習です。1人3本以上続けるつもりで，方向を考えながら打ち合います。1人3分ずつで交代しましよう。順番を待つ人はボール拾いをして，みんなで能率をあげることも注意しましよう。

今迄学習した注意や要領を考えないと上手には打てませんし，続けるのですから自分勝手に打っていては困りますね。

IV 単元の展開とその方法　　　　　71

さあグループごとに順番をきめて，始めよう。両側のグループは，対角線にクロスで打つ。練習を見て廻りますが，グループごとに時間を計って，交代しながら練習です。」

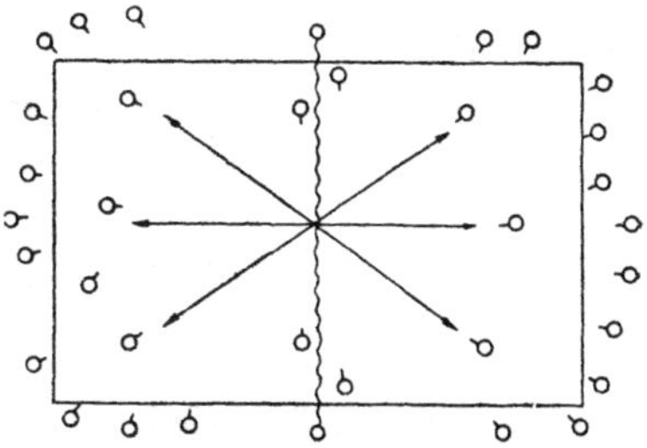

要領は図34を参照のこと。

図 34

① スイングや打点の位置（高低，前後），ラケットの角度，グリップなどの悪い所を個々に指導する。

② 女子は膝が伸びて，重心の移動が波状になったり，体の廻転が伴わないのが多いので十分注意させ指導する。

C 話し合い。（5分）

「ラリーの状態を見ると，よい人もありますが，まだよく打てない人も多い様です。一番困るのは，方向が決らないことです。相手にボール拾いばかりさせているのでは，気の毒ですね。

ここでストロークの原則をいくつか，話しておきますから，よく注意して練習に生かすようにしよう。

① ボールは，ラケットの面に対して反射角と同じ方向に飛ぼうとするから，真直ぐに返すには，ボールの来たコースに，ラケットが直角に振り出されなければならないのです。（図35）

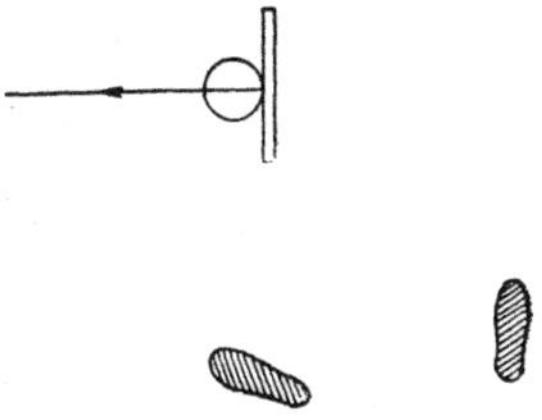

② ボールより，早くスイングをすると野球のバッティングの様に，打つ位置が前に出てボールは左の方へ飛ぶ（図36）

③ 逆にスイングが遅いと，打点が遅れて後ろになり，ボールは右の方向に進もうとします（図37）。

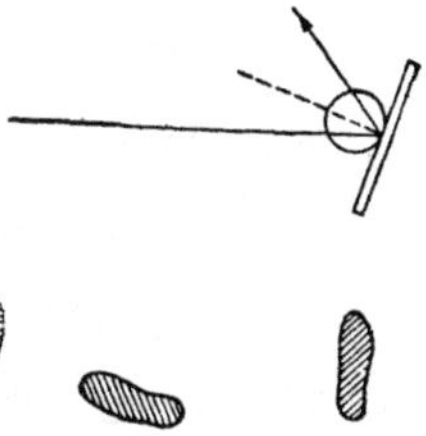

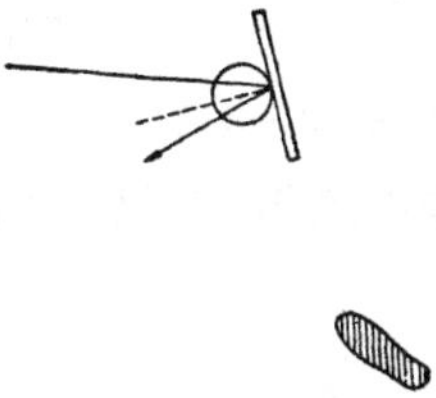

これはスイングによってラケットの面が，ボールに対して違った角度とな

図 35

図 36　　　　　図 37

るからです。

　丁度，体の正面で，前足寄りの所で，直角にあてた時に，ボールは来た方向に返ってくれるわけです。この，丁度よい位置で打つことを，タイミングを合せると云うのです。実は，この反射（の原理）とタイミングを，うまく応用してプレーするわけなのです。

　次に，共通の欠点を注意しましよう。

　（ⅰ）　ボールのコースに近寄りすぎる。

　これは打つ時に腕が曲って，スイングが小さくなってしまう。

　（ⅱ）　力まかせに打ちすぎる。

　男子に多く，打ちすぎは中々コントロールがつかない。

　（ⅲ）　スイングが小さい。

　女子に多く，構えが悪いのでスイングも小さく打球がのびない。

　（ⅳ）　タイミングが悪い。

　ボールの方向がなかなか決まらない。

　今度は以上のことを考えてもう1度練習しましよう。3回続くかどうかも試し，記録をとります。」

D　ラ　リ　ー（15分）

　①　注意して考えながら練習しているか。

　②　タイミングはどうか。

　以上の点に注意しながら，廻って個別指導を行なう。

E　整理運動（5分）

　①　ストロークのスイングをリーダーが中心になって，30本行なう。リーダーは合図をかける。イーチ（ラケットを引く），ニー（スイングをする）。

　②　徒手体操，腕の回旋，首の回旋，前後屈，側屈，脚上下屈伸，体回旋などを入念に行なわせる。

（5）　ま　と　め（5分）

　①　ラリーが3本以上続いたかどうか。

　②　タイミングが合うようになって来たかどうか。

　③　方向が決って来たかどうか。

などを問いかけ，リーダーには順序よく練習出来たかどうか，などをただし反省の機会を持たせる。ボールの数を確認させ，あとしまつをよくさせる。以下省略。

単元Ⅳ　ロビング・テニス

第 6 時限

（1）主教材　アンダーハンド・サーブ（セカンド）ロビング・テニス
（2）ね　ら　い
① 最も初歩の打ち易いサーブを学習させ，安全に入れられることに重点をおく。
② 高いボール（ロビング）でラリーが続くことをねらいとする。
（3）準　　備
① サービス・コートを作る（図，38）
② ラケット12本，ボール24箇を準備する。
（4）展　　開
A　準備運動（10分）
　準備運動としてラリーを1人2分ずつ行なわせる。
B　アンダーハンド・サーブ（10分）
　「サーブは，ゲームの始めに必ず行なうプレーで，正規のゲームでは，サーバーは二つサーブする権利があります。最初のサーブを，ファースト・サーブといい，それが失敗した時に打つ二番目のサーブを，セカンド・サーブと呼んでいます。最初は攻撃用として強いサーブ或いはくせのあるサーブ

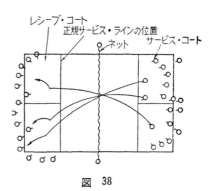

図　38

（球道の変化，プレスメント）を打ち，二番目は，失敗すると相手に1点とられますから，安全で正確に入れるサーブとなるわけです。

きょうのサーブは，先ず安全に入れるサーブです。アンダーハンドが比較的打ち易いのでその練習をしよう。

図 39　　　　　　　　　図 40

フット・ワークは，ストロークの時と同じ構えで，持ったボールを顔の辺まで投げ上げ，落ちて来たボールを打ち易い位置で，ストロークと同じ要領を使って打つのです。スイングが大きくないと飛びませんから，ボールを上げると同時に大きくラケットをひいて，打ってみましょう（図39, 40）。

最初はクロスしないで3グループとも平行になって練習する。

1人でボールを2個ずつ持ち，打ち終ったら相手側が打つ。両方交代で打ち合い，3分で次の人と交代する。」

以上の場合，次の点に注意させる。

① トス（ボールを投げ上げる）を余り高くしないで打てる様にスイングを速くさせる。
② ラケットのガットの通るコースにトスするので，体からやや離してトスさせる。
③ スイングは速く大きく，重心の移動も打点に合せて行なわせる。
④ 体重は前足に多くのせる。

一度全員が終了したら，クロス（図38）で，記録をとらせる。

C 記　　録（8分）

「見ていると，ネットを越さないサーブもありました。ネットを越さないのは，スイングが小さいために，ボールを押している結果になるからです。スイングは大きい方が小さいよりよいのです。

こんどはクロスで，記録をとりましょう。

「1人4本サーブして，何本レシーブ・コートに入るか，試してみましょう。サービス・コートから出てはいけませんね。

　打ち方は，自分の打ちよい方法で自由に打って入れよう。ボレーの時の要領が打ち易い人は，それでもよいし，とも角安全にうまく入れる。ライン上に落ちたボールは成功です。成功した数を数え合って確かめておこう。ずるいことをして数を増したりするのは一番いけません。ではすぐ始めます。」

D　ロビング・テニス（12分）

　「高いボールでラリーを続けよう。丁度ネットの上でボールが一番高くなりネットを越すと落ち始める位の高い弧を画くボール，これをロブといい，打ちあげるプレーをロビングといっていますが，これは，高いボールで相手のコートの深い所へ落すのがよいのです。スイングは，前に振る気持でなく，下から上に振る気持で，低いフォームになります。3本位これもラリーが続くように，練習してみよう。1人2分ずつ打ち合って交代する。」

E　整理運動（5分）

　徒手体操を入念に行なう。

（5）ま　と　め（5分）

　前時限に準じて，よくまとめさせておく。

第　7　時　限

（1）主教材　ロビングテニス・ゲーム

（2）ね　ら　い

①　既習教材の復習

②　グループ対抗ゲームを始め，チーム・ワークを高める。

③　テニス形式のゲームに導入させる。

（3）準　　備

①　コートは第6時限と同様

②　ラケット12本，ボール24箇

③　組合せカード

（4）展　　開

A 準備運動（15分）

① 軽い徒手体操をグループごとに行なう。

② ラリー1人2分ずつ行なう。

B ロビングテニス・ゲーム（25分）

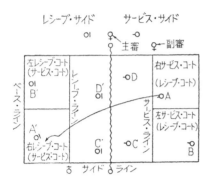

図 41

図 42

（a） 組分け，役員の決定

① グループ内を，ボレー組と，サーブ組に分ける。ボレー組を前衛，サーブ組を後衛と名づける。

② 前衛・後衛各2人ずつのチームを作る。

③ 各チームはキャプテンを1人決めておく。

④ 各グループから審判（アムパイヤ）1名出す。

（b） ルールを決める。

サーブをする側をサービス・サイド，受ける側をレシーブ・サイドと名づけ，サーブをする2人をサーバー，それを受ける2人をレシーバーと呼ぶ。

サ ー バ ー

① サーバーは3本までサーブが出来る。3本とも失敗したら，相手に1点を与える。

② サーバーは，サーブの時はサービス・コートから出たり，ラインを踏んだりしてはいけない。（フット・フォールト＝反則）

③ サーバーは1人2点までの（2回）サーブが出来る。2回終ったら，隣りのサーバーが，同様にサーブを行なう。（AからBへ移る。図41参照）

④ サーブは右側より始め，相手のクロスコートに入れる。（AからA′，BからB′へ）

レ シ ー バ ー

① サーブは，サーブの入れられるコートのレシーバーだけが打つ。前衛は打たない。

② レシーバーは，レシーブ・コートに入ったボールだけを，ワンバンドで打ち返す。ライン上のボールはセーフとする。ワンバウンドで打てなかったり相手のコートに返せなかった場合は，相手に1点を与える。

前　　　衛

① 前衛は，ラリーが始まると，ボレーで得点をねらうが，ネット・タッチや，ネット・オーバーは反則となり相手に1点を与える。

② 前衛のラケットが一度，ボールにふれたら，たとえ，そのボールを後衛が打っても，失敗で，相手に1点を与える。

ラリーの時，打ったボールがネットにふれ，相手側のコートに入った場合，プレーは継続する。

次に，対抗戦においてどのようなことに気をつけたらよいか。

後衛は先ず，サーブを入れなければならない。プレー中は相手の前衛に打たれない様に，高いボールをあげ失敗をしないこと。

前衛は，低いボールが来たら，失敗しない様に，上手に打って得点することである。みんな自分の失敗で相手に点を与えない様に考えればよい。今迄練習したプレーを応用して，4人が力を合わせてやろう。

サーブは，先に2人が終ったら交代する。レシーバーがサーバーになるわけです。

審　　　判

審判は，1人が主審となって，

① サーブの成功をセイフ，失敗をフォールト，ラリーの失敗をアウト，前衛が見事にボレーで成切した時は，トクテン（得点）とコール（宣告）する。

② 他の2人は副審でサーブのフォールトを見たり，ボールの落ちた位置を判定したりして，主審を助ける。

③ 副審の1人は，サービス・サイドの得点を，他の1人はレシーブ・サイドの得点を夫々数える（図41）。

（C）ゲームの進め方

「前半のゲームが4点あり，終ったら前半の判定をし，後半が終ったら後半の判定を，レフリーは行う。同点は引分けとする。

これから，ゲームの時は，試合前に，ネットをはさんで，挨拶をし，キャプテンが，ジャンケンで，サーブをとるかレシーブをとるかきめる。試合後も必ず挨拶をすることにしよう。

さあそれでは，組合せをこのカードの抽選で決めよう。同じグループ同志が当るかも知れないが，一生懸命頑張る事が大切ですね。

ゲームをしていない人は，応援をしながらよくゲームを見よう。テニスではファイン・プレーだけ拍手をして，相手の失敗には決して拍手はしないのですから，全員が守りましょう。」

リーダーが中心になってゲームを進める。

C　整理運動（5分）

徒手体操と軽いランニング。

（5）ま　と　め（5分）

話し合いの形でまとめる。

「勝ったチームは手をあげなさい。何かゲーム中に解らない事はありませんでしたか。（あったら答えて理解させる。この話し合いでルールを変えてもよい。）

きょうはいろいろ，ルールが決りましたが，これは皆大事なルールですから忘れない様に覚えること。

皆一生懸命でしたね。応援のし方もとてもよかったですよ。

次の時間には，きょうのゲームを続けますから，自由時間にきょうのチームで，練習しておこう。きょうは経過記録に，いろいろ記入する事項がありますから，終ったら忘れないうちに記入しておきましょうね。そのうち見せて貰いますよ。」

あとしまつを指示して終る。

単元Ⅴ　簡易ゲーム

第 8 時限

第7時限と同様な要領で進める。

第 9，10 時限

（1）主教材　6人テニス

（2）ね ら い

① 前衛と後衛の動き方を教え，コンビネーションの基礎を養う。

② テニスの基礎的な知識や技能を身につけさせる。

③ 作戦を考えさせる。

④ よいゲームの見方を教える。

（3）準　備

前時間と同様な準備と新たな組合せ用カードを用意する。

（4）展　開

A　準備運動（12分）

前時間のチーム・メンバーを相手にラリーを1人3分ずつ行なう。

B　6人テニス（25分）

「ロビング・テニスは8人で行う8人テニスでしたが，更に，前衛を1人にして，6人テニスを考えましょう。

前衛が1人になると，前衛の守備範囲が非常に広くなります。逆に後衛は打易くなりますね。ロビング・テニスは，高いボールを打ち合って前衛の所にボールを送らないことが，ゲームの中心でしたが，6人テニスは，前衛が1人ですから，強いボールで，前衛の間を抜いて打つことが出来ます。又前衛は広い範囲で，縦横に活躍出来ますね。これが特徴です。」

（a）前・後衛の動き

① 前衛の動きは左右の速いフットワークが必要である。

② 前衛は，後衛と重ならない様に動く。重なると後衛が打ちにくい。

③　後衛は2人で守るから，左右の動きは少ないが，前後の動きが多くなる。
④　前衛は，相手の打つボールのコースに出ては，ボレーで得点をねらい，後衛が打つ時には，打ち易い様に，サイド（ポール側）に寄って自由に打たせる。このコンビが必要となる。
（b）　作戦を考える。
①　前衛が1人となると，前衛のいない所へ小さなボールで打つとか，前後衛の中間の打ちにくい所へボールを打ち込むとか，いろいろ打ち込む場所を考えて，積極的に得点をあげる作戦が考えられる。
②　前衛は，相手のレシーブの時に得点のチャンスが多くなる。
③　勿論，失敗をしないプレーが，得点をあげる近道でもある。
「この特徴を生かして，ゲームです。ルールはロビング・テニスと同じですから，審判も上手に出来るでしょう。審判は次の試合のチームから出ます。前半のゲーム（4点）が終ったら，ゲーム・オーバーです。後半が終ったらゲーム・セットで1回戦が終りです。
コンビネーションや，作戦を考えながら上手なテニスをやらう。今日は記録係が記録をとろう。」
「では，前衛1人の3人チームを作って，組合せの抽選をする。抽選は各グループのリーダーが中心になって行なう。」
「ゲームをしていないチームは，自分達で作戦を考えたり，試合の良いプレーを見たりして，向上をはかることが大切です。ファイン・プレーはグッド・ショットといいますから，ファイン・プレーが出たら，グッド・ショットといって拍手をしよう。前の時間には全員よいテニスでした。きょうも立派に終る様みんなが心がけよう。」
このゲームの観察と指導から
①　初期の到達目標と到達点とを比較する。
②　テニスの基礎技術としてどの程度，発達したか。
③　今後の指導にはどんな点の留意が必要か。
④　指導計画が適切であったかどうか。
⑤　自主的性格が発達して来たかどうか。

などの反省をし，次のコース指導の資料を残すことが重要である。
C　整理運動（5分）
　グループごとに自由に整理運動を行なわせる。不適当な場合は指導して行なわせる。
（5）まとめ（8分）
　①　経過記録がよく記入されて来たか。
　②　テニスは面白いスポーツかどうか。
　③　学習が楽しかったかどうか。
　④　各自どんな点が今後の練習課題か。
　⑤　自分はどの程度の技能を身につけたか。
などを話し合う。Aコースの綜括的なまとめとする。テニス学習の作文を書かせたりして反省させておくのもよい。
　評価には，経過記録も活用する。

2　Bコース（やや経験ある者……中学上級，高校初級程度）

単元I　バックハンド・ストロークを工夫しよう

第 1 時 限

（1）主教材　ストライク・テニス，バックハンド・ボレー，バックハンド・ストローク
（2）ねらい
　①　バックハンドでラケットの中心によくあてられる。
　②　バックハンド打法のドリルを行ない，技能を高める。
　③　技術の欠点を直す。
（3）準　　備
　Aコース第2時限と同様に準備する。
（4）展　　開
A　準備運動（5分）

徒手体操を入念に行なう。

B　バックハンド・ボレー（10分）

「バックハンド・ボレーは，打つ位置がバック・サイドになるだけで，フォアー・サイドと要領は余り変りません。既にテニスの基礎はよく身についているので，すぐ上達します。

フォアーと違うのは，逆方向のフット・ワークとなるので，やや体が不安定になる場合が多いことと，モーション（動き始め）を起すと同時に，ラケットを左肩方に引いておくことが正確に打つ一つの条件です。その他，ボールにすばやく体を近づける。ボールを打つまでよく見，ラケットの角度を考え，押し気味にラケットをあてるなど，フォアーと何ら変りません。しかし，ここで更に，打つ瞬間は手首をしめることに注意する。自然ラケットは止る結果となるから，ネット・タッチやオーバーを避けることが出来るわけです。

体重は前足に多く乗りますが，打つ時は動きを止めることが大切です（図43，44，45）。」

図　43

図　44

図　45

「さあ，1コートに3グループずつスロアーとストローカーに分れて練習しよう。ボール拾いは早く，能率をあげる練習を考えながら行なう。1人10本打って交代する。」

①　スイングが遅れがちになる。

②　ボールのコースに対して，判断が正確を欠き易く，フォアーよりもラケットの中心にあてにくい。

③ フォームが不安定になり易い。
④ ラケットの面を十分注意しないとラケットに当らない。
以上の点について，練習中に個別に指導する。

「みんな10本ずつの，練習が終った様ですね。ここで夫々共通に注意すべき点を考えておきましよう。スイングの遅れる人が割合多い。これは，フット・ワークが遅れるためと，ラケットの引きが遅くなったためです。ですから，もっと早く1歩を踏み出すことを考えないといけません。それに，ラケットの角度（向き）に注意がたりないので，ボールが左側の方に飛んでいますし，よい音がしていませんよ。こんどは1人6本ずつ，今のことに注意して行ないましよう。雑談をしていて，ボール拾いに協力していない人が数名居りましたが，今度はそういう人のいない様，お互いに注意して協力しましよう。」

C　バックハンド・ストローク（15分）

「次に，バックハンド・ストロークの上手な打ち方を考えよう。
フット・ワークはフォアーの場合と全く変りません。ボールを待つ時はラケットの銀杏の部分に左手をあて，右手のグリップは力を抜き，膝をややまげた姿勢となる。バックスイングは左手でラケットを保持したまま左肩後方にひき，自然に左手はラケットから離れ，図46の如きフォームとなる。

図　46　　　　　　　　　　図　47

後ろ足に十分体重を乗せて，右肩を十分引きボールのバウンドをよく見つめる（図46）。

スイングを始めると同時に，体重を前足に移す。腰の位置が波状にならない様，水平に移動させる。腕は肱を柔かく保ちつつ伸し，ラケットと直線にならないのがよい（図47）。

図 48　　　　　　　　図 49

　ボールにあてる位置は，フォアーと同じく前足の側方で膝よりやや低めとなるのが基本となる。ボールにあてたら押しあげる気持で，全身の力を乗せる（図48）。

　打ってからのフォロー・スイングは，自然でよいが，ラケットの面は，振り切った時に下向きとなる方が，ボールにコントロールを与えるためによい。ボールからは，たえず眼を離さず打ち終ってもボールの方向を見守る（図49）。

　バックも，右肩でラケットを導き，ボールにあてるまでは，肩がやや先に出るが，ボールにあててからは，むしろ腕が先に出る。この打つ瞬間のスイングが1番強く速い。」

　①　示範しながら説明し，理解させる。
　②　交代でラケットを持たせ，スイングの練習をさせる。合図〔イーチ（ラケットを引く），ニーイ（打つ）〕をして一斉に行なう。よく見て，スイングやフォームを直す。
　③　グループごとの練習に移る。
　④　方法は，フォアーのストライク・テニスと同じ要領で行なう。1人3分程度（時間に余裕のある限り）練習させる。見て廻って個別に指導する。

　「フォアーに比べ，バックは打ちにくそうですね。打ちにくいのは，どこかに無理があるのです。その無理をあげると，一つは，ボールに近よりすぎていながら，横にスイングするので，肱が曲りスイングも小さく弱い。近めの時はボールが低く落ちるのを待って，ラケットを吊り下げる様にスイングすることです。もう一つは，ボールにあてたら，そのボールを長く押し上げることです。そのためには，構えが大切ですよ。むしろ，後足はボールのコースに平行より

も深めがよいのです。」(図50)

「この2つの注意を考えながらもう1度練習しよう。友達に自分のフォームをみてもらって直し合おう。」

D　記　　録（10分）

「2回目のバックハンド・ストロークは，ストライクボール5本の中何本，相手側コートに返せるか，記録を取ろう。両サイドのクロスは，ミドルの者より条件が悪いが，相手コートの中心に向って打てば，そう変りません。それぞれの役割を生かして，早く終了させよう。」

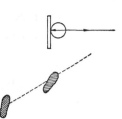

図　50

E　整理運動（5分）

徒手体操を一斉に行なう。

脚―屈伸，開閉・体―前後屈，側屈，廻旋・腕―上下振，内外旋，首―廻旋，肩関節―緊張，脱力を含ませる。

(5)　ま　と　め（5分）

技術上の注意点を再考させ，よく理解さながら，まとめておく。

単元Ⅱ　フォームを直そう

第 2・3 時限

(1)　主教材　ドライブ打法，ラリー

(2)　ね　ら　い

①　ドライブ打法の要領を会得させる。

②　ストロークにコントロールを持たせる。

③　ラリーが続けられる。

(3)　準　　備

①　コートにアウトサイド・ライン，ベース・ラインを引き，ネットを張る。

②　ラケット12本，ボール24箇

(4)　展　　開

A　準備運動（10分）

① 徒手体操

② スイング練習 フォアー20回，バック20回，グループごとにリーダーが合図をかけて一緒に行なわせる。

B ドライブの解説（5分）

示範しながら要点を説明し，よく理解させる。

① ボールの廻転と性質

進行方向に対して，前に廻転するのを順廻転，逆の方向に廻転するのを逆廻転，また横の方向に廻転する場合を横廻転と云う（図51）。

順廻転のボールは勢がなくなると急に下降する。バウンドは低く長い。逆廻転のボールは逆に上昇しようとし，勢がなくなると急に落ちる。バウンドは高く短い（図52）。横廻転の場合は，その廻転の方向に曲る。

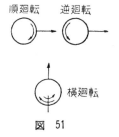

図 51

② ドライブは，順廻転を与えて，強い打球であってもコントロールをつけようとする打法で，順廻転を利用した打法とも云える。

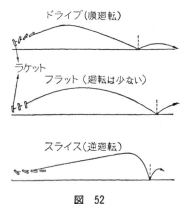

図 52

③ 要領

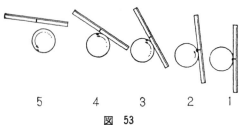

図 53

ラケットはフラットに（図53—1）あて，ラケットの面を次第に下向きにしつつ（図53—2・3）擦り上げ，（図53—4）ボールに順廻転を与える。

ボールがラケットから離れる時には，ラケットの面は下向きとなる。（図53
—5）

打ち終ってからのフォロー・スルーは，左肩の方向がよく，スイングの終り
（フィニッシュ）ではラケットの面が上方を
向く。（図54）

フィニッシュの時に，ラケットが，低かっ
たり（図55），立ってしまったり（図56）す
るのはよいフォームではない。

「さあ，ドライブのスイングを先に練習し
よう。」合図をして一斉に行なう。

図 54

図 55

図 56

フォアー・スイング20回，バック・スイング20回程度反復させる。

C　ラリー（25分）

「ドライブをかけて，ボールにコントロールを持たせるのがきょうの課題で
す。ボールの性質を考えて，フット・ワークや落下点の予測，そしてすばやく
その位置へ行って，ポジションを取る。打点の高さは膝の高さ程度がよい。打
ったボールがドライブの孤を画くかどうか。

この打法は，軟式テニスで最も多く用いられる技術ですから，一生懸命練習
して早く慣れることが大切です。

各グループで1人の練習時間を決めて練習しよう。」

①　ラリーの状況を観察し，必要な注意や指導を行なう。

② ラリーとなると，上手な者同志で打ち合う傾向が出るので注意する。

③ たえず相手を代えて打たせることが必要である。

④ ラリーは，クロス2組，ミドル1組の1コート3組の練習が原則となる。

D 整理運動（5分）

補償運動を含めた徒手体操を行なわせる。

（5） まとめ（5分）

省　　略

　第3時限は第2時限に準じ，ラリーを中心とし，5本の継続ラリーの記録，フォームの悪い点を直すことなどをねらいとして展開する。

単元Ⅲ　攻撃プレー

第 4 時 限

（1）主教材　オーバーハンド・サーブ（ファースト），スマッシング

（2）ね　ら　い

① 攻撃サーブが入れられる。

② スマッシュの要領を覚える。

③ 正確性と強打法の技能を身につける。

（3）準　　備

① コートに正規のラインを引き，ネットを張る（図57）。

② ラケット12本，ボール24箇

（4）展　　開

A 準備運動（7分）

① 軽いランニングでコート2周

② ボレー10本（コートに平行に3組並び，ベース・ラインから，アンダーハンド・サーブの要領で送ったボールを打つ。順番はボール拾いをしながら待つ。）

B オーバーハンド・サーブ（ファースト・サーブ）（10分）

「攻撃プレーの中の，オーバーハンド・サーブとスマッシングがきょうの練

IV 単元の展開とその方法

習内容です。最初に，どういう方法が一番よい要領か考えてみよう。」

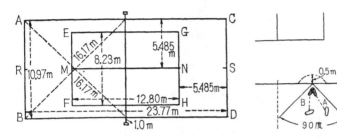

図57　AC，BDはアウト・サイドライン
　　　AB，CDはベースライン
　　　EG，FHはサービス・サイドライン
　　　EF，GHはサービス・ライン
　　　MN(EF，GHの各中心を結ぶ線)
　　　　　はハーフコート・ライン
　　　R，Sはセンターマーク
　　　〔ラインの巾は6cm以内〕

図58　Aウエスタン・グ
　　　リップのフット
　　　・ワーク
　　　Bイースタン・
　　　グリップのフッ
　　　ト・ワーク

① フット・ワーク

フット・ワークは，ラケットの持ち方によって違って来る。

ウェスタン・グリップでは，ベース・ラインに対して角度が浅くなり，イースタン・グリップでは逆に深くなるのが一般的です（図58）。しかし自分の打ちよいフット・ワークを作り出すのがよい。

② トスとワインド・アップ

図 59　　　　　　図 60　　　　　　図 61

ボールをトス（投げ上げる）と同時にワインド・アップ（伸び上ってラケットを頭の後方へ廻す動作）を始める（図59）。ボールの落下に合せて，肱を伸し

図 62　　　図 63

スイングを始め体重を前足に移す。打つ瞬間には体が直立するので足は揃い気味となる（図60）。打球の位置は，高い程よいわけであるが，ボールを投げ上げた左手首上方で，眼前の方向が理想的である。打球の瞬間には右手首を伸してラケットの面が，やや下向きになった所であてる（図61，62）。打球と同時に全身の力をスウイングに乗せて振り下す（図63）。振り下す方向は，体の左になるのがよい。

　トスの位置は，そのボールを落した場合，前足の爪先を中心に約0.5m以内の円の中に落ちるのを理想とする（図58）。トスの高さは1.0m程度が中心となる(註1)が，初めは低めのボールから打つのが効果的である。(註2)

　「細かく分けて考えてみるとなかなか複雑ですが，練習している中に，すぐ要領がつかめて来ます。ネットの方向に構えたつもりで，トスとワインド・アップの練習をその場で行なう。一応要領がわかったら，コートで実際の練習に移る。最初，顔の前にトスして，手首のスナップで打ってみる。そして次第にトスを大きくし，ワインド・アップも大きくする。ボールが，いつもネットにかかる人は，打つ位置が低い証拠ですし，大きく飛んでサービス・コートの内に落ちないのは，高すぎるためです。練習しながら一番よい位置を探し出そう。ラケットの面は，フラットにあてることによく注意する。1人2箇ボールを持ち2箇打っては相手と交代，6本打ったら次の人と交代しよう。」

C　スマッシング（13分）

　「スマッシングは，オーバーハンド・サーブに要領が似ています。スマッシ

(註1)　トスの範囲0.5m，フット・ワークの範囲90°以内としたのは，ウエスタン・グリップ，イースタン・グリップの双方の大学庭球部員を調査した結果に基づく。

(註2)　トスの高さ1.0mも，同様の調査結果から得たが，高さ1.0mは，ボールの落下速度と，打球モーションとの所要時間の計測から適当と考える。

グはボレーの1種ですから，勿論バウンドする前に打つわけです。相手が打ち上げた高いボールを頭上から打ちこむのが，このスマッシング（スマッシュ）で前衛の行なう最も攻撃的なプレーです。

このプレーで大切なのはフット・ワークです。ボールの落ちる所へ行ってよい構えが出来なくては，いくらりきんでも駄目ですね。先ず，ボールの落ちる地点を予測して走り，サーブの要領と同じくワインド・アップをし，眼前上方にボールをとらえて（図64），打ち下します（図65）。打つ瞬

図 64　　　　　図 65

間には，やはり手首を伸し，スイングしますから，打点は右肩上方になりますね。体重のかけ方も，ラケットをフラットにあてることも，サーブと全く同じです。しかし，ボレーは大体，前衛のプレーですから，ネット際でなされます。ですからネットに近い場合は，反則をしない様にスイングを調節する必要が出て来ます。

練習用のボールを上げる人は，最初ベース・ラインの前で，打ち易いボール

をあげることに気をつけましよう。要領は，ボールを上から落すつもりで，ラケットはやや上向きにスイングします（図66）。打たれたボールはネットの上で頂点となり，次第に力を失って落ちる様に各自調節しなければなりませんね。

よく打つことも大切ですが，上げボールを上手にあげることも，重要な技術ですから，相手に上手な練習をさせる様に心がけよう。」

図 66　　　　平行に位置をとらせて，時間で練習させる。スマッシュは最初，スイングをボールに合せるだけを注意させて，フラットにややあ

たる程度になってから，ワインド・アップを伴うスイングに向けて行くことがよい。

D　記　　録（15分）

「オーバーハンド（ファースト）・サーブ，スマッシング共，徹底的な攻撃プレーですから，強打し得点することが重点となりますが，その前に正確に入れることを念頭におかなければなりません。どの程度正確に打てるか，試して記録してみよう。」

サーブは5本中何本サービス・コートに入るか。

スマッシングは5本中何本相手コートに打ち込めるか。

ボールを上げる者も注意して上げて，能率的に記録をとろう。

E　整理運動（3分）

徒手体操をグループごとに行なう。

（5）ま　と　め（2分）省略

第　5　時　限

（1）主教材　レシーブ，プレイシング

（2）ね　ら　い

① 正確にレシーブが返せる様に要点を教える。

② プレイシングを教えさせて打たせる。

（3）準　　備

① コートに正規のラインを引き，ネットを張る。

② ラケット12本，ボール24個

（4）展　　開

A　準備運動（10分）

① 軽い徒手体操

② ラリー1人2分ずつ時間を計らせて行なう。

B　レシーブ（10分）

「レシーブは，実際には練習しているわけですが，正確に返すことを念頭において練習をしよう。打法としては，グラウンド・ストロークと殆んど変らない

が，正確に返すとなるとなかなか思う様にならないのがレシーブです。サーバーは既に，オーバーハンドの攻撃用サーブ（ファースト・サーブ）——を練習したし，以前アンダーハンド・サーブ（セカンド・サーブ）——も覚えたわけですから，ファーストとセカンドを区別して，正確に入れましょう。

　レシーブは，これに失敗すると相手に 1 点献上することになりますし，レシーブで失敗ばかりしていると，それでゲームは終りになってしまいます。またレシーブによって以後のプレーを有利に展開することも出来るので，大切なプレーです。

　レシーバーの構える位置は，ファーストとセカンドでは違いますね。ファーストは攻撃ボールですから強いし，セカンドは安全に入れて来ますから弱いボールと考えてよいでしょう。従って，ファースト・サーブに対しては深く，セカンド・サーブに対しては浅くなります。

　打球の要領で注意することは，ボールが短かい（ネットに近い）ので，ネットにかけてしまう場合と，強すぎるとすぐアウトになる危険があることです。これを防ぐには，スイングの方向を下から打上げ気味にすることと，手首を強く捻る要領で，大きなドライブをかけることです。以上の点を良く注意しよう。

　練習相手は，サーバーということになりますが，サーバーは，レシーバーが練習し易い様に，相手のフォアーをねらって打ってあげよう。ベース・ラインからやや前に出て上手なサーブを送ることを心がける。

　練習要領は，ファーストとセカンドを各 2 本ずつレシーブをする。サーバーとレシーバーは変りながら 1 人 3 分ずつ練習する。」

C　プレイシング（10分）

　「サーブもレシーブも，まだまだ完全とはいえませんが，ここでプレイシングを考えておこう。相手のいない所とか，相手の不利な所をねらって，そこに打ち込むこと，打ち込む場所を決めて打つことをプレイシングといいます。

　きょうは，レシーブのプレイシングです。そこで，今度はレシーブをサーバーのフォアー・サイドか，バック・サイドか，或は，浅めに短く，深めに長く，という様に自分で『ここに返そう』という場所を決めて，プレイスしてみよう。

　ボールが，いろいろな方向に飛びますから順番を待つ人は，ボールを見失な

わない様によく拾ってサーバーに送ろう。」
- ① プレーの程度がよいかどうかを廻って観察する。
- ② 速いフット・ワークになるので，遅れ勝となるから，打てない者には，サーバーにボールのスピードを調節するよう指導する。
- ③ サーバーのボールが，サービス・コートになかなか入らない様な場合は，手で投げさせる。
- ④ ストロークの基本は繰り返し強調し，個々に指導する。

C 記 録（10分）

サーバーは，ファーストを5本打ち，レシーブが何本成功したか，次にセカンド・サーブを5本打ち何本成功したかを夫々試し，記録に残させる。

D 整理運動（5分）
- ① バック・スイング10本
- ② 徒手体操を補償運動として行なわせる。

(5) まとめ（5分）

レシーブの性格や，正確な打球の注意すべき点，プレイシングの練習結果等を反省させ，必要あれば，プレーしていない時の学習上の注意をする。記録の記入について指示し，まとめをして終る。

単元Ⅳ 得意なプレーを伸そう

第 6 時 限

(1) 主教材 ラリー，前衛のプレー，（ボレー，スマッシング）

(2) ねらい

既習教材を，前衛のプレーとしてまとめて復習させながら，自分の得意なプレーの発見につとめさせる。

——以 下 省 略——

第 7 時 限

(1) 主教材 ロビング，後衛のプレー，（サービス，レシーブ）

(2) ねらい

後衛のプレーとして，サービスとレシーブ・ロブを練習させる。後衛は，グラウンド・ストロークとして，ハーフ・ボレーの練習が残るが，単元Ⅳの2時限を通じて，自然に練習させる様，指導しておく。

(3)，(4) 省 略

(5) ま と め

自分は，どのポジションが適するかを判断させ，前衛と後衛にグループを2分させ，ゲームを編成しておく。

単元Ⅴ ゲ ー ム

第 8 時 限

(1) 主教材 ポジション，(後衛のポジション，前衛のポジション)，6人テニス

(2) ね ら い

① 前後衛の正しいポジションを理解させ，ゲームに応用させる。

② 正規ゲームの基礎的プレーを向上させる。

(3) 前時限と同様な準備

(4) 展 開

A 準 備 運 動（10分）

① グループごとに軽く徒手体操を行なわせる。

② ラリーを1人2分ずつ，準備運動として行なわせる。用具（ラケット16本，ボール32個）が準備出来れば，1コートに4コースのラリーを行なわせてもよい。（余程高度の技術者同志でないと危険が伴なうので注意を要する。）

B ポジションの解説（7分）

「ポジション，或は『ポジションをとる』ということは，最も打ち易く，得点し易い所に位置することです。軟式テニスでは，前衛と後衛に分れますが，硬式テニスではこの両者の区別がありません。軟式テニスでは，ボールの性質から自然前衛というポジションと，後衛のポジションが生れて来たのです。こ

のポジションもその位置にいなくてはならない，という程の性質のものでなく，最も攻め易くまた守り易い位置が，よいポジションということになります。」

（a）後衛のポジション

① サービスのポジション

「サービスは，相手側の得意，不得意のコースを見分け，打ち込むコースを変えるわけです。最初右側から始めますから，右側の場合を考えてみます。

サーブの出来る広さは，センターマークとアウトサイド・ラインの間で，それを延長したアウトコースですから，その範囲でしたら，フット・フォールト（ライン・クロス）をしなければどこで打ってもよいわけです。」

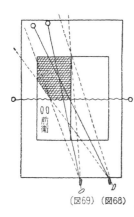

図 67

しかし，アウト・サイドでは，サービス・コートが広く見渡せると同時に，打ち込む範囲も最も広い。ところがレシーバーのバック・サイドに打ちこもうとするとやや不利になり，（コートが三角状で狭く，ボールのコースがクロスする。）専ら，フォアー・サイドに打ち込む結果となる。

これに対して，センターマーク寄りとなると，コートはやや狭くなるが，打球のコースがコートと平行に近づくので，レシーバーの両サイドに打込むことが出来る。しかし，この場合には，レシーブ・ボールに対する備えが不充分となる（図67～69）。左側サービスも

図 68

図 69

同様である（図70, 71）。

この二つのポジションが考えられるが，やはり，後衛の技能上の利点から，

図 70　　　　　　　　　図 71

よいポジションを自分で決めることがよい。

② ゲーム中のポジション

ゲーム中のポジションには，何の制限もない。しかし，ボール・イン・プレーになると，前後左右に動き，最も打ち易い位置にポジションをとらなければならない。その名称が示す如く，後ろで攻め，或は守るのが任務であり，ベース・ラインの附近が，ポジションの多くとられる地域である。

また，前衛のポジションと関連して，自から決っても来る。

（b）　前衛のポジション

① サービス時のポジション

後衛がサービスを行なう時には，前衛は一方の側（右側サーブの場合は左側）で，ネットから1mよりやや遠く，アウトサイド・ラインより約2m離れた位置がポジションとなる（図67）。これが，前衛の定位置である。このポジションは，レシーブ・ボールを攻撃し，ボレーで得点しようとすることと，相手のレシーブに対して威圧しようとするポジションでもあるから，相手方に向いて構える。ネットに近寄りすぎると，ネット・タッチやオーバーの危険が起るので近過ぎないポジションを取るべきである。

② ゲーム中のポジション

ゲーム中のポジションの原則は，後衛と何ら変らない。最も，攻防のし易いポジションをとればよい。しかし，ネットの中央辺に留っていることはよくない。後衛のポジションが取りにくいし，サイドを抜かれる恐れがある。従って中央に出ても，すぐ定位置に帰ることがよい。スマッシュ・ボールをとらえて，後退した場合も同様である（図70，71）。

（c）　レシーブのポジション

① レシーバーのポジション

レシーブのポジションは，サーブの性質によって異る。

ファースト・サーブでは，強いことを予想し，ベース・ラインまで下って構え，第2サーブでは，スピードがなくバウンドも低いことを考え，ベース・ラインと，サービス・ラインの中央辺がよいポジションとなる（図72，73）。

図 72

図 73

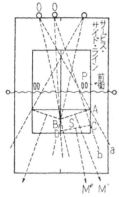

図74 レシーブ・ポジションとサービス・ポジションとの関係図
①第1サーブはスピードもあり直線コースを取り，前衛Pのサイドまでが範囲となる。そのコースを夫々a・cとする。
②a・cがサービス・サイド・ラインと交る点をA・Cとする。OA O′Cと等距にあるセンターラインの点を OBO′Dとする。
③OAB，O′CDは2等辺3角形となり辺AB，CDの2等分線M′M″上のポジションが，理想的である。

また，サーバーのポジションによっても変る。後衛の場合は，サーバーがアウト・サイド側の場合はやや右に，センター寄りの場合は左寄りとなる（図74）。前衛の時は逆となる。しかし，自分の得意，不得意により夫々適したポジションをとるのがよいことは，勿論である。

（2） パートナーのポジション

パートナーは，レシーバーのレシーブ・ボールの方向や性質をよく確かめ，レシーブされるやすばやくゲームのポジションに移る（図75，76）。

「以上いろいろ考えてみましたがこの中で1項目でも，ゲームに応用させるように注意して，ゲームに入ろう。」

C 6人テニス（25分）

「前時限に，チームを作ったわけですからそのチームとします。前衛2人・後衛1人の

Ⅳ 単元の展開とその方法　　　99

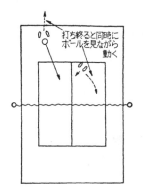 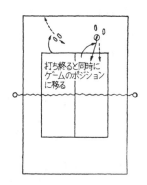

図75　後衛レシーブポジションの時の体の方向（図72,73参照）　　図76　前衛レシーブが終ってからの動き（図77,78参照）

図77　　　　　　　　　　図78

6人テニスです。よくポジションを考えてフット・ワークを使い練習する。この6人テニスは，後衛のフット・ワークやポジションの練習を主にしますから，プレイスを考えて相手の後衛を走らせるつもりで打つ。」

　ゲームの要領は，Aコース第8時限に準じて指導する。

　Aコースの6人テニスでは，後衛2人でサービスをしたが，本時では1人の後衛が，右側から1回ずつ交互に（正規ゲームと同じ要領で）打つ。両サイドの得点の計が4点になった時に，サーブを交代する。コートの条件が揃っていない場合は，コート・チェンヂをさせるとよい。

　1回戦ずつとし，出来るだけ多くの者にゲーム経験を得させる様指導する。

　組合せは，リーダーにカードを渡し決めさせる。

　ゲーム中は，ポジションの取り方についてよく指導する。

ゲームの始めと終りの挨拶，審判，応援等自主的に行なわせる。

D　整理運動（5分）

① フット・ワーク（左右，前後，蛇行）

② 徒手体操

（5）ま　と　め（3分）

ゲームの結果を記録させる。以下省略

第 9 時 限

（1）　主教材　6人テニス

（2）　ね　ら　い

前時限の続きを行なわせ，後半に，後衛2人，前衛1人の6人テニスを行なう。

この6人テニスのねらいは，前衛のゲーム中の攻撃とポジションの練習に重点をおき，積極的に攻撃に出させて，前衛プレーのドリルを図る。

後衛は，後衛としてのプレーの練習に加えて，グラウンド・ストロークの技術を高めることに重点をおく。プレイシングを考え応用させることもねらいの一つとする。サーブは2回ずつ交互に2人で行なう。

——以下省略——

第 10 時 限

（1）　主教材　6人テニス，ダブルス

（2）　ね　ら　い

① 6人テニスから正規ゲームの方法へ導入する。

② 正規ルールの基礎を理解させ，正規ゲームの出来る素地を得させる。

③ よいコートマナーの発達を図る。

（3）　準　　備

① コートに正規のラインを引き，ネットを張る。

② ラケット12本，ボール24箇，組合せ，カード・記録用紙を準備する。

（4）　展　　開

Ⅳ 単元の展開とその方法　　　101

試合記録表
第3試合

コート	Ⓐ B	審判	正 秋 山
			副 春 山

グループ	ⒶBCDEF	グループ	AⒷCDEF
後衛	前衛	後衛	前衛
南	東	近藤	遠藤

サイド	得失点	得点	回数	得点	得失点	サイド
S	○××○○○	4	1	2	×○○×××	R
R	○○×××○×	3	2	5	×○○○○×○	S
S	×○×○××	2	3	4	○×○×○○	R
			4			
			5			
			6			
			〜			
			9			
			ゲーム計			

⑤　グループ対抗戦とするのもよい。

A　準備運動（5分）
　時間を決め，各グループで適当と考える準備運動を自由に選ばせて行なわせる。

B　6人テニス（15分）
　①　時間の許す範囲で，2回，3回戦ゲームを組ませて行なわせる。
　②　1試合ごとに，記録係に試合成績の記録をとらせる。（試合記録表参照）
　③　ゲームを観察しながら，ポジションや，攻撃法を工夫する様指導する。
　④　前衛・後衛の数は，発達の程度を見て，何れがよいか決め，指導して編成させる。

C　ダブルス（22分）
　①　ダブルスとなると，試合数が多くなるので，ゲームの回数は1回から7回のマッチがよい。
　②　審判法を教える。
　ⅰ　審判の任置と位務の要点を教える。（位置，図79参照）
　（イ）　正審の任務
　　〇正審は試合を進める。
　　〇必要な宣告をする。
　　〇得点を数える。

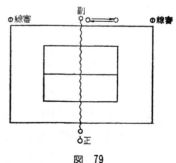

図　79

○副審や線審の助けを借りて正しい判定を下す。
(ロ)　副審の任務
○サーブの判定をし，正審を助ける。
○ボールの管理をする。
○線審の判定を正審に伝える。
(ハ)　線　審
○線審は，正審と反対側で，正審の判定しにくいラインのボールに対し判定する。
ii　宣告のし方を教える。
(イ)　試合の初め……「プレー・ボール」
(ロ)　試合の得点
　○サーバー側から教える。
　○1点・2点・3点は夫々，「ワン・ツー・スリー」
　○双方3点の場合は「ジュース」
　○ジュース後の先取した1点は「アドバンテージ・サーバー」或は「レシーバー」
　○ジュース後の同点は凡て「ジュース」,或は「ジュースアゲイン」
　○ジュース後2点続けて得点すると，ゲームとなり「ゲーム」と宣告する。
　○次の試合に入る時には「ゲーム・カウント・ワン・ゼロ」という様に，それまでの結果をコールする。
(ハ)　プレー中の宣告
　○アウトのボールのみ「アウト」
　○サーブの失敗「フォールト」
　○「ネット・タッチ」や「ネット・オーバー」
③　コート・チェンヂを両チームの得たゲームの和が奇数の時に行なわせる。
④　サーブ・チェンヂを各ゲームの終了と同時に行なわせる。
⑤　正規4点ゲームとする。
⑥　既習教材の応用を重点とし，グループの対抗戦として進める。
⑦　グループの自主的活動として，主体的に行なわせる。

D　整理運動（3分）

グループごとに考えさせて行なわせる。

（5）ま　と　め（5分）

① ルールがよく理解出来たか。
② ポジションが，速くとれる様になって来たか。
③ 技能の正確性は高まって来たか。
④ 攻撃法が上手に行なえたか。
⑤ ゲームの見方はよかったか。
⑥ 審判は上手に出来たか。
⑦ 試合の結果はどうであったか。

などを話し合い，反省し合ってまとめさせる。

⑧ 記録，用具の整理の指示をして終る。

3　Cコース（経験者……高校上級程度）

このコースでは，主教材の学習をゲームを中心に進めて行く方法をとる。

単元Ⅰ　前衛のプレー

第 1 時 限

（1）主教材　プレイシング，ボレー，スマッシング，レシーブ
（2）ね ら い
① 狙った場所に打ち込める。
② 打球にコントロールをつけさせる。
（3）準　　備
① コートにラインを引き，ネットを張る。
② ラケット8本，ボール16箇
（4）展　　開

A　グルーピング（3分）

① 4グループに編成する。

　② 役割は既習の要領と同様

B　ウォーミング・アップ（10分）

　① グループごとに徒手体操

　② ラリー

C　ボ　レ　ー（10分）

　ブレイシングの意味を理解させ，ボレーの主な注意点を指摘しておく。

　① 相手の守備の間隙を狙う。

　② 相手の動きに対して逆方向を狙う。

　③ 速いスイングや，打つ瞬間にラケットを引きながら，弱くあてるストップ・ボレーの併用を応用させる。

　④ 練習要領は，コート平行に2コースとる。

D　スマッシング（10分）

　スマッシングは，打ち込みによる攻撃プレイであるが，無理をしないで，自分の能力範囲で打つ。難かしいボールは後衛に委せ，チャンス・ボールを打つように心がけるのがよい。

　① サービス・ラインまでを守備範囲とし，深すぎる位置で打つことは避ける。

　② ロブ・ボールは，力がなくなると急に下降するので，ボールの落下に合せて追い，打つまで眼を離さない。

　③ 相手の守備の間隙や，逆サイド，逆モーションを狙う。

　④ 前衛の足元を狙う。練習要領はボレー同様

E　レシーブ（12分）

　レシーブの場合には，相手が攻撃体制にあるので，悪い返球は，みすみす相手に得点を許す結果となる。

　① 方向を考えて打つ。

　② スピード・ボールとロブを併用する。

　③ サーブの威力に応じてレシーブのプレイスを考える（図80）。

　（イ）ファースト・サーブの場合は，スピード・ボールで相手の足元を狙う。

（ロ）　弱いサーブは，クロスのポケットを狙う。

（ハ）　相手の前衛のポジションによって，サイドを抜く。

（ニ）　ファースト・サーブが強く，後退してレシーブした場合は，ロブをあげ前衛をさけて，相手のポジションを崩し，その間にネットに出て自分のポジションを整える。

④　レシーブ練習は，クロス・コースを用い，サーブはベース・ラインの近くで打たせる。

練習中は，打球が散るので，順番を待つメンバーを周辺に配置して，ボール拾いに協力させる。

F　クーリング・ダウン（3分）

徒手体操

（5）ま　と　め（2分）

①　ブレイシングを考えると，速いフォームとなり勝であるが，ボールは，充分落ちるまで待ち，相手のポジションをよく見る余裕を持つことが大切であることを理解させる。

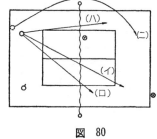

図　80

②　テニスのゲームは，凡てブレイシングが，基本となることを理解させる。

③　次時限の予告と，学習の経過記録，あとしまつの指示をする。

第　2　時　限

（1）　主教材　攻撃とモーション

（2）　ね ら い

①　モーションが攻撃プレーとして有効であることを理解させる。

②　モーションをゲームに応用させる。

（3）　準　　備

前時限と同様な準備をなす。

（4）　展　　開

A　ウォーミング・アップ（ラリー）（8分）

B　話し合い（示範し説明しながらはっきり理解させる。）（10分）

「モーションは，相手の動作や打球に対して引起されるか，逆に相手の動作の寸前や，打球と同時に，ある目的をもって動き出す動作である。前衛はネットに近くポジションをとるので，相手からのボールに対しては近く，しかも時間的な余裕が少ないから速いモーションが必要である。」

モーションの基本としては，次の2方法が考えられる。

（a）単モーション（図81，82）

相手の打球を一挙に出て抑えるモーションであって，次の三つがある。1段モーションとも云う。

① 横モーション
② 縦モーション
③ 斜モーション

（b）複モーション（図83，84）

1度或る方向にモーションを起してから，更に次の方向にモーションをおこして，打球する。

第1段階のモーションは予備のモーションでもあり，擬装モーションでもあるから比較的小さくとって相手の打球を誘う場合と，またその逆の場合もあるが，決定打モーションに備えて余裕をもった動きが必要である。

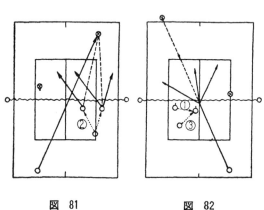

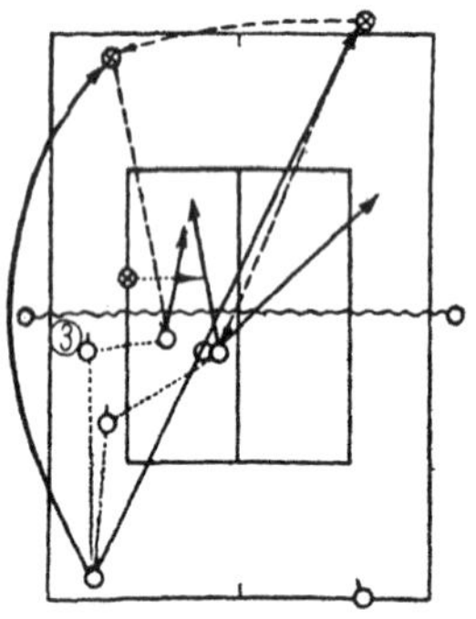

図 81　　　　図 82

図 83 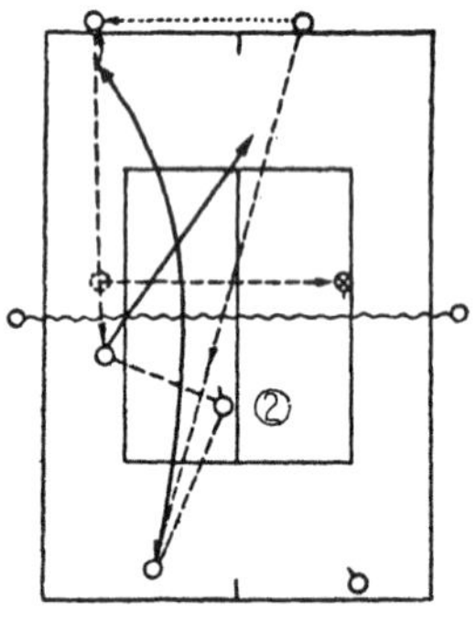　　　　図 84

第2段，第3段のモーションは決定打のモーションであるから，敏速で正確なプレイスが要求される。

複モーションは，単モーションの応用でもあるから，決った形はなくプレー

の状況において各自工夫すべきものであるが，代表的な例としては，レシーブの場合があげられる。
　① 縦モーションでフォアーコースを空けて誘い，斜モーションで抑える。
　② 斜モーションで誘い，斜モーションで抑える。
　③ 縦モーションで誘い，横モーションで抑える。
　プレー中には，前に出るばかりでなく，退り，或は前に出，縦横に走ってモーションをとり，たえず動きながら相手を牽制したり，ミスを誘いつつ，有利な攻撃を行なう訳である。」
C　ゲ　ー　ム（ダブルス）（25分）
　ゲームをしながら，前衛攻撃とモーションの練習をする。ゲームは次時限へ続ける。
　① チームの編成
　② 組合せ
　③ 3回戦ゲームを行なう。
D　クーリング・ダウン（3分）
　徒手体操
（5）ま　と　め（4分）
　① ゲームの結果を記録に残す。
　② ゲームにブレイシングが応用出来たか反省する。
　③ 次時限の予告をする。

単元Ⅱ　後衛のプレー

第　3　時　限

（1）主教材　ブレイシング，サービス，レシーブ
（2）ね　ら　い
　① サービスが狙った場所に打ち込める。
　② レシーブが狙った場所に返せる。
（3）準　　　備

前時限と同様な準備をする。
　(4) 展　　開
A　ウォーミング・アップ（6分）
　① 徒手体操
　② ラリー
B　プレイシング（2分）
　① 後衛は，サービスに先ずプレイスが必要である。
　② レシーブの場合は深めにプレイスする。
　③ プレー中は，たえずプレイシングの連続であること等について，話し合いの形で説明する。
C　サ ー ビ ス（8分）
　① サービスにあっても，たえずプレイスは念頭において行なう。その要点は相手の弱点を衝くことと，ポジションを見て，ポケットを狙うことが必要である。
　② ファースト・サーブは自然深く打ち込む結果となるが，セカンド・サーブは安全にプレイスする。
　③ プレイスの位置を考えて，サービス・ポジションを取ること等を示範しながら説明し，グループごとの練習に移る。
　④ プレイスに対しては，フット・ワークが重要となるので構えを指導する。
　⑤ 右側サービスでは，アウトサイド・ライン寄りのポジションの場合，ベース・ラインに対して，浅い構えとなる。逆に，センターマーク寄りのポジションでは深い構えとなる。
　⑥ レシーバーのバックサイドを衝く場合には，センターマーク寄りのポジションが確実性は高い。
　以上の要点を練習中によく指導する。
D　レシーブ（10分）
　レシーブは，前衛レシーブと変らないから，サービスに続いて練習に移る。しかし，レシーブ練習時には，サーバーにサーブのコントロールをつけさせるため，ポジションは夫々適宜に取らせる。

E　ゲ　ー　ム（20分）

　サービスとレシーブのプレイシングを実際のゲームに応用させながら，前時限のゲームの続きを行なう。

F　クーリング・ダウン（2分）

　徒手体操

（5）ま　と　め（2分）

　前時限と同様なまとめをする。

第　4　時　限

（1）　主教材　グラウンド・ストローク

（2）　ね　ら　い

①　スピード・ボールのプレイシングが出来る。

②　ロビング・ボールのプレイシングを行なわせる。

（3）　準　　　備

　前時限同様

（4）　展　　　開

A　説　　　明（5分）

　グラウンド・ストロークのプレイシングでは，

　①　スピード・ボールとロビング・ボールで相手のポジションを崩しながら，弱点や隙にプレイスする。

　②　また，相手の前衛や後衛を逆に誘い，その虚を衝く。

　③　あせってプレイスすることは禁物である。

　④　プレー中，後衛のストロークは，たえずプレイシングの連続であるから，打球のコントロールに注意する必要がある。

B　ウォーミング・アップ（5分）

　徒手体操

C　ゲ　ー　ム（30分）

　前時限に引続き，ゲームを中心として，グラウンド・ストロークのプレイシングを練習させ，コース前半の組合せを終る。

D　クーリング・ダウン（5分）
　①　軽いランニング
　②　補償運動を中心とした徒手体操
（5）ま　と　め（5分）　　　　　　　　　　　　——省略——

単元Ⅲ　攻撃プレー

第　5　時　限

　攻撃プレーは，既に学習して来たのであるが，ここで既習教材のまとめと，攻撃に必要なコンビネーションと，カット及びスライス打法を含めた攻撃プレーとしての単元を設けた。

（1）主教材　攻撃とコンビネーション，カットとスライス打法
（2）ね　ら　い
　①　攻撃技術を高める。
　②　チーム・ワークを会得させる。
（3）準　　備
　前時限と同様
（4）展　　開
A　ウォーミング・アップ（3分）
　徒手体操
B　攻撃とコンビネーションの説明とチームの編成（8分）
　テニスは最少メンバーのチーム・スポーツであるから，2人のコンビが上手にとれていることが，有利な攻撃を生み出す基となる。
　前衛の性格は勿論，前衛プレーの得意な人ということになるが，身長のより大きい人が有利である。
　後衛は，グラウンド・ストロークや強サーブが打てることが条件となるが，体力がより秀れている人がよい。ゲームにおける疲労は，前衛に対して約2倍(註)

（註）　1954年　第3回，日本体育学会報告書，日本体育学会
　　　1955年，軟式庭球　4月号　軟式庭球連盟　｝共に浅野辰三

となる。

また，それぞれの特技を生かし，不利を補うコンビとしては，

① バックハンドのきらいな後衛に対しては，バック・ボレー，バック・スマッシュに秀れた前衛を組ませる。

② 足の遅い後衛には，モーションが速い前衛を組ませる。

③ 強打の得意な後衛には，ボレーにすぐれた前衛を組ませる。

④ 出足の遅い前衛には，出足の早い，敏捷な後衛を組ませる。

という様に種々なパートナーの組合せが考えられる。

プレー中のコンビネーションについては，

① 前衛と後衛は直線に重ならないこと。

② 前衛は，ミドルに出ても，プレー後はすばやく定位置に帰り，味方後衛の打球時には低いフォームをとり，静止すること。

③ 前衛は，後衛の反対サイドで，広くポジションを占め，相手をたえず牽制することが大切である。

以上の諸点を考慮して，前・後衛に分れ，グループ内で新たにチームを編成する。

C　カットとスライス打法

「カットは俗に云う切り球で，スイングは短かく，フォロースルーも殆んどない。従って重心移動，体の廻転も少ない。腕と手首の力で，ラケットは上から下に切り下す（図85，86）。

図　85

図　86

スライスは，カットよりもやや押し気味にすくう要領，或はボールを下に撫でながら打つ要領と云ってよい。共にボールに逆廻転や斜廻転を与え，ボール

を不規則な飛球とする（図86，87）。

図 87　　　　　　　　　図 88

このプレーは，サービス，ストローク共に用いられる。

セカンド・サーブには，殆んどカットやスライスが用いられ，グラウンド・ストロークにも，窮余の策として，或いは攻撃用として用いられる。

新たなチームで，ゲームを行ないながら，機に応じて，カットやスライスの練習も加えて行なおう。」

D　ゲ　ー　ム（3回ゲーム）（30分）

「攻撃プレーの練習であるから，先ずサーブは，ファーストを入れる。プレイスを考え強打のコントロールをつける。また前衛は積極的にボールのコースに出て，果敢な攻撃に注意を向ける。今後は本時のチーム編成で試合を進めるので，最初のコンビ練習でもあり，チーム・ワークを作る第1歩でもあるから，攻撃法を相談して計画的に行なってみよう。」

E　クーリング・ダウン（5分）

① ランニング……コートを軽く3周（女子1周）

② 徒手体操

（5）ま　と　め（4分）

第 6 時 限

第5時限に準じ，コンビネーション，チーム・ワークの向上をねらい，ゲーム・プレーの上達に重点をおいて，ゲームを中心として行なう。

単元Ⅳ　ゲームの計画と運営

第 7 時 限

（1）主教材　施設用具の管理，ルール，試合の計画と運営，組合せ方，審判と記録

（2）ねらい

① コート整理，ラインの引き方，ボールの空気の詰め方を教え，実察に行なわせる。

② ルールを教え，試合を通して理解させる。

③ 試合の組合せを行なわせ，審判や記録をとらせつつ自主的な試合の運営能力を得させる。

（3）準備

① 石灰，バケツ，ラインロープ，ライン箒，ローラー，空気入れ

② ラケット12本，ボール24箇，記録用紙，抽選カード，ルールのプリント

（4）展開

A　コートの整理，ライン引き，ボールの空気入れ（15分）

① コート整理の要領を教え，コートごとにグループで協同して行なわせる。

② ライン引き，ボールの空気の詰め方を教え，実際に行なわせる。（Ⅶ，施設，用具参照）

B　ルール及び試合の計画と運営（15分）

① ルールの要点をプリントして配り，審判の宣告のし方も併せて研究させる。

② 試合の組合せ方の要点を教え，組合せを行なう。

ⅰ　トーナメント（図89）

（イ）敗者除外法

第1回戦に勝ったチームのみ2回戦に進める。この方法の欠点は，第1回戦に負けると以後の試合に出られないこと，参加チームが2の乗冪 4・8・16の

ような数でないと完全な組合せが出来ない。この形式の試合回数は参加チーム数マイナス１である。

（ロ）　シード法

過去の成績を参照して強チームを分散させ，最後に強いチーム同志が当る様に組合せる。

（ハ）　敗者復活戦

参加チームに出来るだけ多くの試合経験を与えるための方法で，試合回数によって，第１回戦の敗者復活戦，第２回戦の復活戦などがある。

ii　リーグ（図90）

リーグ戦の試合数は，次式で得られる。

$$x=\frac{n(n-1)}{2}$$

n……参加チーム数

図89　トーナメント法組合せ

	1	2	3	4	5	6	7
1	＼						
2	A	＼					
3	B	C	＼				
4	C	D	E	＼			
5	D	E	F	G	＼		
6	E	F	G	A	B	＼	
7	F	G	A	B	C	D	＼

図90　リーグ戦組合せ

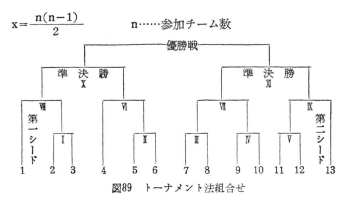

リーグ戦方式は，参加チームをすべて対戦させ，その勝率によって順位を決める方法である。この方法は，公平であるが，参加数が多くなると困難である。一般には，参加数8チーム以下の場合にこの方法が用いられる。

　③　審判と記録の要点を教え，ゲームを通して行なわせる。

　i　審判は，厳正な態度で，迅速正確な判定を宣告する。

　ii　ルールを熟知して，公正無私，判定宣告に過誤のない様，万全を期す。

　iii　役員を決め，正審，副審，線審，記録係等に分れ，試合の運営に当らせる。

C　ダブルス（3回）マッチ（15分）

生徒が計画したマッチを行ない，運営や記録審判法を学習させる。

試合前後の挨拶，試合の進行や順序も，正規にしかも正確に行なわせる。

E　クーリング・ダウン（2分）

徒手体操

（5）ま　と　め（3分）

　①　コート整理や試合までの準備，試合の計画と運営について反省させ，不明な点はよく説明し，正確な理解を得させる。

　②　審判の方法を理解し，自信をもって実施出来るかどうかを反省させる。

　③　本時限の経過記録の記入を示指する。

　④　用具のあとしまつを入念に行なわせる。

単元Ⅴ　ゲ　ー　ム

第 8 時 限

第7時限の教材を実習させることをねらいとして，3回マッチのゲームを続け，審判法の向上，攻撃技術の上達をはかる。

審判には，次試合チームを当らせ，洩れなく審判経験を得させることがよい。

生徒の自主的な計画を尊重し，生徒の主体的な運営に委せ，本時の学習管理をグループのリーダーに一任して行なわせる。

テニス

第 9, 10 時限

(1) ね ら い
① 主教材を5回マッチのゲームとし，ゲームの運営を各グループのリーダーに当らせる。
② 指導者も，グループのメンバーとして加わり，ゲームに参加し，和やかな楽しい学習形態をもり立てることを念頭におく。
(3) 指導者は，良き相談相手であり，助言者としての立場をとり，生徒の自主活動を伸し，育てることに重点をおく。

(2) ま と め
① 試合結果を生徒に発表させる。
② 生徒の自主的活動が，望ましい状態で進められたかどうか。
③ レクリエーションとして活用出来る能力が，身につけられたかどうか。
などを共に反省させ，レクリエーションの重要性や価値を話し合い，総合的なまとめをする。
④ 経過記録を提出する様指示し，評価の参考とする。

(参　考)
(a) レクリエーションの重要性
(イ) 勤労，睡眠等の拘束的活動と，生活上の洗面，入浴，着換え等の半拘束的活動に要する時間以外は，大体において，余暇時間でもあり，自由時間である。この自由時間は文明の進歩と共に増大しつつある。
(ロ) この自由時間を如何に過すかが大切である。古くは，学術や科学が有閑階級によって進められたし，現在では，この用い方によっては，個人の人格，教養を高める結果ともなり，娯楽のみの追究から，不良化や惰落の危険も多い。
レクリエーションは，増大しつつある自由時間を利用して，健全な方向へ発展させる活動を含んでいる。スポーツはその大きな一面をかたちづくる。
(b) レクリエーションの価値

——「原子力の利用という物理学界における業績と同じく，現代の偉大な発見の一つは，すべての人を豊かに，深く，生き生きとした生活をせしめるレクリエーションの力を発見したことである。」——

アメリカ・レクリエーション協会　ブラウチャー

（イ）　社会的価値

　同じ趣味を有するいろいろな人達が，共通の目的実現に向って協力するのであるから，互いに理解し合う機会が多く，計画や指導，協同，同情，責任感等の社会生活において役立つ諸徳性を養うことが出来る。

（ロ）　人格を高める機会が得られる。

　自分の個性に応じて，自由な活動を楽しみ自己を自由に表現することが出来る。自分の趣味を伸し，自由に個性を高めることは，やがて教養を豊かにし，人格を高める基礎ともなる。

（ハ）　体育の良き場を構成する

　身体活動を伴うスポーツ，レクリエーションによって，身体諸器官の発達を促し，健康を保持増進し，生活に必要な体力や，技能を高めることが出来る。

　以上の価値を理解し，体育の学習を生活の中に生かすことが重要である。

参　考　文　献

1.	加藤橋夫 前川峯雄	中学校・高等学校スポーツ指導叢書 「チーム・スポーツ」	世界書院
2.	前川峯雄 浅川正一	体育科教育法	新思潮社
3.	太田芳郎	体育シリーズ（7）テニス	体育の科学社
4.	奥川辰雄	旺文社　スポーツ・シリーズ 「軟式庭球」	旺文社
5.	福田雅之助	旺文社　スポーツ・シリーズ 「テニス（硬式）」	旺文社

V 評　　価

1 評価の意味

　評価は，教師の側から見れば，学習の効果が現在どの程度実現しているかを明らかにすることであり，その結果に基づく指導の反省を，次の学習指導に生かそうとする。それと同時に，生徒の発達を個々に把握するために行なうが，生徒の側からは，自分で学習の結果を認識し，更に効果的な学習を指向するチャンスともなるもので，重要な意味を持っている。

　従って，学習の過程において，常に評価・反省はなさるべき性質のものである。

2 評価の方法

　評価の方法は，一般的に，知識や理解を評価するためのペーパー・テストや技能評価のためのスキル・テストが用いられる。

　習慣や態度を評価する方法には，今のところ，実際的で，適切なものが少ない。

　ペーパー・テストは問答法が中心であり，スキル・テストは動作を試技してその計測をする方法が採られる。

　習慣や態度の評価には，ペーパー・テスト方式で解答を求め，その結果を或る尺度にあてはめるという方法が用いられるが，客観性に乏しい。

　そこで，この評価には経過記録の利用を提唱したい。これは生徒自身で日々の学習過程を，経過記録表（附表1）に記録するもので，記録自体既に評価の累積とも云える。生徒はこれにより学習結果の発達的経過を自身で反省したり，評価するのによいばかりでなく，生徒の習慣や態度の評価に有力な資料となる。いわば，間接評価法でもある。

　要は，一面的な方法のみでなく，多面的に発達過程を総合評価する方法を用いたいものである。

　（1）ペーパー・テストの主な内容
　　① 軟式テニスの歴史及び特徴

② 技能の上達に要する留意点
③ 練習の方法と守るべき要点
④ 前衛と後衛の技術と任務
⑤ テニスの攻撃法
⑥ 審判のし方及びルール・用語
⑦ 試合の計画や運営のし方
⑧ 試合中，プレーヤーと観衆のとるべき態度
⑨ レクリエーションの重要性とスポーツ

(2) スキル・テスト

① 2グループを組にして，各グループが交互に試技し，判定，記録する。

② 試技の相手を必要とする場合は，技能のすぐれているクラブ員，その他を選定して試技の相手とする。

③ テストには，完全に同一条件のもとで行なう必要があるが，完全に同一条件は設定しにくい。従って，能率的な観点から考えた方法で，多くは1面のコートに2コース・2組でテストを行なう。しかし，時間が許せば，1コース・1組がよいことは，勿論である。

また，クロス・コートを使用するテストはコースを代えて2回実施すれば同一条件となる。

④ 用具その他はコート1面の場合を示した。

A コース

(1) グラウンド・ストローク（フォアーハンド）

A 準 備

① コートに図91の如く区劃線を引く。
② ラケット2本，ボール10箇
③ 各グループから，記録係2名，判定係2名，ボール係2名を出す。

B 実施方法

① スロアーは1人5個のボールを持ち，

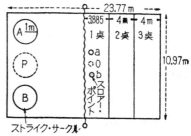

図 91

スロアー・ポイントから，ストライク・サークル内でバウンドするストライク・ボールを投げる。（a→A，b←B，時間のある場合はo←Pの1コースがよい）

② 試技者は，ストライク・ボール5本を打つ。落下点が線上の場合は上位点とし，ネット・インは落下点で判定する。空振りは0点とする。

C 評価の基準

 5本の合計点　11点以上　　　A
      10点～7点　　B
      6点～3点　　　C
      2点以下　　　　D

（2） ボレー（フォア・ーハンド）

A 準　　備

コートに図92の如く区劃線を引く。他は，ストロークの場合と同様。

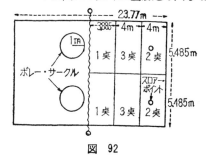

図 92

B 実 施 方 法

① スロアーは相手の右肩上方に打ち易いボールを投げる。

② 試技者は，ボレー・サークル内で打てるよいボールを5本打つ。

③ タッチ・ネット，ネットオーバーは0点となる。

C 評価の基準

 5本の合計点　　11点以上　　　A
      　10点～7点　　B
      　6点～4点　　　C
      　3点以下　　　　D

（3） サーブ（セカンド・サーブ）

A 準　　備

コートに次頁の図93の如く区劃線を引く。

B 実施方法

① サービス・コートA・Cからレシーブ・コートB・D（A→B・C→D）

に5本中何本入るか，1本の成功を1点とする。

② フットフォールトは失敗とする。

③ 1度トスしたボールは，打たなくとも失敗である。

④ レット・インは落下点で判定する。

⑤ オン・ラインはセーフである。

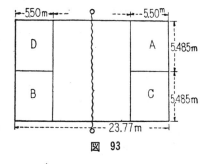

図93

C 評価の基準　　4点以上の成功　　A
　　　　　　　　3点の成功　　　B
　　　　　　　　2点　〃　　　　C
　　　　　　　　1点以下　　　　D

B コース

(1) サービス

ファースト・サーブ，セカンド・サーブ

A 準　　備

コートに正規ラインを引く。他は，Aコースのテストと同様。

B 実施方法

① 1人ボールを5個用意し，ファースト・サーブ，セカンド・サーブを夫々5本ずつ打つ。

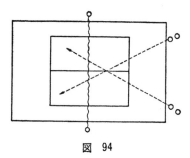

図94

② フットフォールト及びトス・アップのボールは打たなくとも0点として採点する。レット・インはやり直す。

〔註〕サービスの際ネットコードに当ってから入ったボールはネット・インではなくて Let（やり直す意味に用いられたのが本来の意味），それから net in と言う。日本製英語が出来た。然し一般に通用されているからネット・インの語を用いてもよい。他の打球でネットに当って入ったボールは let ではなく正しく言えば cord ball である。

やり直しの時はすべて let とする。let から let in 次に net in と間違って来たものである。

C 評価の基準

ファースト・サーブ		セカンド・サーブ	
3点以上	A	4点以上	A
2点	B	3点	B
1点	C	2点	C
0点	D	1点以下	D

(2) ボレー

A 準 備

コートを図95の如く区劃する。他は，Aコースのテストと同様。

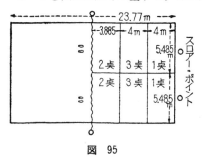

図 95

B 実施方法

① スロアーは，ストローカー目がけて，打ち易いボールを投げる。

② 投げられたボールの中，打ち易いボールを5本打つ。（フォアーでもバック・ハンドでもよい。）

③ タッチ・ネット，ネット・オーバーは0点として採点する。空振りも0点とする。

C 評価の基準

11点以上	A
10点〜7点	B
6点〜4点	C
3点以下	D

(3) スマッシング（フォアーハンド）

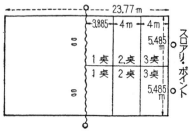

図 96

A 準 備

コートを図96の如く区劃する。

B 実施方法　　　　　｝共にボレー同様
C 評価の基準

(4) グラウンド・ストローク（フォアー）

Aコースのストローク・テスト同様

な方法で実施し，評価の配点をAコースの3点を2点に，2点を1点に，1点を0点に下げる。

評価の基準を次の如くする。

　　　　8点以上　　　　A　　　　7点〜6点　　　　B
　　　　5点〜4点　　　　C　　　　3点以下　　　　D

Ｃ　コ　ー　ス

(1) サービス　Bコースと同要領

(2) ボレー

(3) スマッシング

(2), (3)は共に, Bコースと同要領にて行なうが, スロアーの投球方法は, ラケットを用いたあげボールで行なう。

評価その他Bコースと同様。

(4) グラウンド・ストローク (フォアー, バック, 何れか選ばせる。)

A　準　備

コートを図97の如く区劃する。ラケット2本, ボール10個

B　実　施　方　法

① スロアーは, スロアー・ポイントから, ストライク・サークルに落ちるストライクを投ずる。(a→A, b→B)

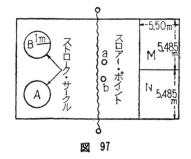

図　97

② 試技者は, ストライク, ボール5本を夫々M. Nに打ち込む。レット・インは落下点で採点する。

C　評価の基準

成功1本に付1点を与える。

　　　　4点以上　　　　A
　　　　3点　　　　　　B
　　　　2点　　　　　　C
　　　　1点以下　　　　D

参 考 文 献

1. 松井三雄　　　　　　体育測定法　　　　体育の科学社
   水野忠文
   江橋慎四郎

2. 今村嘉雄男　　　　　体育の検査と測定　　草　美　社
   松田岩彦
   宇土正

VI 校内競技及びクラブ活動との関連における留意点

　校内競技やクラブ活動は，正課時学習の効果を一層高め，生徒の自主的活動を主体とした特別教育活動である。従って，その計画，運営，参加，練習等の一連の行動が，生徒の自主的な活動として展開されて，はじめて自主性や，個性の伸展，或はレクリェーションえの発展が期待出来るのであるが，共に体育活動であるから，全体計画の中に，正しく位置づけられていなければならない。

　即ち，体育全体計画と関連を持たせ，その立場から，管理され，指導されねばならない。それと共に，正課時学習は又これら特別教育活動を，更に高めて行くべき課題をも持っているのであって，両者，相関的である。この点についていくつかの留意点をあげておきたい。

1　正課時指導の立場から

A　校内競技との関連

①　体育の年間計画を考え，単元の終りに校内競技を計画し，正課時学習と関連させて指導を進める。

②　企画，運営に必要な各種役員は，クラブ員，正課時係をもって構成し，全員の意見が反映されるように助言する。

③　企画，運営は，自主的に行なわせるが，正課時学習の段階に応じて競技規則を簡易化する。

④　参加の資格や制限については，クラブ員等の条件を考慮した上で決め，ハイクラス・マッチ，ミドルクラス・マッチ，ロークラス・マッチなどに区分し，夫々の能力によって，広く参加の機会を持たせる方法を考えることが必要である。

⑤　正課時学習を更に高めるために，校内競技を中心として，計画的に練習する様指導する。

B　クラブ活動との関連

①　クラブ員の練習は，対外的な試合に活動の中心が向くために，強度な形

をとり一般的でない場合が多いが，優れた技能や，練習方法などを参観するよう，一般生徒に指導し正課時学習の理解を容易にさせる。

② クラブ員を，正課時学習における試技相手や世話係として，全員の学習を能率的に進めることが望まれる。

2 体育全体計画の立場から

校内競技は行事的な性格を持ち，比較的短期間の活動であるが，クラブ活動は，年間を通じて継続的な活動を行なう。

一方が校内を活動の領域とするのに対し，他方は，校外にも活動の領域が広まり，技術の向上を目指して強練習を行なうのが常である。従って，自由時のコートは，殆んどクラブ員の独り舞台となる傾向がある。これは，体育的に全体を見渡してみる時，決して望ましい状態とはいえない。

特にレクリエーション・スポーツは，レクリエーションとして活用させることが，指導のねらいであり，体育の効果をあげるゆえんでもあるから，多くの参加が期待出来る校内競技大会は，許される範囲で度々計画されることが望ましい。

そのためには，たとえ少ない施設であっても，等しく活動の場と機会を与えるような指導が必要なことは当然であり，これはまた体育の進歩を図る基本的条件の一つともなっているのである。特に留意すべきことであろう。

Ⅶ 施設・用具

1 施設・用具の基準

（1） 文部省で示している基準は次表の如くである。

文部省の基準

学級数 施設・用具	5学級以下		6〜17学級		18学級以上	
	中学	高校	中学	高校	中学	高校
ラケット	4	4	8	8	12	12
ネット	1	1	1	1	1	1
支柱	1	1	1	1	1	1

（2） しかし，テニスを教材として学習させるためには，上記数量では不足であり，望ましい学習効果を期待することは出来ない。

施設，用具は，その基準を学級数におくよりも，むしろ学習時における人数によって決定されると考えるべきであろう。

コート数は学習人数により決り，ラケットはコート数によって自ら決る。ボールはラケット1本につき2個を必要とする。

学習人数を基礎にして，一つの基準を示すと次表の如くなる。

教材学習に必要な施設用具の基準

学習人数 施設・用具	30人以下	31人〜40人	41人〜50人	51人〜60人	61人〜70人
ラケット	6	12	12	12	18
ボール	12	24	24	24	36
コート	1	2	2	2	3
ネット	1	2	2	2	3
支柱	1	2	2	2	3

2 附帯施設

(1) 水　栓

ラインを引くにも，コートの手入れにも，水は欠くことが出来ない。特に日照り続きに行なうコートの手入れでは，近くに水栓があるのとないのでは，能率の点でも大きな差異が出来る。出来ればコートの隅に設けておきたい施設である。

(2) 練習板

練習板は，直接必要な施設ではないが，基礎練習には，最もよい相手ともなるもので，出来得れば，設けることに越したことはない。

3. 管　理

(1) コートの手入れ

春には，何れのコートも修理をしなければならない。多額の経費を投じて，専門家に修理させる場合を除いては，部員達や，生徒で自ら手入れをすることになる。その順序は

① コート面の凹凸を直す。

② くぼんだ低い個所は，1度そのくぼみの周辺を釘か，細棒で10センチばかり堀り越してから，新しい土をまぜる様にして補充し，足でふみ固めて，やや高めの所でローラーをかける。

③ ローラーは，縦に引いたら，次には横引きをする。

④ 雨上りの手入れは，コートの手入れとして最もよい時である。乾ききらない中に，薄く川砂をまいて，ローラーをかけるが，ローラーに土がつく場合は，コモかウスベリを巻いて引くとよい。

⑤ 日照り続きの時期は，乾燥しきってボコボコになったり，ひびが入ったりする。この場合には，コート面に撒水してよくしめらせて，ローラーをかける。（図98）

(2) ラインの引き方

コートの整備が終るとライン引きである。コートには，通常，線と線の交点にはポイントが打ってある。そのポイントの外側に，ラインロープをあててピンと張り，その内側にラインを引いて行く。ラインは，荒神箒を用い，一画ず

つ引いては前に進む。（図99）

図 98

図 99

ラインは6cm以内であるから，箒を紐で結えて調節する。

（3） ラケットの保管

軟式用ガットは，マッコウクジラの筋を原料として作られているので，湿気は禁物である。湿気の多い所え置くと，ブヨブヨに軟かくなって，ガットの用をなさなくなる。

ラケットは何時も，乾燥した所に置き，ガットに強い張りと弾力性を持たせておくことが，持ちもよく使い易い。

ガットの張りは，フレームに手を掛け，親指で押すとやや凹む程度の弾力性があるのが良く，強すぎるのは，捻りが出たりするのでよくない。

ラケットは，出来ればプレスして吊り下げておくのが理想的である。

（4） ネット

最近のネットには，木綿とアミラン系の製品とある。雨に打たせることは禁物だが，止むなく雨をかけた場合等は，良く乾燥させ，たゝんで保管する。

（5） コートの区画

① 両ポストの中央に糸を張り，その中央点に釘を差し，0から両側へ，5.485mの距離にそれぞれ，P・Q点を求める。

② 次に，P，Q点から，A，B点に向って11.885mと16.17mを切れば，その交点にA点，B点が求められる。同様にしてC点，D点を求め，各ABCDを結べば，コートの外線が出来上る。

③ ABCDの各点から，ネットに向って5.485mの点を測り，この4点から，AB，CDに平行に1.37mの位置を求めれば，4点EFGHが，サービス

コートを区劃する。

④ EF・GHの中心，MNを結び，その延長と，ベース・ラインの交点にセンター・マークを印す。（図 100）

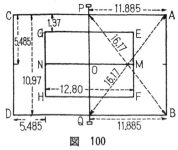

図 100

4 そ の 他

（1） ネット・ポストの建て方，

通常4寸角，2m程度の長さの檜材で作り，金具を取着ける。地上1.10m程度出して，その余は土の中に図 101 102 の如く埋める。横木は打ちつけずにおく，これは，高さの調節や修理を容易にする。

土に入れる部分は防腐剤を塗り，地上の部分には通常白ペンキを塗る。

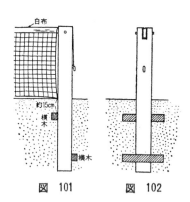

図 101　　図 102

両ポストの間隔は，その外側から 12.97m にしなければならない。

（2） コートの種類

テニスコートには次の種類がある。

i　クレー・コート

現在日本における代表的な軟式テニスコートで殆んど赤土を利用したコートである。

ii　アンツーカ・コート

コート面の下にバラスを敷いて水はけをよくし，その上に煉瓦の粉末のような特殊材料を敷きつめたコートで，煉瓦色をしている。

最近では，アンツーカ・コートも増加している。

iii　コンクリート・コート

iv　アスファルト・コート

コンクリートやアスファルトを敷き固めたコートは，テニス・コートとしては上質のものではないが，修理の必要がなく経済的ではある。

併用施設としての利用が多く，東京都内の学校や，ビルの屋上コートなどで

見られる。

　v　ローン・コート

　コートに芝を植えた芝生のコートである。これは硬式独特のコートで，日本では，見かけない。

（3）ラケットの張り方，

　ラケットの張り方も，管理としては必要であるが，ラケットをよく見ると，自づとわかるので，省略する。

（4）⑷ボールの空気の詰め方

　ボールを約1.50mの高さからコート上に落した場合 0.5m～0.65mの高さにバウンドする程度に詰める。

　ボールには「へそ」がある。これに図103の如く斜めに針をさし必要量空気を入れ，針を抜いたらよく「へそ」をもむとよい。

図　103

卓　　球

高　橋　秀　吏

I　卓球の歴史と特徴

1　卓球の起源と歴史

A　起　　源

ここでは先ず信じ得られる欧米の記録によって，卓球は，いつ頃，誰が，どこで創始したかを中心としてみることにする。

（a）米人フランク・ジー・メンケ(Frank G. Menke)氏の説によると，マサツセッツ州サレム（Salem）市の運動具用品製造商会のパーカー・ブラザース（Parker Brathers）氏が1890年代に開始し，余り熱心ではなかったが，順次発展した。そしてパーカースが，その英国代理店であるハムレー・ブラザース（Hamley Brathers）に用具を輸出したところ，英国人は喜こんでこの新らしいスポーツを採り入れた。その頃は，食卓にネットを張り，また床の上に椅子を背中合わせにし，ボールも家具を傷めないように編織物で包んだ軽い球でやっていた。（これは Cornelius G. Schaad 氏の年代記にもある。）

その後間もなく，英国人がアメリカ・インドーア・テニスの改善を証するために，僅かのセルロイド球をハムレー・ブラザース氏に持って行ったが，この英国人の名前は不明である。

（b）一説によると，19世紀少し前に，ハムレー商会に関係を結んでいた英人ジェームス・ギップ氏（James Gibb）が米国を訪問したとき，ゴム球やコルク球の代りにセルロイド球が玩具として流行しているのを偶然見て，これを卓球に使ったところ大人気を得て世界に拡がったともいわれる。

（c）英国陸軍将校がインドで創始したという説。

（d）英国陸軍将校がサウス・アフリカで南阿戦争前にやっていたという説。

（e）また国際卓球聯盟会長モンターギュ（Hon. Ivor Montagu）氏の説。すなわち，卓球に関する最も古い記録的証拠としては，1880年代に，英国運動具用品製造家の卓球設備を広告したカタログ中に発見され，ゴシマ

(Gossima) などいろいろ珍奇な名前で振興したと言っている。

その他の説もあるけれども，以上によって卓球の起源を考えると，(c)(d)に対しては米国におけるスポーツの権威者メンケ氏が，この説を維持すべき陸軍将校の名前も，年月日も，正確な町名も，その他の事情をも示すものがないと述べているように，これを維持することは出来ない。

(b) 説の事実は認められるが，起源においては (e) 説より年代が新らしい。

1880年代に英国でやっていた事実は記録として発見されているから，これを否定することは出来ない。結局次のように考えることができよう。

卓球は1885年頃英国で創始したものである。しかしこの当時のものは用具が全然現代のものと異っており，ゲームの名前もなかったので現在の卓球(Table-Tennis, Tisch-Teenis, Bord-Tennis, Tenis de Mesa 等の各国語は同意義) の創始と云うよりは**発端**に過ぎない。

セルロイド球を使っての卓球は，1895年頃米国が創始したと云うことができる。

B 歴　　史

起源は別として，**ゲームとしての卓球**はハンガリーが世界で最も古い歴史をもっている (1900年ごろ)。1905年には既にトーナメントを行った。

英国におけるイングランド・ピンポン協会の成立は1902年であった。また1926年国際卓球聯盟結成に加担した国は，提案国ドイツを始めとして，英国，オーストリヤ，チエコスロバキア，ハンガリー，スエーデン等であった。

日本では大日本卓球協会が生れたのが1921年であり，東・西学生卓球聯盟成立が国際卓聯盟結成より1年早く1925年，全日本学生卓球聯盟設立が1931年，初めて全日本選手権大会（一般）を開始したのが1923年であるが，各学校対抗試合（クラブ的）は1907年頃からであったので，組織的な試合に関しては起源国を除いては最も古い歴史を持っている。

米国は1930年にアメリカン・ピンポン・アソシエーションを結成した。数においては何事も引けをとらない米国なので，卓球も1933年に300万近い家庭が卓球台を持っていた。しかしその割合に競技成績は悪く，1936年に国際卓球聯

盟に加盟し，この年世界選手権大会に初参加でありながら男子対国チーム戦（スエースリング・カップ）に優勝という新記録を樹立したのと，1949年に再度優勝したのみである。紙数の都合上他の国についてはこれを略し，主な国の協会または聯盟の設立年を掲げると，オーストリア1924年，スエーデン1926年，フランス1927年，ドイツ1935年，フインランド1938年等である。

2 卓球の現状

欧米諸国では，卓球はレクリエーションまたは軽運動として多くの人々に親しまれている。教育部門としての体育および勝敗を争う競技としての卓球は，その熱心さにおいて，また選手層において，現在のところ日本に及ぶところがない。これは中学校，高等学校に教材とし卓球を採り入れ，古くは大学および職場スポーツ競技としての組織，制度を持っていることによるのである。

3 卓球の特徴

（1） 非常に**興味**がある。従って運動によって大勢のよろこびを味うレクリエーションとして活用出来る。

（2） 室内で晴雨，風雪，寒暑，昼夜を問わず**いつでも**出来る。

（3） 男女，老若，学生，社会人等を問わず**誰にも**出来る。従って誰にも親しまれ易い。

（4） 設備，用具が**簡単で安価**，また所要時間も長短を問わず，また2人だけでも安直にゲームが出来る。従って普及性がある。

図1 ニューヨークのメトロポリタン・ボーイズ・クラブでもこのように楽しくやっている。

図2 老若男女が家族的に，レクリエーションとして行える。

（5） 性，年齢，体質等に従い，各自の身体のコンディションに応じて**運動量を**調整することが出来る。

（6） 敏活，沈着，決断，克己等の**精神修練**に適している。

（7） 小さいときから年をとるまで**永続して**行うことができる。

（8） チーム・スポーツと個人スポーツとして行うので，両者の特徴をもっている。従って他のスポーツと同じく協力の態度や立派な**生活態度**を作るのに適している。

Ⅱ 卓球の性格と指導目標

1 性　格

　卓球は全身的な運動であるが，程度が進むと脚の運動を，とくに必要とし，これに次いで腰，胴体の屈伸，捻転などの運動を必要とするようになる。また打合う距離が短かいため，身体の動作と感の敏捷さ器用さが特に必要であると同時にまた沈着でなければならない。かつ試合の場合は強い闘志が必要である。
　これを教えるには，その特徴，性格をよく知り，次に述べる体育科のもっている諸目標の実現に対して協力しなければならない。

2 指導目標

（1） 身体的発達

　学習指導要領によれば，卓球はレクリエーション的種目に挙げられ，如何にも興楽的遊技のように感じられるけれども，やり方によっては非常に激しい運動量が必要で，特に技能が進むにしたがって短距離から飛来する白球を追って大幅に機敏な体の移動を要し，それに伴い上体の捻転，脚の屈伸その他全身の活動をしなければならないので，当然内臓の諸器能発達を促がすスポーツである。ただ片方の腕を激しく使うために稀に肋膜炎の誘因になることがあるといわれているので常に生徒の健康状態に注意しなければならない。

（2） 技能的発達

　短距離を往来する球を介して感覚を鋭くし，これを強く打ち，時には弱く打ち，ラケットのスイング・コース，角度につき細かい加減を必要とし，或いは瞬間的に打球タイミング，打球姿勢を整えなければならないので，技能的器用さを発達させるのに適している。

（3） 社会的態度

　卓球は団体競技としても行われる特徴を持つのであるから，他のチーム・スポーツと同じくグループの一員としての協力及び責任感等を育成する他，個人競技として行うときにも，ルールや勝敗の下には正しい態度をとり，秩序を守

り，礼儀を重んずる等社会生活に必要な行動の仕方や態度を教育するのに適している。

（4） 健康・安全

卓球は自己の体力に応じて，いつでも運動の程度を加減することができるので，保健的能力の一つを育てることができるとともに，計画的かつ合理的練習を重ねることによって，健康水準を高めることもできる。

（5） 生活への展開

スポーツは，それぞれの特徴を持っている．前述した卓球の持つ特徴を凡ゆる場に於て生活化へ導入するよう教師は常に心掛けながら指導することが最も大切である。しかも本課程に於てその目的を終ろうとすることなく，やがて来るべき社会生活にまで発展する素質を培うよう教育することも最も重要な点である。

最小限2人あれば出来ること，広い場所を必要としないこと，技能水準を問題にしなければ誰でも出来ることなどによって，卓球人口は，おそらくスポーツのうちで最も多いであろう。そして，地域社会，職場等のあらゆるところで行われている点で，日常生活に最もよく採り入れられているスポーツである。しかし，これが一層合理的に生活化するためには，卓球の「生活技術」をもたせなければならない。学校の体育科における卓球指導は，この生活技術の基本をつかませるためであるといえよう。

そしてこの目的を達するには，米国が多くの家庭に卓球台を持つように，我国も先ず陽光を浴びながら行う庭先きへでも，簡便な折畳み式卓球台でもよいから，出来得る限り多くの家庭に持つことが望ましい。それには正課時においてまたあらゆる場に於て生徒にこれを理解させることが大切であり，このようにすることが生活への発展ともなるであろう。

Ⅲ 指 導 計 画

　体育指導上最も重要で最もむずかしいのは指導計画であろう。計画のたて方時間配当等については次の各項目で述べるが，先ずしっかりした指導計画の概念が必要である。
　（1）　中学校，高等学校の体育目標は大選手を作るのではなく，また或時代のように骨肉の発達だけを目的とするものでもない。卓球の指導を通して体育の目標達成に貢献しようとするのであるから，卓球の持つ特徴を十分に活かした指導計画でなければならない。
　（2）　卓球は幸いに地域，性別，季節，天候等による差別を殆んど必要としない。そして文部省は7～9単位を予定し，出来得る限り多くの種目を経験させることを望んでいるので，他の種目との関連をもたした計画であり，また教科外への発展をはかるような広い計画でなければならない。
　（3）　卓球は一応誰でもできる筈のものであるから，その計画も全生徒に均しく履修させるようにしなければならない。
　（4）　上述のごとく，正課の数時間の練習によって健康の増進を望むのはなかなか困難なことであるから，自主的に活用する習慣を作ることに重きを置いた計画でなければならない。
　（5）　現在の施設と学習時間の状態を考慮してそれに適した指導計画を立てるべきである。
　（6）　或段階においてグループ学習を為す場合でも，選手の養成を目的とするものでないから異質グループ学習を採用し，優は劣に協力し，助け合い，共同して能力の進歩と目的達成に努力させる指導計画でなければならない。

1　指導計画の立て方

　凡ての教育が一貫した関連性を持つ組織的なものでなければならない以上，体育も他の種目を考慮しつつ計画をたてなければならない。全部の種目を1人の教師が担当する学校にあっては，その計画の立て方も比較的容易であるが，

種目を分担する学校にあっては配当時間その他について十分話し合いのうえ計画を立てなければならない。

　卓球の指導計画を立てるのに都合のよいことは，前述のように卓球は男女の性別，季節，地域等に影響されることが少ないので，これと関連の多い種目を先にし，その後に卓球を配してもよい。例えば梅雨期には，他の種目をさけて卓球を計画するようにすべきである。しかし，このような場合でも，学習効果を高めるためには，学習のインターバルでできる限り短かくすべきであって，最少限度毎週2時間，出来ることなら3時限ずつを集中的に学習させることが望ましい。

　さらに，理想的にいえば全課程を終った後に，課外の校内試合，クラブの練習または家庭に於て継続して行うことができるように，体育科と教科外とにまたがる広い計画を立てるべきである。

2　時　間　配　当

　年間学習計画を立てるには，各種目の系統性をよく考え，それを適切に学年に配当し，施設，用具，指導者の人数などを考えて，実際に即するように配列すべきである。なお時間配当には次の諸点を考慮しなければなるまい。

　（1）　中学校および高等学校では全学年を通じ7～9単位（245～315時間）を履修することになっており，これに，必要な運動種目を割り当てることになっているが，施設，用具，教員数その他の関係上種目をやむをえず制限しなければならないことがある。

　しかし，この場合でも，数種の運動種目に限るとか，主教材のみを教えるのは危険であって，できる限り多くの種目を学習させるようにしなければならない。

　（2）　また文部省は出来得る限り多くの単位の履修を望み，全日制にあっては各学年に，3単位を予定しているが，もし地域その他の関係で単位を減らす場合は，種目に配当する時間数をへらして，なるべく，オールラウンドに学習させるようにした方がよい。

　（3）　教育上最も重要な，しかも価値ある教材に対しては出来るだけ多くの

　　　　　　　　Ⅲ　指　導　計　画　　　　　　　　143

時間を割当てる。
　（4）　技能的に難かしいものに対しても多くする。
　（5）　基礎となり，また最も多く使われる技術に対しては多くの時間を割り当てる。
　（6）　学校の運動会その他の行事をも考慮して運動の種目配当をすることは当然であるが，そのために正課時間を減らしてはならない。
　（7）　このような全体計画にあわして，卓球の時間配当ならびに，年間の配列を考えるべきである。

3　グループ編成

　チームとしてのグループを編成することは，他の種目におけると同じく必要なことである。すなわちそれにより社会的態度，人間関係，責任，協力等グループ学習のもつ特性が培なわれるからである。ただ庭球等と共に，バレー，バスケット，サッカー等と異なる点は，卓球では各グループ員は定った相手に対するのであるが，後者の相手は必ずしも定っていない。この故に次の点を考慮する必要があろう。
　（1）　グループを編成するに当り，グループそのものは，劣る者の劣等感による弊害を避けるため，異質グループでよいが，相対するものは，能力の差のない者同士にする方がよい。例へばゲームを行うオーダーを決めるときは話し合いの上，いずれのグループも能力の劣った者（弱い者）から順に優ったものへとするようなことである。
　（2）　グループの人数は7～9人が適当であるから，恐らくクラスを6～7グループに組分けすることになるだろうが，よい異質グループの組分けが決ったなら，これを変更しない方がグループの効果を一層あげるためによい。
　（3）　グループの効果をあげる主な方法はゲームを行うことであろうが，このためにはダブルスを入れ，2ダブルス，5シングルス（7試合のとき）11ポイントの1ゲーム試合でよいから全生徒に参加させることが必要である。施設によるが尚時間不足の場合は7ポイントに短縮してもよいから全生徒に参加させる。このときのサービス交代は，両者のポイントの和が3の時とし，6～6

をジュースとすればよいのであって、こうしたルールの特例は教師が知識を与えて生徒に作らせることがよい。

（4）役割としては主将，副主将，マネージャー，タイム・キーパー，記録係等なるべく多くの生徒に経験させる。このためには短期の交代もよいであろう。

附表

「卓球」年間学習指導計画案

1. Aコース（初心者〜中学初級程度）

小単元	主教材	10時間	15時間	指導の着眼点と留意点
導入	シュート	1	2	先ず興味をもたせること、球に慣れさせることをねらいとする。従ってシングルスでミスするようなことはやめ、ネートでも互いに中央部分へ返球し、ラリーを続けることに努力させる。ドライブ強球でミスするようなことはやめ、ネートでも互いに中央部分へ返球し、ラリーを続けることに努力させる。
フット・ワーク	左右片足移動 前後片足移動	1	2	初歩的フット・ワークに導入することをねらいとする。それにはシュート・ストロークによってお互いに左右サイドに返球して左右混用返球をして前後への片足移動の自然的な習慣をつくる。
ドライブ（ストローク）	フォア・ハンド	3	4	正しいフォーム、体重の移動、球に回転を与えること、シュートから一歩進んだフット・ワークの発展をねらいとする。初めての段階であり、しかもストロークの基本を為す大切なものであるから、単元をさせるとともにその方法で説明することが大切であるので、その展開とその方法で説明するところの理論的な理解をもたせることが必要である。
	フォア・ハンド バック・クロス	3	4	バック・クロスの練習はフォア・クロスの2人と同時に1面のコートで行わせ、途中ハーフ・タイムでフォアとバックを交替させる。
スマッシング	フォア・ハンド	1	2	高く揚った球の処理をねらいとする。初めての課程ゆえ、単元展開とその方法で説明することにより、この最初に正しいフォームを作らせるように指導することが大切である。
ロビング	オール・ロブ	1	1	スマッシュ球に対しての防禦がねらいである。試合の場合どうしても必要な教材であるから、如何なる場所に対しても一応返球出来るよう指導することが望ましい。
ゲーム	シングルス	2	4	相当進歩したこの段階でのゲームは、フット・ワーク、全体力、全精神力を使って技能を充分表現することがねらいとまたレクリエーションを兼ねて自主的に行わせることが必要である。

3. Cコース（経験者〜高校上級程度）

小単元	主教材	10時間	15時間	指導の着眼点と留意点
ドライブ（オール）	フォア・ハンド バック・ハンド	2	3	この段階でのフォア・ハンドドライブは、豪快でしかもラリーの続くよう努力させる。バック・ハンドは初めての教材であるから理論的説明を加えて指導する。そして初めての練習は、フォア・ハンドを先にし、バック・ハンドだけを行う方がよい。
カッティング	フォア・ハンド バック・ハンド	2	4	ドライブ攻撃に対する防禦兼攻撃の特殊なストローク練習をねらいとする。フォア・ハンドとバック・ハンドとは1球ごとに変えることなく、前半をフォア・ハンド、後半をバック・ハンドの如く、一方ずつを継続して練習した方がよい。
乱打	オール・ラウンド	1	1	今までに習得した凡ゆる打法を以て、凡ゆる場所へ、緩急、長短球を混用して返球するのがねらいである。従ってフット・ワークは出来る限り大幅にしかも機敏に行動しなければならない。
決め球	スマッシング ストレート ストップ	2	3	最後のコースの最後の教材として、決め球を練習して一応全課程を終ろうとするのがねらい。乱打の中にスマッシュ、ストレート、ストップを行い、それぞれの異なるフォーム、ラケット角度等を指導する。
ゲーム	ダブルス シングルス	1	2	最後段階のゲームゆえ、話合いのレクリエーションに重きをおき、まとまりのあるものが望ましい。技術よりはレクリエーションに重きをおき、今後の活用と生活化を要望することが大切である。

Ⅳ 単元の展開とその方法

　施設と生徒数によって学習計画，時間配当等を考えなければならないが，ここでは一応生徒数や施設にかかわらず10時間コースの例を示したものであるから，15時間コースを採る場合や，生徒数，コート（卓球台）数の多い少ない等によりこの案に比例して学習方法を加減すればよいのである。

　A，B，C，の3コースに分け，各五つの小単元から展開するよう立案しておいたが，上記の実情によって加減する場合でも，各小単元は，何れも一貫した関連性を持ち，まとまりのための段階であるから，その順序を変えたり段階を省くことのないようにして欲しい。

　「Aコース」は始めて経験するもののためのコースであるから，たとえばグループ編成により行うゲームが主教材である場合や，ラケットの持ち方を個人別に指導するような場合であっても，それらはグループ学習，個別学習と考えてはならない，すなわちこれ等の主教材は，Aコース中は全員が理解するように為す一斉学習であることが大切である。ただその中に，既に教材から得た学習を活かして自主的に行わせることは必要である。

　「Bコース」から「Cコース」へと進むに従い，未習教材を除き，出来るだけ一層自主的活動に導き，体育科本来の目標に達するよう単元展開のために教師は細心の注意を払わなければ，生活化の実を挙げることが出来ない。

　なお，Aコースでは凡ての教材が中学校の場合では初経験者を対象としているので，説明をわかり易く，ややくわしくするが，学習の進むに従って既習教材についてはその説明を略す。

　高等学校の場合には経験者が相当多いのでその程度によっては適当に説明を略し実技の時間を多くしてもよい。

　以下ここでの単元展開の方法は，1時限50分，生徒数40〜50人，コート3台として述べるので，これ等のちがいによって主教材内で適当に按排をするようにしてほしい。なお，単元展開の説明に先だち，次のことを前提とする。

（1）本書での技術的説明は，「右利き」として述べる。

（2） 日本には，日本独特の軟式があるけれども，全部「硬式」について述べる。

（3） 初めての教材に対しては，その段階に必要でないものをも，関連性，まとまり，便宜上等のため詳しく述べ，既習教材に対してはこれを省略または補足するに止めるので，教師は適当に取捨して指導されたい。

（4） 本書の各種目を分担する筆者は，長い苦い経験によって，各独自の考えを述べているので，卓球の指導者も，他の種目で述べているところを参考として指導するならば，一層よい指導の出来ることを信じ，これを望む。

1 Aコース （初心者……中学初級程度）

単元Ⅰ 導　　入

第1時限　主教材　ショート
　　　　　用　具　卓球台3台，ネット3組，ラケット12本，ボール6個
（1） 本時のねらい

球に慣れさせる，興味を持たせる，面白くやらせてその結果自分からやりたい気持にすることであり，情況によっては次の話合いで述べる事柄を簡単に話して理解させる。

（2） 話　合　い
（a） 卓球は男女老若に適応した安全なよい運動である。
（b） 簡単な起源，歴史を述べ，現状について，国際卓球聯盟に加盟している国が72国あって日本が一番強いこと。
（c） 実技に入る準備としての注意
① 卓球授業日には一番下に汗取り木綿下着を着用して来ること。
② 寒中に下着を充分着ることは差支えないが，実技の番になったらいつでも必ず上衣を脱ぐこと及び運動靴をはくのが一番よいが，運動靴がないときは必ず靴下を脱ぐこと。
③ ラケットは世界を通じてバットとも言っている。バットの材料，形ち，大きさ，重さはルール上は制限がないが，大きさは各国で現在使っている程度

ラケットの種類

図3 ペン・ホルダー用(1)檜製，ピンブルド・ラバー

図4 ペン・ホールダー用(2)檜製スポンジ・ラバー

図5 ペン・ホールダー用(3)檜製，裏ソフト・ラバー（他に単なる裏ラバーあり）

図6 テニス・グリップ用合板製，ピンブルドラバー（疣のある普通のゴム）

図7 テニス・グリップ用合板製裏ソフト・ラバー

のもの，重さは用具（213頁）で述べている程度のものが，球を打つのに都合がよいとしているだけのことである。ただ内外ともテニス・グリップのものはペン・ホールダーよりも重いのを使っているがそれでよい。

材料は欧米ではベニア種が多く，日本では檜種を多く用いているが，最近では合板と言って3～5板の薄い板を貼り合わせたもの（図6，7）が出来ている。これは容易に割れることがないのでよい。

また日本では「バットは白木の侭なるを要す」とのルールがあったが，今日ではコルクを貼り，近年はスポンジ，ソフト・ラバー等各種のラケットが使われている。何れも長所と短所があるので，短所が少なく安定性に優る疣のある所謂「一枚ラバー貼」ラケットが一番よい。

そしてまた常に種類の異ったバットを使うことは技術の進歩を遅らせるから，いつも自分のものとして同じバットを使う方がよい。

グリップの種類

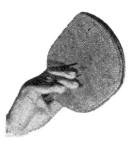

図8　萩村伊智朗選手　　図9　田中利明選手　　図10　江口富士枝選手

図11　田中良子選手　　図12　渡辺紀生子選手　　図13　D・ロウ選手
　　　　　　　　　　　　　　　　　　　　　　　　　（英；D. Rowe）

図14　ベルチック選手　　図15　E・ツェラー選手　　図16　一本指し
（洪；Zoltan Berczik）　　（維；Ella Zeller）　　昔は使っていたが，今
　　　　　　　　　　　　　　　　　　　　　　　　では殆んど使っていない。

④　グリップ（バットの握り方）　欧米ではグリップの種類を，**テニス・グリップ**と**ペン・ホールダー・グリップ**に二大別している。日本ではペン・ホールダーを更に**一本掛け**，**二本掛け**（人差指と中指の二本を表面へかける）に分

け，その他に，**一本指し，二本指し**等をも種類としている。

　各種グリップは一長一短がある。テニス・グリップはスナップを利かしてのバック・ハンド打法に適し，ラケットの両面を使って広範囲を守るのに適しているが，ドライブ打法特にフォア・ハンド・ドライブ打法ではペン・ホールダーに劣り，かつミドル球の返球に適しない等の欠点があり。二本掛けは一本掛けよりもバック・ハンド打法には優るが，フォア・ハンド打法では被せが利き難く，またその他の細かいテクニックが自由でない。

　一本指し，二本指しは，ラケットの片面を使用する点から日本式テニス・グリップとも言い得るであろうが，今までにこのグリップで成功した者は二三を数えるのみであり，今日では殆んどこれを用いている者のない事実が証明するように，テクニックの成就に困難が多い。

　何れを選ぶのがよいかの結論としては，凡てにつき同じ理論であるが，比較してみて，非常に長があっても短のあるよりは，凡てに短所の少ない一本掛けのペン・ホールダー・グリップを使った方がよい。そしてこのグリップも図8〜16のように，裏の指が種々異ったものがある。図9はしっかりしてよいが，細かい技巧に適しないので，これの利く図10または図11がよい。図8は両者を兼ねたようなグリップなのでよい。

図17　グリップの指導

　⑤　やるのに必要な限度のルール，技術用語等も理解させる。その時間が無い場合は過程中または後の段階で随時理解させる。

　⑥　図18のコートの名称を理解させる。

(3)　指導方法

(a)　この初歩段階では，運動がそれ程激しくなくまた時間もないので，上下肢及び体の捻転，屈伸を主とした短時間の軽い準備運動をする。

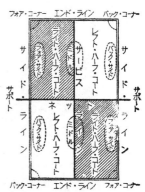

図18　テーブルの各部名称
註　太字はルールに用いる正式の名称であり，細字は一般に便宜上用いる呼称である。

(b) 話合いがどうしても必要のため時間を費やすので，本時の実技はシングル1組に短時間でもよいからその時に残る時間を割り当てて全員に行わせる。この場合次番の者が計時して交代する。

(c) ここに問題として研究しなければならないことは，何れのコースでも実技に於て順番を待つ生徒の「待ち時間」をどうするかである。

卓球科の学習は既に述べたように一斉学習を建前としている理由は，例えば或1人の生徒に対して教師がグリップ，打法その他如何なることを説明指導するのも全生徒に対しての指導であり，それが随時になされるのであるから，順番を待つ生徒も席を離れてはならないのである。ところが実際問題としては，この躾けは相当難かしく，また卓球に興味を持たせる建前から161頁に述べた（i）（j）（k）を待ち時間に行わせてコントロールしようと計画したのであるから，これを参考として教師の研究に委ねたい。

(d) この異質グループ学習で特に技術の優れた者がある場合は，教師がこれをマークしておいて常に実技の指導役にし，劣っている者の上達のために協力させる。

(e) 技 術

① ショート打法を入門の第一教材としてあげたが決して易しいものではない。しかし，ここではお互いに中央部分へ単に継続返球出来るように指導する。

② 姿勢（構い）　右足を少し斜め前に出し，両足共に爪先を少し外側に向

図19 ショート打法の構え

図20 打ち気の選手の構えである。若し専らショートの場合はもっと上体を前屈する。

け，身長により 30～40cm 開き，台の後方 30cm 位に構え，上体は稍前傾する。
　ラケットは垂直よりもラケットの先（この場合は下方）を少し前にして軽く台上に置く。
　③　返球法　上記の姿勢のまま球にラケットを当てればよい。当てる時の注意としては，上体を反らして腕や手先だけでしてはならない。上体で打つ気持でウエイト（体重）をかけ，腕を前へ出すと共に上体を少し前傾させて当てる。当てたら其度毎に姿勢を戻す。

図21～23　相当プッシュのかかったショートである。

　ラケットは高く上げずに，コートすれすれにすること。ラケット角度につき，球がネットするのはラケットが下向き過ぎていることであり，アウトになるのは上向き過ぎと，押し過ぎのためであるからこれを加減する。

図24　フォア・サイドのショート打法バット角度と足部位置。
図25　フォア・サイドの球に対するラケット角度。
図26　フォア・サイドの短球に対するラケット角度とフォーム。

　それから生徒同志のショートで返球出来ないときは，指導者が軽いドライブを送ってやれば返える。

単元Ⅱ　フット・ワーク

第2時限　主教材　左右片足移動，前後片足移動

（1）　本時のねらい

球に対する眼の働きと動作の敏捷さとを経験させ，初歩的フット・ワークに導入する。

（2）　指導方法

卓球は極端に言うなら，手でやるのではなく，足でやると言い得る位にフット・ワークが必要であることを理解させる。それは球が何処へ来ても足をそのままにして手だけで返すなら，手の負担が重過ぎるのみならず，「**打球は球に対する適正の距離と位置へ体を運んで，手は一定のホームで打つのでなければならない**」という方則を実現出来ないからである。

A　左右片足移動

（a）　姿勢と返球法は第Ⅰ単元と同じであるが，異なる点は，ラケットの角度を変えることにより，お互いに左右両サイドへ返球することである。

図27　バック・サイドへ片足移動とラケット角度。

（b）　その方法は，大体において打たれた球は，ラケットの面に直角の方向へ返ること，判り易く言うならば，打たれた球はラケット面の向いた方向に飛んで行くことを理解させ，左右とも自領コートへ来た球が，サイドへ寄るに従ってラケットを上体と共にサイドへ出して球に当てる。従って当然ラケットは横になっていくが，注意としては，サイドへ寄るにつれてラケットの先端を横前方へ出すことと，ラケットの**被せ**（押えとも言ってラケットの面を下向きにする）を多くしていくことである。

本時限の学習は上記のように，お互いが両サイドへ返球する練習をする間に，フット・ワークを習慣のように身につけることである。

（C）　そこで足の運びであるが，サイドは左右とも外足を横に一歩開くと共

IV 単元の展開とその方法

図28 バックサイドのバット角度。

図29 ミドルの球に対してはこのようにしてバットを下向きにする。

に上体は残すことなく腕と一緒に重心を外側に移しながら当てる，返球したら元の姿勢に戻す。

B 前後片足移動

(a) 練習の方法としては，お互いが返球を，或いは短かく（ネット近く）或いは長く（エンド・ライン近く）する。こうすることが技術の練習になると共に，ここでの教材すなわち前後片足移動の学習ともなるのである。

(b) この技術は簡単で，短かく返球するにはプッシュ（押し）を弱くし，長く返球するにはプッシュを多くすることである。

図30 バック・サイドのショウト打法。左片足移動。

図31 バック・サイド短球に対するラケット角度と，外足（左足）に体重をかけた点に注意。

図32 フォア・サイドの右片足移動。

（c）足の運び方　右前（フォア・サイド前方）へ来た球に対しては右足を左前のときは左足を，第24～32図のように機敏に踏み出し，上体を残して反り返るようなことなく，特に短かいサイドの球に対しては，腹部はコートに着き，上体がコートに乗りかかる位（図26，32）になるよう練習する。そして短かい球を打ったら，前方へ出した足を直ちに原位置即ち後方へ戻す。しかも前者と共にこれ等は自然に出来るように習慣づけることが望ましい。

<h2 style="text-align:center">単元Ⅲ　ド　ラ　イ　ブ</h2>

第3，4，5時限　主教材　フォアハンド・フォアクロッス

（1）本時のねらい

すべての打球は合理的なフォームで打ち，球に回転を与えなければ失策するものであることを説明理解させることと。ショートから一歩進んだフット・ワークの展開とをねらいとする。

（2）ドライブの特質

（a）ドライブの球は回転が多いので，ネットを越すときは高く（従ってネット・ミスがない）しかも相手方コートへ早く落ちる（従ってアウト・ミスがない）。これが本段階での唯一の学習教材であるが，ここの課程で次のようなことを理解させておく。

（b）カッティング・ボールを打ち返すには，特にこのドライヴで打たな

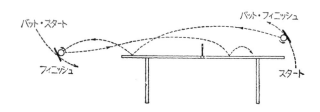

図33　右からドライブ，左からカットのストローク比較。打球点，バットのスイング・コース，角度，球のコースと反跳状態等を参考とする。

けばならない。

(c) 強く回転のかかったドライヴ球は，相手方コートに落ちてからの反跳が非常に延びて，相手が返球し難いから，試合には有利である。

(d) 日本の卓球特にペン・ホールダー・グリップでは，試合においてフォア・ハンド・ドライブ打法が各種ストローク中，80パーセント以上を占める攻撃的なものである。

(e) 体育運動としても各種ストローク中最も価値あるものである。

(3) 指導方法

上記のように卓球打法中最も根本的基礎であり，特にペン・ホールダーでは生命であり最も多く使われるドライブは，カットと共に回転の代表的なものであるが，この球に回転を与えることが如何に必要であり，大切であるかを，物理学上の説明も加えて理解させる。

なおドライヴは全コースに亘っての教材であるが，内容は関連があるので，ここですべてを述べる。

回転球の物理学上の説明

図34において球は矢印の方向へ回転しながら左方へ飛んでいる。球は空気からPの衝突圧をうけるが，球が回転しているからその側面A，Bではそれぞれ矢印の方向で示したような空気の渦流が生じている。従ってAの部分では球の前面からのPとAの所の渦と衝突して，球をAからBの方向へ押す圧力を生ずる。その結果Bの方向－すなわち下方に落ちることになるの

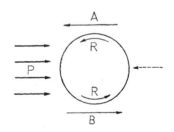

図34 廻転球の物理学上の説明。

である。この理論は横スピンの場合も同じである。

それで球がラケットに接触（インパクト）する時間が短かく，速く，強いほど回転は激しくなるので，強く打ちスピードをつけても相手方コートに入いるドライブ，強く打たれても安全に入いるカットを代表的打法として80〜90パーセント用いられるわけなのである。

(4) 技　術
(a) 姿勢（構え）

爪先は自然にして左足を斜め前に出し，右足は爪先をやや外方に向ける。腰を少し落して（膝を曲げること）卓の後方に構える，卓からの距離と位置は，相手から打たれて来る球速と球質によって異にしなければならないが，この段階でのフォア・クロッス綬球に対しては，位置はやや中央部で，距離は卓から約60～70cmでよい。

(b) バット・モーション

ドライブは球を下から上へ擦する（外国ではBrushingと云っている）バット・モーションと，球を前進させる（Pushing）バット・モーションとを同時に行うものである（図24参照）。

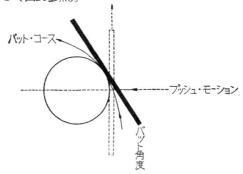

図35　バット・モーション分解図。点線矢印のように下から上後方から，前方への二つのバット・モーションを同時にするので，バット角度もバットのスイング・コースも黒線のように二つのモーションのやや中間になる。

(c) 重　心　打球の直前は右足（後足）に体重が在り，これを左足（前足）に移しながら打球する。打ったらまたラケットを後へ引く（バック・スイング）と共に体重を右足に戻す。1打ごとにこれを繰返す。

(d) 打球点

自領コートへ反跳した球を打ち返す際の球とラケットの接触時（Impacf）を打球点と呼んでいるが，その打球点は何処に在るか。反跳後の球を落して（遅

く）打つほど安全で失策が少ない，この場合はラケットを上向きにして下方から球をラケットに乗せて横に擦り上げるようにするから（言い換えるとプッシュがないから）スピードや威力はないが，回転はよくかかっている。他はトップ打ちと言って，反跳の頂点を打つもので，これはラケットの角度を，球を落して打つ場合よりも下向きにして，相手から打って来た回転とスピードを利用して殆んどプッシュを多くして打つので，スピードはあるが，前者よりミスが多い。

この段階でのドライブは，スピード球や決め球の練習をねらいとするものでないから，前二者の中間，すなわち反跳後，球が少し落下して来た点を打つのがよい。

(e) ラケット角度

上記でラケットを下向き，上向きと言ったように，ロビングは別として球を打つ場合は，卓面に対し45度を中心にして球が高くなるに従って30度位まで，低くなるに従って60度位までに加減するのであるが，実際にはネットするのは下向き過ぎ，アウトになるのは上向き過ぎと心得て，実技により自分で適正な角度を見出し，習慣のように身につけることである。

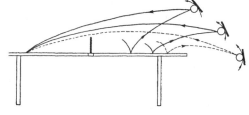

図36　ラケットの角度とブラッシング・コース

(f) ここでのドライブばかりでなく，あらゆる打法は，手の先の方で打つ程ミスが多く，かつ軽い威力の無い球となる。球は体で打つ気持で少くも**上体**

図37　短球打法(1)　短球を打つには図のようにコートに乗りかかるようにする。

図38　短球打法(2)　手先（スナップ）で被せ打つ。

を使って打つのでなければならない。ただし長い球（エンド・ライン近い）ほど体で打ち，短かい（ネットに近い）球になるに従い腕，前腕，手先と**打ち分け**することは必要である。

　（ｇ）　ここでのフット・ワーク

　この段階ではフォアのクロスだけの打合であるから，少し見当の違った球に対する小幅のフット・ワークであるので，右（フォア・サイド）へ移動するには左足で蹴って右足（外足）を先きに運び瞬間的に左足を引きつける。また（バック・サイド）へ移動するには，右足で蹴って左足を先きに運びこれに次いで機敏に右足を運ぶすなわち右移動と正反対になる。

　何れも大切なことは移動したときに，最初の正規の構いのフォームに整えるよう努力し，体重の移動等も正規に行うことである。

　難かしい点ではあるが，折角体を移動してもフォームを崩さないことが重要である。

　（ｈ）　最後に初歩者の打球の通弊をまとめると次の通りである。

　①　兎角被せ（押え）が足りない。すなわちラケットを上向きにして打つ。
　②　ブラッシュされていない，所謂ドライブがかかっていない。
　③　腰が高い，すなわち体を直立させ，しかも後反りになっている。
　④　左右の足の前後が反対になっている。
　⑤　ショートなら球にラケットを当てればよいが，ドライブは打つのでなけ

図39　被せが足りない。このままでは打ってアウトになる。

図40　このバット角度からもっと被せて打つ位にする。

Ⅳ 単元の展開とその方法   159

図41 レフト・ハンダー（左利き）だから，右（前）足へ体重を乗せなければならない。その右足の踵が床から離れ，上体も右前へ屈折していないのでは球速もなく，不正確である。

図42 後（右）足に体重のかかっいるこの姿勢から前（左）足へ体重を移しながら打つ。

ればならないのを，恰もさするようにしている。

⑥ 体重の移動が行われていない。

⑦ 体で打つべきロング（お互いにエンド・ライン近くへ打ち合う）球を，腕だけ，甚だしいのは手先で打っている。

⑧ 体を移動せずに，腕を伸ばしたり，縮めたりして打っている。

(5) 練習方法

次に説明するバック・クロスと関連させ，技能の上達や，時間をより有効に使うことを考慮して次のような方法で練習する。

（a） 打ち合う練習の相手はなるべく同じ力の者同志にした方がよい。また男子と女子は分けて練習した方がよい。

（b） Aコースにおける中学校の指導に於てはどうしても理解させるために説明する時間が多いので，実技時間を無駄なく使うことを考えなければならない。

（c） 説明しながら理解させて進行して来た時限の最後の段階で，コート数と生徒数に応じた1組当りの全員に行わせる練習時間を予定する。

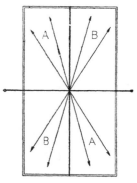

図43 4人同時クロス練習。お互いに矢印内へ送球するよう練習する。

（d） 図43のように，フォア・クロスとバック・クロスは1台のコートで同時に行わせる。すなわちコート3台とすればフォア・クロス6人，バック・クロス6人の合計12人が同時に順番に練習する。

（e） 次番者が（c）によって割当てられた1組当りの時間を計り，そのハーフ・タイムでフォア・クロスとバック・クロスとを交替させ，次にタイム・アップを告げて終了させ交代する。

（f） 指導者は全部の生徒の練習を個別に注視していて，悪い点だけを指摘して直す指導方法がよい。

（g） 左利き（Left-Hander）が右利きの中に混って4人が1台のコートで同時にクロス練習をする場合には，体の衝突を斤けるため，左利きをL，右利きをRとすれば，図47のようにする。そして後半ではRもLも途中でフォアとバックのサイドを交代する。

（h） 練習中，転がった球を拾うには，どこへ転がった球は誰が拾うかを図48のように決めておいて，その者が直ちに拾って時間の空費とやっ

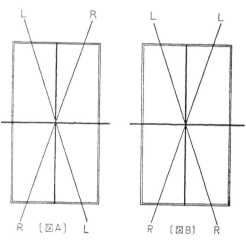

図44　両クロス同時練習。Aは前半練習，Bは後半練習。

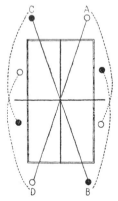

図45　4人クロス練習の球拾い。

図46　空（から）振り練習

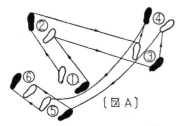 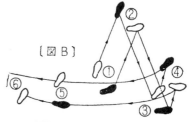

図47 フットワークの練習図
1. 各①から矢印を追って出来るだけ敏速にする。
2. 最初A，Bを各別に練習し，次にAの⑤をBの①として，A，Bを続けて練習する。
3. 相当なハード・ワークであるが，非常にためになる。

ている者に対する邪魔とを斥けた方がよい。

（i） 空振り練習とフット・ワーク練習

実技順番を持つ生徒に対しては，その持ち時間中に，図47によるフット・ワークの練習をすると同時にフォーム（型）を作るために，廊下その他の適当な場所で自分の実技順番に気をつけさせながら図46のような"空振り練習"を行わせることも考えられる。本来球を打ちながらフォームを作らせる指導は，球にラケットを当てることに促われてフォームを作ることは難

図48 鏡を見てよいフォームを作る。

しいものであって，球無しで適正のフォーム，体重移動，ラケット・スイング等を練習することは容易であり，そのまま打球の際に当て嵌めることは望めないが，少くもこれによって正規のフォームや体の位置，重心等の移動を習慣づけるのにはよい方法である。

（j） 鏡練習　もし鏡の備付があるならば図48のような鏡に向って自分のホームを見て，よい正しい者のフォームに似させるようにすることも相当の効果がある。

（k） 壁練習　庭球でやっているような壁練習は，卓球にあっても相当の効果がある。すなわち少くとも球に馴れる，球に対する眼の動きが鋭くなる，打

球フォームを作るのに役立つ。これ等に伴って小幅のフット・ワークの練習が出来る等の他に，（ｉ）（ｊ）と共に実技順番の待ち時間に行わせるときは，待ち時間の問題を調整する大きな効果がある。

この練習施設としては，廊下その他の壁或いは板張り側面を利用し半分のコートを置いて行うのであるが必ずしも正規のコートを必要としない。すなわち高さ，縦は規定の長さがよいが，幅は１ｍ位にして，成るべく多くの生徒に行わせるため，出来るだけ台数を多くした方がよい。

コートは厚目なら材種を問わず，取着けは工夫して取外しの出来るようにした方がよいであろう。

第6，7，8時限　主教材　フォア・バンド，バック・クッロス

（１）　本教材のねらい

ペン・ホルダー・グリップでは，何といってもフォア・ハンドが主となるので，テニス・グリップと異なり，バック・サイド寄りの球に対してもフォア・ハンドで返球することが必要となり，しかもバック・クロスに返球する練習をすることが，ここでのねらいである。

（３）　技　術

すべてのストロークにおいて球は，ラケットの向いた方向に飛んで行くのであるから，このバック・クロスの場合も，ラケットの向きは相手のバック・サイドの方に向けると同時に，そのラケットの角度は，被せを少し減じて打つ。すなわち，ラケットの先端を少し後方にして打つと共に，角度は気持だけ上向きでよいのである。この点がフォア・クロスと異なる点であって，その他は前述のフォア・クロス打法の通りである。

ただこのバック・クロス打法の特徴として，所謂「流し打ち」が出来るということを知っておくに止め，これは高級技術であるので，この段階ではこれを略す。

（４）　練習方法

本来ならばフォア・クロスの練習を多くし，バック・クロスの練習はその$1/3$位でよいのであるが，時間の経済上前述のようにフォア・クロス，バッ

ク・クロッスの4人が1台のコートで同時に行うため同時間数になる。

その他については，フォア・クロッスで述べた練習方法の（a）〜（h）と全く同じである。

単元Ⅳ　ゲーム（シングルス）

第9，10時限　主教材　サービス

（1）本単元のねらい

特殊な技術を除き，一応のドライブ打法を学んだこの段階では，のびのびと自由に，試合要素である体力，精神力，技能を充分発揮し，レクリエーションとして興味を一層喚起すると共に，社会的態度の育成，人間関係の認識，生活化等の第一歩を主なねらいとするの他，今までは基礎練習のためお互いにラリーを続ける練習をしたのであったが，この単元では，相手に早く失策させる技能を学習内容としている。

もう一つは，この単元で始めて既習の技能その他について自己評価が出来る，教師による評価はこの段階では必要ないので，後述する。

（2）ゲームの方法

① 男女全生徒に参加させる。

② 第9時限では，男女同比率の混成紅白チーム戦で，転がった球を活潑に早く拾い。交代を早くする等進行を上手にすればコート3台なら，21ポイント，3ゲームス・マッチで最後まで出来るであろう。

③ 第10時限では男女比率を同じくした7人メンバーの，チーム・トーナメント戦で，コート3台ならば，21ポイントで1ゲーム試合なら（進行が良ければ3ゲームス・マッチ）決勝まで終了するであろう。

④ 両時限共にチーム戦であるから，もしゲーム開始直前の予定で時間が足りない場合には，過半数すなわち7人であるから4点を先に取ったチームを勝ちとして，あとの試合をやらない先取法とすればよい。

⑤ 両時限共に女子の出る場所は予め決めておいて，そのオーダーは，チームの策戦として自由にしてもよい。

⑥ 組分け，その他の運営については，教師は指導的立場にあって，生徒に

自主的に行わせた方がよい。

⑦ 審判は，第9時限の場合なら両チームから交互に出て多くの生徒に行わしめ，第10時限の場合は，負けた者か，勝った者かが次の試合の審判をする等がよい。

⑧ 各チームは左右等に分かれ，或生徒の立派な態度や技能に対しては，敵味方を問わず，これを賞するため試合を妨げない程度の拍手等による声援は必要である。

なお，Aコースのこの単元の目的からは必要のないものも，一つのまとまりとして述べた方がよいので，BコースまたはCコースに必要なことでありAコースに不必要なことも述べるので，その段階に必要な部分を適当に取捨して指導するとよい。

（1） サービス

最初に打ち出す球はサービスではあるが，今までの過程では，サービスで得点しようとするものでなかったが，ここで次に述べるのは，試合用としてのサービスである。

（A） サービス・ルール

サービス・ルールは幾度かの変遷を経て，1947年から Open-hand Service または Flat Service と呼ばれる現行ルールとなったのであるが，その条件を述べると次の8条件に要約せられる。

① 手を開く。

図49 オープン・ハンドサービス，別名フラット・ハンド・サービス。

図50 正しくないオープン・ハンド・サービス(1)

図51 正しくないオープン・ハンド・サービス(2)

Ⅳ　単元の展開とその方法　　　　165

② 手を平らにする。
③ 指をまっすぐにする。
④ 指を一緒に着ける。
⑤ 親指を離す。
⑥ 球を掌上に置く。
⑦ 指を盃状にして球を包んではならない。
⑧ 球は手を平らのまま上へ揚げて離す。

　国際卓球聯盟規定の文は以上に止まるので，わが国の相当なプレーヤー間にも疑問や誤まった解釈が起ることがある。例えば〃球の揚げ方が少ない〃〃掌が少し平らでない〃等その他であるが，このサービスの終局の目的は，フリー・ハンド（ラケットを持たない手）によって球に回転を与えなければよいのであって，幾何学的，理論的にやかましく言う必要はないと，国際卓球聯盟が言っていることを教師は承知して指導する必要がある。
　またサービスは図52に示す可能圏内から出さなければミスになるとの意味は，体やラケットのスタート及びフィニッシュ等が可能圏外であってもミスとならず，インパクト点が圏内に在ればよいのである。

（B）　サービスの種類
（a）　球質によって①ドライブ・サービス　②カット・サービス　③プッシ

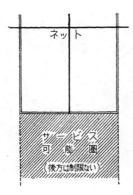
図52　インパクト即ちバットと球の接触点がこの圏内にあればよい。

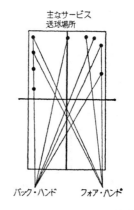
図53　主なサービス送球場所

ュ・サービスの3種あり，さらにそれぞれについてフォア・ハンドとバック・ハンドがある。

（b） 送球場所によって ①フォア・サイド・サービス ②バック・サイド・サービス ③ミドル・サービス ④ロング・サービス ⑤ショート・サービス（ここでのショートとは，ストロークで前述したように，バウンドしたら直ぐ打つのとは異って，ネット近くすなわち短いの意味である）の5種類に分けられる。

（c） サーバーのサービスを出す位置により，①クロス・サービス ②ストレート・サービスに分けられる。

（C） 技　術

種類別のサービス技術を述べる前に，総体的なサービスの注意を述べると。

（a） サービスは絶対に失策してはならない。ところが実際においては，相当の選手でもこれをミスすることがある。これはサービスの建前が，レシーブで決められない球を出せばよいと言うことを忘れ，サービスで得点しようとし過ぎるからである。

（b） いつも同じサービスを出すことは有利でない，例えば相手の絶対的なウイーク・ポイント（弱点）を見出して，そこを攻めるのはよいが，一般的には各種のサービスを各場所へ場合に応じて送球するのを建前とすべきである。

①　フォア・ハンド・ドライブ・サービス

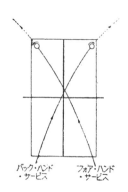

図54　ドライブ・サービス球の進路。

図55　フォアハンド・サービスの構え。

Ⅳ　単元の展開とその方法　　　　167

バック・スイングが深く利くので，球が相手方コートに反跳後非常によく伸びる。従って特に自分のフォア・コーナーから，相手のフォア・コーナーへこのサービスを出す時は，外側横回転であるから，その球は反跳後相手から最も遠くなるので有効である。ところがフォア・ハンド，フォア・クロッスのドライブ・サービスはミスが非常に多いから，余り励めない方がよい。

構え，打法は単元Ⅲ（4）技術で述べたところと同じでよい。ただこのフォアハンド・サービスにおけるサーバーの位置は，上記のように，自然フォア・サイドからのクロッスには適しているが，バック・サイドに構えてのサービスには**不適**であることと，もしこのサービスをするならば，バットのスイング・コースを，接触面積を大きくして回転を多くするために，図56のようにスナップ打ちに近い打ち方をすることが秘訣である。

②　バック・ハンド・ドライヴ・サービス

如何なる場所へも，各種の球をもミッスなく自然に出し得るので，これを常用するのがよい。

左足を少し斜め後ろにし，腰を少し低くして構える等も前述のバック・ハンド・ストロークと同じであるが，カットまたはショートのプレーヤーを除き，ドライブ攻撃型のプレーヤーならば，サーブを出したな

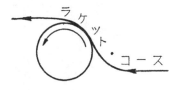

図56　フォアハンド・サービスの特殊打法。

図57　バックハンド・サービスの構え。

図58　荻村選手のバックハンド・サービス

ら直ちに，機敏に，両足を同時にフォア・ハンドの構えに換えることが肝要である。

③　フォア・ハンド・カッティング・サービス

カッティング・サービスは殆んどフォア・ハンドで行われる，最近はこのカッティング・サービスを器用に行う者が多くなって来ている。

フォア・ハンド―ドライヴ主戦法のプレヤーならば，足は後述するカッティング・ストローク程には体重を後足（右足）へかける必要はない。た

図59　リーチ選手（英）のフォアハンド・カッティング・サービス

図60　テニス・グリップ独特のフォア・ハンドによる横スピン・カッティング・サービス。

図61　バックハンド・カッティング・サービス。

だ特殊な強い左右横スピンを与えるには，図60のように左膝を折った低い姿勢をもって，高く揚げた球の下部をスナップ（手首打ち）で，早く，強く摩擦して行うのである。これはテニス・グリップの方が適しているので，ペン・ホールダーの者も，テニス・グリップでこのサービスを出すや否や，ペン・ホールダーに持ち換える器用な者もあるが，熟練すれば差支えないであろう。

④　バック・ハンド・カッティング・サービス

これはテニス・グリップでは容易に行われるけれども，ペン・ホールダーでは不自然なので相当の練習が必要である。

⑤　プッシング・サービス

Ⅳ　単元の展開とその方法　　　　169

バック・ハンド・カッティング・サービスの連続図

図62　掌を平らに開き，　図63　球を上方に揚げ，　図64　図のように，上か
　　　球を乗せる　　　　　　　離す。　　　　　　　　　　ら下方前へと切る。

　これは技術的に非常に難かしい割合に，インプレーの間に行うプッシュと異なり，サービスとしては余り効果が少ないので殆んど行う者がない。

(2) レシーブ

　本来レシーブは，相手（サーバー）の位置や構えによって，自分の位置も返球方法も異にしなければならないが，この段階では初歩的な易しいドライブ球に対するレシーブについて述べる。

　①　レシーブはサービスと全く立場を異にして，サーバーが自由に出すサービスを，安全に返球しなければならない不利なものである。しかしこのコースでは，次のように指導すれば返球は容易である。

　②　原則としてレシーブで得点するのは，サーバーが誤まって，レシーバーの都合のよい場所へ高く出したときに，スマッシュで打つ位のところで，先ず3球目（レシーバーがサーバー側へ返した球）で得点されないような場所を選んで安全に返せればよいのである。

　(a) レシーブの種類

　球質により，また送球場所によってサービスの場合と同じように分類することができる。このコースではドライブ・レシーブを指導の主たる内容とする。

　(b) 技　術

　①　先ず何んと言っても返球しなければならないのであるが，兎角最初からレシーブを恐れ，相当の段階のものでもこの先入観を持っている。したがって，このようなことを無くするには，寧ろ自信を持って構えなければならない。

　②　レシーブはドライブ，ショート，カット等をもってするのであるが，本

170　　　　　　　　　卓　　　球

コースでは既習のフォア・ハンド・ドライブでする。

③　構えはコートの中央よりバック・サイド寄り，卓の後方1m位に位置し，フォア・ハンドの構えであるから，当然左足を斜め前に出して踵を少し上げ，体全体も斜め右向きとなり，腰は低くすなわち膝を曲げて，フォア・サイドへサーブが来た時に，左足で蹴り出せるスプリングの用意を持って構えることが必要である。

④　本来レシーブは，ドライブ返球の構えであっても，やや中央部寄りに位置し，極端にバックを衝かれた場合は，ショートやカットで返球し，フォア・サイドの場合は飛びつきドライブで返球する方法がよいのであるが，本時限では相当バック・サイド寄りに構えて，両サイド共にフォア・ハンド・ドライブ返球のフット・ワークの練習を兼ねたレシーブを学習内容とした方がよい。

図65　フォア・ハンド・ドライブ打球構え。

図66　フォア・サイドへ大幅に移動するには，このように先ず左（外）足を運ぶ。

図67　次に右足を運んで正規の打球フォームを整えて打つ。これを恰も一挙動のように機敏に行う。

⑤　その他サーバーの位置や構えやラケット等により，どんなサーブが何処へ来るかを見抜く技術等は進んだ段階で指導する。

（3）リターン

リターンというのは，3球目以後からの打ち合いを言う，すなわち先ずサーバーがサービスを出す，相手がレシーブする。次にそれを打ち返す，これ以後の球である。従って一貫した関連があるのでここに教材としてあげたのであるが，この技術については，腕だけでぴしゃりぴしゃりと打ってミスするような

ことなく，リターンを続けることに努力する。

なおサービスを出してから何れかの者がミスするまで，すなわちリターンが続いている間を「インプレー」と言う。

2 Ｂコース （やや経験ある者…中学上級または高校初級程度）

単元Ｉ　ドライブ（スピード）

第1～6時限　主教材　フォア・ハンド・フォア・クロッス，フォア・ハンド・バック・クロッス

ペン・ホールダー・グリップの日本卓球は，ドライブ打法が主軸となっているので各コースに単元の学習内容として計画しておいた。しかし本コースのドライブは，Ａコースと異って出来るだけスピードをつけて打ち合うのであるから，「技術」のところで述べるように，体力を必要とするので，この時限以後に於ては，徒手体操の他，特に膝関節，腰及上体の屈伸，捻転を主とした準備運動をした方がよい。

（1）本単元のねらい

ドライヴ・ストロークにスピードをつけてラリーを続け，しかもフォームをつくりあげることをねらいとする。

（2）指導方法，練習方法等はＡコースの単元Ⅲに述べたところによって指導する。

Ａ　フォア・ハンド・フォア・クロッス

（1）技　術

姿勢，バット・モーション，体重のかけ方，その他も大体においてＡコースの単元Ⅲと同じであるが，ここではスピード球であること，フォア・ハンド・ドライブは度々述べる通り根本的なものであり，重要であるので，次のことに注意をしなければならない。

①　スピード球は，球が速いのであるから打球タイミングを遅れないようミートをよくする。

②　スピードに押されないように自分のバット・スイングを大きくし，相手

図68 速球に対しての強打には，このようにまで体重を左（前）足に移して打ち終る。

図69 女子（渡辺選手）も男子と全く同じく右（後）足の踵が上つて体重が前足に移されている。

の球のスピードを逆利用して打つこと。

③ スピード球は，自領コートに反跳後は球が伸び，しかも高く揚がるから，押え（被せ）を充分に利かせること。

④ スロー球よりも特に脚部をしっかり構え，体重の移動を充分にしなければならない。

⑤ 本教材は，お互いにフォア・クロスの打合であるから，体の移動は小幅ではあるが，スピードがあるので，スロー球よりも機敏でなければならない。そして特に注意しなければならないことは，その体の移動によって打球の瞬間に正規の構えを作ることであり，**姿勢を崩すようなことがあってはならない。**

（2） 練習方法

大部分はAコース単元Ⅲでよいが，実技順番を待つ時間を利用し，前述図47によりフット・ワークの練習をする。

B フォア・ハンド・バック・クロス

（1） ねらい

フォア・クロスとの同じねらいの他に，所謂 〝横流し〞 または 〝流し球〞 を学習させる。

（2） 技 術

流し球を除いては，フォア・クロスと同じであるから，流し球だけについて説明指導する。

① 流し球の特徴

この打法は右利きの者は相手のバック・サイドへクロスに打ち込む場合，

IV 単元の展開とその方法　　　　173

左利きの者は相手のフォア・サイドへクロスに打ち込む場合に限って可能であり，その反対では不可能である。両者とも打ち込んだ球は相手方コートに反跳後，球の回転により相手から最も遠い方向へカーブし去るのが特徴であって一種の「決め球」なのである。

② 打　法

普通のドライブ・バック・クロスとの異なる点を説明した方が理解すると思う，すなわち普通は球の上面部を縦にブラッシュ（擦する）して，いわゆる押え打ちをするから球は殆んどその進行方向（相手のバック・サイド）へ向って前下後上と回転して行くので，相手のコートに反跳後もその進路を辿って去る。

図70　機敏に体を卓の外側に移す

図71　左足を充分左前へ開き，相手のバック・サイドを向く。

図72　同時に体も左前へ傾倒しながら，ラケット角度を相手のバック・サイドへ向けて右から左へ横摩擦する。

流し球は，球を前進させるため前へ打つことは勿論であるが，同時に右から左への横ブラッシュを強くかける点が打法の相異であって，その球は殆んど左前右後の横回転をもって相手のコートに反跳する。反跳後は，そのままの回転を続けて外側すなわち相手から最も遠い方向に飛び去るのである。

この横流しは，一見高級技術のように考えられているが，それ程ではないのでこの段階で指導してよい。ただこの打法は少し高く上った球に対してのみ行い得るのであって，低い球に対しては行い難い。

③ 練習方法

バック・クロス練習中に，一方が少し高いドライブ球を送る，その相手は間髪を入れずに横流打法を行う。これを交互に繰返す。

なおこの練習はコート1台で2人だけの練習でなければ無理であるから，短

時間を割当て全生徒に経験させるようにする。したがって，実際にこの技術を身につけるには，教科外の練習に頼よることになろう。

単元Ⅱ　スマッシング

第7時限　主教材　フォア・ハンド・スマッシング

(1) ねらい

試合においては絶対に必要なものであり，全身を使って豪快に活動し，高く揚った球に対する処理の唯一の教材であるから，しっかりした基礎を指導しなければならない。

(2) 技　術

この技術は一見易いように見えて実際には難かしいものである，特に女子には不得手となっている。それは，凡てのストロークでやり損ねた場合の他は，ロビングによってのみ行われるところの深く高く揚がった球に対して行われるのであり，こうした機会が少ないのと，打法として全身の体力を使わなければならない最高のものであるからである。

打法には，ドライヴの他にカット性，プッシュ性スマッシングがあるが，これ等は高級技術に属し，ミスも多く，また実際の試合にはドライブ・スマッシングだけで足りるから，ここではドライブ・スマッシングのみを指導する。

① 姿勢，構え

この構えが最も重要である。構えは球に対する体の位置と距離と姿勢であり，この姿勢如何によってミスするか否かの大半は決まる。相手がリターンし損ねた場合における低い球に対するスマッシュは別として，ロビング球は自領コートに落下するまでは，相当の時間があるので，どの辺に落下するかを目測して，その落下点から左右前後の体の位置を決める。それは身長にもよるが，体の位置は反跳した球より少し前方で腕を自然に伸ばして球がラケットに当る距離が適正である。

適正の場所に体を運んだなら，その場所にがっちりと腰を据える。それは左足を斜め前にして爪先は足の向いた左前方に向け，斜め後ろに在る右足は右斜め前に爪先と共に向ける。そして両足の内角は80度位にして普通より大きく開

Ⅳ 単元の展開とその方法

図73 高く揚った球に対するスマッシュ構え。 　図74 球が近くなったのでバックスイングをする。 　図75 球が頂点から落下し始めたころを狙って打つ。 　図76 インパクトまでは腕を伸ばして打ち，フィニッシュ時はこのようになる。

図77 体をバック・サイド寄りに，如何なる球が来るかを待ち構える。 　図78 高めの球が来たので，充分バックスイングしてスマッシュのモーションを起す。 　図79 ロビングの球より低いので，このように腰を低くする。 　図80 前足を充分屈折し，これに体重を完全にかけて打ち終る。

く。

② いよいよ打球する時のラケット・スイングは普通のドライブ球打法よりも大きくすることは勿論であるが，腕は肘を曲げないで，伸して打つことが大切である。ラケット・スイング・コースは，予備モーションは下方から起こし，

インパクト（球との接触点）は予備モーションとフィニッシュ（振り終り）モーションとの中間である。そしてそのまま自然に強く腕を振り下すのであるから，ラケット・コースは，腕の長さに応じた半円を描くことになるわけである。

③ **ラケット角度**　予備モーションは上向きで，上方へ振りながら次第に下向きとなるのであって，インパクト時には前にも述べた通り相手のコートにラケット面が向かった時であるから，相当下向きとなった時である。一般に見られるミスは殆んどがアウトである。すなわち被せが足りない。言い換えればラ

ケットがまだ上向きのうちに打つからである。

④ **打球点** ボールが自領コートに反跳してまだ揚っている時に打つことはミスを多くする原因となる，揚り切った時，または寧ろ下がり始めた時位に打つのが球が安定してミスがない。

⑤ **体重移動，腰屈伸** 体重は，打球直前には右足（後ろ足）に充分かけて（従って左爪先はちょっと浮く），インパクト時には充分に左足へ移す。従って腰から上体は打球した惰性で前傾する。この前傾は打ち終ると同時に速く初めの姿勢に戻すことが大切である。

⑥ **注意すべきこと**は，以上のようであるから絶対に手だけで打ってはならない。高く揚った球に対して機敏に体を適正の位置へ移動することなく図81のような**無精打ち**をしてはならない。

スマッシングと雖も一発で決まるものと思わず，返球されるものと思って次の打球姿勢を整えなければならない。

試合の場合は，余分の力を以て打ちミスするよりは，相手が返球出来ない場所を狙って打ち込むこと。

図81 無精打ち

③ **練習方法** 普通のドライブ練習のときのようにクロスの練習は無理である，1台のコートで，1人が出来るならロビングで送球する。生徒も教師もロビングが出来なければドライブで高目の送球をする。相手はそれをスマッシュで打込む。これを続く限り継続するのであるが，実際にはこの段階の生徒には技能上無理であるから，**普通のドライブで1，2本打ち合い，直ぐ球を掬い上げて高く返球し相手にスマッシュの練習をさせる。**これを時間を配分して交替で行わせる。

単元Ⅲ　ロ　ビ　ン　グ

第8時限　主教材　オール・ロビング

（1）本時のねらい

スマッシングは試合に於ける決定球ではあるが，これを**返球しようとする技**

術はロビングであり、この決定球に対して恐れず諦めず返球しようとするのがここでのねらいであり、また試合において常に深いロビング球を打ち返すことを苦手とする者に対して用いられるところのロビングを習得させるのがねらいである。

（2）技術　試合用としては、高い球を苦手とする者に対して、全打球をロビングでリターンする場合と、スマッシュされたときロビングで防禦しようとする場合とがある。前者は中級以下の技能者に適している。

① ドライブ打ち合いと異なり、コートから相当離れて位置する、特に後者の場合にはコートの後方3m以上に位置しなければならない。それはスマッシュされた球は、猛烈な速力で反跳後非常に伸びて来ることと、普通のドライブを打つには、球を体の横にするのに対し、ロビング球を打つには、球を体の前、言い換えれば体は球の後ろに在って打たねばならないこととによるのである。

② 従って足は普通のドライブを打つのと異って殆んど両足並行でよい。

③ 従ってまた体の重心も殆んど左右等しくする。

④ 然しブラッシュは普通のドライブより一層強くする、それがフォア・サイドの球に対しては右横へ擦り、バック・サイドの場合は左横に擦する。

⑤ ラケット・スイングは、普通のドライブ打法と異なり、後ろへ引く予備モーションは必要なく、またプッシュも殆んど必要なく、体前で左右とも横ブラッシュだけでよい。

⑥ ラケットの角度は殆んど上向きから始まり、インパクト時に左右ともや

図82　スマッシングに対しロビングで返球するには、このように後方に下がる。

図83　極端にバック・コートを衝かれた場合は、こんなフォームになり、ブッシュは殆んどなく、下から上方へのブラッシュが大部分である。

や内方に向くようにする。従ってラケット・コースは体側に半円を描くことになる。

㋣　注意すべきことは，試合用としては，出来るだけ深く（エンド・ライン近く）返球すべきである。もしネット際に送球した場合には，殆んど決められてしまうからである。

（3）練習方法

ここでも4人でのクロス練習は無理である。前述のスマッシングに関連した練習方法が望ましいが，上達の早い練習の段階としては，最初お互いに（2）で述べた要領で左右横ブラッシュを練習する。これはネット・ミスは殆んどなく，両サイドのアウト・ミスが多く，これに次ぎエンド・ラインからのアウトである。前者の原因はクロッスに来た球に対して横被せの足りないラケット角度の不適正によるもので，後者はラケットの上向きが足りないことと，プッシュが多過ぎることとに因るので，これ等を加減しながら練習してその加減を身につける。

これがやや出来るようになった段階で，一方がスマッシュして他方がロビングで返球するようにし，而かも双方共に継続返球に努力させる。

順番を決めておいて進行をうまくすれば2台のコートで1人3～4分の練習が出来るが，技能の上達からは，ロビングに対し軽い正確なスマッシュの出来る者が相手となって練習させることと，課外またはクラブ活動に於てより多く練習することとがここでも望ましい。

単元Ⅳ　ゲ　ー　ム

第9～10時限　主教材　シングルス

（1）本教材のねらい

この段階でのゲームのねらいも殆んどAコースと同じであるが，Aコースから展開したゲームであるから，Aよりも一層スピード球を用うること，フット・ワークを始めとし，体力を充分使ったゲームであること，一層自主的に行うこと等をAコースと異ったねらいとすると同時に，教師は，Aコースのねらいで述べたゲームによる体育的効果をより一層挙げることに主力を注いで指導す

ることが望ましい。
（2） ゲームの方法
第4時限，第10時限共にAコースにおけるゲームの方法でよい，すなわち第9時限では男女混成紅白チーム戦，第10時限では7人メンバーのチーム・トーナメント戦で行う。

その他に付てもAコースのゲームで述べたところによってよい。ただチーム編成はなるべく自主的に行わせるとよい。

3 Cコース （経験者のためのコース）

単元I ドライブ

第1～2時限 主教材 フォア・ハンド，バック・ハンド

（1） 単元のねらい

基礎的ドライブ学習の最後の段階であり，フォア・ハンドに付ては，理論上，実技上習得した教材を活かし，豪快に，しかもラリーの続くよう指導し，バック・ハンドは初めての教材であるから，理論的説明をして理解させ技能を身につけさせる。

（2） 指導方法

Aコース単元Ⅲに述べた凡てを必要に応じて取捨しながら指導する。

（3） 練習方法

① この段階に於ける生徒は既に興味を持っているはずである。また課外或いはクラブ活動で既に相当の技能を身につけている。もう一つは所謂町の卓球場で一般社会人に混ってやっている者も出来ているかも知れない。従って結局はそうした生徒達の技術は非常に進んで，その他の生徒との差が出来ている。

そこで教師はこれ等の生徒をマークして置いて，これ等の生徒をして，他の生徒達の技能発達に協力させながら進めていく練習方法を採って差支えない。例えば劣る者に対しては上手に相手になりながら自分も絶対にミスしない練習をする，自分の何処へどんな球が来ても相手の練習になる一定の場所へ返してやる等である。

② もう一つの方法は，技能的に優る者同士で速球強打法をさせる。
③ ここでも時間の経済上1台のコートで，フォア，バック・クロッスの4人が同時に行うAコース単元Ⅲで述べた練習方法でよい。
④ 次のバック・ハンドと関連して，本単元に2時限を配当したが，第1時限はフォアだけ，第2時限はバックだけの予定ではない。第1，2時限共，前半にフォア，後半にバックを練習する。ただ両半ともお互いがフォアとバックを混ぜることは進歩が遅れるので，前半をフォアだけ，後半はお互いにバック・ハンドだけを連続リターンする練習方法を採った方が技能の進歩が早い。

A　フォア・ハンド

（1）本教材のねらい

　Bコースで習得したドライブ打法を上記単元のねらいで述べたように豪快に，しかもスピードをつけてラリーを続ける練習がねらいである。

（2）技　術

　ドライブ打法については，Bコースで基礎を述べているのでこれを略し，本教材で実際上一般にみる通弊から特に注意しなければならない事柄を更めて注意するに止める。

① フット・ワークを活かして，球に対する体を適正な位置に運ぶ。位置が不適正で手を伸ばしたり縮めたりして打ってはならない。
② 全身特に脚をしっかり据えて，体を使って打つ。腕だけで打ってはミスが多いのみならず，相手の球に押される。
③ とかくラケットの角度が上向きで，所謂被せ（押え）が利いていない。
④ 所謂フラット打ち（平打）で，下から上へのブラッシュが利いていない。
⑤ 打球タイミングがとかく早過ぎる。
⑥ 打球のとき，上体が後ろに残っている。すなわち体重の移動が行われていない。

（3）練習方法

　詳しく述べたAコース単元Ⅲ（5）の方法でよい。ただお互いが，出来るだけスピードをつける練習をするには，初めから強く打ってはならない。緩球から始めて，コントロールがつくに従って徐々に，自然にスピードをつけていく

練習でなければならない。
B バック・ハンド・ドライブ
 (1) ねらい

各単元でも述べたように,日本の卓球は体を動かしてのフォア・ハンド主戦法であり,そして一流選手であっても,必ずバック・ハンドよりもフォア・ハンドの方が強い。それはフォア・ハンドは自然性があり,バック・ハンドは不自然だからである。若しバック・ハンドがフォア・ハンドより強い者があるとすれば,それはバック・ハンドよりフォア・ハンドが劣っていることを現わしているのである。実際に於て,バック・ハンドの比較的よい者はフォア・ハンドが弱い。然し乍ら試合に於てバック・サイドを速球で攻撃され,体を移動する暇のないことが起るのは必然である。この場合カットまたはショートで返球するのも一つの方法であるが,ドライブによるバック・ハンド返球を一応出来なければならない。本教材のねらいはここにある。

 (2) 技 術

① 理論はフォア・ハンドと何ら変らない。すなわちラケットの角度,スイング・コース,ブラッシュのかけ方等理論上は同じである。ただ逆の腕で打つのであるから具体的に説明を必要とする。

② 構え 図84のように,フォア・ハンドと反対に右足を斜め前に出し,左足を斜め後ろに位置する。

③ 体重は,打球前には左足にあり,右足に移動しながら打つ。

④ 上体がラケット・スイングを邪魔するから,フリー・ハンドも自然に上げ,ラケット・ハンドの肘を胸に着けて左下方一杯に持ってくる。それと共に上体も,フォアの場合より腰を左へ捻る。そして球を打つときは恰もラケット・スイングを助けるようにその上体をラケットと共に斜め右へ前傾する,腰を捻ったままで腕だけで打ってはならない。

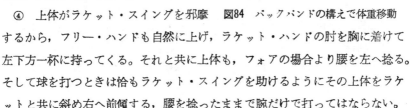

図84 バックハンドの構えで体重移動

⑤ フット・ワークであるが,当然フォア・ハンドで打つべき球に対して無理に体をフォアへ寄せてバック・ハンドで打つ変態を見ることがあるが,これ

図85 バックハンド・ドライブのスタート姿勢。

図86 速球に対して強打する場合は、もっと右足を前へ出し、体重を(右)前足へ充分かける。

バックハンド・ドライブの打球フォーム

図87 次の打球を構えている。

図88 球がバックサイドへ来たところ

図89 足、その他をバックの構えにする。

図90 正しい体重の移動で打ち終る。

バックハンド・ドライブ姿勢の悪い例

図91 始めから不自然である。　　図92 足も体重の移動も悪い。　　図93 腹が出て，上体が後反りである。

はよくない。バック・ハンド打球において体の移動の必要は主に左方に在り，その移動の必要は次の二つの場合がある。

〔その1〕フォア・ハンドの姿勢から突然左方に動いてバック・ハンドで打つ場合（図94参照）。

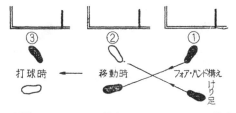

図94 フォアハンド構えからバックサイドへ移動。

これが難かしいのであって，その方法は，機敏に右足（後方にあった足）を左足の前から前方へ出してフォア・ハンドと逆にする。小幅なら左足は惰性で爪先が左へ動く程度でよい。従ってこの時の体は飛来する球は右後ろになり，頭を右に廻して球を見るようになる。

左へ大幅に動くには，図95のように右足で強く蹴って左足を大きく移動するや殆んど同時に右足を左足のやや右斜の前まで引きつけ，体重はそのとき既に左足にあるようにする。ここで最も大切であり難かしい

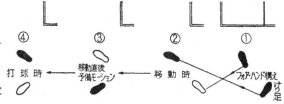

図95 フォア・ハンド構えから大幅左移動。

のは，フォアから正反対のバックの姿勢に変えた瞬間に如何にしてその正規の姿勢を崩さずに適正のフォームを作って打球するかに在るのである。

[その2] バック・ハンドの姿勢からの左移動

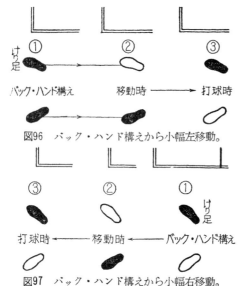

図96 バック・ハンド構えから小幅左移動。

図97 バック・ハンド構えから小幅右移動。

これは既にバック・ハンドの構えであるから，前者より容易である。足の移動は，体重移動の関連上矢張り右足で蹴って，外足（後足）を先にし，殆んど同時に前足（右足）を引き着ける方法がよい。

また，フォアへ廻わす程ではなく，フォア・サイド寄りに体近くを衝かれた場合には，機敏に左足を体後に引くと同時に右足も後ろ（体が横になっている姿勢から後ろと言っているので，フォア・サイド方向のこと）へ引きながら打つ。従ってこの時も自づから先に移動した左足に体重がかかり，右足に移動しながら打球することになる。

単元Ⅱ　カッティング

第3～4時限　主教材　フォア・ハンド，バック・ハンド

(1) 本教材のねらい

攻撃と言われるドライブに対し，代表的防禦としてのストローク技術を習得するのがねらい。

英国ではペンホールダー時代（1920年前後）があったが，1925年頃テニス・グリップとなって以後今日までも欧米はカット万能を信じて来ている。

(2) カッティングの特質

ドライブと共に回転球の代表的なものである。特にドライブを欧米ではTop-spin と云うように，ドライブは下から上へブラッシュするのに反し，カッティングは Bottom-spin と言っているように，上から下へ擦する打法である，従ってその球質をドライブと比較すると，プッシュが少ないからスピードは劣

る。打たれた球の廻転はドライブと正反対に前上から後下への廻転であり，従って相手のコートへ反跳後の球は後退性を持ち，且つバウンドが低い。しかし廻転がよくかかっているから球がネットを越す時は高くても相手方コートに入いる点はドライブに優っている。そして若し相手がドライブで返球する時は，廻転と同方向にラケットを摩擦することになるから，バット・モーションが弱過ぎると，歯車の両輪のように球がバットに引っかからない理により，球はネットを越すことなく落下して占うのである。

それからドライブ・ストロークよりも少ない体力の消耗で打てる打法であり，またフォアとバック・ハンドが平均して容易に打てる点等がドライブに優った特質である。

(3) 技　術

A　フォア・ハンド・カッティング

① 構　え

ドライブと異って，最初の構えの両足は殆んど並行か右足が少し前へ出ていてよい。腰は極く軽く落し，ラケットも軽く体前に持つ。

② 球が（ここでは勿論フォア・サイドへ）来た時には素早く，上体共に右足を右斜め後ろに開き，これに体重を移しながら，ラケットをやや円味をつけてフォア・サイドの球の位置まで出して打つ。

③ そのインパクト時の球に対するラケット角度は，その球質と自分の打球点によって異にしなければならないが，大体においては，ドライブ球を割合高目で打つ時はコートに直角に近い角度であり，球を落して自分の腰の高さで打つ場合はコートに対し60度位までラケットを上向きにして打つことを標準として加減すればよい。

図98　フォア・ハンド・カットのスタート姿勢。このまま前下方へ切り下ろす。

④ インパクト時に急に角度を変えたり，急にラケット・モーションをスイング・コースの途中で早くしたり，よく切ろうとし過ぎたり，返球場所を狙い

図99 ルーマニアのツェラー選手のフォア・ハンド・カッティング。女子でもフォームや打法は男子と変りない。よく腰を落し、体重も外足へかかったよいフォームである。

図100 テニス・グリップによるフォアハンド・カッティング（手前）英国バーグマン選手の身長は普通の日本人位であるが、よく足を開いて腰を落し、しっかりしたフォームである。

過ぎたりするためのミスが非常に多いので、自然に安全にリターンすることに重きを置かなければならない。

⑥ フット・ワーク

右へ移動するには左足で蹴って上体はそのとき残すことなく右へ移動すると同時に左足を引き着ける。その瞬間には体重は既に右足に移っている。左右とも体重を外側（後）足へ移すには、内側（前）足は自然に伸ばし、外足の膝を曲げて上体をこれに乗せることが大切である。

左へ移動するには、この反対である。すなわち左右とも外側の足を先にし殆んど同時に内側の足を運び、体重はその時既に後足に在ると云うことが原則である。

（4）練習方法

この段階ではやれると思うので、前述の同時4人のクロスで行ってみる、一方が

図101 テニス・グリップによるフォア・ハンド・カッティング（向側）。英国のリーチ選手は背が高いためでもあるが、よく腰を低くし、体重も右足に乗せている。

軽くてよいから成るべく継続するようにドライブで打ち，他方がカット返球を練習する。配当実技時間のハーフ・タイムでドライブとカットを交代して練習する。この方法は一方はカット打ち（カットの球をドライブで打つ）の練習になるので一挙両得である。

俗に〝つつきっこ〟と言っているところの，カットの球をカットで返球する技術はここでは行わない。

B　バック・ハンド・カッティング

（1）本教材のねらい

特質，最初の構え，打球法等は，フォア・ハンドと同じである。

図102　バック・ハンド・カットのスタート姿勢。　　図103　バック・ハンド・カットで打ち終った姿勢。

（2）異なる点は言うまでもなく右腕を自分の胸部に密着させて切り下ろすことである。

また，1ストロークの終る度毎に，姿勢を最初の構えに戻して次の球を待つようにすること及びその他の理論はフォア・ハンドと同様である。

それからラケットの両面を使えるテニス・グリップの者は，極端にバック・サイドを衝かれた球を，バック・ハンドで返球するのに，ペンホールダーでは不可能な大幅移動として次の方法があるので，テニス・グリップの者はこれを絶対に活用しなければならない。

図104　ルーマニアのロゼアヌ選手のバック・ハンド・カッティング

図106 広範囲守備のバック・ハンド・カッティング姿勢。テニスグリップの特技である。

図107 テニス・グリップによる。バック・サイド守備。これも体重の移動が正しい。

図105 バーグマン選手(英)のバック・ハンド・カッティング(手前)。内側で足をよく蹴り、外足へ体重を完全にかけている。

左足で飛ぶように強く蹴って右足を左足の前を通して、その左足より後ろの位置へ踏み出せば非常な大幅移動になる。このとき球は体後になるので、頸を右へ捻って球を見る。体重はその時、バック・ハンドであるがその踏み出した右足（この場合外足であるから）へかかって打つ例外をなす。

単元Ⅲ 乱 打

第5時限 主教材 オール・ラウンド

（1）本時のねらい

主教材をオール・ラウンドとしたが、高等学校では全コースを以てしても真のオール・ラウンドは望み得ないが、特殊な決め球等を除き、ストロークは一応学んだから、ここにオール・ラウンドを教材とした。

今までは各教材が、まとまりのための関連性は持ちながらも、単元展開上の基礎を作るため止むを得ず或教材の範疇を出ることが出来なかったが、本時間では全生徒各自が身につけた技能的、精神的学習の結果を自由に表現する始めての機会を与えるのがねらいである。そして生徒の自己評価が出来ることも本

時の所産である。

(2) 技　能

教材の技術的説明は既に習得しているので，その既習教材を如何にしてまとめるかがここでの技能である。それには各種攻防のストロークを適時に使うこと，ストロークは固より全体力を使い，相手の出方によっては緩急，長短の送球を行うこと，精神的には試合の要素であるファイトを始め，沈着，敏速，判断其他体育の目標を如何なく発揮し，立派な態度を以てすること等これみなここでの技能として扱うべきものである。

(3) 指導方法

話し合いは殆んど必要ないので，全50分を全生徒に割当て，コート 1 台同時に 2 人のシングルでゲームの形式を採らず時間割で行った方がよい。

教師は本時間を始めるに当って叙上の心構えを注意までに一言することは必要である。

単元Ⅳ　決　め　球

第 6 〜 7 時限　主教材　スマッシング，ストレート，ストップ

(1) 本時のねらい

最終コースの最終段階において，卓球を社会化し，生活化するには恐らく試合の形式を辿ることであろう。そして試合は勝つことを当面の目標とするので，それに絶対必要な技能を習得せしめるのがねらいである。

(2) 技　術

A　スマッシング

スマッシングは，深い球に対しては一見易しいように見えて難かしいものであることは前述したが，高く揚がった球に対しては 1 点を取得する好機会である。これを失策して相手に 1 点を与えるならば 2 点の差が生ずることになるから，これに対する完全な技能を習得しなければならない。

フォア・ハンドによるスマッシングの技術等については既にBコース単元Ⅱで詳説したので，ここではバック・ハンドによるスマッシングの注意だけにつき述べる。

ドライブのフォア・ハンドとバック・ハンドが打法において同理論であるように，スマッシングも同様である。ただバック・ハンドはフォアのようにラケット・ハンドを大振りに出来ないので，腕を利かして強く打たなければなかなか決定球とならない。そして腕で打つのであるが，この時上体も共にラケット・コースの方向へ少し前傾して体重を右足へ移すことが大切である。

　しかもスマッシュは高く揚った（大きい）球に対して敢行するのであるから，ラケット・スイング・コース，体の捻転屈伸等総てのモーションを大きくしなければならないことと，ラケット角度は，インパクト時には相当下向きにすることとが低い球に対するバック・ハンド打法と異なる点である。

　更に，高く揚った球に対しては，球の落下まで体を移動する時間があるのだから，出来るだけフォアへ廻して，フォア・ハンド・スマッシングで決めることを建前としなければならない。

　次ぎに球の深浅により腕の使い分けを前述したが，ネット際の球はバック・サイドと雖も，バック・ハンドのスナップ打ち（手首で打つこと）で絶対に決めるべきである。

　最後に，スマッシングと雖も必ずしも強く打たなければならないものではない。即ちバック・ハンドに於て然りであるが，強球よりは送球場所を選んで打つことが最も大切である。

B　ストレート

　フォア・サイド（Fと仮称）から相手のF，バック・サイド（Bと仮称）から相手のBへ打ち合うのはクロッスと言うことは既に学んだが，Fから相手のB，Bから相手のFへ打つことをストレートと言う。そしてクロッスに打つことは自然でありミスが少ないが，ドライブ・ストレートに打つのは不自然であり，スピンの関係上も無理があるので難しい。そこで無暗には使えないところに試合としての効果があるので決め球に挙げることが出来るわけである。生徒は少くもこれを経験する必要があるのである。

　この打法は浅い球で，体の横に廻し得ない場合は行われない。少くも自領コートに反跳後の球がエンド・ライン以上に伸びて来た球に対してのみ可能である。

先ずFへ来た球を相手のBへフォア・ハンド・ドライブで打つ。その要領を次に記す。①体は少くとも球の真横より前くらいに位置する。従って割合に短かい球をストレートに打つ場合は，腕と一緒に上体がコート上に乗りかかって打つことになる。

② ラケット角度をバック・スイングの途中で相手方コートのB方向に変える，すなわちラケットの先端を後方にして，ラケットの面を，今まで利かしていた押えを弛める気持に少し上向きにして送球場所Bへ向けることである。それにはバット・モーション等は同じであって，全く手首だけを前へ突き出して，ラケットの先端を後ろに残す操作によるのである。

③ インパクトの瞬間には，左足を僅か踏み出し，上体も少し送球場所すなわち相手のバック・サイドの方向に向く。そして次のBからFのストレートとは異なり，被せを利かすと言うよりは球に対し直角位の強いブラッシュで擦り上げることと，相当腰を低くすることが最も肝要である。

BからFへのストレート　これが前者より技術的に非常に難かしい。しかし前者よりも殆んど所謂ノー・タッチで決まる。

① これは前者と異なり，体をコートの左外側からネット近くへ移動して打てるので，短かい球に対しても行い得る。

② 体の位置は，やはり球の左横に位置し，バック・クロス打合い中に突然行うべきである。

③ その要領は打つ直前に左足を半歩だけ左横に開いてその左膝を折り，背

バック・サイドから相手のフォア・サイドへのストレート打ちの連続写真

図108　先ず左足を1歩踏み出す。　図109　球の前位いに体を位置する。　図110　背中を丸くして相手のフォア・サイドへ打ち込む。　図111　フォア・サイドへのストレート打ちを異った方向から見る。

中を丸くして腰と上体を思い切って低くしてから打つ。

④ ラケット・モーションは，背中を丸くするのと同じような気持で，最初はラケット面を相当上向きにして球の下部から上部へと円を描くようなコースに振る。そのラケット・コースの途中で強くブラッシュをかけるのである。

⑤ 打球の瞬間には，ラケット面も体も送球場所である相手のフォア・サイドを向かなければならない。

⑥ 繰返して特に注意を要することは，打球瞬間の姿勢を非常に低くすること，下から上への縦ブラッシュを，相手から来る球のスピードと廻転にまけないように思い切って強くかけること，同時にFに向いたラケットの押えを充分利かすこと等である。

C ストップ

ストップの用途は，ロング・ドライブまたはスマッシュ等によって相手をコートから遠くへ離しておいて突然行うところにその効果がある。然し深い球（エンド・ラインに近い球）に対するストップはなかなか難かしく，ミスが多いので，コートの中央部分からネット寄りの球に対してのみ行った方がよい。またカットの選手は常に，コートから相当後方に離れて位置しているので，ストップをしばしば行ってもよい。但しカット球に対するストップも技術的に難かしいので充分練習と注意を要する。次にその技術を箇条書きに説明しよう。

① 理想を言えば，モーションは機敏に早く，インパクトは触わるが如く弱くであろう。

② 機敏に，しかも沈着に行う。

③ 打つのでなく当てる程度であるから，体は使わず前腕だけで行う。

④ 従って姿勢，体重移動等は重要でない。

⑤ 小さく（ネット際へ）早く相手のコートに落すのが目的であるから，ドライヴやカットのように球を横に廻してブラッシュをかける必要はなく，寧ろこのストップと，俗に云う〃つつきっこ〃とは体前でのストロークが殆んどである。

⑥ カットその他の強い廻転球に対しては，ドライブで打つならば或程度その廻転を消すことになるのでよいが，ストップ打法では全然廻転を消すことが

出来ないためミスが多いから，よく切れたカットの球に対してはストップ打法を行わない方がよい。

⑦　打球点は他のストロークと異って，反跳途中，頂点，落下途中の何れで行ってもよいが，その何れの時に打つかは，実際の場合に既応して機敏に行う。すなわち，例えば相手が相当後退して位置する時には，技術的に難かしい反跳途中でのストップは止めて，ミスの率の少ない頂点で行うようにする。

単元Ⅴ　ゲ　ー　ム

第9～10時限　主教材　ダブルス，シングルス
〔**ダブルスの場合**〕
（1）本時のねらい

全くの最後のコースの，最後の課程となったねらいは多い。完全な自主的がよい。

ダブルスは初めての教材であるから指導を要し，その他については技術指導なしでよい。これまでに習得した凡てを自由に発揮させる。レクリエーションに重きをおいて今後の活用を要望する。凡ゆる既習単元の展開と，まとまりをねらいとする。

ダブルスでは共同責任感を経験させる。

（2）ゲームの方法

初めての教材であるが，この過程に於ては生徒が既に大体を知っているので教師は生徒の誤りを指導する程度でよいであろう。

（A）やり方

2人で組んで，4人で行う。その組の2人を Partner と言う。先ず拳によってどちらの組が最初にサーブをするかを決める。それが決まったらその組のいずれのパートナーが最初のサーブをするかを決め，その相手の組も何れのパートナーが最初にレシーブするかを決めなければならない。

両方決ったならこの4人は次の順序で打球しないと，間違った組の失点となる。

最初のサーバーは必ず自領のライト・ハーフ・コートから相手のライト・ハ

ーフ・コートへサーブを出す(サービス・ライン上はグッド),第2球以後はどこへリターンしてもよいが,最初のレシーバーがリターンし,第3球はサーバーのパートナーがリターンし,第4球はレシーバーのパートナーがリターンする。これをゲームが終了するか,ジュース(20〜20)になるまで繰返す。

サービスの交代 サービスは両方の得点の和が5となったとき代わることはシングルスと同じであるが,サーブをする4人の順序が決められている。すなわち最初の5サービスは最初のサーバー,次の5サービスは最初のレシーバー,次が最初のサーバーのパートナー,次が最初のレシーバーのパートナーの順序で繰返すのであり,この順序を誤ってサーブをした場合は,その誤りが発見されると同時に,誤りなかった順序に復す。

第1ゲームが終って第2ゲームスをやるときは,第1ゲームの最初のレシーバーがサーバーとなり,最初のサーバーがレシーブして,そのゲームが終了するか,ジュースとなるまで繰返すこと第1ゲームと同じである。

ジュースになったら1ポイントづつを同じ順序で試合終了まで繰返す。

(B) ルールの不知または誤解点

ダブルスに限らず,卓球競技規則は一応知っているものとして今までの課程で述べなかったが,相当の選手でも解釈を誤ったり,それを知らなかったりする場合があるので,この機会にシングルスにも共通な主な点を述べておく。

(a) 決定ゲームと言って,1ゲームの試合ならそのゲーム,3ゲームス・マッチなら所謂セット・オールになった次の第3ゲームのように,勝敗を決定する最後のゲームでは,どちらかの組が得点10となった時に,エンド(サイド)を代えること。

(b) 第2ゲームを行うときサーバーとレシーバーが代ることはよいが,その代ったサーブまたはレシーブを,何れのパートナーが最初にするかは,その組の自由であること。

(c) サーブ,レシーブまたはサイドを選ぶ権利を得た者は,必ずしもそれを選ばなければならないのではない。すなわちそれを相手方に選ばせる権利もある。しかし実際には,光線その他の条件が余程異なるのでなければサービスを選んだ方が有利であるから,自らいづれかを選ぶのが通常であると云うに止

まるのである。

（d）サーブの順序，エンドの交替等の誤りに気がつかず進行した場合は，その過ぎた得点には影響なく有効である。すなわち誤りがなかったものとして，「誤りを発見した時」から正しい状態に戻すのであることは前述した通りである。

（e）ネットに触れて来たサービスをレシーバーがボレーしたときは，レシーバーのラケット・ミスと解する者が非常に多いが，これはレシーバーのラケット・ミスではなく，レトと言ってカウントしない。

（f）サービスはエンド・ラインの後方とサイド・ラインの延長線との中で為すと言うのは，球がラケットに触れる瞬間の位置すなわちインパクト時が図53に示すサービス可能圏の中にあればよいのであって，体やラケットの予備モーションまたは反動モーションは外に出てもミスにならないのである。

(3) 技 術

(A) ストローク

いろいろなストロークについては今迄に述べた一般のものと変りがない。ただダブルスの相異点としては，パートナーが交互にリターン（返球）するのであり，パートナーと云う邪魔があるので，バット・モーションを小さくして，しかも強く打たなければならない。言い換えると，腕だけで強く打たなければならない場合がしばしば起ることである。

また同じ理由でショットも相当使わなければならない。要はシングルスと異なるこれ等の打法を，時宜に応じ，コンビ（**Combintion**）よく，相手方の場所を選んで返球するストロークであるべきである。

(B) サービス

ダブルスにおけるサービスは，シングルスの場合と異って，自領コートのライト・ハーフ・コートから相手のライト・ハーフ・コートへ入れる規則になっているのでその区域が狭い。従ってスピード・サービスをもっても容易に得点出来ないので，もしも深いスピード・サービスで得点しようとするならば，継続した短かいサービスの中に突然殆んどサービス・ライン上に近いサービスによらなければならない。またレシーバーが変りラバー(裏ラバー，スポンジ等)

図112 富田のバック・ハンド・サービスに対する渡辺の位置は卓に近いが、荻村は相当後方に構えている。

のラケットであり、或いはラケットに関らずショートの構えをした相手に対してはカッティング・サービスが有効である。しかしサービスの建前は前述したように、サービスで得点しようとするよりは、レシーブで決められないサービスを絶対にミスなく出すことであるから、結論として出来ればカッティング・サービスを混用した極く短かいサービスを安全に出した方が無難である。

（C）レシーブ

ダブルスにおけるサービスは、前述のようにライト・ハーフ・コート内という小範囲内に限られているので、レシーバーの位置は、全部フォア・ハンドで返球出来る位置、すなわち中央サービス・ライン並行でよい。

図113 ミックス・ダブルス競技。荻村（先方）のレシーブ構え。このように女子の位置は男子より浅い。手前のサーバー渡辺（女子）のパートナー富田（左利き）の位置は卓から相当遠くしかもバック・サイドへ位置している。

レシーブも、如何なる球質、場所に来たサーブに対しても、今度のサーブをレシーブで決めよう等の無謀な予定は禁物であって、先ず返球することを第一としなければならないことはサービスに等しい。何となれば、球の来る領域が、第3球目以後の打合いと異ってその約半分であるからである。

レシーブに際しての打法注意としては、短かいサーブにはスナップを利かした比較的強いドライブで、またカッティング・サービスに対しては、その廻転の方向によって打法を異にしなければならない。すなわちドライブで返すとすれば、自分から見て左廻転球に対しては相手のバック・サイド寄りを狙い、右廻転なら相手のフォア・サイド寄りを狙って打つラケットの角度で、球は中央

部分へ返球出来ることを知り，そのように加減しなければならない。これは第3球目以後の打合いでも勿論同理である。また長いドライブ・サービスに対しては，思い切ってストレートに返球することは，相手の位置如何に関らず有効であるが，先ず相手のフォアへクロスに返球することが最も自然で安全であるからこれを第一とし，出来る限りは，第3球目をリターンするところのサーバーのパートナーに最も遠い場所を選んでレシーブするのが賢明である。

（D） フット・ワーク

ダブルスでは四人がお互いに1球を休んで2球目ごとに打つので時間的には余裕があるが，パートナーと云う邪魔があるので，当然シングルスと異ったダブルスのフット・ワークの研究と練習が必要となるのである。

ダブルスの動き方は，言うまでもなく，最も少なく動いてパートナーの邪魔にならないことが理想である。

情勢によって臨機応変に動く必要はあるが，原則的には次のような動き方がある。

（a） 前後移動

最初の構えは，サーバーとなった時も，レシーバーとなった時も同じであるが，先の打球者（Aとする）は前方に構え，次の打球者（Bとする）は後方に構え，Aは打球するや否やBの位置を見ながら最短距離を選んで後退する。Bは球の飛来位置によるが大体前進して打球するや同じく後退する，これを繰返す方法である。これが理想として多く行なわれている。

（b） 左右移動

この方法を採るならば，右移動，左移動と決めずに，最初から両者の前後を浅く構え，両者共に打球するや短かい距離のサイドへ逃げる方がよい。然しこれは不自然と，不利がある，すなわちこの移動は，横歩きであるから生理的に不自然であり，技術的にはバック寄りの球を打って短距離であるバック・サイドへ逃げた場合にフォア・サイド深く衝かれた球に非常に弱くなり，フォア・サイドへ逃げた場合も同じ不利がある。のみならず特にフォア・サイドへ逃げた場合は次の打球姿勢を整えるのに非常に不自然と困難がある。結論として前後移動を原則として臨機応変に動くことがよい。

（c） テクニック以外にダブルスのゲームで最も大切なことは，パートナー同志はお互いに癖や特徴を知り合い，その長を生かし短を補うゲームでなければならない，そしてそれを技術に繋がらせることである。例えばパートナーがカットを得手とするならカットを主戦法として，他のパートナーが決めて行くとか，或いはパートナーが気が弱ければ他のパートナーが元気を出させるようにし，またお互いのミスは慰め合う等両者一体が，勝つためには大切な要素である。

（4） 試合方法

（A） 組合せ

試合における組合せは勝敗に相当の影響があるので，次のことを参考として組合わせるのがよい。

（a） ロング・ドライブ同志

日本に最も多い組合せである，相手も同じである場合は，充分のフット・ワークを利かせ，送球場所を選び，練ばることを第一とし，しかもチャンスは必ず決めるのでなければならない。

相手がカットの組であるなら，フット・ワークに時間的余裕があるから，一球毎に体を必ず適正の位置に構え，送球場所を選ぶことは勿論であるが，一律千篇の強球でなく，緩急長短を混ぜたドライブで相手のコントロールを崩し，チャンスを待って得点する持久戦が最もよい。

（b） カット同志

相手がドライブ同志の組なら，先ずどんなに打たれてもフォームを崩さずねばって返球して行くように，カットの特長を生かさなければならないが，今日の相当のプレーヤー間では，相手のミスを待つ戦法では通じなくなっているので，どうしてもチャンスを見ての正確な反撃をしばしば敢行するのでなければ勝てない。この点はシングルスに於ても同じである。

（c） ドライブとカット

この組は一方がカットで練ばり，場所を選んで返球し，ドライブ・プレーヤーがチャンスをみて決めて行くのが普通であるが，この組に最も望ましいことは，カット・プレーヤーが確実な反撃を敢行する技術を待つことである。シン

グルスでも同じであるが，カット・プレーヤーはどうしてもこの練習こそ最も生命であらねばならない。

（d）その他ショートと，ドライブやカットの組合せも起るが，ショートの混用は寧ろ必要であるけれども，オール・ショートのプレーヤーではダブルスに適していないので感心出来ない。

（B）ゲーム練習法

最後の教材であり，また初めての教材であるダブルスには2時間を望みたいのであるが，次のシングルスの時限でスキル・テストを行うためにダブルスの学習を1時限に計画した。

上述の組合せが出来たなら，上述のルールと技術をもってゲームを開始する。コート1台で同時に4人が出来るので，時間配当による1マッチのゲーム数を予定し，全生徒に経験させる。その相対する組合せは，各々練習になるよう考慮することが必要であり，また技能の進歩程度はシングルスを標準としてよいが，スキル程度に余り差のない者同士がよい。それからここでも男女は別々にする方がよい，但し男女組を作って行うこともミックスの経験となっておもしろい。

ダブルス審判はシングルスと異って，サーブや打球順序等に充分注意しなければならないことを指導しながら，成るべく多くの生徒に経験させる。

〔**シングルスの場合**〕

（1）本時のねらい

A，Bコースと同じであるが，ただこの段階での本時のねらいは言うまでもなく，技能を始めとして，個人性，社会性から態度等に至るまで，最後のまとまりとしての最高のものでなければならない。しかも卓球スポーツを生活化する最後の要望のため全生徒に参加させる。

（2）ゲームの方法

本時は最後の評価との関連上，シングルスのトーナメント式で行った方がよい。1マッチのゲーム数は，時間数，参加者数，コート数等により開始前に予定をたて計画的に行う。

審判その他の運営は勿論生徒が完全な自主的に行ない，教師は指導的役割に

(3) トーナメントの組み合せ方

トーナメントの原則によって作った方がよいので，この機会にその原則について説明しておく。

(a) **シード** トーナメントにおいて，一番強い者同志を第1回戦で当てることは惨酷であり，また順位（ランキング）決定の理論に反する。そこで過去の成績により，少くとも4名乃至8名の技能優秀者をシードする必要がある。そのシード・プレーヤーのドロウ（引線）の位置も世界を通じ大体同じである。今第16位までを示せば図114の通りである。

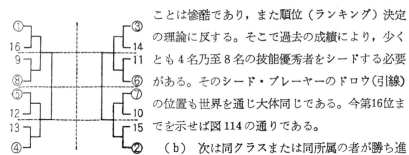

図114　ド　ロ　ー

(b) 次は同クラスまたは同所属の者が勝ち進んだとき，最も遠くで当たるようにする。すなわち図114で言うと，左半部，右半部，上半部，下半部のブロックへと配分して最も遠いところで当たるようにする。

(c) **ドロー**

参加者が2，4，8，16等の「べき数」の場合は第1回戦に不戦者（バイ）を作らずに全部を第1回戦で当てるようにすればよい。ちょうど図114の通りのドローでよいが，参加者が2の「べき数」から1人でも多いか少ない場合は合わない。それが100人にもなるとドローを作るのに相当困っている状態を見受ける。これは原則を知ってすれば機械的に至極簡単に出来るのでここにこの原則を示しておく。

① 参加人数のすぐ上の「ベキ数」から参加人数を差引いた数を第1回戦不戦者とする。

② 参加者から不戦勝者を差引いた数（必ず，べき数になる）が第1回戦を行う者となる。

③ ここに仮りに参加者43（個人でもチームでも同じ）の例を式で表わすと次のように明らかとなる。

$$64\binom{\text{参加数のすぐ}}{\text{上のべき数}} - 43(\text{参加数}) = 21 \cdots\cdots \text{第1回戦不戦勝者}$$

43(参加者)－21(1回戦不戦勝者)＝22……第1回戦者

④ 第1回戦者の数が決ったなら，それを同所属配分の原則に従って各ブロックへ平均に離して入れていく。

以上は庭球でも，柔道でも，個人戦でも，チーム戦でも，トーナメントである以上適用される原則であるが，参加人数の多い時の便宜なやり方としては，上記により先ず引線を作っておいて，次にシード・プレーヤーを図114のように原則の位置に割り当て，他は別に用意するカードに所属と名前を書き，このカードで同所属をブロック別に割当てるのが間違もなく便利である。

（d） 序でに，教師も生徒も，トーナメント式大会で，終了までの試合数と所要時間数とを簡単に知ることは必要であろう，プログラムの試合数を，メノコ勘定をしているようでは，300～400人等の場合は大変なことであるから，ここに説明しておく。

① トーナメントにおける決勝戦までの試合数を知るのは至極簡単で，参加者数から1を引いた数がそれである。すなわちプログラムに番号がある場合は一見して最後の番号から1を引いて決勝までの試合数を知ることが出来る。

② 試合数を知ったなら，1マッチのゲーム数や，参加者の強弱等によって1試合に何分を要するかの予測をして，それに試合数を乗じたものが全所要時間であり，それをコート数で割った数が競技大会の所要時間となるのである。

（e） また欧米では行っているのにわが国ではやっていない**コンソレーション・マッチ**は，学習として行う学校体育には特に好適であり，必要と思われるので，試みた方がよい。

すなわち，トーナメントでは必ず参加生徒の半数は1回戦で負ける。そしてその生徒達は一日中楽しむべきゲームを全くの短時間で終って占うことになる。そこで1回戦或いは2回戦で負けた生徒だけを，その場で新たにトーナメント・ドローを作り，進行中のものとは別に，適当の時間を見計って開始するのである。

これは名の如く，1回戦で敗けた者を慰めることになるのであるが，学校体育の場合に，半数の生徒を，全くの短時間で終らせることなく，成るべく全生徒の学習を均分に行わせようとするところに大きな効果があるのである。

V 評価

　評価は，目標に対して学習がどのように進歩しつつあるか，どの程度に発展したかの結果を分析測定し，Aコースの評価を以てBコース学習の資料とし，Bコースの評価を以てCコースの学習資料として，体育の目的をよりよく達しようとするものでなければならない。
　ここでは単元の時間を評価のために割くことなく，その過程において適時に行う案を立てたが，これは単に上手，下手の試験ではない。

1　内容

　卓球の評価は，他の一般の体育に対する評価と同じく，先ず技能について行うことは勿論であるが，卓球を通じて体育が如何に必要であるか，或いは歴史やルール等についての知的理解，日頃の学習によって育成されたスポーツマンとしての態度，どれだけ生活化することが出来たか等に至るまでの評価でなければならない。そして評価は過去の学習を反省し，将来の学習の資料とするのでなければ評価の意義がないことを心すべきである。

2　方法

　卓球の評価は，技能と技能以外の評価とを一つの表に採点記録し，両者の和を真の評価としなければならない。すなわち次に述べる技能以外の評価，非数的テスト，数的テストの和を平均して評価する。

（1）技能以外の評価

　技能については臨時の課程においても，またゲームの教材に際しても，次に述べるスキル・テストの方法をもって容易になし得るけれども，数を以て計測し得るものとは異なる技能以外の他の評価については，教師は常に評価を念頭に置いて指導しなければならない。換言すると，技能については次の方法によるスキル・テストにより，その他についての評価は，集中学習の場合はその最後の段階で，また年間に配分した学習，或いは一期にまとめた学習方法を採る

場合等は，各その期末に，教師が，日常のメモを参考として，生徒の個人別に，100点満点で記録する方法で行なう。

（2） スキル・テスト

A 非数的テスト

① 諸ストロークがよいフォームで行われているか。
② 打球タイミングが適正であるか。
③ 打球に際し，体重の移動が行われているか。
④ ドライブ・ストローク特にカット打ちの場合に，球にスピンがよくかかっているか。
⑤ ロング球に対し，腕だけで打つ不安定がないか。
⑥ 球の長短に応じた腕の使い分けをしているか。
⑦ ラケットの角度，スイング・コースが適正であるか。
⑧ フット・ワークを充分行っているか。
⑨ クロス練習において，常にハーフ・コートへ返球しているか。
⑩ 沈着，機敏，果断，忍耐心等技術に関連する精神的条件が具っているか。

以上を採点基準とし，各10点満点で採点した集計を100点満点として評価する。

B 数的テスト

ここで数的テストと云うのは，ゲームにより必然に現われるポイント（点数）を基準として評価するものである。

ここでのスキル・テストの方針も，スキル・テストとしての時間を別に割くことなく，普通の学習時に於て行わんとするので，次の方法を採る。

また，この数的テストの採点基準は合理的であり，その段階に応じたものでなければならない。相当考えた上，ストロークの種類をドライブとし，採点の基準を次のような案にした。

なお便宜のためサーバーをS，レシーバーをR，教師または助手をT，生徒をPと略称して説明する。また一般にも用いられている第1球目と言うのはサーブのことで，次のRの返球は第2球目，次の最初のSがリターンする球を第3球目と云い，以下順を追って称えている。

教師及び生徒中から選んだ10名程度の上達者が被テスト者の相手となって行う。助手の選出は過程の成績により教師が為す。

〔Aコースの場合〕

ショートは単なる導入であるから，最後の単元において，フォア・ハンド・フォア・クロッスによるドライブ・ストロークで下記のように行う。従ってTはなるだけコートのフォア・サイド$\frac{1}{3}$線上位へ，出来限り，Pがリターンし易いドライブで送球することを建前とし，もしサービス・ライン以上バック・サイド寄りに送球した場合はノー・プレーとしてすべての計算に入れない。

サーブは先ずTが行ない，以後T或いはPのミスの都度TとPが交代して行う。

このテストは，得点の如何に係らず1人の生徒につき5回の試技で次番者と交代する。

換言すれば，Tサーブにて3回，Pサーブにて2回行なったなら打切り各回の得点を集計して評価とする。なお得点集計には，テスト得点の他に，学習既得点として全生徒に等しく10点を加算する。但し，もしTのため或いはP以外の原因でノー・プレーとなったとき，またTがミスした時はやり直す。この場合にもしノー・プレーとなった試技の得点の方が多いときはそれを採点する。

① TのサーブをPがレシーブ・ミスしたなら，代ってPがサーブを出し，次の第3球目をPがまたリターン・ミスしたなら，また代ってTがサーブを出す。こうして繰返すこと5回に及ぶことは考えられないが，もし5回ともこのようにしてミスしたならそのPを，今までの学習に対する既得点としての10点だけを与えて打切り次番者と交代する。尚Pのサーブは3回までのやり直しを認め，3回ともミスしたなら1回の試技とする。

② TのサーブをPがレシーブすれば5点，次のPの球，すなわち第4球目をリターンすれば10点，以後引続く1回のリターンごとに5点ずつを加える。そしてもしこのようにミスなくラリーを続け，1回のテストで90点に達したならテストを中止し次番者に交代し，学習既得点10を加算し満点を記録する。然しこの段階で20回近くのラリーが続くことは殆んど望めないであろう。

③ 以上は，全然1回も返球出来なかった場合と，1回のテストで満点とな

った両極端の例であるが，前記④のようにTサーブの場合は第2球のレシーブ，またPサーブの場合はサーブを除いた第3球目のリターンが出来たなら，何れも5点を記録し，以後1回のリターン毎に5点ずつ加算する方式のもとに，若し5回のテスト中レシーブまたはリターンが2回だけ出来たなら，この2回の10点と，学習既得点の10点すなわち20点が記録されることになり以下これに準ずる。

④　以上具体的の例は煩わしいようであるが，これを要約すると，レシーブまたはリターンが1回出来る毎に5点であり，ミスするたびにサーブを交代して行う試技は5回で，その間の得点の集計に学習既得点10点を加算したものが，数的スキル・テストの評価となるのである。

⑤　ここでTとなった助手生徒に対しては別にテストを行わず一応100点とし，次の減点法により評価点を教師が定める。

（i）　原則として全員が同回数のテスト者となる。

（ii）　バック・サイドへ返球したため，または自分がアウト，ネット等によるミスのためノー・プレーにした回数を教師が記録するか，或いは生徒自身の申出により，1回につき1点を減ずる程度が至当であろう。

（iii）　被テスト生徒の送球がエッジ・ボールまたはネット・イン・ボールであったためTが返球出来なかった場合はこの回数を減点に入れない。但し，PがTのバック・サイドに送球して来た場合でもTがそれを返球出来なかったときは減点回数に入れる。

〔Bコースの場合〕

このコースのテストは第9時限で，二つの教材について行うので，得点の集計の$\frac{1}{2}$を評価とする。またここでも学習既得点として全生徒に10点を与える。尚第5単元は2時限を計画してあるので，その前半に於てテストを行ない，後半の時間数に従い単元の学習をする。

（a）　第1テスト……スマッシング

ここでのサーブは全部Tがフォア・サイドへ軽く出す。次にPのレシーブに対しTがロビングで成るべくファア・サイド寄りに，高過ぎず深過ぎず返球する。

① Pはこれをスマッシュし，ミスすれば無得点を記録し第2回目を同じく行ない。グッドの場合は10点を記録し，そのスマッシュをTが同じくロビング返球をして続いてPがグッドの場合は30点を記録し，なお続くTのロビング返球に対し，PスマッシュでグッドのPの場合は60点，第4回目に成功した場合は90点，これに学習既得点10点を加え満点として打切り交代する。

② もしTが，Pのスマッシュをロビング返球出来なかった場合はそのPに20点を記録し，引続いての第2スマッシュをまたTがロビング返球出来なかった場合は40点，第3スマッシュに対し同様の場合は60点の如く，20点宛を記録して5回繰返し，5回のテストの得点を集計して評価点とする。

③ またこの5回のテストで①と②の場合があったなら，それぞれ①と②により採点し集計する。

結局満点にならない場合は，5回までの得点を集計記録してテストを終了する。

(b) 第2テスト……ロビング

第1テストと同じくTサーブで始まり，第2球目をPにロビング返球させる。

第3球目をTが，成るべく最初はフォア・サイド寄りに軽くスマッシュし，Pが引続いて第4球目をロビング返球したなら，今度のTのスマッシュは同じく軽くバック・サイド寄りにする。

以上はスキル・テストではあるが，ここではTの決め球の練習に陥ることなく，Pのロビング練習程度に返球するよう注意すべきである。採点は，第1テストのスマッシング①～③と同じ基準とする。すなわち第1テストのスマッシュの語をロビングとし，ロビングの語をスマッシングとすれば理解出来る。

〔Cコースの場合〕

Cコースのテストは，第10時限のシングルス・ゲームの学習をもってする。その方法は次のようにする。

① 勿論ゲームであるから，サイドやサービスの撰択，交代等はルールにより，またゲームのポイントは21点の如くすべてを正式にして1ゲーム・マッチで行う。

② ストロークはオール・ラウンド特に決定球を駆使して行う。

③ 全生徒を男女に分け，スキル程度によって男女ともA，Bの2クラスに分け且つ成るべく同程度の者を組み合わせて行う。

④ 採点は1ゲーム終了の取得ポイントに従い次表のようにするのが適当と思われる。

Aクラスの生徒

勝者：敗者		
採点	ポイント：ポイント	採点
100	21： 0〜5	60
95	21： 6〜10	65
90	21：11〜15	70
85	21：16〜19	75
80	x：20以上	80

Bクラスの生徒

勝者：敗者		
採点	ポイント：ポイント	採点
85	21： 0〜5	45
80	21： 6〜10	50
75	21：11〜15	55
70	21：16〜19	60
65	x：20以上	65

C まとめ

以上により各コース，全学年の評価がまとまるのであるが，何れも100点を満点としたので，技術に関連するスキル・テストの非数的，数的テストと，その他に関する採点の合計の$\frac{1}{3}$が綜合平均評価となる。

そこで折角こうして作った評価は，単に生徒達に対する試験の結果として眺めるに止まることなく，以上の評価を分析すれば，例えば知的理解に欠けているか，態度がよいか，フット・ワークが足りないか，ロング球に対して体力を使わず腕だけで打っているか其他凡てが明かになるので，これを将来の進歩の資料とするのでなければ評価の意義が無くなると云い得るであろう。

従って教師はこれを資料として指導しなければならないことは勿論であるが生徒にもこれを知らしめ，その欠点を除くよう努力させることが最も大切である。

Ⅵ 校内競技とクラブ活動

1 校内競技の性格

　種々の作品には展覧会，展示会等ある如く，スポーツには競技会がつきものである。これ等は何れも自分達が身につけた技能を自由に発表しようとする意欲のあらわれであることは校内競技会と異ならないが，作品の展示会等は或主催者の下に駆せ参ずるのであり，しかもそれ等の者の間には学習のまとまりを持っているものでもない。

　今日の校内競技会は，生徒の自主的な運営によって行われる点がそれ等と異なり，昔の運動会と異なる点である。すなわち生徒のみんなが，正課時に於ける日頃の学習から，まとまりある発展への場なのである。

　従って校内競技会は一般のものと異って次の内容でなければならない。

　① 正課学習から，まとまりある活動として発展したものでなければならない。

　② 教師の指導，助成は必要であるが，生徒が立案し，実施することが望ましい。

　③ 全生徒に参加させなければならない。もし単位制で限られた数の代表選手を参加させる場合は，その他の生徒を役員，応援として参加させる。

　④ 競技会の形態については，次に述べるが，若しグループ競技を行う場合のグループ編成は，しばしば望むように，学級，学年等による既成グループ単位がよく，校内競技のためにこれを変更しない方がよい。それは折角長い期間に築かれた親睦のよさは生活化の発展を促進し，チーム・ワークのよさは技能の進歩を助成する基となるからである。

　⑤ 正課時に身につけた技能を十二分に自由に発表するものでなければならない。校内競技会をその絶好の機会とするのでなければならない。

2 校内競技の運営

　開催日，役員，競技方法，表彰，その他の準備等は，各クラスから選出した

委員と，適当の教師による運営委員会と言うようなもので決める方がよいであろう。

(1) 校内競技の開催期

上述の目的からして，各学年末がよい。体育大会（運動会）との関連を考え，他の種目や施設等を考慮して決定する。

(2) 役 員

成るべく多くの生徒を何等かの役割に当てた方がよいので，諸大会で行っている一応の役員を次に参考までに述べる。括弧内の数字は，校内競技会で適当と思われる人数である。

会長（1）　副会長（2）　競技委員長（1）

審判係（コート1台につき5）　進行係（6～7）

記録員（4～6）　会場係（4～5）

各係には1名の係長を決めて全責任を持たせ，他の係員には共同責任感を持たせ協力実施する。

役員の役割はおよそ判ることであるが，特に注意すべき一，二につき述べると，次の点であろう。

審判は言うまでもなく，何れに対しても厳正でなければ実際上問題を起こす実例がある。宣告は機敏に，明瞭にしなければならない。同所属の審判をすることなく，所属外の第三者がすることが原則である。競技者全員がそうであるが，特に審判者となる者は，こうした機会に先だち，ルールをよく読むことが必要である。

競技会に当って**進行係**は最も重要な部門である。すなわち，競技会を予定通り終了させるか否やは，この進行係の技能によるからである。

恐らく次の者は自分の番を待っているであろうが，念のため，次番者を，始まる一試合前に必ず呼び出して待機させることが必要である。

記録係はプログラムにスコーアを正確に記入し，別に一般に告示する記録表に記録することを遅れてはならない。

会場係もまた重要な役割であって，光線の工合によるコートの配置には特に注意し，競技を妨げる事故発生には堪えず注意することが大切である。

要は各自協力して遂行し，終了後の片付けは全員でしなければならない。そして適当な時間を得て，すべての反省会を開き話合をすることは望ましいことである。

3 クラブ活動

クラブ活動は，個人の特性をできる限り伸ばすことに意義がある。クラブ活動は正課では到底持ち得ない幾多の特質を持っている。また正課時間の少ない体育科としては，正課と目的を同じくする正課の延長でもある。しかるにこの価値あるクラブ活動を，学校乃至教師は，余りにも放任し過ぎているのではなかろうか。もっと積極的な助成が望ましいと思う。

クラブ活動のよさを観察するとき，それは生徒が窮屈さから脱出した自主的なものであり自由の場でもある。また正課学習を補習すると同時に，思う存分面白く練習の出来る場でもある。われわれが学校で経験したのと等しく，やがては深い思い出となる過程であり，それは社会性特に人間関係を生み出す場でもある。

これ等のことを考えるとき，クラブ活動が選手達または強い者等の独占であったり，弱いがゆえに，或いは低学年であるため，または他の理由でクラブから脱退する者があるようではならない。教師の助成の下に，生徒各自が自発的にクラブ員の増加に努め，この価値あるクラブ活動を盛んにするように導くことは，正課に於けると等しく教師の責任であろう。

それにはクラブ員を学年別または男女別に組分けして練習するよう時間の協定をし，若しくは技能に優る者と劣る者との練習コートを別にする等の工夫をして，クラブに親しみを持たせることが必要である。

なお，積極的にクラブ活動を盛んにするには，もし部或いはクラブに入っていない生徒達があるならば，総ての体育施設は全生徒のものである考えから，卓球コートも部員またはクラブ員外の一般生徒だけに解放して自由に使用させる時間を土曜日の課外にでも計画してよいであろう。そのときこれがおのづからクラブへ加入する導入ともなるであろう。

Ⅶ 施設・用具

1 競技室

　現状における卓球の問題は，この卓球室に関してである。卓球は既に述べているように多くの特徴を持ち，学校の正課体育としても，その目的達成の方法として誠に相応しいものであるにかかわらず，絶対的に必要な卓球室を持たない学校が余りにも多過ぎることであって遺憾に堪えない。

　ここに卓球施設としての競技室につき些か詳しく述べると同時に，この施設を持つことを強く要望したい。

　（1） プレーイング・アリア（広さ）

　国際卓球連盟は，各卓球台に対する室の最少空間は，長さ12m（39f）幅6m（19f6i）高さ3m（9f9i）と規定している。わが国でも公やけの大会では大体このスペースをとつているが，中，高校の正課体育としては次の広さでよい。

図115　公式の大会では，卓の前後とも，このように広い場所で行う。

　3台のコートを設置するには，従10m～11m×横10m位が望ましく，9m×9m位でも実施は出来る。

　（2） バッグ・グラウンド（背後）

　真白な壁等はボールと同色であるから禁物である。外国では，床から1m50c上部を艶消しの濃い色で塗り，天井までは反照する薄い色としている。しかし学習において，間に合わせの室を使用する場合は，次に述べる採光と関連して，黒いカーテン等をバックにするとよい。

　（3） 採　光

　国際卓球連盟は，"ライティング"の一項を設けて燈りの範囲を規定しているが，これは電燈の照明についてであって，主として昼間に行う学校の場合は，自然の採光を如何にして理想的に利用するかにある。

　幸いに卓球専用室の建築が出来る場合は，側面の窓は床から約2m上部に設

けて通風程度に止め，採光は屋根に窓を設けて上部から採るのがよい。そして，バッグは（2）のようにする。

なお新築の場合は図115, 116（採光図）のような照明設備をした方がよい。

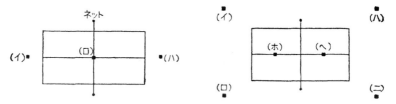

図116　三燈計画。艶消電灯を用い床から9呎に吊る。(ロ)には150ワット，(イ)(ハ)には100ワット。

図117　六燈計画。(イ)(ロ)(ハ)(ニ)は150ワット，(ホ)(ヘ)は100〜150ワット。何れも艶消ランプ。

（4）フローア（床）

床は外国でも言っているように，コンクリートのような固いものや，リノリーム等はよくない。木材がよく，しかも縦に並べずに，筋違いに交叉するのが最もよい。

（5）結　論

卓球競技室につき，ルール，理想，最少限度のものを述べた。各学校は上記を参考として，とにかく可能程度の室を持つことであるが，理想と可能程度の順を追って考えると，

①　卓球専用の競技室を新築することが理想である。場所は校舎の裏或いは片隅で差支なく，風雨を避け，内部の条件に重きを置き，外部は第二としてよいのであるにかかわらず，経費と卓球に対する英断がないために，専用の競技室の新築は出来ないのが現状であろう。

②　既設の室内運動場があれば，これを他と共同使用すること。

③　講堂を持つ場合は，これを利用する。この場合の準備や後片付けは生徒にさせる。

④　教室その他を利用する。この場合も準備，後片付けは生徒にさせる。

以上の既設の室を使用する場合は，光線を縦にうけないよう注意し，卓は窓を横にして備え付けた方がよい。またバック・グラウンドについても上記を参考として工夫することが必要である。

2 コート

　卓球を正課学習として実施するには，最少限度3台のコートがなければならない。文部省は，体育科用器具基準として，コートにつき，高等学校に対しては5学級以下4台，6～17学級5台，18学級以上6台を指定しているので結構であるが，中学校については，同学級に対し，1，1，2台を指定しているが，高等学校と，それ程区別する理由を認められないし，2台では文部省の要求する体育の目的を充分達することは出来ない。したがつて3台以上の設備を条件として実施し，2台の場合は中学校であつても，施設の充分な他の種目を学習させた方がよい。

　卓につき，卓球協会は，ルールをもつて，材質につき桂を標準とする旨を規定しているが，正規の硬度であれば材料は何んでもよいのである。その正規の硬度と言うのは「正規のボールを1呎の高さからコート上に落して8～9吋のバウンドする硬度」と，正規のボールに関連させて規定している。

　コートの市価は，1台につき14,000～17,000円で，取扱いに注意すれば，耐用年数30年は確実であり，その他の維持費としては三年ごと位の塗り直しで済む。

3　その他の用具

　ネット，サポート，ラケット，ボールがあれば他は各自の身仕度だけである。

　ネットは廉価で，しかも数量は，1台につき1個でよい。ただ網目の大きさその他は，ルールに合つたものがよい。

　ラケットの数は，文部省の基準によると，コート1台に対し4本，4台に対し10本，5台に対し12本としているが，1本（正しくは1挺）につき市価200～300円位の低額予算で済むことと，両クロッス練習の場合は，同時に4挺を必要とすることと，日本の現状において，スポンヂその他種々な変りラバー貼のラケット使用を経験させる必要もあること等によつて，それ等も加えて予算の許す範囲で多い方がよい。ただし空振り練習のため，また生徒各自の技能進歩のためには使用の都度条件の異つたラケットを使用することはよくないから，自分愛用のラケットを所持することが望ましい。

なお，スポンジその他の変りラバー貼ラケットの使用は，研究程度にして，多くの生徒には安定性のある普通のゴム（疣のある）貼りがよい。また重量は100～130グラムが標準であるけれども，性別，体力等の個人差により，自分で振って見た感じで決めた方がよい。

　ボールは多くの国を対称とする国際卓球連盟が，フィラ，ハレックス，バルナ等5，6種に限って所謂公認球とし，公認球以外のボールは公式競技には使えない。日本も数種公認しているが，公認球必ずしも諸条件等しいとは言えない，然し市販の玩具用に近い粗悪品の使用は，技能の進歩を阻害するので止めた方がよい。

　以上施設・用具につき，あらましを述べたが，要は施設あっての体育であり，その時始めて体育の目的を達することが出来るのであるから，学校側としてはここに充分留意し，施設・用具の完備を計らねばならない。

ソフトボール

日本体育大学学長 栗 本 義 彦

細 見 隆

I ソフトボールの歴史と特徴

1 ソフトボールの起源

　ソフトボールが生れてからまだ50余年に過ぎず，わが国で行われるようになってからも数えて30余年の歴史しか持っていない。この点から言えば，ソフトボールは現在行われているスポーツの中で新しいものの一つであろう。それにもかかわらず，このスポーツが盛んになったことについて吉田清氏は，「夫々の民族性にもよることであろうけれども，当事者の努力と日本女性の時代的自覚の反映である」と述べている。

　発祥と変遷。1887年の感謝祭の日，シカゴのファラガット・ボート・クラブの会員達が体育館に集って遊んでいた時，数人の者がボクシングのグローブをボールの代りとし，箒の柄をバット代りとして，当時行われていた野球をまねた愉快な遊びを試みたのがヒントとなり，これを遊戯化し，受けて痛くなく，打っても余り飛ばないゲームが，このソフトボールの起りとなったと伝えられている。

　野球が盛んになり，その技術が進んで来ると共に，そのコンディションを維持するために冬季も練習を続けるようになったが，この場合，野球の本質を失わないで柔かく遠くへとばないボールでゲームを行うことが，野球の愛好者の間で始められた。これが1900年頃で専ら野球のプレーヤーによって行われ，室内向きのルールも作られ，「インドア・ベースボール」（indoor baseball）と呼ばれた。1920年頃になると，このゲームは次第に戸外でも行われるようになり，愛好者はますます増え，急激な発展をみるようになった。

　1930年に至って，シカゴのフィッシャー（H・Fisher）と，ボーレイ（J・Poulay）が最少限度の室外グラウンドを設け，プレイ・グラウンド・ボールとしてシカゴ・トーナメントを開いたところ非常に歓迎された。このようにして1933年夏には全米トーナメントが行われる迄に至った。この時以来名称も，インドア・ベースボールから今日のソフトボールに改められ，統一された名称の下にその第一歩を踏み出した。しかし，「ソフトボール」に統一されるまでには，さま

ざまな変遷があった。たとえば，名称についても，「プレイ・グラウンド・ボール」と言ったり，「レクリエーション・ベースボール」，「ネービー・ボール」とも呼ばれた。また女子，子供達は，「キッチン・ボール」(Kiten Ball)＝おてんば，子猫ボールの意，「レディー・ボール」等とよんでいた。

　ルールもまた土地によって異っていた。従って1933年の全米選手権は「夫々異ったルールを用いボールやバットもまちまちで，相手チームのルールが互いにわからないと言うような状態のもとに，両軍の主将の話し合いでゲームを進めた，と言われている。それにもかかわらず，第1回の全米選手権大会は成功に終った。このスポーツを一層発達させるためには組織を作ること，ルールを統一することの必要を痛感し，このときの指導者たちによって，「アメリカ・ソフトボール協会」がつくられ，初代会長にフィッシャーが就任し同時に「ルール委員会」も発足した。これが1934年のことである。ソフトボールは1933年の全米選手権大会以来年をおって盛んになり，各都市に老若男女を問わず普及し，1946年には，女子職業チームもできる程になった。このようにして今やソフトボールは非常な発達を遂げ，アメリカスポーツ界の第一線を占めるようになった。

　かくてソフトボールの世界的普及に伴い世界ソフトボール連盟が結成され，毎年男女別々に世界ソフトボール選手権大会が行われている。世界連盟加盟国は20数カ国にして，わが国ソフトボール協会理事長栗本義彦氏が同連盟の副会長である。世界選手権大会は1933年以来24年間継続実施せられ，1938年度は，男子選手権はミネソタ州で，女子選手権はアイオア州のクレバランド市で開催されることになっている。

2　日本におけるソフトボールの発達

　1920年頃，シカゴ大学に留学していた大谷武一氏はこのスポーツをはじめてわが国に紹介した。彼はこれをプレイ・グラウンド・ボールと名付け各地に広めたので，大正末期から学校体育の内容として行われるようになったが，大東亜戦争の勃発により学校教育も戦時態勢をとり，一切のスポーツが停止されてしまうと共に，このスポーツも活動を停止したのである。しかしながら終戦後

わが国のスポーツの振興，特に野球の復興と相俟って学校および職場のレクリエーションとしてこのスポーツは画期的な発達を示めし，女子もまたこれを盛んに行うようになった。

1946年（昭和21年）には，従来のプレイ・グラウンド・ボールをソフトボールと改称し，全日本軟式野球連盟の創立に伴って，その一部門となり，この組織を通して第1回国民体育大会にはオープン競技として参加し，その結果予期以上の好評を得た。第3回国民体育大会を契機として急速に発展を見，軟式野球の一部門であったのが，昭和24年3月30日に独立して「日本ソフトボール協会」の創立となった。

昭和24年末体協加盟と国体正式種目編入が承認せられ，1951年（昭和26年）10月15日付で本協会は国際ソフトボール連盟に加盟した。

日本ソフトボール協会の全国的な主なる試合は，全国女子高校ソフトボール選手権大会，日本一般男子ソフトボール選手権大会，日本一般女子ソフトボール選手権大会，国民体育大会ソフトボール大会（一般男子・一般女子・高校女子），日本ソフトボール綜合選手権大会（ゴム球使用）（一般男子・一般女子・大学女子）の5種目が行われている。

3 ソフトボールの特色

わが国において行われているスポーツ界の王座を占めるものはなんと言っても野球であろう。野球の魅力に惹かれる人口は年齢性別階層を超越して増加している。ソフトボールは野球のようにスケールは大きくないが，それ以外の野球のもつ一切のよさを備えており，それだけに今後発展する余地を持ったスポーツである。

このスポーツは，走る，跳ぶ，投げる，打つ等の運動の基本的要素をもち，またスピード，正確さ，力，機敏さ，注意力，判断力，果断，勇気等の要素を基礎とし，オリンピック標語「より速く，より高く，より強く」と言うスポーツの理想に対する人間向上の意欲を満足させてくれるスポーツである。そしてこの競技は一つの目的に向ってゲームの全員が協力しこのチームワークが直接成績となってあらわれるので自らチームのメンバー間には協同の精神が発達し，

人間関係の問題についての学習にもよい機会を与えるのである。

　スポーツには多かれ少なかれの危険性が伴うものである。危険性の多いスポーツもまたスリルがあって楽しいものであるが，それだけにまた普及は制限される。ところがソフトボールは女子や子供にははげし過ぎるとか，年をとると無理だとか，性，年齢，体力，環境によって制限されるスポーツとは違って危険性は全くなく安全なスポーツである。それ故に普及度も高くあらゆる階級の人から愛され，すべての人から親しまれているのである。

　これらの点から学校体育の教材としても，またレクリエーション活動の一つとしても申分のないスポーツである。野球の出来ない女子や少年，体力に恵まれない人や技術のすぐれない人も充分楽しむことが出来，更に狭いところでも，またグローブやミットがなくても楽しむことが出来，投手のアンダー・スロー，走者の離塁規定，打者規定，オーバー・スロー規定等ルール上においてもあらゆる人々に出来るように工夫され，ボールも大きいし，また費用もかからずして行うことができ，さらに野球さえ知っておれば，ソフトボールのルールを精通しなくても充分楽しむことが出来る。このように誰にでもすぐに入門できることは，ソフトボールの重要な特徴である。

Ⅱ　ソフトボールの性格と指導目標

　ソフトボールを野球の程度の低いもの，リードアップ・ゲームの1種と簡単に考える人が多いが，そう簡単に片付けてはいけない。ソフトボールは間口が広く奥ゆきの深いものである。その点は卓球やバレーボールによく似ており高度になればなる程，強さ，スピード等の複雑さを増していく。もちろん野球とくらべてスケールは小さいが，それが長所となって，多くの人々が簡単に入門出来るのである。アメリカのソフトボール界では技術の秀れたプレーヤーや，強いチームが数多くあるが，わが国では手がけた人が多い割に技術は進んでいない。この原因は軟式野球が存在するからであろうと思われる。またアメリカのソフトボール・クラスの人は軟式野球に吸収されてしまうからである。しかし軟式野球はほとんど男子に限られ，女子には不向きであるから，ソフトボールは女子向きの野球型スポーツとして存在する理由が大いにある。結局，わが国におけるソフトボールの将来は，学校の正課において広く行われ，大衆の身近なレクリエーションの一つとして存在し，今一つは女子用野球型スポーツとして高度な発達を遂げるものと考えることができる。

　ここに教科目標に対応するソフトボールの性格をあげてみる。

　（1）　身体的発達

　ソフトボールは前述した如く，走る，跳ぶ，投げる，打つことを基本とし，機敏さ，判断力，果断，勇気等の精神的面をも養成するのに特にすぐれたスポーツである。

　（2）　技能的発達

　ソフトボールの基本的な技術は，投げること，受けること，走ること，打つことであるが，技術が高度になればなる程競技者各自のポジションによってその技術が異って来るから非常にむずかしくなり，広い場所で行うだけに，また個々の関連性も欠くことが出来ず，チームプレーを必要とし，複雑なチームプレーの中からあらゆる技能を導き出すのに非常によいスポーツである。

　（3）　社会性の育成

ソフートボールの練習や，ゲームにおけるそのグループ活動を通じて，対人関係を広めると共に協力や責任を果すこと，他人の立場を尊重し礼儀正しく行動する等，スポーツマンに欠くことの出来ない社会性を養うことができる。ルールに従ってプレーを行い常に規則を守り実行する力を養成するスポーツとして最もよい教材である。

(4) 健康，安全

身体的な発達は無論のことであるが，常に外気の新鮮な空気にふれ，常に己の健康の維持に努めるようにすると共に，ソフトボールは適度の運動量で巧緻的なプレーにより機敏性を養い，もっとも楽しく安全に行い，且つ安全の能力を高めることに役立つスポーツとして尊ばれている。

(5) 生活化

ソフトボールは老若男女いずれを問わず，如何なる場所においても行い得るスポーツであることは衆知の通りである。特にレクリエーション種目として発達して来ただけに，日常の生活化への導入が指導しやすい特徴があり，またボール1個あれば狭い場所ででも出来，ゲームの運営も簡単であり，場所の広い，狭い，競技者の技術の程度によってその競技方法も変えられやすい。

(6) 知的情的発達

瞬間的な動作の中にも巧妙さも含まれ知的動作を強く要求されるスポーツで，自らが判断し，処理しなければならない故に行うもの自身も，また見るものも，その巧妙なプレーに興味を抱くものであるだけに正しいソフトボールの理解や，規則，審判法，練習方法なども教材として導入指導しやすいものである。また校内競技としても適したスポーツであり，開催にあたっても，各ポジションによるさまざまな知的経験をもたせることが出来る。

以上のような性格から考え，ソフトボールを通じて得るものは技術の習得，試合に勝つことばかりに走らず，学生スポーツとして正課学習を展開し，またクラブ活動においてもあくまで教育的目標からかけ離れてないようにしなければならない。更に技術の進歩に伴って，礼儀作法とか，協同生活，用具，事物の取扱い方等に重点をおいて指導したいものである。なおプレーに関しては，スポーツマン・シップに従った態度，グラウンド・マナー，フェア・プレーを

発揮し，選手全体が一つになってチーム・ワークをとり，学生らしい明朗活潑なチームをつくりあげるように指導したいものである。

Ⅲ 指導計画

1 指導計画立案の方針

　従来の体育科は，他教科及び校内体育行事とは別個で独立したカリキュラムを持ち，学習が展開されて来た。しかし，身体的発達の完成もさることながら，生活面における体育，社会的態度や安全で健康で幸福な生活を送れるような体育指導，即ち生活指導の面が重要視され，生徒自身の運動生活及びそれらに関係するいろいろな問題を生徒自身で解決していく態度能力を持つように指導することが，現在の体育の任務とされている。したがって，生徒の運動生活は，主に学校における体育行事を中心に地域社会の間に起る体育的諸問題と正課体育との統合のもとに計画してこそ，指導計画立案の基本方針といえよう。

　したがって，ソフトボールの単元を取りあげるには，学校体育行事としてソフトボールのクラス・マッチや軟式野球クラス・マッチの行われる場合や，地域の競技大会の前や，全国高校野球大会で一般に野球に対する熱が盛り上っているような時，また学校の出場するソフトボール大会の前などであれば，生徒各自の興味も増し効果は十分あがるであろう。なお季節的な面も大いに影響して来るが，よい時期と言うものはやはり，四月，五月，六月，七月，九月頃で，先きに述べたような学校行事など考え合せて単元を選ぶべきであろう。

　ソフトボールの教材の展開については，ゲームを主眼としてやらなければその効果は薄らいでしまう。常にゲームを媒介として，興味を喚起させるように展開していかなければならない。基礎的技術の習熟も欠くことは出来ないが，最後的目標は，ゲームが各自で行われる段階まで進めることにある。技術を習得しても，ゲームが行えないソフトボールは成り立たない。要するに，中学校においてはソフトボールの簡易ゲームを行える程度に進め，高校男子であれば簡易ゲームに習熟し正式ゲームも一通り行えるように進め，女子においては簡易ゲームを主体として正式ゲームも行える程度に持ってゆくべきで，特に男子に於ては審判やゲームの運営法，記録法についても経験させるべきである。

2 ソフトボール単元における時間配当

文部省で指定している望ましい指導時間数を,ソフトボール種目にのみしぼってみれば次のようになる。(高校のみ)

　　　　男子……18時間～27時間
　　　　女子…… 9時間～18時間

3年間を通じてこのような時数になるので,1年間に習得する時数はわずかとなって来る。

男子

学年	レクリエーション種目に対するパーセント	年間70時としての時数	レクリエーション種目3単元を年間教材としてソフトボールに与える数（最少）
1	15%	24.5 時間	5
2	25%	17.5 時間	5.8 (6)
3	35%	24.5 時間	8

女子

学年	レクリエーション種目に対するパーセント	年間70時としての時数	レクリエーション種目3単元を年間教材としてソフトボールに与える数（最少）
1	20%	14 時間	5
2	25%	17.5 時間	6
3	30%	21 時間	7

レクリエーション種目は8種目あり,そのパーセントが学年別に15%ないし35%である。さらに休暇やさまざまな行事で授業時数が減り,年間70時間とすれば,レクリエーション種目を3種目選択し,その一つとしてソフトボールを行う場合,その授業時数は各々上記表の如くになる。これは一つの例であって,計画や指導を画一的に固定するものでなく,比率や時数は学校によって修正すべきである。工業農業過程においては,どうしてもレクリエーション種目を多く取り入れるから,比率も時数も変って来ることになる。

中学校においても,だいたい同様に考えられるが,高校女子と中学男子と同時数に考え,中学女子は幾分男子よりも少い程度に見てよい。

3 グループ活動

　指導のねらいについては，前にも述べた通りであるが，ソフトボールは社会的態度を発達させるのにはまことに都合のよい種目である。この社会的態度は，よりよいグループの中にあって，自己をより向上させるとともに，よりよいグループを形成してゆくときに養成されるものである。民主的な協同が行われるようなグループを育成し，その中でゲームを行うために必要な技能を，より効果的に伸すようにすることが大切である。

　一つの学級をいくつかのグループに分けて行うグループ学習には
　（1）　出席簿順
　（2）　能力別
　（3）　身長順
等があるが，要するに他の球技と同じように，ソフトボールにおいても，あまり各グループ能力が違わないようにすることが一番大切である。

　グループの人数は13～15名で，ゲームを行う場合，それだけの人数でチームの監督から主将マネージャー等すべての人員をととのえることが出来るようにしておくべきである。

　各グループには必ずリーダー（監督）をおき，グループの統一をはかり学習の展開を円滑に行うように進める。グループが出来れば，それぞれの持場の割振りをするのであるが，各グループには監督1名，マネージャー1名，主将1名をおき，その他は選手とし，さらに記録する者，用具の準備や管理をする者，審判する者も必要に応じて決めておく。そのようにして，出来るだけ多くの者を何かの仕事に責任をもたせて，プレー出来ない者等も共に参加出来るように考え，その役割を完全に果すように持ってゆくべきである。教師の計画をグループに移し，グループの成員が共通の目標をもち，学習内容を把握して計画的に学習を進めるようにしてやることが必要である。ソフトボールにおいては，学生の理解度も高いために，グループの自主的活動も十分行えると考える。但し，1人2人のためにグループ全体が動かされたりするグループ活動は効果は薄い。特に注意すべき点である。

　1クラス50名を4つのグループに分けると，12名が2グループ，13名が2グ

ループとなる。グループ数は出来るだけ偶数にすべきで，場所とか用具が思うように使用出来ない場合には，1つのグループはバッティングをやったり，1つはフィルディングをやったり，また異った種目をやらせると，かえって刺戟を与えたりして効果が一層上ると考えられる。

用具・場所の不足の場合（例）

	第一週	第二週	第三週	第四週
Aグループ	ソフトボール	バレーボール	ソフトボール	バレーボール
Bグループ	ソフトボール	バレーボール	ソフトボール	バレーボール
Cグループ	バレーボール	ソフトボール	バレーボール	ソフトボール
Dグループ	バレーボール	ソフトボール	バレーボール	ソフトボール

用具・場所のある場合（例）

時間	1	2	3	4	5	6	7	8	9	10
Aグループ	キャッチボール	ピッチング	攻撃法	ピッチング	攻撃法	守備法	A:B 簡易ゲーム	守備法	A:D 簡易ゲーム	A:C 簡易ゲーム
Bグループ	〃	〃	〃	〃	〃	〃	B:C 簡易ゲーム	守備法	B:D 簡易ゲーム	
Cグループ	〃	攻撃法	ピッチング	攻撃法	ピッチング	C:D 簡易ゲーム	守備法	〃	〃	A:C 簡易ゲーム
Dグループ	〃	〃	〃	〃	〃	〃	〃	守備法	A:D 簡易ゲーム	B:D 簡易ゲーム

用具，場所が十分満たされた場合は，クラス全体がソフトボールにあてられても，授業の展開に不自由はない。思う存分競技を満喫することが出来，上表のような展開方法を用いることも出来る。最後のゲームには，各グループ対抗でももって試合の結果を見ることも出来る。但し，用具も場所も十分でない場合，先きにも述べたように，他種目を同時に行うことも出来る訳で，A，Bグ

ループはソフトボール単元を最後まで履修し，C，Dグループは同時に行った種目を，たとえばバレーボールならバレーを同じように最後まで履修してゆくことも出来る。また週交代でやる場合もあり，そこは他教科や他種目と照し合せて計画すべきである。

教師は，問題が各グループに共通なものであれば，全体を集めて指導する。しかし，特定のグループに限定された問題である場合には，そのグループのみ指導すればよい。同一時間に他種目と併せてグループごとに指導する場合，教師は両種目にわたって指導しなければならない。このような場合には，リーダーを通して指導することも出来る。

リーダーを通して行う指導の方が，学生自身が気分的にも親しみやすくなり，自主的行動をより多く望めるのではなかろうか。

4 年間学習指導計画案例（附表参照）

別表の如く，Aコース，Bコース，Cコースと三つの段階に分けてみた。Aコースにおいては，見たこともないとか，見たことはあるけれども，やったことはないというような者を対象にしている。中学校の女子であれば，この対象に入るのではなかろうか。

Bコースは，多少経験したことのある者を対象にし，中学男子或は高校女子程度で行うのが最も適当と考えられる。

CコースはA，Bコース共に行って来た者プラス相当経験のある者達が選ぶコースで，高校男子或はソフトボールをクラブ活動で行っている者達をも対象に出来るコースである。

Aコースにおいては，もっぱら基礎技術の修得と興味を喚起するようゲームで組立て実施出来るようにした。正式ゲームは，Bコースを終了したら行えるように考えておいた。また時間配当については，年間10時間及び15時間の2通りを考えてみたが，それに対して配当される単元については個人的な展開の多い単元を少くし，一度に多くの者が行えるようなグループが主体の場合の単元を多少多くし，更に全時の $1/3$ をゲームにあてておいた。それは，ゲームを主軸とすることによって，あらゆる総合的な技術や理論的なものは，それぞれ個

「ソフトボール」年間学習指導計画案

1. Aコース（初心者～中学初級程度）

単元	主教材	10時間配当	15時間配当	指導上の留意点
ルールの沿革	フット・ベース・ボール（オーバー・スロー規定走塁球規定）	1	2	○競技ルールの沿革や、ソフトボールの歴史を知る。○おそれないようにつとめる。○動作を敏速に行う。
キャッチ・ボール	キャッチ・キャッチ・ボール・ゲーム対列型キャッチ・ボール三角形キャッチ・ボール扇型キャッチ・ボールランニング・キャッチ・スロー対面キャッチ・ボール方形ランニング・キャッチ・ボール	2	2	○どうすれば力少なくして早いボールが投げられるか。○確実に受けとめよう。○きれいなフォームで投げられるように努力する。
ピッチング	ストライクでゲーム	1	2	○どうすれば思うところへ投げられるか。○きれいなフォームで投げよう。○あまり肩に力を入れないようにする。○一番近いところを走るように努める。
バッティング	安打競争	2	3	○ボールをよく見よう。○大きく打って確実に打つように練習しよう。○腰の回転をスムースに行う。○肩に不必要な力を入れない。
簡易ゲーム	ローテション・ゲーム三角ベース	2	3	○簡単なゲームを行い、ルールを少しずつおぼえさせてゆく。○ボールから目を離さず打つ。○守備者は協力して連絡をとりながら守る。
簡易ゲーム	既習教材の活用	2	3	○勝敗にこだわらず技術をのばしてゆく。○ルールを限定せず後はフリーで行わせる。○グループ活動を重視させる。

2. Bコース（やや経験ある者～中学上級または高校初級程度）

単元	主教材	10時間配当	15時間配当	指導上の留意点
キャッチ・ボール	肩型キャッチ・ボールランニング投遠投競争	1	1	○速いモーションで速いボールを投げる。○スナップを十分きかせよう。○相手が受けやすいように投げる。
ピッチング	バック・スインググップ・アンド・ドロップ	1	1	○フォームにこだわらずのびのびと速いボールを投げる。○出来るだけ速いボールを投げる。○上半身を十分ゆする。
攻防法	盗塁ダブルプレー	2	2	○攻めることにも守ることにも、全員の協力がなければ出来ない。協力する態度を養おう。○敵のウラをかくことを考えよう。
攻撃法	トス・バッティングフリー・バッティング	2	3	○動くものを打つことのむずかしさを知り、どうすれば打てるかを研究し努力しよう。○大きく打つより、確実さを身につける。
ゲーム	簡易ゲームと試合前のノック打順のきめ方サインの決定	3	5	○ゲームを楽しみ、チーム・ワークを重んじて社会性を養う。○自主的に行動しお互いに助け合う態度を養う。
評価	技術キャッチ・ボールトス・バッティング	1	2	○選手の動きを見る。○フォーム、ボールの様子、態度等の観察。

3. Cコース（経験者～高校上級程度）

単 元	主 教 材	10時間配当 15時間配当	指 導 上 の 留 意 点
バッティング	バント（セフティ―・バント）	1　2	○腕を完全にのばして打つ。 ○ボールをよく見る。 ○バントはおそれてはうたない。
攻　防　法	ソフトボール・ダイヤグラム ヒット・エンド・ラン	2　3	○チーム・ゲームには連絡が大切である。関連だった動作が必要である。 ○ボールを思う通りに動かせ、カいっぱい走る。
記　録　法	ゲームと記録法	2　3	○記録法をおぼえさせる。 ○小さい記号もおぼえる。 ○試合をよく見てもれなく記入する。
審　判　法	ゲームと審判法	2　3	○公正な態度を養う。 ○常にはっきりした態度をとる。 ○ゲームから眼をはなさない。
ゲ　ー　ム	正　式　ゲ　ー　ム グループ・トーナメント戦開催	3　4	○ゲームを楽しみながら集団の中の人であることを知る。 ○協力しよう。 ○勝敗にこだわらず正々堂々と行う。

ソフトボール指導計画案（日案例）

〔中学校1学年，女子，第1週第1時限〕

本時の目標　(1) ソフトボールの性格を理解させ，興味を持たせる。
　　　　　　(2) フットベースボールによりソフトボールのルールを理解させる。
　　　　　　(3) フットボールによるグループ活動の理解。

本時の準備用具　サッカーボール1個，ライン引き，各ベース

項　　目	指　導　内　容	時間(50分)	留　意　点
1. ソフトボールの性格	(1) 整列，あいさつ (2) 出欠調査 (3) ソフトボールの性格 (4) 組分けのしかた	15分	(1) 整列は簡単，迅速 (2) 生徒の健康状態の観察，服装の注意 (3) ソフトボールの沿革と性格について簡単に説明 (4) 身じたくをし，組分けによる集合
2. 準備運動	準備運動	5分	準備運動は全体的なものの外に，本時の活動と結びつくものを行う。
3. フットベースボール	(1) ゲームの方法 (2) ソフトボールのルールを適要する ○投球規定 ○走塁規定 ○オーバー・スロー規定	25分	(1) 最初は簡単なソフトボール・ルールを適用して行う。 (2) 動作がスムーズにゆき，ルールを理解してくればだんだんルールをきびしくし，ダブルプレーや盗塁も行うように工夫する。
4. 整　理	(1) 整理運動 (2) 話し合い (3) 身体や用具の後仕末 (4) 挨拶，解散		(1) 軽い対手で行う。 (2) 本時の反省と次時間の計画を知らせる。 (3) 用具の後仕末を十分にする。

反省欄

人個人で自然に覚えるようにしたのである。
　レクリエーション種目において大切なことは，先ず自分の手で行うということである。それには，一時も早くゲームになれることである。また，ゲームを運ぶための必要事項，記録，審判等も自分たちの手で行うことが大切である。評価については，各コースの最終時間をそれに当てたが，別にそのように定められているものでもない。テストの内容は評価の項目で述べる。

Ⅳ 単元の展開とその方法

1 Aコース（初心者…中学初級程度）10時間

第 1 時 限

（1） 単　元　ソフトボールの沿革
（2） 主教材　フット・ベースボールを行いながら，ソフトボールの沿革とルールを覚えさす。
（3） 準　備　サッカー・ボール1個，ベース1組，ライン引き，フット・ベースボール・コート。
（4） 指導例
A　整列，話合い（15分）
　整列後，ソフトボールの性格と沿革について簡単に説明し，本時の展開について話す。

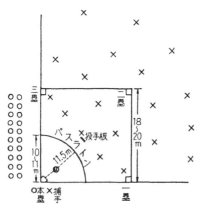

図1　フット・ベースボール

①　ソフトボールのルールに従って行い早くルールを覚えさせる。
②　競　技　場（図1）
③　競技人員　9名〜20名（1チーム）
　場所に応じて人員の増減を考える。出来得ればソフトボール正式競技人数で行うことが望ましい。守備配置はソフトボールに準ずる。
④　競技目的
投げられたボールをけり，ベースを廻って本塁を陥れて得点する。
⑤　組　分　け
B　準備運動（5分）
　準備運動は全体的なものの外に，本時特に必要な膝，足首等を特に念入りに行っておく。

C ゲームの方法 （25分）

各々，組ごとに分れ，先攻，後攻を決める。後攻チームはポジションにつき，先攻チームは順次ボールをけり，1，2，3，本塁を進んで得点する。初め競技になれるまでは簡単なフット・ベースボールのルールに従って行い，2，3回終了後ソフトボールのルールに従って行うようにする。

D ルール

フット・ベースボールにおいては，防禦側のキャッチャーはボールをホーム・ベース上に置く。攻撃側はこれをける。アウトになるのは，ソフトボールのルールに準ずる外，進塁の途中の走者にボールを投げ当てた場合とパスラインを通過せず，パスライン内にとまった場合も，アウトになる。少しなれて来れば，ソフトボールのルールに従って，投手はボールをホームめがけてころがす。それを攻撃側はける。投手は投球規定に従い，走者は走塁規定守備側にはオーバースロー規定に従ってゲームを進めてゆく。ソフトボールのルールに従って順調に進めてゆけるようになれば，パスラインや途中走者のアウトはルールからとりはずし全くソフトボールのルールに従って行うようにする。

E 整理運動 （5分）

整理運動，話し合い，あと始末

第2，3時限

(1) 単　元　キャッチ・ボール
(2) 主教材　キャッチ・ボール・ゲーム，ベース・ランニング競争
(3) 準　備　1グループを12～13名に編成し，各グループに，グローブ，ボール4個ずつ，計16個準備する。
(4) 指導例

A 準備運動 （5分）

とくに指先き，手首，肩，足首，膝，腰に重点をおいて念入りに実施する。

B 指導の進め方

(a) キャッチ・ボール （5分）

① 各グループごとに，ボールの数だけに分れて交互にキャッチ・ボールを行

う。準備程度にしてあまり速いボールは投げず，ゆっくり確実に投げさせる。

② 投げる者は相手の胸を目標にし，受ける方は常に真正面で捕球するようにする。

③ ボールが確実に投げられず，相手にとどかない者のボールの握り方に気をつけてやる。

(b) キャッチ・ボール・ゲーム （35分）

① 対列キャッチ・ボール

四つに別れた，大きいグループごとに集合し，2列に5～15米向い合って投げ合う。あわてないように落着いて相手の胸をめがけて投げる。確実に投げ，確実に捕球するように心がけねばならない。

練習隊型は図2のごとく各グループを二等分にし，2列が向い合って交互に投げ合う。落さずに早く全員にまわるように努力する。

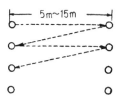

図2 対列キャッチ・ボール

② 扇型キャッチ・ボール

各グループごとに半円をつくり，5～6米離れた中心にリーダーを立てる。リーダーは列の端から投げる。1周なり2周したら，リーダーは交代する。距離が短く，力いっぱい投げ合うため動作を敏捷にし感を良くするのにいい方法である。（図3は扇形キャッチ・ボールの練習隊形である。）

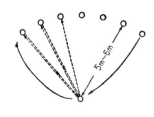

図3 扇形キャッチ・ボール

② 対面キャッチ・ボール

これは動く動作の中に，捕球，投球動作が加わり，上記のキャッチ・ボールより多少むずかしくなって来る。

これの練習隊型は2列を縦に向い合わせて，お互いに走りながら捕球し投球する。投球完了すれば相手側の後方につき繰り返し行う。間隔は15m位からだんだん広げて20m位いの距離をとる。投げる者，受ける

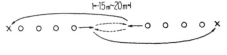

図4 対面キャッチ・ボール

者のタイミングが必要になって来る。
④ 三角形キャッチ・ボール

今までのキャッチ・ボールは正面に向って投げていたが，今度は横から来たボールを受取り横に投げるので，今までより動作が複雑になって来る。投球する時は尚更タイミングを合せ慎重に投げないと，とんだ方向にゆく。

これの練習隊型は，図5の如く，三方に別れ，それぞれ中心に向ってランニングしながら右側から投げられたボールを受取り，左側の方に投げかえす。距離間隔は，15～20m位で行う。

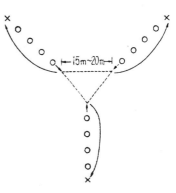

図5 三角形キャッチ・ボール

⑤ 方形ランニング・キャッチ・ボール

方形キャッチ・ボールは4列が相対して並び，三角形キャッチ・ボールと同じように，ランニングをしながら投球，捕球を行う。出来るだけ短い距離で回転を早く行うように務めさせる。間隔は10～15m位い。

ランニング・キャッチ・ボールは対面のキャッチ・ボールとちがって，動きながら行う為に動作が敏捷でなければ中々出来ないので，遊ぶことなく全員が常に動いていなければならず，高度な練習になって来る。人数の多い割から場所もとらず，ボールも少くて，しかもスピードに対する感も養え，このようなキャッチ・ボールの方法は必ず必要である。タイミングも欠くことが出来ないだけに，相互のコンビネーションの役に立つ。

⑥ ランニング・スロー

置いてあるボールを走って行って拾い，向い合ったリーダーに投げ，返えされたボールを受取り，又その場所に置いて帰って来るのであるが，ゴロを取って投球する基本練習にもなり，ここで低い姿勢から投球する練習を身につけ，どのような

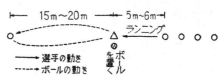

図6 ランニング・スロー

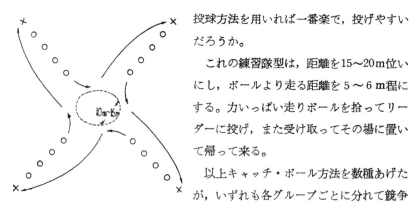

図7 方形ランニング・キャッチ・ボール

投球方法を用いれば一番楽で，投げやすいだろうか。

これの練習隊型は，距離を15〜20m位いにし，ボールより走る距離を5〜6m程にする。力いっぱい走りボールを拾ってリーダーに投げ，また受け取ってその場に置いて帰って来る。

以上キャッチ・ボール方法を数種あげたが，いずれも各グループごとに分れて競争させると面白いが，技術が粗雑にならないように気をつけねばならない。

C 整理運動 （5分）

整理運動，話し合い，後始末

D 技術解説

キャッチ・ボールはソフトボールの最も大切な基礎技術である。地上豊かな大木は地下に底知れぬ根を下し，如何なる強風にも微動だもしない基礎を作っているのである。ソフトボールの技術の根本をなすものは，キャッチ・ボール，バッティング，ランニングの三つである。この三つの種目が基礎となり，競技が成り立っているのである。その中でも最も重きをなすものが，キャッチ・ボールであり，バレーボールでパスが出来なければ競技が成り立たないのと同様である。

（a） 目標を定め正確に投げること

無造作に投げたり，受けたりするだけでなく，1球1球を大切にコントロールして，受ける者に対して一番捕球しやすい胸を目標にして投げることが大切ある。

（b） 身体の中心部で捕球する

投げられたボールがすべて胸のところに来るとは限

図8 投球動作(1)
捕球から投球動作に移る時，肩の線が捕球者に対して一直線になり，目標を定める。

Ⅳ　単元の展開とその方法　　　235

らない。それ故に投球に最も都合のよい姿勢で捕球しなければならない。その捕球の最大の要点は投げられたボールに対して身体の中心部で捕球することである。左にそれたボールであれば，左に寄って捕球する。常に身体の真正面で捕球することである。自分の腹を中心にして，腹よりも上にボールが来た場合はグローブの指先きを上にむけて，低いボールは指先きを下にむけて両手で捕球する。片手取りなどは如何なる場合に於ても絶対に行わないと言う気持ちで望まねば満足なキャッチ・ボールは出来ない。

図9　投球動作(2)
身体の重心は右足より左足に移行すると同時に身体をひねり，スナップをきかす。

図10　捕球動作(1)
胸のところに来たボールで捕球から投球動作に入いる寸前。

図11　捕球動作(2)
低いボールは指先きを下げて受ける。

図12　捕球動作(3)
高いボールは指先きを上向けて受ける。

（c）ボールから目を離さない

捕球の時も投球のときも，ボールから絶対に目を離してはならない。捕球の時は相手の手からボールが離れたときにそのボールの筋を判断しなければならない。このキャッチ・ボールによる多くの判断力は，守備，攻撃のいずれの場合にでも大きく影響して来ることを忘れてはならない。

（d）ボールの握り方

ボールに対して人差し指，中指，薬指，小指を等間隔程度に開き，反対側から

図13 ボールの握り方(1)　　図14 ボールの握り方(2)

親指でボールをささえる。手平にぴったりとボール面が接着すると投げにくくなるので，幾分離して軽く握りしめる。手から離れる瞬間に指，手首に力を入れて離す。方向を定めるのは人差し指と中指である。

第 4 時 限

（1） 単　元　ピッチング
（2） 主教材　ストライク・ゲーム，ベース・ランニング
（3） 準　備　ボール20個，グローブ16個，
（4） 指導例

A　準備運動　（10分）
　① 徒手体操（指，手首，肩，膝，腰，足首の運動）
　② キャッチ・ボール
　2～3人に1個のボールを与え対面キャッチ・ボールを行う。

B　ピッチング　（10分）
　1名が捕手，2名が投手となり，それぞれ10m位いの距離でアンダー・スローでピッチングを行う。アンダー・スローで投げることのむずかしさがわかるであろう。
　① 高めにゆくボールは，離すのがおそい。
　② 低いボールは，離すのが早い。
　③ 腕をまっすぐに延し，身体と平行に腕を振る。
　④ 投球規定に従って投げてみる。
　練習隊型は図15の如く，3名1組で1名は捕手になり，2名が交代して投げる。捕手の前にはホーム・ベースを各々描きベースと仮定する。距離は8～10

Ⅳ 単元の展開とその方法

m位とり，それは出来るだけ，きれいな
フォームで投げられるようにし，10～14
mはコントロールをつけるために，実際
の投球距離に近い距離から投げる。

C　ストライク・ゲーム　（10分）

　各自ストライクがどの位い投げられる
か，ストライク・ゲームをやってみる。

図 15

　練習隊型は，1人10球投げ，ストライクを投げた合計を各グループでまとめ，ストライクの数の多いグループの勝とする。捕手に受けさせてその判定をするのもよいが，図16のような木ワクのストライク・ゾーンを作り，そのワク内を通過したものをストライクと定めて判定するのもよい。図17のように一定の得点表を作り，その表に従って評価したりするのも面白い。

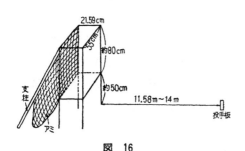

図 16

成　績	点
20～17個	5
16～13個	4
12～7個	3
6～4個	2
3～1個	1

図 17

D　バット倒し　（10分）

　3本の立てられた，バットを規定の投球距離から何個のボールで倒すことが出来るか。

　練習隊型は，バック・ネット，或は壁の前に3本のバットを並べて立て，規定の投球距離から投球規定に従い，バットにボールを当る。何個のボールで3本のバットを倒すか。バットの間隔は15cmとする。ゴロで当ったのは失格とする。

F　ベース・ランニング競争　（7分）

	点
1～3個	5
4個	4
5個	3
6個	2
7個	1

図18　バット倒しの得点表

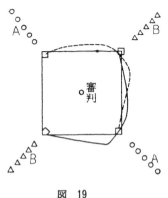

図 19

走ることはすべての基本動作である。どのようにすれば上手にカーブを切り，最も近く速く走れるようになるか工夫させる。

練習隊型は図19の如く，A班が1塁と3塁に各々別れ，B班が本塁と2塁に別れる。1走者はスタートしたベースより2個目のベースで次の走者にタッチしてリレーを行う。各ベースより4組が同時にスタートして，1人1周ずつ走ることも面白い。

F　整理運動　（3分）

（5）　本時の技術解説

普通のスローイング・ボールとちがって，アンダー・スローで投げることは大変むずかしく，思うように投げられず，コントロールもつきにくい。腕は地面に対して垂直で，しかも，身体に平行でなければならない。これが最も重要なことでなかなかむずかしい技術である。多くの規定がありそれに従って投げることは更にむずかしく，繰り返し，繰り返し行うことにより，**離すポイント**をおぼえ，コントロールあるボールがゆくようになる。最初は短い距離で正しいフォームでしかもコントロールをつけ，だんだん上達するにつれ，投球距離に近づけてゆく。急に無理な投球はしない。

①　キャッチより眼を離さない。

②　1歩目のステップを出来るだけ大きくすることにより，ボールが安定し，スピードがつく。

③　後足で十分蹴ること。

A　ストライクの範囲

ストライク・ゾーンの立体を仮想したとき，球がコーナーを通過するか，あるいはこの中を完全に通過したものはストライクである。アンダースロー・ボールの特質上，球が立体の前面から入り上部，あるいは底面に抜けたもの，および上面から入ったものはすべて

図20　ストライク・ゾーン

ボールとなる。

 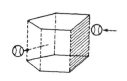 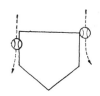

図21　ストライクの範囲(1)　　図22　ストライクの範囲(2)　　図23　ストライクの範囲(3)
　　　「ボール」　　　　　　　　　　「ストライク」　　　　　　　　「ストライク」

B　ベース・ランニング

　走ることが十分出来ないならば，そのスポーツのいいプレーヤーになることは出来ない。ソフトボールにおいても攻撃，守備共に走ることが基本となる。打撃，或は投球の上達に必要な腰や脚の養成にもなる。特に盗塁以外の走ることは忘られがちであるが，どんな打球であっても全力疾走することが，ソフトボールを行うものの義務であり責任でもある。

　走塁に関して肝要なことは，

　①　優れた走力
　②　機敏な動作
　③　打球に対する正確な判断
　④　巧みなスライディング

の四つをあげることが出来る。

C　走塁の方法

　長打を打った時は，ファール・ラインよりも幾分外側を走り，ベースの最も近くの角を左足で踏むと同時に体の向きを次の塁の方へ回転できるように蹴る。1塁を廻れば2塁線上を真直ぐに2塁に向い，1塁の踏み方と同様にして2塁を踏み3塁へと進塁する。この場合多少弧を画くようになるのは致し方ない。出来る

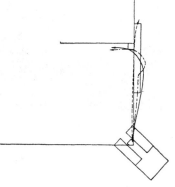

図24　走塁の方法(1)
内野ゴロを打った場合(………→)
外野フライを打った場合(—・—・→)
安打を打った場合(――→)

だけ小さく廻るように工夫すべきである。そのために塁を踏む時には必ず内側の角を踏んで走るようにしなければならない。ベースの真中など踏むことは一番損な踏み方である。

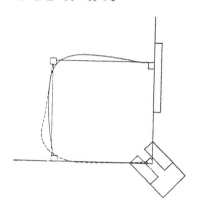

図25　走塁の方法(2)
　1塁から3塁への走塁（―――→）
　2塁から本塁への走塁（………→）

図26　走塁の方法(3)
　ホームランの走り方

いずれにしても，初めのベースの手前を大きく廻り，次のベースまではライン上を一直線上に走る。出来るだけ小さく四角に走ることがよいが，何よりもスピードが一番大切である。

図27　ベースの踏み方(1)　　　図28　ベースの踏み方(2)

第 5, 6 時 限

（1）単　元　バッティング
（2）主教材　バント・ゲーム，安打競争，ホームラン競争
（3）準　備　ボール20個，　グローブ18個，　ライン引き

(4) 指導例

A 準備体操 (10分)
　① 徒手体操（指，手首，肩，足首，腰の運動）
　② キャッチ・ボール
　3，4人ずつ組を作り，対列キャッチ・ボールを行う。

B バント競争 （5時限目のみ15分行う。）

ソフトボールにおけるバントは野球以上に重大で大きな役割をもっている。そこでゲームを行いながらバントの練習を行う。先ずボールを恐がらないこと，出来るだけ目の近くで打つこと，思う方向に転がすこと等に特に注意しなければならない。

練習隊型は，4チームに別れ，2ヵ所で行う。もしグラウンドが広い場合はチーム数を出来るだけ多くした方がよい。図29のような任意なグラウンドを作り，境界線内に得点数を設け，バントで打たれたボールがその得点表内に停止すれば，その得点を合計し勝敗をきめる。

攻撃側は打順に従ってバントを行う。空振り及びストライク見逃しはワン・ストラ

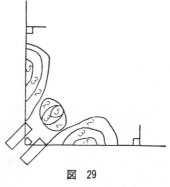

図 29

イクに数え，ツー・ストライク以後のバントやファールはアウトにし，正式競技のカウントと同様に行う。

守備者はバッテリー以外は任意の場所で守備する。3アウトでチェンジする。

C 安打競争 （5，6時限とも20分行う。）

今度は正規のグラウンドを準備し，バッティングの練習を行う。各班別で二つの班が攻撃側と守備側に分れ，守備側は各ポジションにつき試合形式で守備させる。攻撃側も同様，1番から9番まで順次打たせる。9名中何名がヒットを打ったか。9名が打ち終れば守備側と交代して，何回か行った後合計安打数で勝敗を決定する。ヒットでなくても1塁に生きたものの数でゆく。2塁打は2安打として計算し，出塁権を得た数を安打とみなす。またその逆にフライを

打たないように気をつけさせ，フライを打てば，攻撃側のその回の打者を1人減らす。このゲームはフリー・バッティングの練習と，ランニング及び守備の総合的練習が出来，興味も湧いて来るし楽しいものである。

いろいろな規則及び方法を話し合って漸次正式試合に近づけてゆく。

D　ホームラン競争　（6時限のみ　15分行う）

　守備者，攻撃者に別れて，攻撃者は区切られた外野フェンスをオーバした打球に対してはホームランとし，合計ホームラン数によって勝敗を決する。外野フェンスの距離はホームベースを中心にして30mの弧を画く。

E　整理運動　（5分）

　注意事項，用具の整理

（5）　本時の技術指導

（a）　バント

　バントを行う時は右手でバットの太い部分を持ち，左手は細い部分を短く持って，投手に対して正面に向き直り，バットをストライクの最高部に地面と平行に構えるのである。多少腰を落し安定を保ち，眼は出来るだけバットに近づけてボールをよく見る。そして投手の投じて来たボールがストライクなれば，バットに合わすのである。この時故意に突き出してはならない。低いボールは腰を落し，バットは必ず地面との平行を失わないように心掛けねばならない。バントの構えは，打撃フォームと同じスタンツで行うものと，投手に正対して行うものとある。

図31　バントの構え(2)

図30　バントの構え(1)

　バットの握り方は二通りあり，バットを軽く人指し指と中指の上にのせ，親指を上にまわして支える方法と，親指以外の指の第1，第2関節の上にバットをのせ，親指は上からおさえ，手首は地面に向って折りまげる。

IV 単元の展開とその方法   243

図32 バットの握り(1)

図33 バットの握り(2)

バットは常に水平に保ち，その方向は左腕を引きつけたり，延したりして左腕にて方向を定める。右腕は常に固定されている。

(a) 「バント」の心得
① 落着いて動作をとること。
② 早くバントの姿勢に入る。動作の途中でボールを打たないように。
③ 自分はアウトになる覚悟だから，スタートを急がず打球を見定めてから。
④ バットを突き出さないこと。
⑤ よくボールを選ぶこと。

(b) 「バント」の方向

バントの方向や距離は，ゲーム全体から見て，その方向や距離は変って来るが，一般的なものは図34～37の如きである。何によりも確実性が必要である。

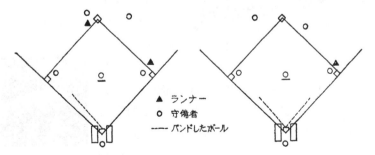

図34 1，2塁ランナーの時の犠牲バント。約50呎程ころがせる。

図35 1塁ランナーの時の犠牲バント。約50呎程ころがせる。

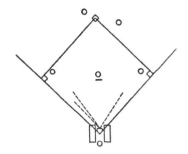
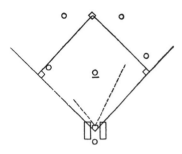

図36　2塁ランナーの時の犠牲バント

図37　セフティバントの方向
3塁線に50呎程ころがせる。1塁手が深く守っていたら投手の右に軽く打つ。

バントの種類には，次の3種類がある。
① 犠牲バント（サクリファイス・バント）
② スクイズ・バント
③ セフティー・バント

B　打撃について（バッティング）

「打つことは最大の防禦なり」と言う通り，打たねば興味も薄らぐ。打撃には，①長打法，②短打法，③折衷打法がある。

図 38　バットの握り方(1)　　図 39　バットの握り方(2)

いずれにしても，自己の体力に応じた打法を用いなければいい当りは出ない。

バットの握り方は，左右両手の第2関節を1列に並べて法方つ持（図38）と，左手の第1関節と右手の第2関節が1列に並ぶように握る方法（図39）がある。

その際両手の指の部分でバットを支えるような気持ちで持ち，特に小指に力を入れて握る。両手を離して握るのはよくない。手首はやわらかく肩腕に不必要な力を入れず軽く握る。

図40　バットの悪い握り方(1)

Ⅳ 単元の展開とその方法

（a）バットのどの部分を握るか。

以上，打法と握り方を言ったが，どの部分を握ればよいか，これは**長打法**においては，図42のようにバットいっぱいに握り，短打法は図43のようにバットの端を7～8cmあけて握る方法で，その中間をとったのが折衷打法（図44）である。

図41 バットの悪い握り方(2)

図42 表打法の握り方

図43 短打法の握り方

図44 折衷打法の握り方

（b）バットのどの部分で打つか。

バットには，長さの中心点と，重さの重心と，ミートの重心があり，それぞれマークなど入れて表わしてある。そのミートの重心に打てれば一番よくとぶのである。その重心を見るのはバットの握りを持って，もう1本のバットで，バットの先端からたたいて来ると，握りを持った手にひびかなくなる点がある。そのところがミートの重心である。

バットは常にマークを顔にむけて握らないとミートした時に折れやすいので注意しなければならない。

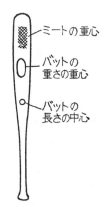

図 45

第 7, 8 時限

（1） 単　元　簡易ゲーム
（2） 主教材　三角ベース，ローテイション・ゲーム
（3） 準　備　ボール 20個，グローブ 18個
（4） 指導例

A　準備運動　（10分）
　① 徒手体操
　② キャッチ・ボール

4人でボール1個，対面キャッチ・ボールで十分肩ならしを行う。

B　安打競争　（15分）

前時行った安打競争を行う。

C　三角ベース　（20分）（7時限のみ）

本塁，1塁，2塁を結ぶ三角形のグラウンドを作る。ソフトボールのルールに従って行う。2チームずつに別れて行うが，各チーム6名ずつで8チーム作る。これは場所，人数が少くて多くの者が同時に行うことが出来る利点を持つ。

D　ローテイション・ゲーム　（20分）（8時限目のみ）

12～13名1組で行う。ジャンケンで打順をきめ，1番から2，3番まではバッター・ボックスの方で待つ。4番以後はキャッチ，ピッチャー，1塁と順次右翼までつづき守備位置につく。打者が打ち終れば，ライトがレフトにまわり，キャッチが打者となる。

但し，この場合は，凡打の場合でヒットを打った時はつづけて打つことが出来る。時として大外野フライを捕えた者には美技賞として一挙に打者とさせることもある。エラーすればライトに逆戻りする。こうしてバッティングと守備の練習を行う。

E　整理運動
　① 徒手体操
　② 後仕末

Ⅳ　単元の展開とその方法　　　　　　247

注意事項
① バッティングの時はバッターの後ろに立たないこと。
② 打者は打球後バットを遠くへ投げ捨てないように注意する。

第9,10時限

(1) 単　元　ゲーム
(2) 主教材　簡易ゲーム
(3) 準　備　ボール20個，グローブ18個，ベース 1組，ライン引き
(4) 指導例

A　準備運動（10分）
　① 徒手体操（手首，足，足首，肩の運動）
　② キャッチ・ボール
　　各チームごとに別れて行う。軽く肩ならし程度。

B　ゲームの説明（10分）
　① ルールについてはごく簡単にする。
　② 投手の投球規定等ははぶき，投球距離を男子11m50cm，女子8m50cmとする。
　③ オーバスロー規定も除外し，パス・ボールとしてワン・ベースを与える。
　④ 審判はそれぞれ攻撃側より出してその任務にあたる。

C　ゲーム（25分）
　1クラスを4チームに分け，グラウンドを対角線に背合せてホームを作り，試合行う。攻撃側でファール・ボールは取りにゆく。危険な左翼側にはゆかないように注意する。

D　ゲームの反省（5分）
　何故負けたか，勝ったか。
　① スローボールをどうすれば確実に打つようになれるか。
　② 大きく打とうとばかり考えていないか。
　③ どうすれば「ゴロ」のボールが打てるか。
　④ ルールについてもっと考えなくてはならないところがあるか。

D　整理運動
　①　徒手体操
　②　後始末
E　話し合い
　10時限目は反復練習を行うが，今度は，チーム全体の動きも少し考え，バントや盗塁等も含めて行うようにしよう。
　10時間目は前時の勝者同志で行なう。
　2試合共勝ったチームは何故強いのであろうか，2試合共敗けたチームの敗因はどこにあるのだろうかよく考えてみよう。

2　Bコース
（やや経験ある者…中学校上級，高校初級程度）10時間配当

第 1 時限

（1）　単元　キャッチ・ボール
（2）　主教材　扇型キャッチ・ボール，ランニング・キャッチ・ボール，遠投競争
（3）　準備　ボール 8個，グローブ 16個
（4）　指導例

A　準備運動（10分）
　軽くグラウンド駈足のあと，徒手体操（手首，指，肩，膝，足首等を主に）
B　扇型キャッチ・ボール（10分）
　①　クラスを6チームに分ける。
　②　扇型に分れ，キャッチ・ボールを行う。（初級第3時限目参照）
　③　一廻りするまで行う。一廻りすれば次のものと交代する。
　④　出来るだけ早く，速いボールを投げるようにつとめる。
C　ランニング・キャッチ・ボール（10分）
　①　各グープ6名に分れる。
　②　図46のような隊型で練習する。

③ 身体を硬直しないように、やわらかく動作をする。

④ 投げることばかりに気をとられず、捕球についてもボールの方向、高低、スピード等の状態を早く判断する。

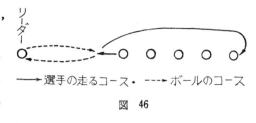

図 46

⑤ 動作を敏捷にし、ボールを持っている時間を短かくする。

D 遠投競争 （15分）

① 直径1m50cmの円を画き、助走をつけず円内から力いっぱい投げ、投球距離を測定し遠くへ投げる練習する。

② 図47のような隊型で練習する。同一方向に並べないと危険である。

③ どの角度でボールを離せば一番遠くへ投げられるか。よく考へさせる。

図 47

④ 各6人のグループで8チームに別れ、グループごとに投げ得た距離を平均してその優劣を決定する。

⑤ 落下地点附近に数名をおき、その距離を判定させる。

E 整理体操 徒手体操 （5分）

（5） 本時の技術指導

A 扇型キャッチ・ボール

距離、間隔に変化を持たせながら早い動作で返球するようにつとめると共に、投球法も、アンダー・スロー、サイド・スロー、オーバー・スロー等と投げる方法を変えさせ、常に受けやすい場所へ正確な早いボールを投げるようにさせる。

B ランニング・キャッチ・ボール

リーダーは常に固定しており、後の者は走りながら捕球し、投球するのである。あまり走ることに気をとられすぎると、ボールを落す恐れがあるから、なれるまでは確実に出来るように強調した方がよい。

250   ソフトボール

C　遠投競争

　助走せず，ステップだけで投げることは大変むずかしいが，この時間に履修する頃は誰もが40m以上投げうるようにすることである。1m50cmの直径円内から投球後余力で踏み出さぬように注意せねばならない。40m以上投げられないものについては，どこに欠陥があるのかよく考えさせる。限られたステップで体にスピードを加え，そのスピードと腕の振りを利用して更にスピードを増すのであるが，ボールを離す位置は上方45度にて離すことが最も遠くへ投げる最大の要因である。普通のキャッチ・ボールとちがって遠くへ投げるのであるから，身体，全体の力を総合して投げることである。アンダー・スローやサイド・スローは遠投には適しない。オーバー・スローで投げるべきである。

第　2　時　限

（1）　単　元　ピッチング
（2）　主教材　バック・スイング，ワインド・アップ
（3）　準　備　ボール 20個（4，5人に1個），グローブ13個（4人に1個）
（4）　指導例

A　準備体操　（5分）

　膝，足首，腰，手首の運動を特に行う。

B　キャッチ・ボール　（10分）

　4～5人を1組として，1個ずつボールを与え，グローブは4人に1個の割で扇型キャッチ・ボールを行う。リーダーがグローブを使用する。

　①オーバー・スロー，②アンダー・スロー，③サイド・スロー等投球法を変えて行う。

C　投球規定の説明　（7分）

　①　バック・スイング投球法の説明
　②　ワインド・アップ投球法の説明
　③　ストライク・ゾーン

D　バック・スイング投球法　（15分）

　ソフトボールで一番よく用いられているバック・スイング投球法を練習して

Ⅳ 単元の展開とその方法　251

みよう。
　最初は距離を 8〜12m にとり，アンダー・スローでどの位い投げられるものか，そのむずかしさをおぼえさせ，フォームの練習を行う。つづいて，女子11m58cm(38呎)，男子14m 2 cm(46呎) の投球距離より投げさせ，実際の投球練習をさせる。

E　ワインド・アップ練習法
　バック・スイングほど一般に用いられていないが，それだけに現在では変った投球法であり，打者にとってタイミングを外すことなど有効とされている。

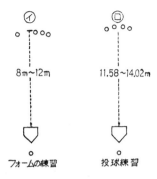

図48　投球距離

　バック・スイングと同じように先ず短い距離から初め，投球距離まで延し，フォームの完成から，ボールのスピードまで漸次練習してゆく。体型等は，バック・スイングを同じようにして行う。

F　整理運動　徒手体操　(3分)

（5）本時の技術指導
　ソフト・ボール競技の各選手の任務は，均等性があって野球程の差はないが，投手の任務は他の選手から比べてみれば何倍かの負担を持たされている。その負担に堪えぬいてこそ立派な投手となり，チームに貢献し得る投手となるのである。その意味をよく理解させるべきである。

A　投球順序図説
　（a）バック・スイング投球法　（図49）
　㈲投球準備姿勢で，㈹投球動作開始姿勢，先ず体重を軸足に移行し体を右に回転する。㈳は腕の後方振りの極限を示す。左足を1歩踏み出すが体重はまだ軸足に残る。㈡に至り左足に重心が移る。㈹㈳がバック・スイングの決定的部分であり，ワインド・アップと同じようにルールに従った部分である。㈵離球直後の体の動き。フォロー・スローである。手からボールが離れてもその動作は続けられ，軸足が左足に近づけられて，㈴㈵の守備体制に入る。
　（b）ワインド・アップ投球法　（図50）

ソフトボール

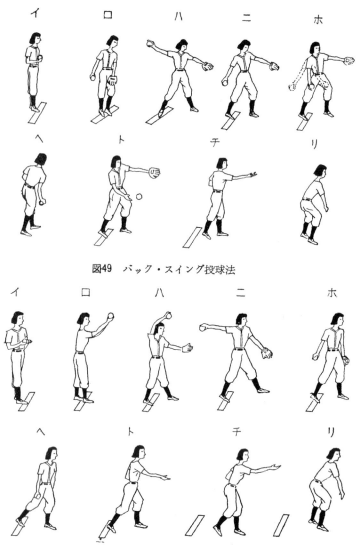

図49 バック・スイング投球法

図50 ワインド・アップ投球法

　この投球法は打者のタイミングを外す事から普及した。このモーションの特徴は長い弧を画いてボールが投げられると云うことで，腕を前方上から後方に廻し，はずみをつけて振り下ろしボールを前方に弾き出す。この一連の動作が

腕と手首によって殆んど完全な弧を画いていることである。

図(イ)投球姿勢に入り，1秒間以上の静止姿勢で(ロ)に入る。腕を自然のまま前方上に振り上げ，体重を右足に移動させる。そのまま(ハ)に入る。腕を上に振りあげつつ，左足はプレートから離れて前方に進み始め，(ニ)では腕は上後方から振り下りつつ真後ろにゆき，まさに下方で力が集中されようとしている。この頃左足は前方元の滑り出しは終り地面にピッタリついている。(ホ)で腕の振り下ろしに入り，体，両足の全力を左足に向って突込むこと。(ヘ)離球寸前のフォームで，上半身はホーム・プレートに正対しボールを持った腕は，地面に垂直でしかも体側に平行な位置で，手首は後方に向けられる。(ト)腕が体側より前方に振り出され，ボールが手より離れる瞬間は全体重と力がボールに乗るようにしなければならない。(チ)離球直後の姿勢で，(リ)に入り投球完了後の動作と守備動作に入ったところである。以上二つの投球法の順序のみ記した。

ソフトボールの投球法は，ごくやさしそうでやってみればなかなかむずかしい。思うところへゆくものでない。

ボールが高くゆきすぎる時は，手からボールが離れるのがおそいからであり，また体が早く立ちすぎたときなどである。

ボールが低くなる時は，早く離れすぎるためである。丁度ストライク・ゾーン内に入るタイミングを早くおぼえることである。

第 3 時 限

（1） 単 元　攻防法
（2） 主教材　盗塁，ダブル・プレー
（3） 準 備　グローブ18個，ボール16個，バット8本，ベース2組，ライン引き
（4） 指導例

A　準備運動　（7分）

　徒手体操，手首，肩，腰，足首，特に駈走を行う。

B　盗 塁　（20分）

　2ヵ所のダイヤモンドを作り，4チームが2チームずつに分れる。一方はシ

ートにつき守備。一方は攻撃側となり投手の投球に従って任意に盗塁し，その盗塁を守備側は許さぬように努める。一通り終れば攻・守を交代する。

どちらが多く盗塁に成功したか。

（a）　単独スチール

① 　1塁にランナーが着き2塁へ盗塁する。

② 　2塁ランナーが着き3塁へ盗塁する。

③ 　1，3塁にランナーが着き1塁ランナーが盗塁し，機会を見てホームへ盗塁する。

（b）　ダブル・スチール

1塁2塁にランナーをつけ同時に盗塁を企てる。

① 　走塁に気をとられすぎると離塁が早くなるので気をつけねばならない。

② 　投手の投げる1球1球に離塁する。

③ 　捕手は小さいモーションで，正確な早いボールを投げる。

④ 　2塁手，遊撃手は早くベースに入り，捕手に大きくマークし投げやすくしてやる。

C　ダブル・プレー　（15分）

盗塁の場合と同様，攻・守に分れ，攻撃側はランナーを1塁におき，攻撃側リーダーによってノックを内野に打つ。守備側は，捕球者―2塁手―1塁手と転送し，ダブル・プレーを行う。攻撃側が一通り終れば攻守を交代して行う。

チーム中どちらが多くダブル・プレーを行ったか。

① 　ダブル・プレーではあせると二つとも生かしてしまう。捕球者も投球者も落着いてプレーすることが第一である。

② 　打球の捕球者は2塁に投球する際，2塁手の胸辺に送球してやることが大切である。

③ 　野手はすべて早いモーションで早いボールを投げ，機敏な動作を必要とする。

④ 　2塁手は走者とぶつからぬようにさけることに注意しなければならない。

⑤ 　打球捕球者と2塁手とのタイミングをうまく合せる。

D 整理体操 （8分）

各チーム軽くキャッチ・ボールと徒手体操を行なう。

（5） 本時の技術指導

A 盗　塁

　盗塁は成功すれば1本の安打に匹敵するものであるから，慎重に行なわなければならない。盗塁が成功するかしないかは，スタート，走力，機敏な動作，巧みなスライディングにある。特にスタートが大切で常に離塁出来る状態にあり，投手の手からボールが離れた瞬間に離塁する。次の塁に向って力いっぱい走り，野手の目を見てボールの行方やタイミングを判断する。ボールの行方やタイミングがわかれば，それから逃れるように動作をしなければならない。もし間に合わないが逃れようによっては生きられると云うような場合は，スライディングをしてタッチを避ける。但しスライディングは無理をしてやる必要はない。

　如何なる時に盗塁するかと云うことについて述べると，相手の捕手が余程弱肩でない限り無死の場合は絶対に盗塁してはならない。2塁への盗塁は1死または2死の時に限られる。

　また，3塁盗塁は1死の場合のみ企てる。2死の場合は打った瞬間にスタートが切られるので，2塁から安打，エラーでも直接生還出来る可能性があるからである。

　次にホーム・スチールは既に2死であって味方の打者が，とても打ちそうにない場合，ツー・ストライクをとられている場合に限られる。

　女子においては多少の無理な点もあるけれども，盗塁が成功するかしないかは，スライディングが最後の判定を決定するものである。時間的に早く塁に到達するためのみならず，如何にして球を保持している野手のタッチを避けるかと云うための滑り込みが最も大切である。

　果敢なる盗塁や打者の打球で進塁し，間一髪を争うような場合は，2，3，本塁にはボールをさけるために滑り込んだ方が得策である。

　初心者の滑り込みは応々にして怪我を起すので，最初は砂場で練習してその方法をよく理解してから行うべきである。

滑り込みの方法は，次の種類がある。

　（イ）　フィート・ファースト・スライド

　（ロ）　フック・スライド

　（ハ）　ヘッド・ファースト・スライド

　（ニ）　オーバー・スライド

B　ダブル・プレー

　ダブル・プレーとは1本の打球に対して2人の走者をアウトにする戦法である。一般に多く用いられている場面は，無死または1死でランナー，1塁の時打者が内野ゴロを打った場合，捕球者より2塁へ，2塁より1塁へ転送されて，走者，打者共にアウトにされるような場合を云う。

　ダブル・プレー戦法は，野球及ソフトボールにおいて欠くことの出来ない重要な戦法であり，ランナーがいる塁によってその方法は異って来る。これを行うのに最も重要はことは，捕球者と各塁の野手との3者が「そつ」のないコンビネーションと動きをして初めて成功するものである。

第 4 時 限

（1）　単　元　攻防法

（2）　主教材　バント，バント守備

（3）　準　備　ボール 16個，グローブ 16個，バット　8本

（4）　指導例

A　準備運動　（5分）

　徒手体操（駈走，肩，足首，手首）

B　バント（送りバント）（15分）

　グループ6〜7名に分け，2つのグループを1組とし一方を攻撃側，一方を守備側として，ホーム・ベース，ファール・ライン等内野フィルドを画く。守備側はそれぞれの守備位置につき，やや前進守備の体制から打球に対する処置を行う。攻撃側は常にバントをもって攻撃する。各自2回打てば攻守を交代する。

C　バント守備　（20分）

バントと云っても，バントの種類，走者の場所によってその守備体形は変って来る。

バントの種類については，次の種類がある。

(イ)　犠牲バント（送りバント）

(ロ)　セーフティ・バント

(ハ)　スクイズ・バント

また，走者の占めている塁によっても変る。

(イ)　ランナーが1塁にいる場合

(ロ)　ランナーが1塁，2塁にいる場合

(ハ)　満塁の場合

(ニ)　1塁，3塁の場合

(ホ)　2塁，3塁の場合

等があげられる。各々各塁に走者をつけて実際に行ってみる。

D　キャッチ・ボール　（5分）

整理運動のつもりでゆっくり確実なボールを投げ合う。

E　整理運動　（5分）

徒手体操

（5）　本時の技術指導

A　犠牲バント（サクリファイス・バント）

このバントは一番よく使われるバントで，普通無死にしてランナー，1塁，或は1，2塁，または2塁のみに走者のある時にバントを用いて確実に進塁させるのであるが，この時打者はスタートをあわててはならないし，悪いボールに手を出すことは無論いけない。悪いボールに手を出すとフライボールになったり，投手前に強いゴロがとんだりすれば重殺を喫したり，または2塁，3塁で封殺されバントの目的を達成することは出来なくなる。恐れず十分落着いてよいボールを行えば失敗することはない。常に冷静で大胆さがなくてはならない。

また余りライン際をねらって自分を生きんとする野心に燃えていると，とかく失敗するものである。バントする時は試合が非常にエキサイトした時で重大な場合であることを予め考えておかなければならない。弱打者には特にバント

は必要である。

バントを行う時は最初からバントの構えをして投球を待っていると，相手の野手に戦法を悟らせるようなものであるから，バントを行なわないような，わからない姿勢で投球を待ち，相手が投球を始からバントの姿勢に移らねばならない。

B　セフティー・バント

足の早い敏捷な者が行うバントで，投手や3塁手が油断をしているような時，突如行うもので，一番大切なことは，相手に見ぬかれないと云うことである。瞬間的にボールを打たなければならず大変むずかしいが，内野陣を攪乱するには最も効果的である。バントする方向は3塁側の方がよい。

C　スクイス・バント

このバントを行う時は，どうしても1点欲しい時に行なうもので，1試合に一度あるかないかである。このバントは犠牲バントにくらべて一段と困難である。3塁にランナーがいるので投手も力いっぱい投げて来る。バントすると思えばウエスト・ボールを投げ，打者に打てないように顔をねらったり，バットのとどかぬところへ投げたりして来るものであり，打者としても一つ間違えば3塁の走者を殺してしまうのであるし，ストライク・ボールをすればよいと云うのではないだけに打者としてもむずかしく責任も重大である。このバントの成否によって勝敗を決する場合が多い。打者は打球を地面にころがすのが義務で，走者は投手の手からボールが離れた瞬間に全力でもって本塁に突入しなければならない。

D　バント守備

バント守備においては走者の位置によって守備体制は変り，打球によって捕球者もちがって来るが守備体制は常に変りはない。図の如く，投手板を中心に，投手が1塁側に下りた場合は3塁手が前進し，投手が3塁側に下りた場合は1塁手が前進して

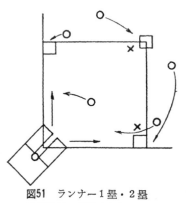

図51　ランナー1塁・2塁及び2塁・3塁のとき。

Ⅳ 単元の展開とその方法

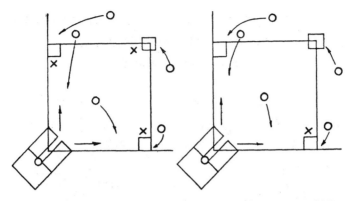

図52 満塁のとき　　　　　　図53 ランナー1塁及
　　　　　　　　　　　　　　　　び1塁・3塁のとき

それぞれ，ファール・ラインぎわを守るわけであるが，要するにボールに一番近い者が捕球するわけで，いずれにしても体制は打球によってちがって来る。特に注意しなければならないことは，如何なる場合においてもベースを空けることは許されないことで，誰かがカバーに入らなければならない。

第 5 時 限

（1）　単 元　攻撃法
（2）　主教材　トス・バッティング
（3）　準 備　ボール 16個，バット 8本，グローブ 16個，ホームベース
（4）　指導例

A　準備運動 （5分）

　徒手体操　ランニング，足首，手首，腰

B　キャッチ・ボール （10分）

　各グループ6～7名1組にし，各々グループごとに対面キャッチ・ボールを行なう。

C　ピッチング （10分）

　各グループごとに捕手2名，投手4名にしてバッテリーを組み，バック・スイング投球法，ワインド・アップ投球法を練習する。

D　トス・バッティング （20分）

最初に分けたグループをそのままにして，グループごとにホームベースを決める。強く打たず軽く打ち返す。投手は下手投げで投げる。

トス・バッティングの隊型

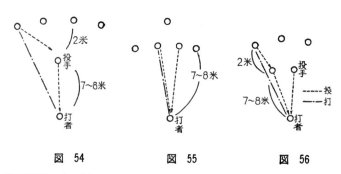

図 54　　　　図 55　　　　図 56

E　整理運動　（5分）
　徒手体操
（5）　本時の技術指導
A　トス・バッティング
　図54において，投げる者は1人で守備者が後ろで守る。打球はすべて投手に返球し，投手は繰り返し投げる。この方法は一番初歩の場合に行なう方法である。
　図55の方法は，一番技巧のいるトス・バッティングで相当熟練しないと出来ない。打たれたボールを前列にいる誰が受取っても，取った者が投球する方法で打者は投げた者に打ち返すように行なう。
　図56の方法は，投手が2人いて守備者から投げ返された者が打者に向って投球する。初歩の者が行なうと図55より時間がかかり不経済であるが，上達すればスムースにゆくトス・バッティングである。
　いずれにしても守備者の前に必ず打ち返すように気をつけねばならない。トス・バッティングの目的はミートを確実に行えるようにするため，思うところへ打ち返せてしかも確実なミートであることが望ましい。トス・バッティングは基本練習と本練習の中間位をしめるもので，トス・バッティングが確実に出来なければバッティングは無論，打つことは出来ない。肩の力をぬき楽な姿

勢でフライ・ボールを打上げないで確実にゴロ・ボールで打ち返す。守備側は常にいいボールを投げてやる。ここでは捕球の練習を兼ねているのである。

第 6 時 限

（1） 単　元　攻撃法
（2） 主教材　フリー・バッティング
（3） 準　備　ボール 16個，バット 8本，ベース，グローブ 16個
（4） 本時の指導例

A　準備体操　（5分）

徒手体操

B　キャッチ・ボール　（7分）

1グループは12～13名にして，4グループを作る。各グループごとに対列にてキャッチ・ボールを行なう。

① 早いモーション，速いボール，受けやすい場所へ投げるように。
② 両手で確実に捕球する。
③ 動作を軽く行う。

C　トス・バッティング　（10分）

前時の復習として，一番行ないやすい隊型で確実なミートで思うところへ打ち返し，バッティングにおけるミートの要領をトス・バッティングでおぼえる。そうして次の点に注意する。

① バットを正しく握り，無理な力が肩や腕に入っていないか。
② バットは水平に振られているか。
③ 振りおくれていないか。
④ ボールをよくみているか。

D　フリー・バッティング　（20分）

4グループが各グラウンドの角を利用し混乱しないように分れさせ，バッティングにはいる。安全にして，のびのびと打てるように工夫することが大切である。トス・バッティングでの要領をそのままフリー・バッティングに使用することは無論であるが，あまり大きく打つことにとらわれると，かえって打て

ないので小さく打つ。鋭く振り，鋭くミートすることを主眼において行うべきで，いきなり，ホームランを打とうと考えさせることはいけない。2，3球打って交代し操り返し行う。

① あまり力強くバット握らないようにする。
② 水平に振ることに心がける。
③ 腕だけで振っていないか。
④ バットのスイングと同時に腰の回転も十分行なうように注意する。

E　整理体操　（3分）
徒手体操
（5）　本時の技術指導

打撃練習は一般に守備練習よりも興味をもたれ，キャッチ・ボールの指示を与えてもトス・バッティングをやりたがり，トス・バッティングの指示を与えると，フリー・バッティングをやりたがるもので，一般に興味を持たれる傾向にある。これは野球やソフトボールをやる者の通有性である。但し，バッティングがこんなに困難なものかと逆に興味を失う可能性があるため特に注意しなければならない。

バッティングを行う場合は常に危険がともなうもので始終注意しなければならない。そのうちでも，バッティングをしている打者の背後に漫然と立っていると振り切ったバットが当る場合がある。また守備者においても常にボールから目を離さないようにする。投手にしても，猛打が面前や脚下を襲うこともあり注意しなければならない。

フリー・バッティングにおいては，各自のバッティング・フォームと個性を生かし，個々の打撃力をのばすことが主なるねらいである。従って決して大飛球ばかりと打とうとか考えず，寧ろ地味に打って勘くも2回のうち1回はゴロかライナーを打ったり，或は1球ごとに打球の方向を考えて狙い打ちの練習もよい。

固定バック・ネットの前でバッティングが出来れば申し分はないが，もしない場合は，バッティングの方のグループの半分程は捕手の後方にゆきボールを拾うように注意する。

第7,8,6時限

(1) 単　元　ゲーム
(2) 主教材　試合前のノック，打順の決め方，サインの決定
(3) 準　備　ボール，グローブ，バット，ベース，ライン引き
(4) 指導例

A　準備運動　(5分)

徒手体操

B　試合前のノックの方法，順序　(20分)

(a) 走者のいないとき
(b) 走者1塁にあるとき
(c) 走者2塁にあるとき
(d) 走者3塁，または満塁のとき

以上の場合のノックの方法を指導する。

① 各グループに分れ，それぞそ自分のシートをきめる。
② 場所の狭いときは2グループいっしょで各シートに2〜3名ついて行なう。
③ リーダーは指導された順序に従って各野手にノックする。
④ 一通りのシート・ノックが終れば，試合前のノックに入る。
⑤ 試合前のノックは限られた時間内に全員にノックせねばならないので各1〜2本で終る。
⑥ 内野手においては，①バック・ホーム，②オール・ファースト，③ダブル・プレー，④バック・ホームの順でノックする。
⑦ 外野手にはフライと，ゴロを各1本ずつ打ち，バック・ホームさせる。
　これで5〜7分で終る。

C　打順のきめ方　(5分)

打順については，どのように組んでゆけばよいかを説明する。それに従って各グループに対し一度順序を組ませてみる。うまく組んだかどうかを各グループに発表させ，あまり適当でないのは変更してやる。

D　サインの決定

チーム・プレーには暗黙のうちに常に連絡がなければいけないが，一つのことを2，3人によってなされる時，その場合に何かの約束事がなければいけない。そのために約束事であるサインを決定する。

サインの種類には，バント，盗塁，ヒット・エンド・ラン等があるが，それをどういう時にやるか，またサインを出す時期等について指導する。

各グループにおいて，サインの種類や出す者を決める。

E　整理体操　（5分）

徒手体操

（5）　本時の技術指導

A　ノックの方法

シート・ノックは各位置を占めている野手に，ノックをして守備の練習を行なうものである。フライを完全に捕えること，ゴロを正しく捕え機敏に正確に目標に向って投球し，受取ったボールを確実敏速にタッチし，各野手間相互の連絡動作を練習することである。野手の動きは常に敏活で直面目で実際の試合と同様な気持ちで行われなければ練習の効果は現われない。

（a）　走者のいないとき

ノックの練習は，普通3塁から始める。最初は各野球に緩い，捕球しやすい

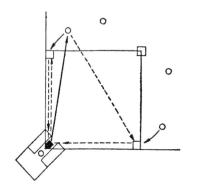
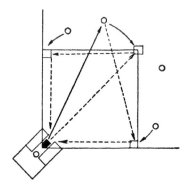

走者のいない時のノックの仕方

図57　3塁に打たれた時　　　　　図58　遊撃に打たれた時

IV 単元の展開とその方法 265

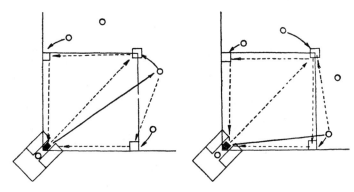

図59 3塁に打たれた時　　図60 一塁に打たれた時

ゴロを一通り打って野手をゴロになれさせてから始めるのがよい。図57〜60は，ランナーのいない時の野手のボールの廻し方を図示したもので，塁から塁を廻すのは塁に走者がいるものと仮定して行われる。投球，捕球，タッチの練習である。

（b）走者1塁にあるとき

これはダブル・プレーの練習である。この場合，内野手の注意すべきことは，あせって失策をしないようにすることである。打球を受けた野手は，直ちに2塁に投球し，2塁より1塁に投球するが，この際一番重要なのは2塁手で，ダブル・プレーの成功，不成功はここにかかっている。但し，ゴロを捕った野手

走者1塁にある時のノックの仕方

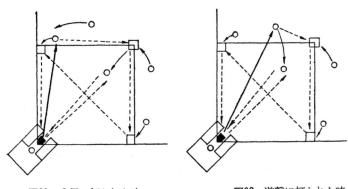

図61 3塁に打たれた時　　図62 遊撃に打たれた時

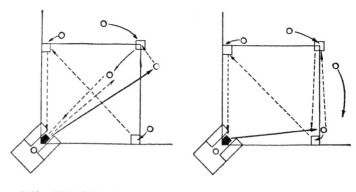

図63　2塁に打たれた時　　　図63　1塁に打たれた時

と中継する2塁手，更に1塁手の3者が一体となってこそよきダブル・プレーとなる。

（c）走者2塁にあるとき

無死または1死で走者2塁にある時，内野にゴロを打たれた場合，ゴロを取った野手は，一度2塁の走者を見，走者の様子を窺い，走者が離塁でもしている時は牽制して2塁に追い返して1塁に投球し，打者をアウトにしなければならない。打たれた場所とか，走者の離塁の状態によっては2塁の走者をアウトにする練習も必要である。2塁に走者があり1塁に投球した場合，2塁手は必ず3塁に入り，2塁より進塁する走者を刺すための練習を欠いてはならない。

（d）走者3塁及び満塁の場合

内野手は前進守備をとり，打たれたボールには，直ちに捕手に投じ，捕手は1塁に投球し打者をアウトとするのである。捕手の投球は走者に当てないように注意して投球しなければならない。また満塁のときは1塁に投げるよりも，3塁或は2塁の走者をアウトとすることも練習しておく必要がある。

以上は内野におけるシート・ノックでの練習とボールの廻し方を簡単に示したものである。実際の試合の場合は，このように順序が定ったものではなく，その場における走者の位置，アウト・カウント，打たれた球の緩急など瞬間的に判断してボールの処理をするものである。その臨機応変の動作に応じられるように練習するのである。

B 試合前のノック

　通常公式試合において，試合前のノックは7分位である。限られた7分の間に通常行なっている方法では時間が足りないので各ポジションに対して簡単に行なう。

　　内野手には，　　バック・ホーム…………1本
　　　　　　　　　　オール・ファースト……2本
　　　　　　　　　　ダブル・プレー…………2本
　　　　　　　　　　バック・ホーム…………2本
　　外野手には，　　バック・ホーム…………2本

　この場合のノックは，普通行なっているよりも弱い取りやすいノックを行ってやる。試合の前にあまり強いノックを行なうと自信をなくしたりすることがあるから，この場合には落着きと自信をつけるように心がける。内野手における最初のバック・ホームは必ずしも行なう必要はない。

C 打順のきめ方

　打撃順を編成するにあたって，よく打つ者の打撃回数を多くするために上位におくことは当然のことである。また競技者の技術なり力量はそれぞれ違った特質をもっており，最大の得点を得ようとするならば打順はよく考慮されなければならない。

　1番打者の使命はナインのうちで最も重く，従ってその条件も足の早いこと，選球眼にすぐれていること，度胸よく敏捷なこと，確実に打てることなどが必要である。試合を有利に導くか否かは，第1打者の1打に負うところが多い。劈頭から好打を放てば敵も動揺しくずれる基となる。そのためには度胸が大切で，相手投手をじらしつつよく選球し，自分の好きな球は見逃さず叩き出す。長打は打たなくても確実に安打出来る者で，塁に出れば足にものをいわせ敵の守備を攪乱させるのである。

　2番打者は1番打者同様の条件が必要であるばかりでなく，一番打者が生きた場合はこれをバントで2塁に送る場合が多く，バントの上手なものをおく必要がある。確実性から云えば1番打者より若干おとるものであるが，老巧味のあるものがよい。

3，4番打者はチームの中で最も強打者をおき，1，2番打者が塁に出れば猛打を放って一挙に得点に導くことの出来る者を置く。チームのうち最もよく打つ者を3番におくか，4番におくかの論議は相当されているが，精神的な面，前後のつながりからみて決めるべきである。

5番打者はチーム中，3，4番同様長打を放つものをおく。3，4，5番の中堅打者がいずれも同じ力量であるにこしたことはないが，さもなければ3，4番よりやや確実性のないものをおく。但し，3，4番打者が最も塁に出る機会が多いから5番には是非とも3，4番におとらぬ好打者がほしい。

6番打者は各回の第1打者となる機会が多いから，1番打者と同様の選手を必要とし，また，4，5番打者につづく好打者であってほしいものである。

7，8番打者はチーム中弱打者をおく。

9番打者は弱打者であるが選球眼のよい足の早い者をおくとよい。各回の先頭打者になる機会が案外多いからで，1番打者と同様の資格の持主であることが望ましい。

以上各打者について述べたが，1番より9番までが勝手きままな行動をするのではなく，その間にいろいろな有機的連繋があるのである。打者が塁に出ても単独で動くのではなく，走者は打者を助け，打者は走者が進塁しやすいような行動をとる必要がある。

D　サインの決定

サインの方法は，最も簡単で見やすいもの，解りやすいものが一番よく，複雑なものはさけるべきである。腰に手をあてればバントとか，片足で地面をかくと盗塁とか，一目見て判断のつくものがよいが，相手に見破れると困るので，サインを出す者は，きめられた時期に何気なく，自然なうちにしかも瞬間的に出すべきである。

サインを出す時は相手に見破られないように気をつけなければならないし，投手が投げ終って次の投球に移るまでに連絡をつけなければならない。限られた短時間にすべて連絡がゆきとどくようにしなければならないし，長時間サインを出していることは不自然であり，見破られることが多いので瞬間的に徹底するようにしなければならない。いつサインを出すかはまちまちであるが，捕

手が投手に返球する時にサインを見るようにするのが一番よいように考えられている。いつまでも見ていると不自然であり，見破られるものである。

〔註〕 第8，6時限について

7時限目にひきつづき，試合前のノックを行い，自分達で打順もきめさせ，サインも出させてゲームを行なわせる。実際に自分等の手でうまくやってゆけるか，試合後はサインの見まちがいなどなかったかをチーム別に反省させてみる。ゲームの運び方を自分の手で行ない，いろいろと運び方を変えてみるのもよい。

第 10 時 限

（1） 単 元 評 価
（2） 主教材 キャッチ・ボール，トス・バッティング
（3） 準 備 ボール，バット
（4） 指導例

A 準備運動 （7分）

キャッチ・ボール

B テスト （1）

（a） キャッチ・ボールの指導方法
　① テストの方法，着眼点をのべる。
　② 出席簿順6名，間隔18m
　③ オーバー・スロー
　④ アンダー・スロー

（b） 着眼点

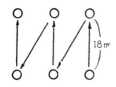

図65 テスト(1)の隊型

　① 投球法の理解だけでなく実際に応用しているかどうか。
　② オーバー・スローの要領で次のことを理解しているか。
　（イ） ボールは頭の後方，目の高さに上げ，肘は後方に引く。
　（ロ） 左足を前に出し，左肩を目標に向け，体重は左足に乗せ，上体は投げる腕の方にひねる。
　（ハ） 投球の際のスナップがよく利いているかどうか。
　③ アンダー・スローの要領で次の事を理解しているか。
　（イ） 肩を十分下げ，上半身のひねりが十分出来ているか。

（ロ）　腕のスイングと手首のスナップが十分利いているか。
　（ハ）　ボールにのびがあり,確実に投げているか。
　④　捕球は両手で確捕しているか。
　⑤　いらないところに力を入れたり無駄な動作をしていないか。
C　テスト　（2）
　（a）　トス・バッティングの指導の方法
　　①　テストの方法,着眼点をのべる。
　　②　出席順4名で1グループを作り,図54～56のような隊型で行なう。
　（b）　着眼点
　　①　確実にミートしているか。
　　②　相手に確実に打ちかえしているか。
　　③　フライをあげずに転がしているか。
　　④　フォームがスムースに動いているか。
　　⑤　トス・バッティングの目的を理解しているか。
　1人が終れば交代で次の者が打つようにする。
　評価点数はあまりこまかく分けずに3段階法を用いる。

3　C　コ ー ス　（経験者のためのコース）

第　1　時　限

（1）　単　元　バッティング
（2）　主教材　バッティング,バント
（3）　準　備　ボール,グローブ,バット,ベース
（4）　指導例
A　準備運動　（5分）
　徒手体操　手,首,足首,肩,腰
B　バッティング　（25分）
　4チームに分れ,2チームがそれぞれ,攻・守に分れる。攻撃側は漸次2本ずつ打ち,2本目は全力で1塁まで走る。もし安打,或いは2塁打,3塁打で

あれば走れるところまで走る。それに対して守備側は，打者が2本目を打って走った時は走者の動くにつれて，どの塁に投げるかよく考えて投じる。守備側の投手は，「打たさない」「三振させる」など考えずに，真中へまっすぐに投げる，常に打ちやすいところへ投げ込むことにねらいをおく。

C バント（セフティ・バント） （15分）

各グループが2ヵ所に分れて6，7人で一つの小グループを作る。投手と捕手は正規の位置につき，他の4人は投手を中心にファースト側とサード側に各2名ずつつく。打者は普通の打撃姿勢からバントして走る。この場合特に注意しなければならないことはあわてない事である。早くから構えていると見破られてしまうので，投手から球が離れてしまってからバントの姿勢に入いる。出来るものであればバントをする瞬間まで投手に見破られないようにしたいものである。

1人3本ずつ打って次の者と交代する。

D 整理運動 （5分）

(5) 本時の技術指導

A バッティングの好打者となる条件

(a) 投手の球質をよく見つめること

好打者としての要素の第一は，よい眼を持つことである。よい視力が必要である。速球に，緩球に，また織りまぜてくるチェンジ・オブ・ベースのボールによくバットを合せ，これに強い打撃を与えるには，鋭い視力と視神経を持たなければならない。優秀な投手は様々な変化あるボールを投げ，ストライクかボールか判断し難い点を突いて来る。投げられるコースも一球一球変って投げられる。そう言うすべての変化球を凝視し一瞬の間に判断しなければならない。選球眼は一朝一夕にして出来るものではない。練習時の一球一球を丁寧に見，眼を離さずにボールをよく見つめるように習慣づけると，打者として成功する一つの要素を得たことになる。

(b) タイミングを合せること

いかに選球眼がよくても，球にミートする時が悪ければよい当りが出ない。「ジャスト・ミートせよ」とよく言われるが，打者の全身の力はバットの中心

に集中されて，そのボールの中心を打とうとするのである。ボールから目を離さずにただボールを打ってもタイミングが悪く，ボールにバットを合わせるのが早ければ，たとえよい打りをしてもファール・ボールとなって3塁側にとぶ。おそすぎた場合はバットの根本にあたり手に痛みを感じるばかりでなく，打球は内野フライや1，2塁方面に緩い球となって転々とするのである。早からず，おそからず，ボールに合せ，腕，腰，胴体，ステップ等が別々の働きをするようなことなく，バットの中心の一点に同時に全力が働けるようにすることが肝要である。

タイミングを合せる練習はどうすればよいかは，ほかでもなく自分自身で実際にボールを打って練習する外はない。トス・バッティングでバッティングの基礎を覚え，フリー・バッティング，レギュラー・バッティングでタイミングのコツを会得する様にするのが最もよい方法といえよう。

（c） バッターボックス内の位置と姿勢・打者が投手に対して打球を待つ姿勢もいろいろあるが，結局は無理のない各自の自然の姿が一番よいのである。無理のない姿勢とはバッター・ボックス内の打者が，如何にも堂々として覇気横溢し，何ら臆する処のない雄然とした姿勢であると言うことで，貧弱な姿勢では，その打者から快打が放たれるとは思われない。常に投手を呑んだような気概にあふれた姿でこそ快打を放ち得るのである。各自の最も好む所に立つのが常法であるが，投手のボールの打ちやすい点，投手の投げにくい点に立つと言うことである。

図66　自然な構え

特殊なステップやスウィングをする打者以外の立つ場所は図66の様にホーム・ベースに近よりしかも捕手近くの方に立つのが理想とされている。打者のうちには外角を通るボールには振ってもバットが届かない位置に立つものもあるが，それでは外角のボールは打てない。どのコースを通るボールでも打ち得る場所に立たなければならない。いわばストライク・コースに来るボールは必ず好打しうるように練習すべきである。図69のような立ち方は原則の様なものであって投手の球質によって変更しなければならない。速

球投手に対しては投手に近く，技巧投手に対してはホーム・プレート近く捕手寄りがよい。

打球を待つ打者の構えは，自然な姿勢で両足は肩幅よりもやや広くとって立ち，肩の力をぬき，膝関節には弾力性を持たせて，顔は左肩越しに投手の方向に向けるようにする。この様な姿勢は基準的なものであって一概にこれに限るとは言えない。

打者のボックス内の位置

図67 バンドの位置　　図68 技巧投手に対する位置　　図69 一般的な立ち方

（d） ステップを適当に行うこと

ステップが大きすぎると，フォームが崩れがちになるばかりか，眼の移動があって正確なミートはむずかしい。また，小さければ安定を欠く。その程度は練習で発見するより外にはない。前者は体力を利用して打つには最も力のはいる利点もある。後者はその反対に眼のくるいのない代りに，体力の利用は出来ない。最近では肩幅ぐらいに開きステップを小さくして打つことが望まれている。要するに眼のくるいがなく，体力を利用出来る程度のステップで5インチぐらいがよいと言われている。

打球の時のステップの位置は，

① 投手の方に踏み込んで打った場合

② 右打者が打つ時，左足を3塁側に踏み出す場合（アウト・ステップ）

③ 右打者が左足をホーム・プレート寄りに踏み出す場合（イン・ステップ）

の三通りがある。そのいずれがよいかと言えば，当然①のステップがよい。②のステップは，外角に来るボールに対しては打てなく，内角のボールはストライクからはずれていても手を出すようになってしまう。③の場合は逆に，アウ

トコースは打ちやすいが，インコースは全然打てない結果になる。

　(e)　鋭いスウイングで打つこと

　ボールを遠くへ力強く反撥させるためには，鋭いバットのスウイングが行なわれなければならないが，そのためにはタイミングをよくすることが肝要で，タイミングが乱れては鋭いスウイングも無駄なものとなる。

　ボールを打つ直前は今まで曲げられていた右の肘と手首は伸びて，バットの先と手首と肩は一直線となる。その瞬間が最も鋭いスウイングの行われた時で，この基本となるものは，右足より左足への体重の移動，腰の廻転，左肩を軸とした上半身の廻転，右腕の押し，眼はボールを凝視していなければならない。

　振幅が短くて鋭いのが一番効果的とされている。またバットは水平に振らなければならない。バットの重心が水平であれば，ボールとバットのミートする面が多くなるのである。水平に打つボールは高めのボールであって，低めのボールは水平には振れない。低いストライクはバットの重心点を水平に振ってボールを打つのである。

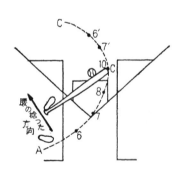

図70　バッティングの図

　図70の如く起点AからBの方向に振るが，力の入れ具合は振り始め6の力とすれば7，8となり，当る点Cは10の力，腰，腕体重の移動，すべてがこの点に集中されたところである。腰の捻ってない，6，7のところで打てば1塁側へファールとなり，腰の捻り終り7'のところで打てば3塁側にファールとなる。よい当りがいつもファールとなる打者は7'のところから力が加わり，腰が開いて打っている打者である。ミートの瞬間，身体とバットが直角になっていることが理想的で，上半身は投手の方向に向いていることである。

　(f)　最後まで十分に振り切ること

　ボールが飛び出すのは，ミートされた瞬間に起るものであるから，フォロースルーなど必要でないと考えられるかも知れないが，もし当った瞬間に振るのを中止すればボールは延びなくて遠くへ飛ばない。ボールがバットに当った瞬

間，ボールは平面に近くなり，反撥する時，急に原形にもどりながらバットからはじき出される。完全にバットから離れてしまうまでには約2呎程バットに運ばれていると言われる。ミートした後に行われるフォロースルーは，ミートするまでの動作と関連するものであって，ジャスト・ミートした瞬間に手首を伸し廻転させフォロースルーに入るのである。ボールがバットによって運ばれていることが事実であるから，当然フォロースルーは必要となって来る。

（g） スタートをよくすること

ボールを打ったなら1塁に向って全力で走らねばならない。右打者は左打者に比べて，スタートは既に4呎以上損をしている。そればかりでなく，右打者は3塁の方に腰を廻転させているので尚更スタートするのはむずかしい。1秒の差でもってアウトかセーフか決まるものであるから，スタートの大切さは言うまでもないことである。陸上の短距離選手のスタートと同様であり，最初が肝要である。

図71　スタートの一瞬前

B　バント（セフティ・バント）

このバントは敵の意表に出るプレーで，構えはあくまで打撃姿勢であって相手に見破られないようにし，ボールを打者の手元までよくひきつけて行なわなければならない。走力のある者に適している。内野陣を攪乱させるのにいいプレーでもある。注意事項としては次の点である。

① あわてないこと
② ボールをよく見極めること。
③ 瞬間的に動作を行なう。
④ スタートを良くすること。
⑤ 狙う方向は3塁側が成功率がよい。

第 2 時 限

（1）　単　元　攻防法

（2）　主教材　ソフトボール・ダイヤグラム，狭撃
（3）　準　備　ボール，グローブ，バット，ベース
（4）　指導例

A　準備運動　（5分）

グランド2周駈足，各関節，手首，足首，腰

B　キャッチ・ボール　（5分）

4グループに分れ，各グループごとに対列キャッチ・ボールを行う。力いっぱい，早いボールで正確なボールを投げるようにする。最初は短い距離からだんだん離れ最後には20m程離れる。終るときは小さいモーションで早いボールを投げながらかけあしで近寄る。

C　ソフトボール・ダイヤグラム　（15分）

前のグループのままで各々守備位置につく。そのうち1名はノッカー，1名は捕手と共に野手からの返球を受け，残りのものは守備位置につかせる。ノッカーは外野へのノックを右左に打ち，各野手にボールの投げる場所及び野手の動きを常に指揮する。ボールの来た野手だけが動くのでなく，9名の野手全員が打たれたと同時に動き，次の守備体制をととのえるのである。内・外野の連絡と共にチーム・ゲームの重要さをここで認識させる重要な練習である。グラウンドに予備のない時は2グループがいっしょになって，一方はノッカーが打つのと同時にホーム・ベースから走り，ボールが内野に戻って来るまで走り，その走るものの走力に応じて守備側はボールを返球する。他の野手は常にカバーにまわる。

D　挾撃（外野手を含めない挟殺の練習）　（15分）

内野手のみ各シートについて外野手はランナーとなる。ランナーが1塁につき，投手が捕手に投球すると同時に，ベースからリードをとり，捕手が1塁に投げ1，2塁間に挾まれる。またランナーが2塁につき同じようにして挾まれる。（3，本間も同じ。）走者は逃げることを考え守備者は早く殺すことを考える。こうして漸次挟殺の練習を行う。走者は3呎ライン外に出るとアウトで，その範囲内で如何にして逃げのびるか常に守備者の動き具合を見て走る。守備者は投げ合いを少くして早く殺せる方法を工夫しなければならない。1，2，

3塁で各々2人ずつ殺して内・外野を交代する。
E　整理運動　（5分）
　　徒手体操
（5）　技術指導
A　ソフトボール・ダイヤグラム
　内・外野各ポジションについて内・外野一連の練習を行なう。飛球またはゴロによる安打，各野手間を抜く長打などを打って，走って捕える練習と，捕った球の処理判断の練習である。
（a）　走者のいない時
　深く打たれた球であれば，ワン・バウンドで，浅く打たれた球であれば，ノー・バウンドで2塁に投球する練習をするのが普通である。
　内・外野は常に密接な連絡をもち，その動作を機敏にするように心がけなければならない。
（b）　走者1塁の時
　走者が1塁で外野飛球を打たれたときは，捕球後ただちに2塁に投球するのである。左翼，中堅に短打された時は2塁に投球する。右翼方面に短打された時は，走者一挙3塁まで進む場合が多いので，3塁に投げるのが常である。それらのあらゆる場合に野手のすべてが各ポジションのカバーにゆき協力することを忘れてはならない。
（c）　走者3塁の時
　右翼深く，或は中堅の右翼寄り深く飛球が打たれた場合，2塁の走者は野手の捕球と同時に，スタートするものであるから，野手は直ちに3塁に投球すべきであり，外野へ安打された場合は本塁へ投球しなければならない。
（d）　走者3塁の時
　この場合は，外野飛球であればすべて本塁に投球して3塁からの走者を本塁で刺す練習である。安打であれば2塁に返球する。
　外野手は，自分のところに打球が来ないからと言って立っているようではいけない。外野手には，中断とバック・アップと言う大切な役目があるからである。中断の要領は，捕球者と投球する塁を結ぶ一直線上に中断しなければなら

278　　　　　　　ソフトボール

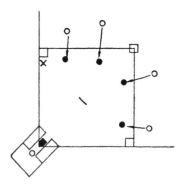

図72　走者ない時の位置から2死以前の走者3塁の場合の前進守備

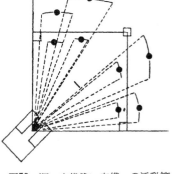

図73　深い守備浅い守備，の活動範囲の相違

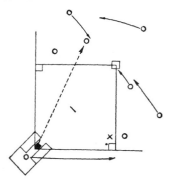

図74　走者ない場合，或は1塁の場合の野手の動き

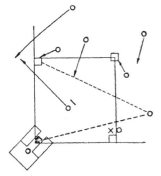

図75　走者1塁で右翼に安打された場合，1塁走者を刺すために3塁へボールを送る

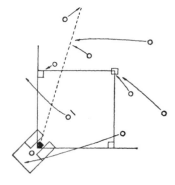

図76　左翼手が後逸した時の右野手の中継法と後援法

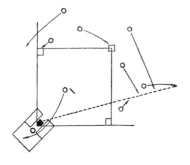

図77　右翼を抜かれた場合，中堅手か2塁手の中継を経て3塁もしくは本塁に投げる。

Ⅳ 単元の展開とその方法   279

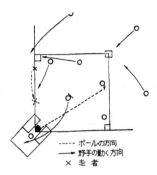

図78 走者3塁で2塁の方に打たれ3・本間に走者を挟んだ場合

----ボールの方向
→ 野手の動く方向
× 走者

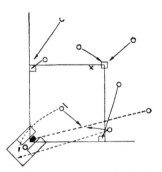

図79 走者2塁で右翼に打たれた時捕手のカバーに投手が行った時は1塁手が中断に入る。1塁がカバーに行った時は投手が中断に入る。

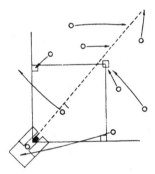

図80 左・中間深く打たれた場合,ボールは中堅より,左翼か遊撃を経て,本塁もしくは3塁に投げられる

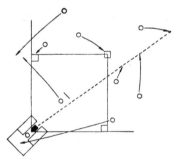

図81 中・右間深く打たれた場合,ボールは中堅より,右翼,遊撃を経て,本塁もしくは3塁に投げられる

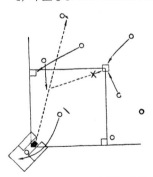

図82 走者2塁,左翼に安打された時,3塁手は中継に入り,本塁に間に合わぬ時は2塁に投げ打者の走塁を防ぐ。

ないと言うことである。またバック・アップは,外野手相互の間にあっては,早く声をかけた方が捕球し,一方は万一に備えて後方に位置するように努める。内野手に対するバック・アップも同様で,ボールの進行方向の一直線上に速やかに位置を移し,そのカバーに努める。

バック・アップは容易に出来そうであるが,常日頃の練習をおこたっていると

なかなか出来ないものである。習慣づけるようにしなければならない。

B 挟撃

攻撃側において，各塁間に挟まれた場合，何とかして，どちらかの塁に生きることを考えねばならない。出来得れば次の塁を獲得したいものである。刺されるとしても少しでも長く生き相手のミスを待ちながら逃げる。なお後ろに走者がつづいているときは，その走者が元自分のしめていた塁まで進塁して来るまではどうしても生きていたいものである。前に走者のあるときは前の走者は良く相手の動きを見て次の塁を伺い進塁する。

守備側においては挟んだ塁間に多くの野手が入ることは一番逃しやすく，ベース間には2人以上入ってはいけない。図83のようにAが×印走者を追い次塁に近づいた時にA^1からBに球を送る。今度は反対にBは追いB^1でCに球を送りCが元のベース近くで×″をタッチ・アウトにするようにしたい。この間に何人も入るととりこぼす事が多い。また出来るだけ元のベース近くでタッチするように気をつける。たとえ生かしても元のベースに戻すことである。少い人数で手早く追いつめるように練習が必要である。

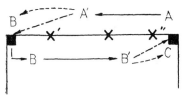
図83 挟撃の方法

──→ ボールを持った野手
-----→ ボールを送る
---→ ボールを投げてからの野手の動き

○ボールを持った反対の手をつけてもアウトにはならない。
○あわてず確実なボールを相手に送る。

第 3 時 限

（1） 単 元　攻防法
（2） 主教材　ソフトボール・ダイヤグラム，ヒット・エンド・ラン
（3） 準 備　ボール，グローブ，バット，ベース
（4） 指導例

A　準備運動　（5分）
　徒手体操

B　キャッチ・ボール　（5分）
　前時と同じ要領にて行う。
C　ソフトボール・ダイヤグラム　（15分）
　前時に引きつづき，同じ要領で行うが，ここではチーム全体の動きを強く主張したい。走る者，捕球する者，中継をする者，ノックをする者，ここではすべて一体となって全員が全力をあげて行う。
D　ヒット・エンド・ラン
　4グループに分ける。各チームにサインとサインを出す者を決める。2グループがいっしょで試合形式でヒット・エンド・ランの連続で試合を運ぶ。ランナーは常に1塁には1人いるようにする。打者と走者とサインを出す者三者が一体で休みなく進めてゆく。打者一順すれば，攻守を交代する。
E　整理運動
　徒手体操
（5）　本時の技術解説
A　ソフトボール・ダイヤグラム
　①　外野手は後逸しないように十分腰を落す。
　②　捕球者以外のそばの外野手は，どこに投げるか大きな声で指示してやるようにつとめる。
　③　捕球者は出来るだけ短いモーションで早く目的の場所に投球する。
　④　中継者は捕球者と次に投ずるベースとの一直線上に位置し，大きくマークしてやる。
B　ヒット・エンド・ラン
　ヒット・エンド・ランの行なわれるのは，走者1塁または1・3塁，単に2塁の場合であって，打者のカウントのよい時に行なうのが原則である。打者が打てば走者は走りながらボールのとんだ方向や，野手の動きを見て判断し進塁するか帰塁するかをきめる。打者が打たなかった時は盗塁と同じであるから，全速力で走ることである。ヒット・エンド・ランは封殺を防ぐ為にも行なうが，主として1塁ランナーを3塁まで進める場合が多い。これがために打者は右翼方面へ安打することが理想である。ただし，打者はサインが出たからと言って

むやみに打ち凡飛している例が多いが，試合においては，むやみにヒット・エンド・ランを行なうべきでない。どうしても1，2点ほしい時とか，走者の足が早くて敵の内野守備を混乱させるためなどに行なうものである。

第4,5時限

(1) 単　元　記録法
(2) 主教材　ゲームと記録法
(3) 準　備　ボール，バット，ベース，ライン引き，黒板，チョーク，各自筆記具，スコアー・ブック
(4) 指導例

A　準備体操　(5分)

　徒手体操

B　記録法の説明　(15分)

　① 記録する意味
　② 記録の順序
　③ 記号の説明

C　ゲームと記録　(25分)

　① クラス中より，正式2チーム選出し，審判もつけ，準正式ゲームを開始する。
　② メンバーを決定発表する。
　③ 試合前に記入する分
　④ 試合開始に記入する分
　⑤ 試合中に記入する分
　⑥ 試合中混乱して来るとゲームをそのまま中止して黒板を利用しその場を説明記入させる。
　⑦ 試合終了時と終了後の記入

D　整理運動　(5分)

　徒手体操

(5) 本時の技術解説

Ⅳ　単元の展開とその方法　　283

① 先ず記号を早くおぼえさせる。
② 野手の動きをよくみること。
③ ラジオを聞いたり，試合を見れば記入し，生活の上にも関連させレクリエーション種目の効果を一層あげるようにすすめるべきであらう。

　　（註）　5時限目の展開は，本時選手審判に当ったものは5時限目は記録する。記録法は種々あるので，すでに知っている記号などについては統一する必要はない。各自知っている方法を用いて記入する。なお5時限目は授業開始と同時に（準備体操は行う）試合をさせ記入の練習をする。

（6）ソフトボール・スコアの書き方
A　試合前に記入する分
　先ずプレイボールが呼ばれる迄に，スコアラーは次の各欄に明確迅速に記入し終らねばならない。
① 両チーム名…スコアブックの上部欄内に記入する。V.SはVersus「対」の略で両チーム名は原則として右側に相手方を左に書くのが常である。
② 両軍選手名…打撃順によって選手名を記入しなければならない。選手名記入欄は1～9までを各々三つに区別してあるが，最初に発表されたラインアップは1桁の欄に記入されるのである。

②の記入例（　）内

シート	打方	チーム名 (F.B)(阪神)
(3)	(右)	(川　上)
(6)	(左)	(吉　田)

③ シート (Pas)…野手のポジションは次の通り数字で表わされる。この番号はゲームの進行と共に随所に使用されるから是非共記憶して置かなければならない。

　　P……投手……1　　　SS…遊撃手…6
　　C……捕手……2　　　LF…左翼手…7
　　1B…1塁手…3　　　CF…中堅手…8
　　2B…2塁手…4　　　RF…右翼手…9
　　3B…3塁手…5

④ 攻撃順位…先攻ならばFB (First at Bat) またはFirstと書く。後攻な

らばＳＢ (Second at Bat) または Second と書く。

⑤ 球場名
⑥ 試合年月日及び大会名
⑦ 開始時間…プレイボールの宣告された時間を直ちに記入する。
⑧ 審判名…球審名と塁審名を記入する。
⑨ ベンチコーチ…両軍のベンチコーチの名前（監督）を記入する。
⑩ 天候…強風寒暑の如き記録上特に参考になることを記入する。
⑪ 球場の状態…硬軟或は滑るとか砂地であるとか等を記入する。
⑫ スコアラーの名前
⑬ ラジオ放送のアナウンサーの名前

B 試合中の記録法

① 試合の順序…これは図84の点線で割された五割の中より始り矢の方向に進む。即ち第一割は如何にして１塁に進んだかまたは死んだかその間の行動を記入して順次２，３本塁に及ぶものである。中央の割内には，ホームイン，アウト，レフトオブベースの三種の内いずれかを記入する。。・は投手の投球を記録する欄である。

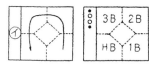

図84 記入例

② 投球の記録…図84①の投球欄には次のような明細を記入する。

○…ストライク　●…ボールであるが，東に下のように記入したらなおよいだろう。

△…ファール　　　　　　　×…１塁へ牽制球
△…レフト側ファール　　　≒…２塁へ牽制球
△…ライト側ファール　　　≅…３塁へ牽制球
△…バックネットへのファール　⊖…空振り

上記投球中に関連して起るプレーの時期の表わし方については（,）（,,）等の記録をボールカウントの下に記入し走者の方にも同一符号をつける。

C 攻撃の記録

法攻撃チームのプレーヤーが塁を得るのは次の場合である。

① 安打
② 相手のバッテリーのエラー（四球，死球，暴投，捕逸，走者のある場合のボーク）
③ 盗塁
④ 後続打者に送られてなす進塁
⑤ 相手の守備失策

(a) 安打の記録法
① 安打についての記号
　　＼…フェアー・ヒット　　　▱…内野安打
　　＞…2塁打　　　　　　　　▱…3塁打
　　◇…本塁打
② 打球についての記号
　　⌣…ゴロ（打球位置の上に記入）　　⌢…フライ
　　—…ライナー　　　　　　　　　　⌒…バント

図 85
…ワン・ストライク，ワン・ボール後三遊間を抜くゴロの安打

図 86
…遊撃手前の内野安打。遊撃手取って投げたが間に合わず。

図 87
…3塁前バントの内野安打

(b) バッテリーエラーの記録法
　　H…四球　　　D.B…死球　　　W.P…投手暴投
　　C.P…捕逸　　I.P…イリガリ・ピッチ

(c) 盗塁の記録法

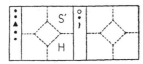

図 88

盗塁はSの記号で表わされる。S'は次のバッターのボールカウントに盗塁した時に（,）の記号を加える。

そうすることによって何球目に（S）したかが解る。どのランナーが盗塁したかをSの上に（,）を入れ なお一層くわしくする。

(d) 進塁についての記録法

　　ベースアドバーンス…つまり後続打者によって送られる場合，安打とか長打によって進塁したり，野手選択（フィルダーチョイス）の場合の記録法は

① F.C…野手選択

② 後続打者に送られた場合は打者を次の数字で表わす。

　　1番打者…一　　　2番打者…二　　　9番打者…九

③ 打者が変らぬ間に連続的になした進塁は↖で表わす。

(e) 相手の守備失策の記録法

野手が失策を起したらその野手の番号の右に「E」を附して置く。

① E…失策

② 野手の失投を表わす記号（左右は投者より見て）

　　⊥…高投　　⊤…低投　　├…左投　　┤…右投

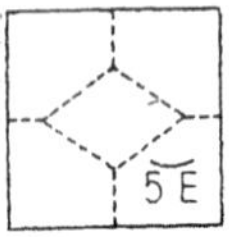

…3塁ゴロ失策1塁へ投得ず。

図 89

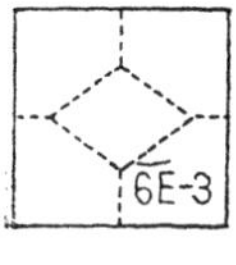

…遊撃手ハンブルして1塁へ投げたが間に合わず。

図 90

Ⅳ 単元の展開とその方法

…投手バントを1塁に高投して間に合わず。

図 91

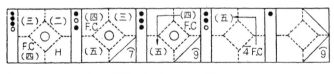

図92 記 入 例

(f) 生還残塁及び刺殺数の記録法

図93 ホームラン(○印)　図94 残塁(L印)　図95 アウトカウント
(刺殺数…Ⅰ，Ⅱ，Ⅲ)

(g) その他の記号

I.F…インターフェア（野手防害による。）

K…三振後捕逸に生く

D 守備の記録法

① 補殺と刺殺

　守備の時に起るプレーの記録についてであるが，6—3 と書いてあれば，左は補殺であり，右は刺殺を示すのである。1—3，4—3 等いろいろ起るであろうし，またゴロを取り野手自ら塁に走って刺した場合もある。この場合は3A，6B，5C，2Hの如く1，2，3，本塁をA，B，C，Hで表わす。狭殺の場合はプレーの始めから終りまで参与した野手の番号をその順序に記する。同一選手が参与して遂に刺した時は一選手で刺殺を同時に得ることになる。

② アウトになった時の記録法

打者または走者が刺殺された時の記号は次の用語を使う。

K…三振

K'…3球目を落し1塁に刺した場合

F…フェアー・ヒットがフライとなった場合（F―7，F―5，F―8の如く刺殺した野手を記入）

F.F…ファール・フライが捕球された場合（FF7，FF3の欄に記入する）

×…走者がフェヤー・ヒットにふれてアウトになった場合

＊…サクリファイズ・ヒット（犠打）

I.P…イリガリ・プレー（反則行為例えば打順を間違えたり，守備妨害等）

③　ベースの表示

　　A…1塁　　B…2塁　　C…3塁　　H…本塁　　∥…インニング終了（欄右下に記入）　　R.O…離塁アウト

E　選手交代の記録法

（a）守備上の交代記録法

①　守備の場合は先ず守備位置の訂正，交代ならば新しい選手名を交代選手名の下に記入する。

②　相手方の攻撃打者の下に～の線を引く。交代時期を判断ならしめる。

（b）攻撃上の交代の記録法

　　代打者の場合は交代選手の下に代打者名を記入し，攻撃面へは≈線を記入する。

F　ゲームセット後における仕事

ゲームが終了してからは試合中に記入した記録の仕上げをするのである。この仕事こそ両軍選手の正確な成績が出て来るのである。

（a）ゲームセットの時間及び所要時間を記入する。

（b）攻撃の調査

　　打数，得点，安打，犠打，盗塁，三振，四死球，残塁数を記入する。

（c）一般守備記録の調査

　　刺殺数，補殺数，失策数を記入する。

（d）バッテリーの守備調査

　　①両軍投手名，②投手の務めた回数，③打者数，④両軍が許したアンド

ラン数，⑤与えた安打数，⑥奪った三振，⑦与えた四死球，⑧暴投数，⑨ボークの数等

（e） その他

両軍がなした併殺数

第6,7時限

（1） 単　元　審判法
（2） 主教材　ラインの引き方，ゲームと審判法
（3） 準　備　グローブ，ボール，バット，ベース，ライン引き
（4） 指導例

A　準備運動　（5分）

　徒手体操

B　ラインの引き方　（15分）

　① 全然準備されていない場所におけるラインの引き方と順序の指導
　② 内野ベース・ラインの引き方
　③ スリー・フィート・ラインの引き方
　④ バッター・ボックスの引き方
　⑤ キャッチャース・ラインの引き方
　⑥ ファール・ラインの引き方
　⑦ ネクスト・バッター・サークルの引き方

C　ゲームと審判法　（25分）

　① 審判員の指示動作について
　② 審判員の位置について，実際にその場につかせて指導する。
　③ 発声について各自行なわせる。
　④ クラス中より，正式チーム選出しゲームを行なわせ，他の者より各審判を出し1回交代で各自審判の位置につかせる。
　⑤ その回の各種プレー上の問題については審判は無論，他の者とも協議して解決する。
　⑥ 時にふれプレーを停止させて審判の個人的指導を行なう。

D 整理運動 （5分）

徒手体操

(註) 第7時限目については，前時行なえなかった者が審判にあたり，選手とも交代して本時で全員が一通り出来終るようにする。
第8時限目の4グループを編成しておく。

(5) 本時の技術解説

A 競技場諸線の引き方

(a) 内野ベース・ライン

先ず内野方向線（本塁—投手板—2塁—外野中央を結ぶ直線）を定めるにあたり，競技者の視野に出来るだけ太陽光線が入ることをさけるように，本塁を起点として西南西の方向に引くことが望ましい。本塁の位置と内野方向線がきまれば，本塁を起点として内野方向線に1本の紐を用意する。その紐に38呎（11.58m）〔男子の場合は46呎（14.02m）60呎（18.28m）84呎$1/4$（25.679m）と120呎（36.576m）〕のところにそれぞれ結び目またはその他の印をつける。内野方向線に沿って伸張し38呎または46呎のところに杭を打つ。これは投手板の前の中央を示すものである。同じく84呎$1/4$のところに杭を打つ。これが2塁の中央点を示す。2塁の中心点に120呎の印を固定し，60呎の印を持って1塁側に伸長させる。伸び切ったところ60呎を90度に折りまげ一方の紐の端を本塁につけると本塁—1塁—2塁が結ぶことが出来る。同様に3塁側に伸し3塁の外角を求めればかくしてベース・ラインが設定され，この線内の地域が内野となる。

(b) スリー・フィート・ライン（三呎線）

本塁と1塁を結ぶベース・ラインの中央を起点としてその外側に3呎（91.44cm）の幅でこれと平行線1を塁の後方10呎（3.048m）まで引く。

(c) バッター・ボックス（打者線）

先ずファール・ライン，ピッチャー・プレートに対して正確にホーム・ベースを置く。ホーム・プレートの矩形の部分投手よりの角と後方三角形の部分との境界線の角をそれぞれ1塁側3塁側の両方に6吋（15.24cm）をはかり，その短い部分の延長線がバッター・ボックスの内側のラインになる。これをホーム・

ベースの後方三角形の角（本塁の中央線）の前方4呎(1.291m）後方3呎(1.44cm）の長さをとり，3呎の幅をもって平行に外側のボックス・ラインを引くと，投手板に対しても相対した二つのボックスがまがらずに引く事が出来る。

（d）　キャッチャース・ライン（捕手線）

捕手線は打者線の外側をそれぞれ後方に10呎（30.48m）延長し，両端を結ぶ。その幅は8呎5吋（2.565m）である。

（e）　コーチャース・ライン

コーチャース・ラインは2塁—1塁と，2塁—3塁のベース・ラインをそれぞれ外側に延長し，両塁からそれぞれ10呎の距離を測り，そこから本塁の方向に向ってベース・ラインに平行に10呎の線を引く。この両端をより直角に平行に10呎の線を引き，この両端より直角に各10呎の距離をとりこれを「コ」の字形に結ぶ。

（f）　ファール・ライン

本塁から1塁並に3塁を結ぶベース・ラインを，それぞれ競技場の境界線まで延長し線を引く。これをファール・ラインと呼ぶ。

（g）　次打者席（ネックスト・バッター・サークル）

次打者席は，2塁と本塁を結ぶ直線と捕手線との交点から，これと直角に両側にそれぞれ30呎（9.144m）の距離をとり，この点を中心としてそれぞれ直径5呎（1.524m）の円を画く。

B　審判員の指示動作について

① プレー……右手の掌を開いて上にあげる。

② タイム……両腕を斜上にあげる。

③ ストライク……腕を右斜前に出す。

④ ボール……左手の掌を開いて横に伸す。（ゲージを持っているため半開き。）

⑤ フェア・ボール……両腕を真横に開く。

⑥ ファール・ボール……右手を頭上で横に振る。

⑦ セーフ……両腕を斜下に開く。

⑧ アウト……手を握って下におろす。

審判のジャッジ写真解説

図96 「ストライク」

図97 「ボール」

図98 「アウト」

図99 「セーフ」

図100 「タイム」

図101 「ファール・ボール」

図102 「イリガリーピッチ」

⑨ 不正投球……「イリガリ・ピッチ」と発声し右手を開いてやや前方に出す。

⑩ 内野飛球……「フライ・アウト」と発声しアウトの指示動作をする。

⑪ 離塁反則……「ランナ・アウト」を発声しアウトの指示動作をする。

C 審判員の位置

主審は，ボール，ストライクの判定を正しく行うため，投手板と捕手を結ぶ直線上で捕手の後方に位置し

Ⅳ 単元の展開とその方法　293

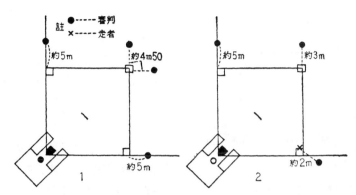

図103 走者のない時の塁審の位置　　図104 走者1塁の時
（2塁の塁審はどちらでもよい。）

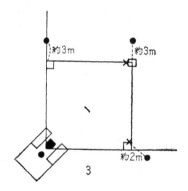 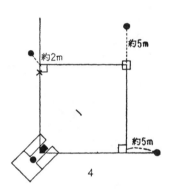

図105 走者1・2塁の時　　　　　　図106 走者3塁の時

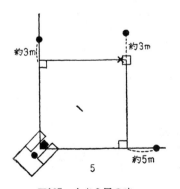 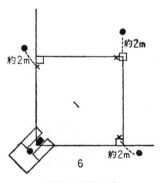

図107 走者2塁の時　　　　　　　　図108 満塁の時

294 ソフトボール

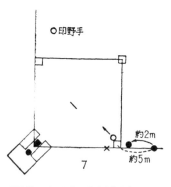

図109 内野手から転送されて来た時(ダブル・プレーも同じ)

捕手の頭の上からボールを見るのがよい。打球が塁線近くに打たれた場合速かにその線上に位置を移動し、フェアかファールを見定めなければならない。内外野のフライに対しては内野内に、ファール・フライに対してはファール　グラウンドに位置を移動して捕球を確かめる。

塁審の位置は図103—109の如くであるが、塁審は塁上または塁間にある走者に

ソフトボール競技場区劃線図

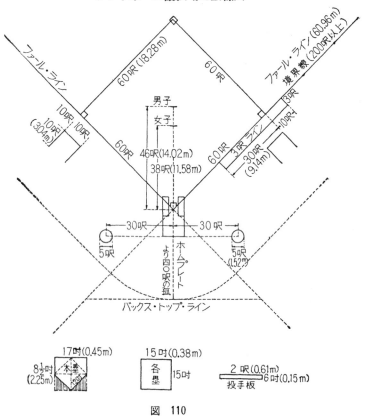

図 110

Ⅳ 単元の展開とその方法

対し，とっさの判定をするのに最も適当と認める位置につくのがよい。

D 審判員の心得

① 明瞭な声，厳正な態度でプレーにあたる。
② 一刻もプレーから眼をそらせてはいけない。
③ プレーを見るべきよい位置を常にしめる。
④ 走りながらの宣告はいけない。プレーをよく見てから判定を下す。
⑤ ランナーのいる時は，離塁アウトにならないか，常に注意しておかねばならない。その時の塁審は投手とベースにふれている走者の足を結ぶ一直線上に位置して見るべきである。
⑥ 常に試合の全体を頭の中に入れておく。

本塁，打者線，捕手線の関係図

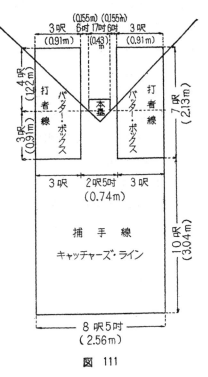

図 111

第 8, 9, 10 時限

(1) 単 元 ゲーム
(2) 主教材 正式ゲーム
(3) 準 備 ボール，バット，グローブ，ベース
(4) 指導例

A 準備運動 （5分）

徒手体操

前時グループ編成した，グループごとによって準備運動を行う。

B メンバーの提出，抽選 （2分）

C　審判員の打合せ

審判員は各グループより各2名選出し，2試合に分れて4名ずつ行う。出来るだけ自チームはさける。

D　ゲーム（40分）

① A:B, :CD，敗者同志，勝者同志の試合を行う。

② 各グループには監督，主将，記録者等をおく。

③ 時間不足の時は，次回にそのままの状態で再開する。

④ その他すべて競技規則に従い，生徒自身の手で運営させる。

（5）　整理運動

徒手体操を各グループごとに行わせる。

（註）　9,10時限目は引きつづき試合に入る。

V 評 価

　評価の目的については，今更のべるまでもないが，個々の生徒の思考や行動が目標に照らして，どのように変化し，生徒に及ぼしたか，指導された内容についてどの程度理解し習得することが出来たか，その効果と進歩の度合を明らかにし，指導者としても，指導法やカリキュラムの構成が適切であったものかどうかを知り，指導者自身の反省や改善の資料とすることが出来るわけで，指導者自身の進むべき道を標示してくれるものである。評価と指導とが直結していることは言うまでもないが，単元での評価項目は指導内容の重点によって持たなければならない。

　ソフトボールのスキルの客観的評価はむずかしいものが多く，スキル・テストのみにたよると云うことは不完全な評価しか現われないと考えられ，常に包括的な合体的な評価を重ねて行なわれなければならない。

　先きに記した指導計画案及び日案例にそって評価計画を案として述べよう。

　学習内容をどのように理解し，どのような態度として行うことが出来，それがどれ程，生徒個々の身についていったか。この三つの観点から重点的にとらえて評価目標としてみる。

　評価目標を大別すると次のように分けられる。

投	距離投，正確投，各投球型
捕	送球の捕球，飛球捕球，ゴロの捕球
打	打撃力，バント
走	走力
理論その他	ルール，戦術，記録法，審判法

　次に上図を一層こまかく挙げるならば別表のようになる。

ソフトボールにおける評価目標

		評 価 の 観 点	評 価 の 方 法
評	理論	1. ソフトボールの歴史を十分理解したか。 2. ソフトボールの性格を理解したか。 3. ソフトボールの特徴を理解したか。 　わが国のソフトボールの歴史について理解したか。 4. ルールについて理解しているか。 5. 軟式野球とソフトボールのルール上の相違について理解したか。 6. 体育の目標や機能をソフトボールによって理解する事が出来たか。 7. ソフトボールに使用される用語を理解したか。 8. 競技場に関する知識の理解。 9. 投手，捕手初め野手の任務についての理解。 10. 打者，走者に対する理解。	1. ペーパーテスト 2. 問答法 3. 学習過程の観察記録 4. レポート
	技	1. ボールの握り方について理解したか。 2. オーバー・スローの要領で次のことを理解したか。 　①ボールは頭の後方，目の高さに上げ肘は後方に引く。 　②左足を前に出し，左肩を目標に向け，体重は左足にかけ，上体は投げる腕の方にひねる。 　③上体を前に廻転し，腕を十分下方に振り，手が前に来た時にボールを離す。 　④投球の時の手首のスナップをよく利かす。 　⑤投球後，腕は身体を横切って投球の方向前方に振り，体重は左足にかける。 3. アンダー・スローの要領で次のことを理解したか。 　①ボールを下に持ち肩を十分下げる。 　②腕のスイングと手首のスナップ。 　③重心の移し方。 4. サイド・スローの要領で次のことを理解したか。 　①腕を十分横に振る。 　②腕のスイングと手首のスナップを十分利かせる。 　③重心の移重をスムースに行う。 5. キャッチングについて次の要領で理解したか。 　①確実に両手で受ける。	＊理解だけに重点をおかず実際に応用する点まで考慮に入れて評価したい。 ＊理論の項目については反復して学習することが出来ないので，他教科との関連において学年別指導を考慮しないと効果が薄い。 ＊技術の理解の項目に於ては技術と共に理解されるものでねらいもここにおきたい。 ● 項目比重 　10%〜15%

V　評　価

②高いボール，低いボールに対して正しくグローブを向けてとる。
③身体の中心部で捕球する。
④捕球—投球の動作が一連の動作にする。
⑤横にそれたボールは身体を移動させて受ける。
6. ピッチングで次のことを理解したか。
　①ルールに従った投球法。
　②腕のスングを大きくし投球の終りに肘は完全に伸す。
　③バック・スイング投球法。
　④ワインド・アップ投球法。
　⑤ボールの離す時期。
　⑥速球，緩球の使いわけについて。
　⑦カーブ，シュートの投げ方。
7. ゴロの取り方について理解したか。
　①ゴロの取る場所。
　②腰を落して取る。
　③出来るだけ前進して捕球する。
　④身体の正面でとめる。
8. フライの取り方について理解したか。
　①ボールの上り具合を早く見定めているか。
　②落下地点に早く到達するか。
　③ボールから目を離さない。
9. 守備について次のようなことを理解したか。
　①内野手，それぞれの野手は，どの附近に守ればよいか。
　②各ベースの守り方を理解したか。
　③外野手の守る位置。
　④外野手はボールをどの所で受けとめるか。
　⑤深い守備について理解したか。
　⑥浅い守備について理解したか。
　⑦中間守備について理解したか。
　⑧ダブル・プレーについて理解したか。
　⑨バントの守備の理解。
　⑩ダイヤグラムについて理解したか。
　⑪打球の方向と野手の動きについて十分理解したか。
10. 打撃について次のようなことを理解したか。
　①バットの握り方。
　②バットのマークを上にして持つ。

③バットのどの部分で打つか。
④バットのどの部分を握るか。
⑤トス・バッティングの方法の理解。
⑥トス・バッティングの練習の目的を理解したか。
⑦フリー・バッティングの方法の理解。
⑧フリー・バッティングの練習目的を理解したか。
⑨短打法，長打法，衷折打法を理解したか。
⑩バントの理解。
⑪送りバントを使用する時期の理解。
⑫セフ・ティーバンドを使用する時期の理解。
⑬スクイズ・バントを使用する時期の理解。
⑭バントの時のバットの握り方を理解しているか
⑮バントする方向を理解しているか。
⑯バッター・ボックスのどの辺で立つべきか。
⑰両足は自然の走巾に開き，投手の方向一直線上に置く。
⑱確実にバットを握らねばならないか硬直しないこと。
⑲バットは肩巾の後方に保ち肘と右手首は緩めておく。
⑳頭を十分投手の方向に向けてボールから目をばはなさない。
㉑肩，肘，手首をスイングの中に入れる。
㉒バットはボールと共にスイングの方に持ってゆく。
㉓振りおくれない。早くならない。
㉔打ち終ればバットは振りなげずにその場に落してゆく。
11. ベースランニングの要領を理解したか。
①離塁する時。
②とまる時。
③中間は力いっぱい走る。
④廻り方。
⑤短打の時の1塁走塁はどうするか。
⑥長打を打った時の走塁はどうするか。
⑦投手の離球した時のリードオフ，式は味方打者の打球による進塁の要領
⑧打球と送塁の関連した動作の要領を理解したか
12. 盗塁について次の要領を理解したか。
①盗塁する時期

Ⅴ 評　価

標		②盗塁の種類をおぼえたか。 ③単独のスチール ④ダブル・スチール ⑤外野フライでホームインなどの理解 13. スライディングについてその種類をおぼえたか 14. 攻防法について十分理解したか。 15. 守備法で次のことを十分理解したか。 　①走者なし，内，外野に打たれた時の適当な処置 　②狭撃について理解したか。 　③ヒット・エンド・ランの行う時期と方法について理解したか。 16. スコアブックの記録法を完全に理解したか。 17. ラインの正しい引き方を理解したか。 18. 審判法の正しい位置，判定，ヂェスチュアーを理解したか。	
	技 態	1. オーバ・スローで投球出来るか。 2. アンダー・スローで投球出来るようになったか。 3. サイド・スローで投球出来るようになったか。 4. 各投球法で遠くへ投げられるか。 5. キャッチングが失敗せずに行えるようになったか。 6. ピッチングが上手に出来，ストライクが投げられるようになったか。 7. いろいろなゴロが思うように取れるようになったか。 8. フライが実確に取れるようになったか。 9. 各野手の動きが出来るようになったか。 10. バッティングでボールが当るようになったか。 11. トス・バッティングで確実に打てるようになったか。 12. フリー・バッティングで遠くへ打てるようになったか。 13. 送りバントが出来るようになったか。 14. セフティー・バントが出来るようになったか。 15. スクイズ・バントが出来るようになったか。 16. バッティング・フォームがきれいになったか。 17. ベース・ランニングが上手になったか。 18. 廻り方，とまり方が完全に出来るようになったか。 19. 盗塁が出来るようになったか。	1. 観察記録法 2. 測定 3. 比較 4. 検査法 5. 尺度法 6. 生徒相互評価を加えて行う。 ＊学年段階が必要である。 ＊項目比重　40％～70％ ＊主観的評価によらず客観的評価を考慮する。

	20. スライテングが出来るようになったか。 21. スコアブックがつけられるようになったか。 22. ラインを正しく引くことが出来るか。 24. 自信を持って審判が出来るようになったか。 24. 審判のヂェスチャーが出来るか。	
態 度	1. 進んで勉強しようとしているか。 2. 班別等に不正なく誰とでも協力しようとするか 3. 常にグループの目標を考え一員として，またリーダーとして行動出来るか。 4. 積極的に新しいものを知ろうと努めているか。 5. 責任ある態度，行動をとるか。無責任か。 6. 課せられた責任を完全に成しとげるか。 7. 友人の行動，動作に対して理解し，正しい批判を相手の心に傷つけず出来るか。 8. ソフトボールに適する服装を身につけているか 9. 用具を正しく出納し，大切に取扱うことが出来るか。 10. 練習の方法について常に教師との約束が守られているか。 11. 試合に臨む態度が出来たか。 12. グラウンドマナーについて理解し，行動をとっているか。	1. 観察記録法 2. 問答法 3. 討議法 4. 自己評価 5. 相互評価 ＊項目比重 20%〜30%

(註) 項目比重は学年学，期毎に指導の内容も異るので大体の比重を示したものである。

先きにも述べたように，ソフトボールにおいては主観性評価が多く客観性をもたせることである。ソフトボールの発展が科学的組織の上に成り立つ客観性によるものであるならば，教育の手段としてこれを取り上げる時には，当然指導においても，その結果の評価においても，客観性を必要とするので，自己評価はややもすれば客観性を欠き，独善に陥る恐れがある。それがためには，ソフトボールの発達史や特徴，ルールについての知識を与えたりすることは，その学習内容から考えてみても分るように，客観的になる恐れは少いであろう。

従って評価の方法も一斉に行うペーパー・テストや問答法，ノートの提出などの客観的テスト法を用いて主観的評価に対する資料としていくことを忘れてはならない。また客観的評価に走りすぎると，逆効果が表れる。頭の中では理解し知識が先行しても技術が伴わない結果が生じて来る。これだけでソフトボ

Ⅴ 評 価

ールに対する総ての評価をすることは恐ろしい結果が出る。そこでやはり,グループにおける活動状況と個々のグループにおける一員としてあらゆる面からの教師の観察を必要となって来る。グループ或はクラスにおける人間関係の様相をキャッチすることは非常に困難である。ことさら50名余りの生徒を1人の教師でもって掌握することは不可能に近い。そこで小さいグループを単位にして出来るだけ細かく項目をあげそれでもって教師のチェック・リストを作ってみる。

　　○…建設的,積極的な言動
　　△…積極的な適応行動
　　×…破壊的,放棄的な言動
　　∨…グループから遊離した勝手な言動

などを気のついた時に何かにチェックして評価の資料にすべきである。平常の評価が出ると云うふうになると,技術的面ばかりの熱心さでなく授業時間そのものに熱心さを増して来るものである。また,グループごと,或は生徒間でお互いの評価をして提出させる。生徒間での評価も大きい資料になる。次に簡単なスキルテストの例をさげてみよう。

① 様々な方法による正確投げ,これは原則としてストライク・ゾーンの大きさを使用すべきである。投球超離は女子においては 11.58m 以上欲しいものである。男子は 14.02m 以上。但し中学,男,女においては適当に距離を変える必要がある。

20～17本	5 点
16～13	4
12～7	3
6～4	2
3	1

図112　正確投げ(20本中)

② フライ・ボールの捕球で,壁の地上 4,5m のところにラインを引き,壁から 3m の地上にもスタート・ラインを引き,合図でスタート・ラインの後方から壁のラインの上方にボールを投げ,30秒間投球と捕球を続ける。捕球の際は何処に動いてもよいが,投球は必ずスタート・ラインの後方から而も壁のラインの上方にする。30秒間で捕球数を数える。ファンブル,反則は回数に入れない。

30～25本	5 点
24～20	4
19～12	3
11～6	2
5～1	1

図113　ゴロ,フライの捕球 (30秒以内)

③ ゴロの捕球,壁から 3m と 6m の所に 2 本のラインを引く。6m ライン

から壁に向ってボールをゴロで返るように投げつける。3～6m間で捕え投げる。30秒間行い捕球した数を数える。

④ 走塁を計時する。バットを本塁で振り第1歩目を基点として，1塁まで，2塁まで，2塁まで，本塁まで各々タイムを取る。以上スキルの客観的評価の一例である。

| 2.7秒～3秒 ……… 5点 |
| 3.1秒～3.4秒 …… 4 |
| 3.5秒～3.7秒 …… 3 |
| 3.8秒～4.2秒 …… 2 |
| 4.3秒～ 以下 …… 1 |
| （中学校，高校女子程度） |

図114 本塁より1塁までのベース・ランニング(1)

| 2.2秒～2.5秒 …… 5点 |
| 2.6秒～2.8秒 …… 4 |
| 2.9秒～3.2秒 …… 3 |
| 3.3秒～3.6秒 …… 2 |
| 3.7秒～ 以下 …… 1 |
| （高校男子程度） |

図115 本塁より1塁までのベース・ランニング(2)

| 11 秒～11.5秒 … 5点 |
| 11.6秒～12.3秒 … 4 |
| 12.4秒～13.9秒 … 3 |
| 14 秒～14.7秒 … 2 |
| 14.8秒～ 以 上 … 1 |
| （高校男子程度） |

図116 ホームランの時のベース・ランニング(1)

| 13 秒～13.5秒 … 5点 |
| 13.6秒～14.3秒 … 4 |
| 14.4秒～15.9秒 … 3 |
| 16 秒～16.7秒 … 2 |
| 16.8秒～ 以 上 … 1 |
| （中学校高校女子程度） |

図117 ホームランの時のベース・ランニング(2)

次に主観的評価の方法はいくらでもあるが，ここに一つ二つあげてみよう。

① ピッチャーとキャッチとセカンドの3人を一度にテストする。ピッチャーは投球動作及びボールの質などを見る。キャッチは，キャッチングと投球動作と投げられたボールが，2塁手に対して確実であったか速き等を見る。2塁手は捕球とタッチの方法を見るようにする。3人が3種目とも受験出来るように廻転してゆく。

② リーダーがノッカートとなり3塁手の守備位置に受験者が並ぶ，ノックを受けて1塁に投球する。捕球動作と投球動作を観察する。

③ 正規の投球距離からストライクを投げさせ打撃に対する観察。

④ トス・バッティングにおける練習の度合を見る。確実に打ち返せるか。フォームはどうであるか観察する。

以上簡単な例を挙げてみた。その他，変化のあるスポーツだけにテストする範囲も多い。

VI 校内競技及びクラブ活動との関連における留意点

　校内競技は云うまでもなく学校の内部で行われる活動のことを云う。中学，高校で校内競技が行われるのは，生徒会を構成している生徒に，組織ある体制のもとに自治的な，民主的な競技活動にたずさわれる機会を与えてゆこうとするものである。

　ソフトボールの校内競技会は，どこの学校でも必ずと云っていいぐらい行われている。これは男女共に共通して行えると云う利点からでもあり，野球型のスポーツで女子に向くのはソフトボールだけしかないものであり，人気のあるのも当然であろう。この校内プログラムの目標のもっとも重要なものをいくつかあげれば，次のようなものである。

① レクリエーションを与えること。
② 社交的な場を与えることによって社交的な関係を助長すること。
③ 団体精神を発達さすこと。
④ 健康で健全な生活を促進さすこと。
⑤ スポーツに対する恒常的な興味を喚起すること。
⑥ 生徒に競争を経験さす機会を与えること。
⑦ 協同の価値を教えること。
⑧ スポーツの鑑賞を発達さすこと。
⑨ 身体の優美さ，強さや体力を発達さすこと。

等の目標に従って，内容はあくまで正規の体育プログラムから発達したものでなければならない。このことは特に体育の正課のプログラムの目標を望ましくやっている学校である。校内競技の活動が出来得る限り，正規の体育課業から出て来たものでなくてはならぬ。この方針では，両者の活動は，相互に補足し合うものである。体育の正課は校内競技の基本を与えるものであり，校内競技は正課における活動を豊富にするものである点から見て，ソフトボール大会も，単元終了後を開催の時期として選び，その競技の雰囲気を助長させてやるべきである。日程，場所，時間等に困難を来たすことがあれば昼休み時間を利用し

たり，回数に制限を加えたり，運営そのものと十分考慮して，スムースに運べるように生徒の自発的行動を待つべきであろう。一方クラブ活動は，スポーツ，いわゆる，ソフトボールに興味を持つものが，自主的に集り，ソフトボールを媒介として，仲間と共に協力し，共に苦しみ，共に喜こび共に悲しむ生活のうちに，人間完成の糧を得ようとする集りである。部に所属することによって醸成される自治と責任感，協力などの民主的態度を学び得る機会を得るのであり，ソフトボールの楽しみを味う。対外試合に勝つことを目標とするものばかりであってはいけない。もちろん，ソフトボールを楽しみ，技術の上達をはかって試合に勝つことは大切な一面であり，楽しいことに違いない。しかし，もっと重要なことは，その部の練習や協同生活を通して新しい社会の倫理を体得しスポーツマンとして高い人格を養う事にある。色々なチームの試合を見ているとそのチームの気品が解る。特にソフトボールは女子の競技でもあり，時折りあまり感心出来ないようなチームを見受けることがあるが，全く幻滅で男か女か解らないような錯覚をおぼえる。あくまでも女子としての気品を忘れないように努めてもらい度いものである。また，一般に運動部における共通した悩みは，生徒としての生活面と，ソフトボールの技術面との二面における不均衡にある。指導者は常に両立させるように指導せねばならない。特に女子においては家庭において大きなハンディ・キャップを背わされる。練習量の過度，時間的問題などにも特に注意を振わなければならない。

　とりもなおさず，クラブ活動も学校教育の一環として行われなければならず，正課時における教育目標をそのままクラブ活動にも適応され，社会的有能な人格の完成，協力する精神等の目標に従って進んでゆき度いものであり，特に手近な問題として，礼儀の問題，気持ちの上でのクラブ員の一致，或は用具を大切にする等の問題を，先ず勝つことよりも考えてもらい度いものである。このような校内競技及びクラブ活動は，目標と意味に相異があるようであるけれども，どこまでも正規の体育課業から出来，延長されたものでなければならない。この両者の活動は相互に補足し合うものであり，体育の正課における活動を楽しく豊富にするものである反面，体育の正課は校内競技会，クラブ活動の基本と正しい方向を与えるものである。

Ⅶ 施設・用具の基準

　ソフトボール競技は，場所，経費，用具等がかからない点を認められ広く愛好されて来ているが，一たんこれが教育の場に公開され教材として扱われるならば，町角や空地で行っているようにはゆかない。何らかの教育的目標のもとに従ってゆくならば，当然一定の施設と用具がその教育の場に伴わなければ，その教育の効果はあがらないものである。ベース間もとれない場所において競技場を画いたとしても実感は伴わない。教師がいくら正規の距離は何mあると説明したとしても，これは空論に過ぎない。「最小にし最大の効果をあげる」，とよく云われるけれども，十分な場所もない，用具もないところでやってみたところで，無より有は生じない。いくら指導者がよくっても，存分に広い場所と最小限度の用具を持って，行っている学校の方がはるかにそれをしのぐのである。グラウンドの広さ，用具基準などは文部省の方から最小限度の規定を出しているけれども，現実に言ってその規定では満足だとは言えないし，それにも達しない学校さへある。欲を言わず或る一定の授業が展開出来得る可能な施設，用具を整えてこそ初めて，「最小にして最大の効果」をあげ得る事が出来る。

　1クラス，50名として最小限度どのぐらいの用具が必要か。ソフトボールの単元を行うクラスが同時間に無い場合を考えてみると，1クラス50名として，グループが12.3名にして4グループに編成，それに対するボールは少くとも4名に1個で，合計12個，グローブは中学校で最小限度チーム分は必要である。高校では少くも2チーム分あるのが当然であろう。中学においてミットを含めて9個。各グループに2～3個の割とする。高校では，同じく10個とし，各グループには4個から5個当とすることが出来る。バットは各グループに2本ずつ，計8本で何とか展開出来そうである。但しこれが2クラスが同時に展開する場合は全く不可能になって来る。

　グラウンドを他クラスと同時に使う時は，最小限度70m×35mの長方形で行うことが出来る。35m四方に競技場を画けば2グループはゲームを行える。大

体，70m×35mの長方形の中で4グループがゲームを展開することが出来る。但し基礎練習で場合によってはその倍の面積が必要になる時もある。

最小限度の用具数

用具名	グローブ	バット	ボール	ベース	バック・ネット	グラウンドの広さ
中学校一時間展開するに必要な最小限度の用具数	9	8	12	1	1	縦横 70×35m
高校一時間展開するに必要な最小限度の用具数	18	12	16	2	2	〃
中学校1グループに対する割当割当数	2～3	2	3	—	—	〃
高校1グループに対する割当用具数	4～5	3	4	—	—	〃

上記図表はソフトボールの用具に恵まれていない学校で最少限度の基準を考えてみた。あくまでも最低線であって，これ以下であれば恐らく授業の展開は不可能である。これ以上の用具があれば申分ないと考えられる。

なお，グローブはあまり無理して使う必要はないと思う。但しキャッチ，及びファーストぐらいは使用したいものであり，また，キャッチ・マスクは男女共必ず着用しなければならない規定もあり，危険防止のためにも準備すべきである。また，女子においてはプロテクターを着けるのが原則である。

場所がないためにあまり狭いところでバッティング等の練習などさせると危いものであるから，特にバッティング練習の時は注意を払って場所の選定をしなければならない。危険をなくして最小限度のもので最大の効果をあげるように工夫しよう。

VIII 主な競技規定の解説

1 投手の投球に関する規定

この規定は走者の離塁規定と共にソフトボールの特徴を示すもので、野球の場合の投手規定と非常に異なる点である。

A 投球準備姿勢

打者に対して投球する場合は、両足の踵と爪先は完全に地につけ、且つ投手板に触れて立ち両肩を1塁と3塁を結ぶ線と平行線上にむき、両手でボールを体前（肩から腰までの範囲）で保持し、次の動作に移るまで少なくとも1秒間は完全に静止しなければならない（20秒以内）。

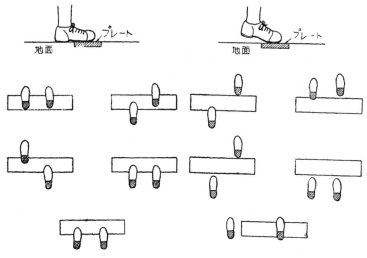

図118 正しい投手板の踏み方　　図119 不正な投手板の踏み方

B 投球動作

① 前の準備姿勢で1秒間静止後、ボールを片手に持って次の動作に移るのであるが、投球を果すまでの動作はワインド・アップかバック・スイングのいずれであっても（ワインド・アップ、バック・スイングの両者を組み合

せる場合は連続動作であればよい），下手投げで球を手から離す瞬間には手は腰から下であって，手首は体に対して肘よりもはなれてはいけない。
② 投手が以上の動作から打者に対する投球を果すために，軸足でない方の足，即ち右利き投手の左足，左利き投手の右足は投手の前方，打者の方向へ一足だけ踏み出すことが出来る。しかし軸足は投球を果す瞬間まで触れていなければならない。
③ 投手が正式に投球姿勢をとっても，捕手が定位置にいなければ投手は定位置にいないものと見做される。

C　下手投の基準

ボールが投手の手から離れるのは，手と代首が体の中心線を通り過ぎてからであり，その時手は腰よりも下方にあり，腕は地面に向って真直ぐに伸び，体側を通過してボールを離す瞬間まで地面に対して垂直であり，体側に対して平行でなければならない。

2　不正投球（イリガリー・ピッチ）

以上の投手規定の中一つでも違反すれば，不正投球が宣告され，競技は停止される。打者にはワン・ボール，塁上に走者があればその全走者に対しては安全に1個の進塁権が与えられる。

ソフトボールの不正投球は，野球のボークと同じ性質のものであるが，野球のボークは走者を対象としての違反投球であるのに対して，ソフトボールは走者は離塁規定で定められている通り，投手の投球動作が完了した後でなければスタートを起すことが出来ないから，走者への牽制球は必要としないわけである。だから，ソフトボールでの不正投球規定は打者に対しての投球規定の完全履行を促すための規定である。従って野球のボークと異なり，不正投球が行われれば走者のあるなしにかかわらず成立するものである。なお不正投球が宣告された場合には，不正投球の行われた瞬間に競技は停止されるのであるから，例え打者がその球を安打したとしても（場外本塁打も含む），それは停止後の行為としてその安打も無効打となるものである。また，次の各項の行為も不正投球と判定されるものである。

① 投手が定位置にあって投球場動作を起し乍ら直に投球しなかった時。
② 投手が球を離してなおもワインド・アップをつづけている時。
③ 投手が球を持たずに投手板上、またはその附近で投球準備動作のような行為をしたと判定された場合。
④ 投手が定位置にあって故意に球を地上に転がすか、または故意に地上に落したと判定された場合。

3 離塁規定

投手の投球規定が前述の如く細く規定されているので、野球のように投手が走者に対して牽制球を送ることは出来ない。走者の離塁制限規定はこれに対応して設けられており、この点もソフトボールの特徴としてあげられる。

① 投手が球を持って投手板に触れたならば、各走者はその球が投手の手を離れるまで塁に触れていなければならない。従って走者は投手が投球姿勢に移ってから投手の手から球が離れる迄は塁に釘付けされると云うわけである。しかしながら前の投球の際、合法的にスタートを起して次塁に向って進塁を続けている途中に、投手が素早く投球姿勢をとった場合には、そのまま進塁を続けてもアウトは宜されない。
② 走者は投手の手から球が離れた後は塁を離れても差支えないが、リードしただけで次塁への進塁（一度は塁間へ止ったとしても再び次塁へ進塁している場合も含む）を企てない時は、直ちに塁に戻ってもとの塁にふれていなければならない。そして、1塁に戻ったならば、投手が定位置について打者への投球を完了するまで離塁することは出来ない。もしもこの規定に反して投球で完了する迄に帰塁しなかった場合には、離塁アウトを宜せられる。しかし走者に帰塁の余裕を与えず投手が次の動作に移った場合には、走者はアウトを宜せられることはないが、一応もとの塁に触れた後でなければ次塁への進塁は出来ない。
③ 同時に2人以上の走者がこの規定により離塁アウトを宜せられた場合には、本塁に最も近い走者……例えば1塁と2塁の走者が、同時にアウトを宜せられた場合は2塁走者だけがアウトとなり、1塁走者はもとの1塁に

戻るだけでアウトとはならない。なおこの離塁反則が起った場合は、その瞬間にランナーアウトになると同時に競技は停止される。故にその時の投球は停止後の行為として無効投球となるから、例えその球を打者が場外へ本塁打したとしてもそれは無効である。

4　オーバー・スローの規定

オーバー・スローとは、1塁、3塁もしくは本塁において塁を離れている走者、或は塁に達しようとする走者をアウトにするため、野手から野手に投げられた球で、その球が場外に投げ入れられたものと云い、その場合競技は停止され各走者には2個の進塁権が与えられる。しかしこれは投げられた球が場外で審判やコーチャーに当った場合、または競技場が正規なものであるかどうかによって、人に触れたり、障害物に当ったりした場合によって、必ずしも安全進塁権が与えられるとは限らない。即野手に依り投げたボールが審判官に当った場合、競技は停止されないが走者は危険を冒して進塁を企てたとしても一個以上の進塁は認められない。また投げられたボールがランナー・コーチャーに触れた場合はその場で競技停止球となり、各走者は戻らなければならないと云うことで安全塁権は与えられない。

なおオーバー・スローが宣告された場合、走者に与える2個の進塁の基点を何処におくかと云えば、一つは直接打球を処理した内野手によってオーバー・スローがなされた場合は投手が打者に対して投げた時の走者の位置を基点とする。即ち1・2塁に走者がいる時次打者の打球を野手が処理しようとしてオーバー・スローになりこれにより規定通り停止された場合には、2塁走者は本塁へ、1塁走者は3塁へ行くことが出来る。今一つは外野手または野手の連続プレーにおいてなされた場合には野手の（オーバー・スローの投げ主）手から球が離れた瞬間の走者の位置である。

飛球を野手が捕球した場合、1塁走者がその捕球前にスタートをしているのを見て、その走者をアウトにしようとして1塁に投げた球が悪球でオーバー・スローとして競技が停止された場合には、先ず帰って触れなければならない1塁が基点であるから、その走者は2塁まで行くことが出来る。

バドミントン

慶応義塾大学
助教授　兵藤昌彦

I バドミントンの歴史と特徴

1 バドミントンの歴史

　バドミントンは，わが日本でも最近数年の間に，急速に普及発展したスポーツの一つである。このゲームは1870年代に印度の「プーナ」(Poona)に発生した。1873年，印度に進駐していた英陸軍の将校達が，本国のグロセスターシィア (Gloucestershire) 州バドミントン (Badminton) に住むビュフォート卿 (Duk of Beaufort) に伝え，村人達が盛んにこのゲームを行なうようになった。それ以来その発生地の名をとって「バドミントン」と呼ぶようになって今日に至ったものである。1899年9月に英国バドミントン協会が設立され，1899年，第1回全英選手権大会がロンドンで開かれて以後，各国に伝播発達するようになった。

　1934年7月5日，国際バドミントン連盟 (I. B. F. = International Badminton Federation) が創設され，現在英本国を初め，オーストリア，ベルギー，ビルマ，カナダ，セイロン，デンマーク，フィンランド，フランス，ドイツ，香港，インド，インドネシア，アイルランド，ジャマイカ，マレー，マルタ，ネパール，ネーデルランド，ニュージーランド，ノルウエー，パキスタン，フィリッピン，ポルトガル，スコットランド，スエーデン，スイス，タイ，アメリカ合衆国，ウエールズの国々が加盟している。日本も昭和27年その加盟国の一員となった。

　昭和22年3月，日本バドミントン協会が結成され，今日においては全国40都道府県にその支部がある。

　昭和24年，東京都における第4回国民体育大会に，正式競技種目の一つに加えられて以来，益々普及発達の一途を辿っている。

　マレーは第1回（1948～49年），第2回（1951～52年），第3回（1954～55年）のトーマス杯世界選手権大会に（テニスのデヴィス杯の如きもの）3回連続優勝し，世界選手権を保持していたが，第4回（1957～58年）において，インドネシヤが優勝し世界選手権を獲得した。日本は第3回トーマス杯世界選手権大

会アジア地区予選（昭和29年）に出場，対香港戦に零敗を喫した。昭和32年の第4回トーマス杯世界選手権大会アジア地区予選には対セイロン戦に優勝した。また，第3回アジア競技大会において，日本はタイ国とは4：1，中国とも4：1で勝ち優勝した。

なお，バドミントンはアジア競技大会正式選択種目にA.G.F評議員会議で採用された。

2 バドミントンの特徴

バドミントンは次のような特徴をもっている。

（1） 身体の頑丈さが，バドミントンの巧拙について重大な要素でないということである。即ち，熟練，タイミングと戦略だけでポイントを得ることが出来る。老若男女を問わず，無理をせずに対等に競技(ゲーム)することが出来る。バドミントンは非常にかけはなれた年令間においても，即ち年令差に関係なく，よいゲームとしてとり入れられる。

（2） スピードとスタミナによって，ゲームを素早く且つ活気に満ちたものにすることが出来る。

スピードよりも，戦略やコントロールに重点を置いて，ペースを変化させることによってもまた立派なゲームが出来る。

（3） 場所の問題であるが，室内でゲームするには高い天井で殆んど何もない室内が望ましい。出来ればネットの上10.67m以上（床から12.2.mあれば都合がよいが，このような体育館は少ないので，いろいろの規則その他を工夫すれば，極めて簡易に競技(ゲーム)を行なうことが出来る。即ち，平地と小空間地があれば何処でも行なわれる。僅かな平地の狭い場所でよいのである。

（4） コート・マナー，スポーツマン・シップによってゲームが行なわれるのは勿論，誤審はバッド・ラックだ，そう諦めて恬淡として判定に服従するのがもっともいい態度である。アンパイヤーの見落しに対しては正直に告げるのがよい態度である。見物人は大声で話し合ったり，イン・プレイ中には歩き廻らない。特にコートの後ろを歩かない。プレーヤーはチェンヂ・エンドの際，ネットの下を潜って反対側に行かないことである。

Ⅱ　バドミントンの性格と指導目標

1　性　　格

　シャトルコックを地上（床上）に落さないように互いに打合うことで，テニスのようにラケットでシャトルコックを打ち，そしてバレーボールのように地上（床上）に落さないのがバドミントンである。

　身体の頑健さが，バドミントンの巧拙についての重大な要素でないと云うことである。即ち，熟練，タイミングと戦略だけで勝点を得ることが出来る。老若男女を問わず，無理せずに対等に競技することが出来る。従ってバドミントンは年令差に関係なく，よい競技が行なえる。

　スピードの試みと持久力によって，競技をスピーディに且つ活気に満ちたものにすることが出来る。また，スピードよりも，戦略やコントロールに重点を置いて，ペースに変化を与えることによってもまたよい競技が出来る。

　上記の如く，バドミントンには遊戯的（レクリエーション的）な面と競技的な面を具えている。

　次ぎに，場所についてみるに，室内で競技をするには高い天井で殆んど何もない室内が望ましい。出来れば床上40フィート（12.20m）以上あれば好都合であるが，このような体育館は少ないから，その場所に応じたいろいろな規則その他を工夫すれば，簡易に競技を行なうことが出来る。即ち平地と小空間地があれば，何処ででも行なえる。僅かな平地の狭い場所でよいのである。

　従って，以上の如く，バドミントンを学校体育に役立えるために，斯技の性格や特徴をよく知り，生徒たちの発達段階と関連づけて，正しい指導の目標を設定することが必要である。

2　指　導　目　標

　前述のバドミントンの性格を考慮し，特徴を活用して教育的な効果をあげるためには，どのような指導のねらいを設定したらよいであろうか。先ずこれを体育の目標と対応させて，個人的な面と社会的な面からそれぞれのねらいを導

き出し，更に個人的な面を身体発達，技能的発達，健康安全などの角度から設定し，また社会的な面は社会性，生活化などの角度から設定することにする。

(1) 身体的発達
① 胸廓を広め，脚力，打力などを強め，全身的な発育を助長する。
② 筋肉と神経の働きを調整して，刺戟に適応できる身体的機能を高める。

(2) 技能的発達
バドミントンに必要なサービス，フォアハンド・ストローク，バックハンド・ストローク，オーバーヘッド・ストロークなどの基本的技能と，基本的な攻撃や防禦の方法などを身につけさせる。また，それからの技能を上達するに必要な技能の要点や練習の仕方についても理解させる。

(3) 社会性
練習や競技におけるグループ内の活動やグループ間の活動を通して人間関係を広め，協力の仕方を身につけさせ，責任感，自制心，公正，積極性などの社会的態度を育成する。

(4) 健康性
① 体育館内は上履きで，清掃に注意させる。
② 不良姿勢の予防をはかる。
〔註〕 前かがみの姿勢になり勝ちであるから，上方（青空）を仰ぎながらプレイすることによって不良姿勢の防止に役立てる。
③ 巧緻的な諸プレイによって敏捷性を養い，安全の能力を高めることに役立てる。

(5) 生活化
① 現代社会におけるレクリエーションの価値との関値を理解し，レクリエーションとして正しく生活に取り入れる能力を育てる。
② 痼癖の予防に役立てる。
〔註〕 社会生活において，前かがみの姿勢の多い関係上，前かがみの姿勢や腰まがりに陥ることを予防するようにさせる。

以上の指導のねらいは，中学生や高校生の発達に関するものと生活に関するものに大別することが出来る。その中，発達について当然現在における課題に

属するが，「生活」においては現在と将来にかかわる二重的な性格を持っている。正課の授業で習得した技能や競技の仕方などを自由時間に活用させることと，レクリエーションとして将来の社会生活に取り入れる能力と習慣を身につけさせることである。そして自由時間の活用ということは将来の生活化への一過程と考えたい。

3　知的学習のねらい

ただ漫然と学習させるのでなく，前述した指導目標を具体化するに必要な理論的な裏づけを教師が持つと同時に，生徒たちにもかれら自身の目標として学習の効果をあげるための知的理解をさせる必要がある。そのねらいをあげると価値の理解と学習方法の理解とに分けられる。

（1）　現代の社会生活における運動の生活化の必要性と関連づけて，バドミントンの価値を理解させる。

（2）　バドミントンを生活化するには自主的に行う能力が必要であることを理解させる。

（3）　自主的に行う能力を身につけるには，次のことがらについて理解しなければならない。

① 学習内容を理解し，（生徒たちの）計画の立て方を知る。

② グルーピングや役割のきめ方を知る。

③ 競技場の作り方や，用具の準備や整理の仕方について知る。

④ 技能の要点（運動の力学や生理学に関連して），チーム・ワークのとり方やそれに関連した競技規則を知り，その練習方法についても知る。

⑤ バドミントンに適した準備運動や整理の作り方を知り，危険の防止や保健上のことがらについても理解する。

⑥ 審判の仕方や規則のきめ方（発達段階に適した規則をつくる），記録のとり方を理解し，競技の行い方を知る。

⑦ いろいろな競技の計画や運営の方法を知り，競技に参加する仕方についても理解する。

以上のことがらは生徒の学習すべき内容ということが出来るのである。

Ⅲ　バドミントンの指導計画

1　指導計画の立て方

　指導計画は，バドミントンだけでなく他のスポーツ教材と関連して組織的に立てられるのは勿論であるが，発展的合理的に計画されなければならない。しかし，如何に理想的に立てられても，その学校・地域の実情にそわないものであれば，画餅に等しいものである。実情に合せるためには，生徒の経験や調査等の基本調査の他，地域性（環境，地形，天候など）も考慮に入れ，種々の要素を考案して，その学校にふさわしい年間計画を作り，それに基づいて，週間計画，日々の指導細案などを展開するようにしなければならない。

　（1）　必修時の計画

　普通この教材は，循環的に各学年におかれているが，ある学校ではきまった学年にきまった教材を集中して行う場合もあり，またある学年に中心教材として大部分の指導週数をあて，他の学年にはそれを選択教材として配当することもあろう。いずれにしても，バドミントンを教材として扱う場合は，生徒に一応のまとまりある学習経験をさせるために，一定期間継続して実施する単元配当的な方法をとるのが望ましい。1週2時間の場合，二つ以上の教材を併行して実施しているところもあるが，数週間続けて2回同一教材で指導して行く集中法を実施した方が効果が大きいように思われる。それについては，生徒の興味，他教材との比率などを考えて，実施することが望ましい。

　（2）　自由時の計画

　自由時や特別教育活動時の計画も，その練習目標を与えて生徒の自発的意欲を向上させるように指導すべきであろう。このことは，スポーツに対する自主的能力を高め，かれらの生活に位置づけることに役立つので，教師の方でも十分指導計画をたてることが肝要である。

2　時　間　配　当

　年間計画において，バドミントンを教材として配当する場合，「中等学校，

学習指導要領保健体育科体育篇」では通年 8 〜16 週間が示されているので，ここでは教師の指導計画の参考として，Ａコース（初心者……中学初級者程度），Ｂコース（やや経験ある者……中学上級または高校初級程度），Ｃコース（経験者……高校上級程度，自由時およびクラブ活動のためのコースも考えて）各 10 時間，15 時間配当の 6 コースを案として作成してみたのである。各学校の生徒のバドミントン経験の程度により，このコースを如何に組み合わすかは任意である。とくに高等学校においては，中学校で経験した者とあまりやらなかった者が同時に入学して来た場合，Ｂコースより始めてもよいように，各単元を前後の教材を含んで立案したわけである。勿論学校によっては，25 時間配当（6週）の場合は例えばＡコースの 10 時間コースとＢコースの 15 時間コースを結びつければよいわけである。

　バドミントンを教材と考える場合，ウィンター・スポーツとして，冬期に配当しなければならないと考えることは，現在のところ無理がある。ことにこのスポーツは他のスポーツ教材の基礎技術を多く含んでいるので，各地域の学校の実情によって適当に季節にかかわらず立案してもよいであろう。

3　グループ編成

　バドミントンを指導する場合，学習指導の組織として，学習の効果や進行を能率よくするために，学習の組織を考える必要がある。学習の形には，①個別指導，②班別指導（グループ指導），③一斉指導とがある。個別指導はいうまでもなく個人差に応じての学習の形で，個性を伸ばす点や効果の点から最も望ましい方法といわれるが，正課時においては，特に問題の生徒の扱いにこの方法をとる程度で，全員には困難である。一斉指導は学習者に共通な基礎的な問題のあるときに用いられ，労力，時間，場所的にも甚だ便利であるが，個性を無視した画一的な方法であるので，学習者の興味や自主性を失わせやすい欠陥がある。班別指導（グループ指導）は，個別指導や一斉指導の欠点を補いた方法であるといえよう。これはまた社会態度の学習に専ら用いられる。グループ学習で互いに技術を伸ばし合ったりして人間関係を学び，そして高めようとするものであるが，ただ単にグループ学習をしているから，あるチーム活動をし

ているから望ましい社会的発達が遂げられるというものではない。非常に優秀なチームといわれるものでも，チームの内部の1人の独裁者によって動かされたり，仲間割れしたりしている場合が往々にしてある。協力は，グループ全員のために目標を立て，共通の目的にむかわないかぎりありえない。従って"我意識"のない望ましい人間関係は成立しないといえる。

　1人の喜びがみんなの喜びとなり，1人の悲しみがみんなの悲しみとなる。このような感情の中から協同目的によってグループを結合して行かなければならない。このような経験の連続によって技術を高め，人間関係を高めて行くものでありたい。

　グループの編成の仕方には，①等質グループと，②異質グループがある。等質グループとは年令，能力，経験，その他の学習目的に関係をもついくつかの要素の個人差の比較的少いものである。すべての要素に亙っての等質は実際に得られないし，また，一，二の要素についての等質としても刻々と変化するものであるが，グループ編成の一つの目安としてなされるものであろう。異質グループが個人差を無視したものだといわれるが，同学年，同学級の学習者のこととて，見方によっては等質であるが身体活動を通してなされるだけに，より学習効果を挙げる方法として一考を要する問題であろう。

　また，1人のスターをとりまくサブ・グループをもってチーム編成やグループ編成をするが，人間関係のあるグループによって学習活動を開始すれば，初期の段階からモラールを高める可能性はあるであろう。またそれらよりも人間関係の低い程度，即ち任意に個人の学習者をもってグループを構成しても，その中から人間関係を高め，社会的態度を高めて行くことも出来るであろう。要するに，グループ指導は学習効果を高めるために行われるものであるから，最も効果を挙げやすい方法で編成すればよい。

Ⅳ 単元の展開とその方法

　バドミントンを指導する際，年間に10時間かけて指導する学校，或は15時間をかけて指導する学校と種々あろうが，ここでは10時間における指導例を出して，授業の運び方，技術の解説をこころみた。

　バドミントンの基礎技術を一応六つの小単元に分け，その小単元を実際に指導する際，1時間に消化する場合，2時間の場合，3時間の場合と，主教材によって分けて授業を進める仕組となっている。従って，10時間配当のプランでは2時間で終らせるように指導した小単元も，15時間プランの学校では3時間かけて指導するような仕組となっている。この場合，増加した時間を新しい主教材にとり組むということではなく，多い時間を出来るだけ練習する時間に廻すようにし，指導の方法において，同じ乱打の練習でも変化をつけて，興味ある授業となるよう考案して欲しい。

Ａコースの年間学習指導計画案

単　元	主　教　材	10時間配当	15時間配当	指導の着眼点
ラケットの持ち方 シャトルの持ち方	正しい握り方 空　振　り	1	2	正しい振り方とストロークのポイントを教える
サーブ レシーブ　について		2	3	ベルト・ラインより下から打つと云うこと 静止の状態でサーブすること，ライン・クロスに注意
シングルス ダブルス　について		2	3	コート，サーブ，レシーブの範囲と方法 ポイント数によるコートの位置
得点の数え方	得点を数えながら打ち合う（ゲーム形式について）	2	3	サーブの時のポイント レシーブの時のポイント サーブ・チェンヂ ダブルスの第2サーブ
簡易ゲーム	上記のゲームにより理解	3	4	バドミントンのアウト・ラインの理解程度

1　Aコース（初心者……中学初級程度）（10時間配当）

第 1 時限

（1）　単　元　ラケットの持ち方, シャトルの打ち方。
（2）　主教材　正しい持ち方を覚えさせ, 空振りをする。
（3）　準　備　ラケット　20本, シャトルコック　10箇
（4）　持導例
　　　　　説明と動作を一致させながら, 授業を進めて行く。

A　ウォーミング・アップ

① 徒手体操　他のスポーツと同じであるが, 体を柔軟に, バドミントンでは特に, 足首, 膝, 手首, 肩の関節の運動を念入りに行っておくことが必要である。

B　話合い

①「バドミントンは昔印度ボンベイ州のプーナ（Poona）に発生したゲームで, 初めはその発生地の名をとり『プーナ』と呼ばれていた。今から約100年前, 印度に進駐していた英国の将校等が本国のグロセスターシィア（Glouce-stershire）州のバドミントン（Badminton）に住むビューフォート郷（Duke of Beaufort）に伝え, 村人達が盛んにこのゲームを行うようになってから, 『バドミントン』と呼ぶようになったのです。

　狩猟好きな英国人は, シャトルを鳥に看て, ネットにシャトルがかかるのを霞網にかかったと, ラケットでシャトルを打つのを銃で鳥を撃つと考えて楽しんだようです。」

②「現在英本国は勿論, 北欧諸国, カナダ, 南北アメリカ, インド, マライ, タイ, 及び南洋諸国で行われています。

　大正末期にわが国に紹介されたが, 初めは余り関心がなかったが, 戦後急に普及発達し今日に至っています。」

③「図1のように床上に5フィート（中央の所で 1.524m）のネットを張り,

このネットを境としてシャトルを床上に落さないようにラケットで打ち合ってゲームをするのです。」
④「このネットを境として各側に2人ずつでゲームするのがダブルスで，各側1人ずつでゲームするのがシングルスです。」

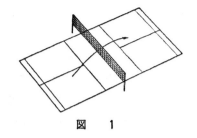

図　1

C　ラケットの正しい握り方（グリップ）

①　8人を1チームとして，6チームをつくる。A，B，Cの3チーム全員にラケットを持たせ，各チームごとに円陣をつくらせる。（図2）
　各班に1箇ずつシャトルコックを与える。

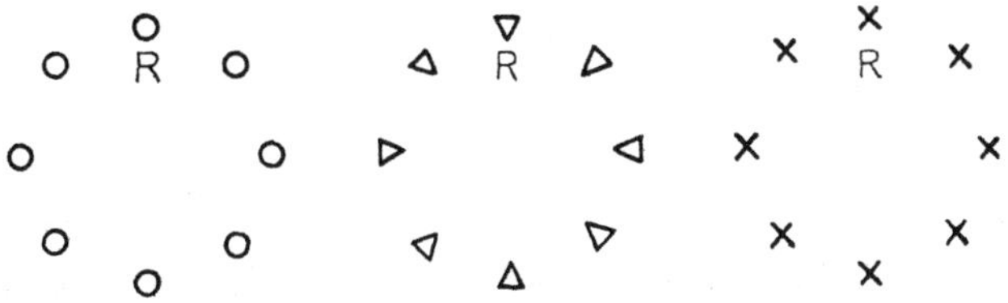

図2　（Rはリーダー）

②　「始め」の合図でシャトルコックを床上に落すことなく何回ラケットで打ち合えるかを競争する。

③　同人が2度つづけて打たないこと。10回つづいたらそのチームに1点を与えるように休憩者から審判をきめて数えさせる。

④　5分後に各チームが何点とったかによって勝敗をきめる。途中でシャトルコックを落したら，再び1から数え始める。

⑤　1点を与える約束は5回でも15回でも適宜きめればよい。

⑥　5分したら全員を交代させて，D，E，Fチームも同じく5分間ゲームをして，A，B，C，D，E，Fチームの競争にする。

⑦　今のゲームで何の注意もしなかったので，ラケットの持ち方がまちまちです。羽子板で羽根をついてるような人が見受けられるが，握り方はきわめて重要なことなので，初心者は特に注意しなければならない。

⑧　ラケットのハンドルは，周囲約10cm前後である。どのように持とうと大したことはないと考えられがちだが，ほんの僅かな握り（グリップ）の差が，

フライトに大変化を与えるほど微妙で, しかも決定的であるのでくれぐれも注意すること。

D 握り方（グリップ）の要領

① 「まず, **フォアハンド・グリップ**についてやってみましょう。」

② 「ラケットを床（コート）の上に縦に置き横糸, ガット即ち, 打面が床に直角になるように置く。それから, 指を楽に（ゆるく）拡げ, ハンドルの末端が, 手首にふれないようにラケットのハンドルを掌の下部にあて, そのまま指を打って握る。

この場合, 人差指と拇指が構成する"V"字型がラケットの狭くなった面の上に正しく置かれるようにすること。これを, イースタン・グリップといいます。

図3　正しいグリップ（軽く握る。）　　図4　悪いグリップ

握る時は小指から順に力を入れ, 打つ瞬間以外は人差指と拇指の力を抜いて軽く握ることが大切です。

指を全部綺麗に揃えて握ることはよろしくない。人差指と拇指は, それぞれ反対側にあって, 他の指と45度位の角度で離れていなければなりません（図3参照）。」

③ 「初心者の多くの者が, "V"字型を打面の方に向って置きます。軟式庭球の握り方, ウエスタン・グリップをします。これは手首の運動を極度に制限し, 打撃を非常に弱めます。特に, バック・コートからの打撃を弱める原因になります。必ずこの"V字型"がラケットの縦の線と一直線になるように注意しなければなりません。

正しい握り方でラケットを握っているならば, 腕の延長のように見えなければなりません。即ち, 腕をのばした時, ラケットと腕は一直線になっていなければなりません。そして手首は緊張感をなくしましょう。」

Ⅳ 単元の展開とその方法

④ フォアーハンドの打球練習
(イ) 8人ずつを1組とし，6組をつくる。
(ロ) コートを4面つくり，先ず，A，B，C，D班が練習し，次に交代してE，F，G，H班が行う。正規のコートがない場合は，図5の如く竹竿を用意し床上5フィートのところに網を結んで，休んでる生徒に持たせるとよい。

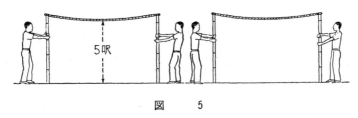

図　5

(ハ) 各班4名は2人ずつ分れてネットを境にしてラケットを持って向い合う（図6）。各班にシャトルコック1個を与え，フォアーハンドの打球練習を行う。各班ごとに打球を始めて100回（4人の合計）フォアーハンドで打ち合う。100回打つ間に駄目になった回数（シャトルコックを床上に落した回数）を休んでる生徒が数える。100回打ったら残りの4人が交代して，同じくフォアーハンドの打球100回を試みる。

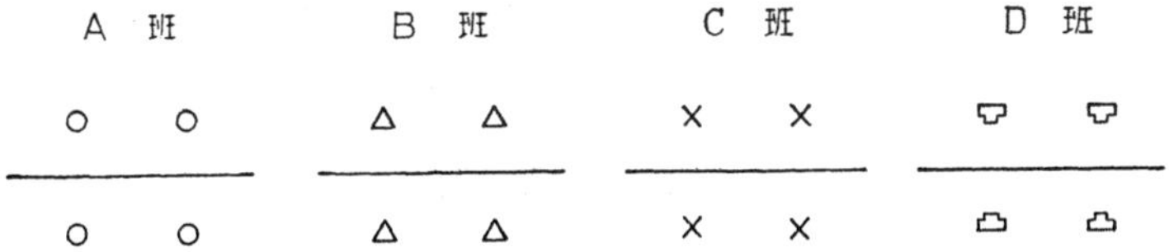

```
    A 班        B 班        C 班        D 班
    ○   ○     △   △     ×   ×     ▽   ▽
   ─────────   ─────────   ─────────   ─────────
    ○   ○     △   △     ×   ×     △   △
```
図　6

(ニ) A，B，C，D班が終ったら，E，F，G，H班が交代して同じことを試みる。
(ホ) 各班で合計200回の打球の間に落した回数を合計し少い班を勝として競争してみる。
(ヘ) フォアーハンドの練習であるから，バックハンドで打球した場合は100回の回数に数えないよう取扱うか，または落したと同じ取扱いにしてもよい。
(ト) コートの後方のラインは設けずに自由に行わせる。

⑤「次ぎに、**バックハンド・グリップ**についてやってみましょう。」

⑥「先ず、フォアハンド・クリップが正しく握られているかどうか確めてみましょう。ラケットを持っている反対側のストローク即ち、バックハンド・ストロークをするにはフォアハンド・クリップ——人差指と拇指の"V"字型がラケットの頭の線と一直線——の状態から、ラケットのハンドルを心持ち上に向けてラケットを持っている反対側に廻わします。次に、拇指をちょうどラケットの頭の羽根を打たない面と直線にして、柄（ハンドル）の片面に平たくなるように拇指で支える。（サム・アップといいます。）

このグリップがスウイングを助け、拇指がラケットの裏側から与える圧力が、非常な力とコントロールを加えることを感じるでしょう。」

図7　サム・アップグリップ

⑦　バックハンドの打球練習

㈠　バックハンド・ストロークについても、フォアーハンドの場合と同じく、各班100回ずつ打って、その間に何回シャトルコックを落したかによって**競争**させてみる。

㈡　バックハンドの練習が主であるから、フォアーハンドで打球した回数は100回のうちに数えないか、または駄目として数えてもよい。

第　2　時　限

（1）　単　元　サーブ、レシーブについて
（2）　主教材　ベルト・ラインより下から打つこと。
（3）　準　備　ラケット、コート、シャトル、ネット
（4）　指導例

A　ウォーミング・アップ

①　徒手体操
②　フォアハンド・グリップ及びバックハンド・グリップをもう一度練習する。

B　サーブ

①「右（ライト）サービス・コート，左（レフト）サービス・コートに各1人ずつの間隔で向い合って2列に列ぶ。」

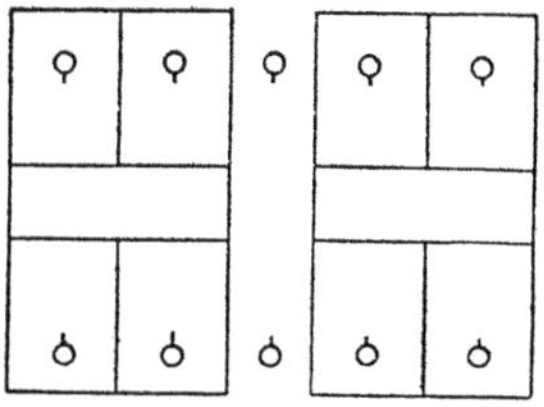

②「きょうは，前の時間で練習したフォアハンド・グリップでシャトルを打つのです。先ず，フォアハンド・グリップで空振りしてみよう。」

③「バドミントンでは自分のサービスの時にだけ得点することが出来るのですから，サービスに成功しなければ絶対に相手に勝つことが出来ない。

図　8

サービスは最も重要なストロークであるから充分に練習しよう。

左手にシャトルを持って立ち，ベルト・ライン（腰）の下で，シャトルを打てる位置に落す。

シャトルを下から上へ放り揚げて打ってはならない。腰から下で打たないと反則（フォルト）になるばかりでなく，シャトルが痛んでたまらない。」

④「このようにしてお互いに打ちあう。

図　9

次に，ラリーが出来るようになったらネットを張る。ネットを張ったら，一つのコートにネットを堺に2人ずつにしてラリーをさせる。」

⑤「次に，ゲームを開始し，サーブに入る。定められたサービス・コートに立って，対角線上にある相手のサービス・コートに，ネットを越えて打つ。

サービスをする時，前に踏出したり（ステップ），後足を前に引摺ったり，蹴上げてはいけない。

サービスの時の両足は，サービスが済むまで**両足**の一部が静止の状態であることが大切である。また，サービス・コートを囲むどのラインをも踏んではいけない。」

⑥「**サービスのスタンス**（構え）は，楽にゆったりとして，普通プレーヤーは左足を右足の前にして，対角線上に向って立ち，体重はやや後足にかける。

プレーヤーの少数の或者は，右側の**サービス・コート**に立つ時，右足を前

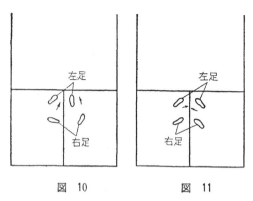

に，左足を後にして立つことがある。」

⑦「低いそして短かいサービス，これはシャトルの飛型の線が，ネットの上縁（トップ）のところで頂点になるようにネットすれすれに相手のショート・サービス・ラインに近くの内側に落ちる。このサービスはダブルス・プレーの基本的なものであるので一番多く用いられる。またシングルの場合でも，相手を瞞ます手段として用いられるから十二分に練習しよう。（図12参照）

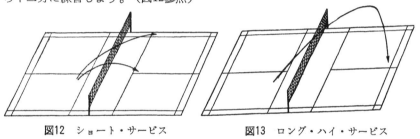

図12 ショート・サービス　　　図13 ロング・ハイ・サービス

このショート・サービスのスウィングは，力を抜いた軽いスウィングで，腕を後ろに伸ばし，リストを後方に立てる。次にシャトルを落す時に，楽にスウィングしながら楽に前方に持ってくる。シャトルがネットをすれすれに越えるように導いてやる。そして楽なフォロウ・スルーが続行される。

腕は楽にスウィングした場合，ほんの少し前方に移動する。リストはラケットの頭を振り，シャトルに当らせてフォロウ・スルーする。」

⑧「**ショート・サービス**は楽な軽いスウィングで，決して**打ってはならない**。力を抜いてスウィングは何回も練習しよう。

完全なスウィングは，腕と体の運動が伴わなければならない。体と腕，リストを後方にして始める。リズミカルに，腕とリストが，シャトルがネットを越えるべく，導くようにスウィングするにつれて前方に力を抜く。体重は後足よ

り前足に移す。

　このスウイングが楽に，自然に，また，コントロール出来るまで，それは，低いサービス，スウイングは初歩的コントロール・ショットであるから，大いに練習しなければならない。」

　⑨「ダブルス・プレーの**高いサービス**は，低いサービスのスウイングの時よりも**力を入れなければならない。**

　高いダブルス・**サービス**のスウイングは，殆んど低いサービスの場合と同じである。ただ一つ違うことは，リストの運動である。シャトルを打つために，接触するちょうどその前に，**リストを素早くラケットの頭を**，相手の頭上を越すように**高く持ってゆく**のである。（図13参照）

　リストはラケットのスウイングに速さを加え，ストロークに**力を加える**。」

　⑩「次に，〝より高く〟〝より深く〟しなければならないシングルス・プレーにおける基本的な高いサービスについて研究しよう。」

　⑪「スウイングは他のサービス・スウイングと殆んど同様であるが，ほんの少し違う。

　それは足の位置――構え（スタンス）――が自然と違ってくる。低いサービスでは，両足の間隔は（スタンス）狭く，高いサービスの場合にはそれよりも少し広い。

　バック・スウイングの時，体重はより以上に後足にかかってくる。腕はより後方にまで引かれ，そして，リストは十分立っている。そして，今までよりも，より早い速さで前方にもってゆく。

　リストの最後的な動作の時に打つのである。リストは手がシャトルと正反対になるまで，力を後方に保っている。それから力いっぱいラケットの頭を振り切るのである。

　高いサービスは十分なフォロー・スルーで終る。」

　⑫「基本的スウイングを学ぶと共に練習を多く繰返し重ねることが極めて大切である。練習なくしては良結果を得ることが出来ない。」

C　まとめ

　①　正しい位置に位置しているかどうかを（各ラインに触れずにサービス・

② サービスが済むまでプレーヤーの両足の一部が静止の状態で床面についているか。

③ シャトルが腰より低い所で打たれたか。また，ラケットの頭のどの部分もシャトルを打った時にラケットを持った手より低いかどうか。

④ ショート・サービスの時，ラケットは力を抜いて軽くスウィングされ，シャトルがネットすれすれに越えるように導かれたかどうか。

⑤ 高いサービスの時，リストの運動が十分であったか。

以上の①〜⑤までに特に注意が肝要である。初めが大切であることはいうまでもない。悪い癖がつくと直すのに非常に長い時間がかかる。

D サービス・ゲーム

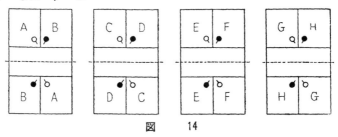

図 14

① 上図の如くコート4面を準備する。中央にネットを置くが，無い場合は竹竿に網を結んで5フィートの高さに置き竹竿を持たせてもよい。

② 各班を8名ずつとし，図14の如く，対角線のコートに2名ずつラケットを持って立つ。

③ 各チームにシャトルコック5個を持たせる。A，B，C，D，E，F，G，H班の8名は，5回連続して対角線上のコートに5回サービスを行う。

④ 5回打ち終ったら，対角線に落ちたシャトルコックを拾って，それぞれ，A，B，C，D，E，F，G，Hの者が交代して5回サービスを行う。

⑤ 同じ要領で各班8名全員が交代して行う。

⑥ 各班のサービス合計は40回となるが，そのうち，サービスが成功しなかった回数は何回だったかを班ごとに集計し，少い班を勝とする。

⑦ 時間があれば，班ごとにコートをチェンジして同じゲームを繰り返す。

⑧　1人が行うサービスの回数を10回ずつとして各班80回の競争にしてもよい。

⑨　このゲーム中に，フォームの何処が悪いかを観察して注意する。

E　クーリング・ダウン

　軽い徒手体操

第 3 時 限

（1）　単　元　サーブ，レシーブについて
（2）　主教材　ベルト・ラインより下から打つこと。
（3）　準　備　ラケット，コート，シャトル，ネット
（4）　指導例

A　ウォーミング・アップ

　①　徒手体操

　②　力を抜いた軽いスウイング，リストの運動，力強いスウイングの練習

B　サーブ

　①　第2時限に行った隊形で，ダブルス・プレーのショート・サービスとロング・ハイ・サービス

　②　シングルス・プレーのロング・ハイ・サービス

C　レシーブ

①「これからレシーブを行ないますが，最初はダブルス，次にシングルスの順で始める。隊形はサービスを練習した時のままで，右側の列がサーバー，左側の列がレシーバーになる。」

②「左側のレシーバーは，サーブを受けられるように位置につきなさい。」

③「初めに，ショート・サービスをうけてみる。
どうもうまく受けられずリターンもうまくいかなかったが，それは余り後ろの方に位置してはいけません。」

④「次に，前に位置して，ロング・ハイ・サービスを受けてみる。
こんどもうまくいかなかったようです。ロング・ハイ・サーブはロング・サービス・ラインぎりぎりの地点にシャトルが落下してくるので，上を向いて後

ろに戻らなければならないからステップが遅れるのです。従って上に向ってシャトルを打ち上げるとリターンになるのです。」

⑤「では，ショート・サービス・ラインから約1m後方のコートの中央に位置してごらんなさい。

この位置で，初めに受けたショート・サーブと次に受けたロング・ハイ・サービスをレシーブしてみよう。

今度はどうやらうまくレシーブすることが出来たようです。それは，この位置が自分のコートの四つのコーナーからほぼ同じ距離にあるのでレシーブするのに好都合なのです。」

⑥「では，今までサーバーであった右側の列がレシーバーに，左側がサーバーになって交代してやってみよう。」

⑦「どうやら，ダブルス・プレーのレシーブが出来るようになったから，次にシングルス・プレーのレシーブを始める。

ダブルス・プレーと殆んど同様であるが，コートが細長くなるので自然構える位置が少しばかり後ろになる。

シングルス・プレーのサーブはロング・ハイ・サーブが多く用いられるので後ろに片寄りがちになる。時々，ショート・サーブが来ることを忘れてはならない。」

⑧「左足を右足の前にして，また，右足を左足の前にして，サーバーの方に向って構える。左，右コートによって使いわけるプレーヤーもある。試合回数の多いプレーヤーは左足の前に右足を出して構える。この方が防禦上好ましいのです。」

D　クーリング・ダウン

徒手体操

第 4 時 限

(1) 単　元　ダブルス，シングルス
(2) 主教材　コート・サーブ，レシーブの範囲と方法，ポイント数によるコートの位置

Ⅳ 単元の展開とその方法　　　335

(3) 準　備　ラケット，シャトル，ネット

(4) 指導例

A　ウォーミング・アップ

① 徒手体操

② 力を抜いた軽いスウィング，リストの運動，力強いスウィングの練習

③ 2人1組になって乱打を行う。

B　ダブルス

①「この前，サーブの練習をしたから，きょうはゲーム（ダブルス・ゲーム）の練習に入りましょう。」

②「ダブルス・ゲームの場合，ネットを境にして2人ずつでなされます。」

③「コートの広さは図のように，サイド・ライン44フィート（13.40m），バックバウンダリー・ライン20フィート（6.10m），センター・ラインは左右のサービス・コートに平等に分割され，ショート・サービス・ラインとロング・サービス・ラインの巾（1 1/2 吋＝3.83cm）はサービス・コートの規定の長さ（13呎＝3.962m）以内に，各ラインの巾（各1 1/2 吋＝3.83cm）は規定の長さ以内に引きます。

ポストはサイド・ライン上5呎1吋（1.549m）の高さで，ネットをしっかりと保つことが出来るものでなくてはなりません。

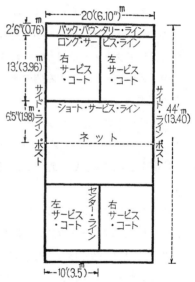

図　15

ネットは 3/4 吋（1.80cm）の網目のしなやかな紐で作られ，両ポストにしっかりと張り，その巾は2呎6吋（0.762m），上縁の所に3吋（7.62cm）の白布を二つ折りして縁付けして，その縁の中に紐または索条を通してポストに張ります。ネットの高さは，中央の所で 5呎（1.524m），ポストの所で 5呎1吋（1.549m）にならなくてはなりません。」

④「コートのラインが引け，ネットもしっかりと張られたから，プレーヤーはそれぞれのサイドにつきましょう。」

⑤「ゲームをする前に両サイドはトス（日本では普通ジャンケン）をして，トスを得た（勝った方）サイドが次の選択をする。

  A．最初にサービスをするか

  B．最初にサービスをしないか

  C．エンドを選ぶか

トスを失った（負けた）サイドが残った何れかを選ぶ。

これでどちら側がサービスをするか決定したわけです。」

⑥「そのサイド（サービスするサイドをイン・サイドという）の右側のサービス・コートのプレーヤーが対角線上の相手方サービス・コート（レシーブ・サイドをアウト・サイドという）にサービスしてゲームを始める。」

⑦「アウト・サイドの右側のサービス・コートに立っているプレーヤーがレシーブする。」

⑧「サービスしないプレーヤー，レシーブしないプレーヤー，即ちサーバー，レシーバーでないプレーヤーはネットを境として自分のサイドの如何なる位置をとってもよい。ただし，相手方を見えなくしたり邪魔してはいけません。」

⑨「サービスはシャトルがサーバーのラケットで打たれた時に始まります。空振りした時はノー・カウントになり，空振りを何回してもノー・カウントであり，打つまで始められません。」

⑩「レシーバーが，シャトルが床に触れる前に返し，さらにイン・サイドの人によって返され，次にアウト・サイドの人によって返され，フォルトになるか或はシャトルがイン・プレイでなくなるまで続けて行く。

もしイン・サイドによってフォルトがなされたならばサーバーの側がアウトになります。」

⑪「最初のインニングで，その側（サービス・サイド）がゲームを初める（サービスする）のはただ1回だけです。

そして，反対側の右側のサービス・コートのプレーヤーがサーバーとなりま

す。サービスが返されなかったり，アウト・サイドによってフォルトがなされた場合にはイン・サイドが1点を得ます。」

⑫「次に，イン・サイドのプレーヤーが互いにサービス・コートを換ります。」

⑬「今度は左側のサービス・コートから反対側の対角線上のサービス・コートにいるプレーヤーに向ってサービスされます。」

⑭「イン・サイドが得点を得ている間はサービスは交互に各サービス・コートから対角線上にある反対側のサービス・コートに向ってなされます。

イン・サイドがフォルトをしたり，またミスした時（ワン・ダウンになった時）は，もう1人のプレーヤー，即ちパートナーが自分のコートから，反対側の対角線上のサービス・コートにいるプレーヤーに向ってサービスします。

両びイン・サイドがフォルトしたり，またミスした時は，アウト・サイド（最初のインニング，開始の時のイン・サイド）がサービス権を得ます。」

⑮「最初のインニングで，サーバーであったプレーヤーが再び右側のサービス・コートから反対側の対角線上のサービス・コートに向ってサービスをします。」

⑯「イン・サイドがフォルトをしたり，またミスした時は，もう1人のプレーヤー即ちパートナーが自分のコートから，反対側の対角線上のサービス・コートにいるプレーヤーに向ってサービスをします。このプレーヤーは第3インニングで初めてサービスするわけです。」

⑰「⑩にも一寸言いましたが，ゲームを始めるサイドは最初のインニングでは1回だけしかサービスが出来ません。その後のインニングでは続いてそれぞれのパートナーが1回だけゲーム（サービス）を始めます。続いてそれぞれのパートナーがサービスをします。」

⑱「最初のインニングを除いた他のインニングはダウンが二つあります。ワン・ダウンするともう1人のプレーヤー（パートナー）がサービスをします。ツー・ダウンするとチェンジ・サーブとなり，アウト・サイドがサーバーとなります。

このようにして決められたポイントを早く得た方が勝になります。」

C　クーリング・ダウン

　　徒手体操

第 5 時 限

（1）単　元　ダブルス，シングルス
（2）主教材　コート・サーブ，レシーブの範囲の方法
　　　　　　　ポイント数によるコートの位置
（3）準　備　ラケット，シャトル，ネット
（4）指導例

A　ウォーミング・アップ

　① 徒手体操

　② 力を抜いた軽いスウィング，リストの運動，力強いスウィングの練習

　③ 乱打

B　シングルス

　①「この前は，ダブルス・ゲームについて練習しましたから，きょうはシングル・ゲームについて練習してみよう。」

　②「ダブルス・ゲームの場合は，ネットを境にして各サイド2人ずつであったが，シングル・ゲームでは各サイド1人ずつです。」

　③「従って，コートの広さも，プレーする上での規則はダブルスと少し違ってきます。コートは図16のように細長くなってきます。」

　④「規則はダブルスと殆んど同じですが，サーブする時，サービス・コートがサーバーの得点（ポイント）数によって右側であったり，左側であったりする。レシーバーの得点（ポイント）数に関係はありません。」

　⑤「サーバーの得点が零の時，または，偶数の時は，プレー・サーバーは右側のサービス・コートからサービスします。従って，レシーバーは右側のサービス・コートでレシーブします。

　サーバーの得点が奇数であれば，プレーヤーは夫々左側のサービス・コートからサービスし，レシーブします。プレーヤーは，得点ごとにサービス・コートを換えます。」

Ⅳ 単元の展開とその方法

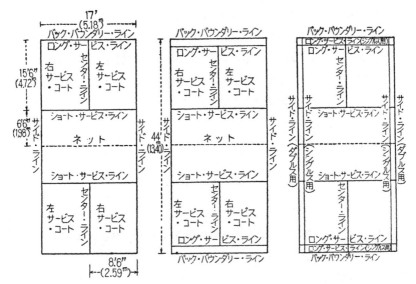

図16 シングルス用コート　図17 ダブルス用コート　図18 シングルス，ダブルス兼用コート

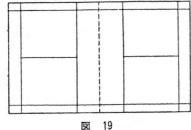

図 19
　左コート　　　　右コート
得点が奇数の時（1　得点が偶数の時（0
—3—5……）　　—2—4……）

⑥「図16はシングル・ゲームの広さを表した図です。サービス・コートの間口は8呎6吋（2m59）で，奥行は15呎6吋（4m72）の長方形です。」

レシーブされると互いにネットを境にして，横17呎（5m18）縦22呎（6m70）の広さのコードで，1人でプレイします。」

⑦「図17はダブルス・ゲームの図です。サービス・コートの間口は1呎6吋（0.46m）広くなり，奥行は2呎6吋（0.76m）短くなった長方形です。

レシーブされると互いにネットを境にして，今度は2人で，横20呎（6m10）縦22呎（6m70）の広さのコートでプレイします。」

⑧「狭いコート内でプレイするのですから2人のコンビネイションが大切です。

お互いに一つのシャトルを追って行くので衝突したりすることがありますか

ら，十分に注意してプレイしましょう。」

⑨「図18が普通に用いられるコート図で，図16, 17を合せたものです。シングルス専用とかダブルス専用というコートは特別の場合しか引かれません。

この混んだラインの中でプレイするので注意しないとラインを間違えます。間違わないようにしなければなりません。」

C　クーリング・ダウン

　　徒手体操

第 6 時 限

（1）単　元　得点の数え方
（2）主教材　得点を数えながら打ち合う（ゲーム形式について）
（3）準　備　ラケット，シャトル，ネット
（4）指導例

A　ウォーミング・アップ

　① 徒手体操

　② 力を抜いた軽いスウイング・リストの運動，力強いスウイングの練習

　③ 乱打

B　サーブの時のポイント

①「サーブするサイドだけがポイント（得点）することが出来るのですから，十分注意してサーブしなくてはなりません。」（第9条第12項）

②「サーブを行うプレーヤーを**サーバー**といい，サービスする時サーバーは所定の自分のサービス・コート内に両足で立ちます。」（第14条第3項, 第16条）

③「サービスがすむまで両足とも静止の状態で床につけていなければなりません。片足を動かしても規則違反で〝フォルト〟になります。（これについては前のサービスの時間に述べてありますが念のために再び述べます。）」（第16条）

④「サービスをしようと位置についた時，コートの如何なるラインに触れたり，踏み越したりすると〝フォルト〟になります。」（第14条第3項）

⑤「サービスをするために，シャトルを打つ時，ラケットの頭の如何なる部

分も腰より低くなくてはなりません。」(第14条第1項)

⑥「また，ラケットを持った手よりも高くてはなりません。」(第14条第1項)

⑦「サービスの際(また競技中も)シャトルが同一プレーヤーによって，また，1人のプレーヤーとそのパートナーによって続けて1回以上打たれてはなりません。」(第14条第8項)

⑧「打つ代りにラケットにのっかかって振り投げてはいけません。」第14条第8項，解説2)

⑨「シャトルをラケットの柄，枠，または握りで打ってはいけません。」(第14条第8項)

⑩「サービスが正規の方法でなされても，それがネットを越えて相手の定めたサービス・コート外に落ちるとフォルトになります。コート内に入るように上手にサービスしましょう。」(第14条第2項)

⑪「シャトルがサービス・コートのショート・サービス・ラインとネットとの中間に落ちた時はアウトです。」第14条第2項)

⑫「打たれたシャトルがネットを越えない場合はフォルトになります。」(第14条第2項)

以上の各フォルトをしないようによくサービスされてゲームが開始される。

⑬「①〜⑪まで各事項をサーバーが("イン")サイドが犯した時は，サーブの権利を失いますが，"アウト"サイドの得点にはなりません。」

⑭「"イン"サイドがサーブ権を失い，"アウト"サイドにサーブ権が移ります。スコアはそのままです。」(第9条第1項)

⑮「サービスが返えされなかったり，"アウト"サイドによってフォルトがなされた場合には，"イン"サイド(サーブ・サイド)がポイントを得ます。」(第9条)

⑯「今度は左側のサービス・コートから反対側の対角線上のサービス・コートに向ってサービスします。」(第9条)

⑰「一方が"イン"を続けている間はサービスは交互に各サービス・コートから対角線上にある反対側のサービス・コートに向ってサービスします。」(第9条)

C　レシーブの時のポイント

① 「サーブされるプレーヤーをレシーバーといいます。レシーバーもサーバーと同じように，レシーブする時，レシーバーはサービスがなされるまで所定の自分のコート内に両足で立っていなければなりません。」(第14条第3項，第16条)

② 「サービスがすむまで両足とも静止の状態で床につけていなければなりません。動くとフット・フォルトになります。」(第16条)

③ 「レシーブしようと用意した時，コートの如何なるラインに触れたり，踏み越したりするとフット・フォルトになります。」(第14条第3項，第16条)

④ 「シャトルが同一プレーヤーによって連続2回打たれたり，1人のプレーヤーとそのパートナーによって続けて打たれてはいけません。ダブル・タッチになり，フォルトになります。それは一つのサイドでは1回しか打てないということです。」(第14条第8項)

⑤ 「はっきりと打たれる代りにラケットにのっかかって振り投げてはいけません。ホールデイングとなります。」(第8条第2項，説解2)

⑥ 「シャトルがラケットの柄，枠，または握りで打たれるとフレーム・ショット(またはウッド・ショットでフォルトです。」(第14条第8項)

⑦ 「レシーバーが受け損こなって体でレシーブしたとき(シャトルがプレーヤーの体に当ったとき)はボディ・タッチでフォルトです。勿論着衣(ユニホーム)も体と見做されます。」(第14条第5項)

⑧ 「自分のコートに向って打たれたシャトルがネットを越えない前に(ネットを越えて自分のサイド内に入る前に)，シャトルを打ったならば，レシーバーはフォルトです。オーバー・ネットになります。」(第14条第6項)

⑨ 「シャトルが進行中(インプレー中)にプレーヤーがラケットまたは体，着物等でネット或はそれを支えているものに触れるとフォルトになります。タッチ・ネットになります。」(第14条第7項)

⑩ 「レシーバーがミスしたり，またはフォルトをすると，サーバーのポイントになります。サーバーがミスしたり，またはフォルトした時は，サーヴの権利を失うだけで別にポイントには関係ありません。」

⑪「レシーバーがポイントするためには，先ずサーブする権利を得なければなりません。そしてから後にポイントすることが出来ます。」

D　クーリング・ダウン

徒手体操

第 7 時 限

（1）単　元　得点の数え方
（2）主教材　得点を数えながら打ち合う（ゲーム形式について）
（3）準　備　ラケット，シャトル，ネット
（4）指導例

A　ウォーミング・アップ

① 徒手体操
② 力を抜いた軽いスウイング・リストの運動，力強いスウイングの練習
③ 乱打

B　チェンジ・サーブ

①「前の時間と同じようにゲーム形式で，サーブし，レシーブしてラリーを続けます。」

②「最初，**シングルス・ゲームのチェンジ・サーブ**について練習してみましょう。」

③「先ず，第1サービスは，サーバー（〃イン〃サイド）の右側のライト・サービス・コートから，対角線上の相手（〃アウト〃サイド）のサービス・コートに向ってします。」（第9条第1項，第13条第1項）

④「相手レシーバー（〃アウト〃サイド）がラリー中にミスまたはフォルトしたならば，サーバー（〃イン〃サイド）の得点となります。」（第9条第1項）

⑤「スコアは，〃ワン・ラブ〃となり，〃イン〃サイドが再びサービスを左側のレフト・サービス・コートから，対角線上の相手（〃アウト〃サイド）のサービス・コートにサービスします。」（第13条第1項，第14条）

⑥「このように〃イン〃サイドがフォルト，ミスするまで，サービスは交互に各サービス・コートから対角線上にある反対側のサービス・コートに向って

サービスを続行します。」（第9条第1項）

⑦「サービスに失敗したり，ラリー中にミスまたはフォルトをしたならば，シングルス・ゲームは，ワン・ダウンしかないので，反対側の相手レシーバー（〃アウト〃サイド）にサービスの権利が移ります。即ちチェンジ・サービスが行われます。」（第9条）

⑧「第2インニングでは今までの（第1インニングレシーバー（〃アウト〃サイド）がサーバー（〃イン〃サイド）になり，今までのサーバー（〃イン〃サイド）がレシーバー（〃アウト〃サイド）になります。」

⑨「第2インニングで〃アウト〃サイドがレシーブに失敗したり，ラリー中にミスまたはフォルトをすると前と同様に，〃イン〃サイドが交互に各サービス・コートから対角線上にある反対側のサービス・コートに向って続けてサービスをします。」（第9条第1項）

⑩「〃イン〃サイドがサービスに失敗したり，ラリー中にミスまたはフォルトすると前回同様〃アウト〃サイドにサーブする権利が移ります。即ちチェンジ・サービスが行われます。」（第9条第1項，第14条）

⑪「第3インニングで最初のサーバー（〃イン〃サイド）に戻ってきました。サーブするとき，サーバーのスコアが奇数の時は左側のレフト・サービス・コートから，零（ラブ）の時，もしくは偶数の時は，右側のライト・サービス・コートからサービスをします。」

⑫「サーバーのスコアが奇数で，レシーバーのスコアが偶数であっても，サービスは左側のレフト・サービス・コートからサービスはされます。」

⑬「以上のようにシングルス・ゲームでは〃イン〃サイドがフォルトするとチェンジ・サービスが行われます。」

⑭「次に，**ダブルス・ゲームのチェンジ・サービス**を練習しましょう。」

⑮「ダブルス・ゲームはすでに練習したようにネットを境にして2人ずつプレーヤーがいるので，各サイドに二つのサービスがあることに気がつくでしょう。」

⑯「ダブルス・ゲームにおいても，シングルス・ゲームと同様に，右側のライト・サービス・コートから対角線上の相手（〃アウト〃サイド）のサービス・

コートに向ってサービスしてゲームを開始することは同じです。」(第9条第1項)

⑰「最初のインニングで,サーバー("イン"サイド)は先ず右側のライト・サービスから対角線上のレシーバー("アウト"サイド)の右側ライト・コートにサービスします。しかし,右側のライト・サービス・コートでなく左側のレフト・サービス・コートにサービスしますとフォルトになります。」

⑱「ダブルス・ゲームの最初のインニングでは,そのサイド(組)のただ1人のプレーヤーのみがサービス出来るだけです。ワン・ダウンでチェンジ・サービスとなり,そしてサーブは他のサイド(組)に移ります。」(第9条,第11条)

⑲「そしてその組が,そのインニングで,右側のライト・サービス・コートにいるプレーヤーが第1のサービスをします。この組が("イン"サイド)フォルトするまで,このプレーヤーが交互に各サービス・コートから対角線上にある反対側のサービス・コートに向ってサービスを続けます。」(第9条第1項)

⑳「"イン"サイドがフォルトすると,ワン・ダウンとなって,次にそのパートナーがサービスをします。」(第11条)

㉑「"イン"サイドが再びフォルトすると,ツー・ダウンとなって,チェンジ・サービスとなり,"アウト"サイドにサーブが移ります。」

㉒「最初のインニング後は,サービスを得た組("イン"サイド)は,その組の両プレーヤーが各々1回だけサービスをすることが出来ます。」(第11条)

㉓「初め右側のサーバーがサービスし,失敗すると,左側のパートナーが左側からサービスします。」(第11条)

㉔「サーブされたプレーヤー(レシーバー)がサービスを受ける前にレシーバーでない,そのパートナーがそのシャトルを打ったり,触れた時はフォルトです。そして"イン"サイド(サーバー・サイド)のポイントになります。再びサービスをします。」(第10条)

㉕「次に,右側のサービス・コートから次ぎのサービスをします。そして,"イン"サイドがフォルトする。これでこのサイドの両者がサービスしたので,サービスは相手のサイド("アウト"サイド)に戻ります。(チェンジ・サーブ)」(第11条)

㉖「そして右側のコートにいるプレーヤーがサービスをします。この場合，その組のポイントが零(ラブ)または偶数の時のプレーヤーの位置は，試合開始の時に占めていた位置につきます。」（第9条第1項）

㉗「もし，ポイントが奇数の時には，パートナーと左右入れ代った位置につきます。」（第9条第1項）

㉘「ダブルス・ゲームで，シャトルがネットを越えて戻る前に，同一のプレーヤーによって連続2回打たれたり，1人以上のプレーヤーによって続けて打たれた時は，ダブル・タッチでフォルトになります。」（第14条第8項）

㉙「なお，シャトルがはっきりと打たれなかった時，即ちラケットのガットの間にシャトルが入ってしまった時，またガットの面を転った場合は，ホールディングでフォルトになります。」（第14条第8項，解説2）

㉚「また，シャトルの台をラケットの枠（フレーム），柄（シャフト）及び握り（ハンドル）で打った時もフレーム・ショット（またはウッド・ショト）でフォルトになります。」（第14条第8項，解説2）

C　クーリング・ダウン

徒手体操

第 8 時 限

（1）単　元　ゲーム

（2）主教材　簡易ゲーム

（3）準　備　ラケット，シャトル，ネット

（4）指導例

A　ウォーミング・アップ

①　徒手体操

②　力を抜いた軽いスウィング，リストの運動，力強いスウィングの練習

B　簡易ゲーム

①「きょうまで基礎技術を練習してきましたから，この時間からはゲームをやることにしましょう。」

②「ロー（試合規則）を簡単にして，またポイント数を少くしてダブルス・

IV 単元の展開とその方法

ゲームをしましょう。」
　③「サービスは腰から下でシャトルを打つなら如何な方法でもよい。」
　④「フット・フォルト，フレーム・ショットは大目にみてフォルトをとりません。」
　⑤「15点3ゲームが正式であるが時間の都合で7点1ゲームとします。」
　⑥「従って，セッテイングは行わないで早く7点に達した方が勝とします。」
　⑦「サービスの時，対角線上のコートのプレーヤー（レシーバー）でない，そのパートナーがそのシャトルを打たないように注意しましょう。」
　⑧「きょうは先生が審判しますが，次の時間からは生徒が審判をします。ラインズマンは生徒がします。」
C　ゲームの反省
　①「まだ，ラケットの握り方が軟式テニスの握り方（ウエスタン・グリップ）をしているものがいます。」
　②「それから人差指を伸ばして柄（シャフト）にそえているものがあります。」
　③「サービスの時，腰から下で打とうとして空振りが行なわれているが，柄（シャフト）の長さを考えてシャトルを落しなさい。」
　④「また下から掬い上げてしまい，ネットの向うに届かないのがあった。横からのスウイングとリストの運動を練習しましょう。」
　⑤「対角線上のコートにサーブされずに，間違って正面のコートに飛んで来たシャトルをサーバーでないパートナーが打っていたが，それは〝イン〟サイドのフォルトであるから触れてはいけません。」
　⑥「シャトルを，枠（フレーム）や柄（シャフト）で盛んに打って，カチンカチン音をたてて，まるでガットの張ってない木ばかり振りまわしているような人がいましたが，次からは注意しましょう。」
D　クーリング・ダウン
　徒手体操

第 9 時 限

（1）　単 元 ゲ ー ム

（2）主教材　簡易ゲーム
（3）準　備　ラケット，シャトル，ネット
（4）指導制

A　ウォーミング・アップ
　①　徒手体操
　②　力を抜いた軽いスウイング，リストの運動，力強いスウイングの練習

B　乱打
　①　2列に並べて充分に行わせる。
　②　ネット・プレー

C　簡易ゲーム
　①「この前と同じ方法でゲームをしましょう。」
　②「きょうも7ポイントの1ゲームでセッテイングなしで行います。」
　③「この前に注意しました，グリップ，サービスの仕方，誰がレシーバーで，誰がそのパートナーであるかに気をつけ，またフレーム・ショットに注意してゲームをしましょう。」
　④「きょうは生徒が審判（アンパイヤー）をします。勿論線審（ラインズマン）も先生がレフリー（審判長）をやるが，アンパイヤーの補助をしますから間違わないよう正確にカウントをとってみましょう。」
　⑤「次のゲームに出るチームの4人がアンパイヤーをする。審判が終ったらコートに入ります。」
　⑥「他の者は，コート・サイドでアンパイヤーになったつもりで審判の練習して置きなさい。」

C　ゲームの反省
　①「ラケットを握った時はイースタン・グリップであったが，ゲーム中にいつの間にか，ウエスタン・グリップになって気がつかない者，初めからウエスタン・グリップの者がいましたが直さないといけない。」
　②「それからサービスが対角線上の反対側のコートになされずに反対側の正面に飛ばしてしまう者がいますが，工夫して斜めに飛ばすようにしてごらんなさい。」

③「サービスの時，前にステップしたり，後ろ足を蹴上げて遠くに飛ばそうとするがこれはいずれもフット・フォルトであるから注意しなければなりません。」

④「前より少くなったがまだまだフレーム・ショットが多い。これはグリップが悪かったり，あわててスウイングするからであって，正しいグリップと気を落ちつけてスウイングしてごらんなさい。」

⑤「次に，審判について，気がついたことを話す。声が小さくてよく聞きとれなかった。もっとも審判に自信がなかったかもしれないが，間違ってもよいから大きな声でスコアをコールしなさい。」

⑥「それから，線審もはっきりと，〝アウト〟とか〝ライト〟（または〝セーフ〟）をサインしなければなりません。従って審判が間誤つき判定が遅れることになります。」

⑦「審判（アンパイヤー）は出来事を速かに判定しなければなりません。」

⑧「この前の終りときょうのゲームの初めに注意したにもかかわらずまだ悪い癖が直らない人がいる。しかし癖はなかなか直らないものだが，悲観せずに根気よく直そうと常に努力すれば直るものです。」

⑨「次の時間には大いに頑張ってよい成績が上げてみよう。」

D　クーリング・ダウン

　　徒手体操

第 10 時 限

（1）　単 元　ゲーム
（2）　主教材　簡易ゲーム
（3）　準 備　ラケット，シャトル，ネット
（4）　指導例

A　ウォーミング・アップ

　　力を抜いた軽いスウイング，リストの運動，力強いスウイングの練習

B　乱打

　　①　2列に並べて充分に行わせる。

② ネット・プレー
C　簡易ゲーム
　①「きょうも前の時間と同じ方法でゲームをしよう。」
　②「既に2回ゲームしたので要領は覚えたと思うから上手にやってごらんなさい。」
　③「アンパイヤー，ラインズマンは生徒で，レフリーは先生がやる。きょうは先生の助けなしでのアンパイヤーはカウントを間違いのないようにとって下さい。それからラインズマンははっきりとサインを出して，アンパイヤーがしやすくなるように協力してやってごらんなさい。」
C　ゲームの反省
　①「2，3の人を除いて大変グリップがよくなってきた。」
　②「フット・フォルトも少なくなってきたようです。」
　③「サービスも上手になってきました。次から自分の狙った所にシャトルが行くように練習しましょう。」
　④「フレーム・ショットが目だって少なくなった。もう少し努力しましょう。」
　⑤「バック・ハンド・ストロークはなかなかむずかしいことですね。フォアハンド・ストロークが思うように出来ないのだからしかたがないがあきらめずにやりましょう。」
　⑥「ダブルス・ゲームでは，2人のプレーヤーのコンビネイションが大切です。これは長く組んで始めて気が合って名コンビとなるものです。きょうまではまあまあよく出来ました。」
　⑦「審判をされた皆さんは前の時間の注意をよく守って上手に出来ました。ご苦労様でした。体操をして終りにしましょう。当番は気の毒だがネットを片付け，体育館を掃除して下さい。」
D　クーリング・ダウン
　徒手体操

Bコースの年間学習指導計画案

単　　元	主　教　材	10時間配当	15時間配当	指　導　の　着　眼　点
歴史について		1⎫ 2⎭ 2	2	
各種の打方 オーバーヘッド・ストローク ネット・ストローク	フォアハンド・ストローク バックハンド・ストローク	3⎫ 4⎭ 2	3	ポイントとこつを教える 出来るだけ遠くに飛ばせる（手首と肘に注意）
フット・ワーク	各種の打方の連繋による乱打	5 — 1	3	身体のバランス 身体の重心の置き方 次ぎのプレーとの関係
体重の移動と腰のバランス	各　種　乱　打	6⎫ 7⎭ 3	3	フット・ワークと関係させて，体重及び腰のバランス，及び打球後のラケットの位置に注意
正　式　ゲ　ー　ム		8⎫ 9⎬ 3 10⎭	4	

2　Ｂ　コ　ー　ス（やや経験ある者……中学上級・高校初級程度）

第　1　時　限

（1）　単　元　ロー（Laws）（試合規則）

（2）　主教材　ローの解説

（3）　準　備　ラケット，シャトル，黒板

（4）　指導例

　　　黒板に図を描き乍ら解説して行く。黒板のある所で行う。

① 「バドミントンを始める前に，ロー（Laws…試合規則）について解説しましょう。」

② 「これから解説する規則は現行の国際バドミントン連盟のもので，日本でもこの規則に従って試合を行っています。

（イ）　「**コート**について」

①　第1条第1項　コートは次の如く規定する。但し第2項の場合を除く。

　ラインは $1\frac{1}{3}$ 吋（3.8cm）の巾で白か黒或は他の明瞭なる線で引く。

　コートを作るにはセンター・ラインの巾（$1\frac{1}{2}$吋，3.8cm）は左右のサービス・コートに平等に分割される。ショート・サービス・ラインとロング・サー

ビス・ラインの巾（各1½吋, 3.8cm）はサービス・コートの規定の長さ13呎（3.96m）以内に，他の周囲のラインの巾（1½吋, 3.8cm）は規定の長さ以内に引く。

② 第2項　ダブルスのコートを作るだけの広さがない場合には図21に示すようにシングル・コートを作る。この場合後方のバウンダリー・ラインはロング・サービス・ラインになり，規則第2条の如きポスト或はストリップはサイド・ラインの上に立てる。

（ロ）「**ポスト**について」

① 第2条　ポストは床から5呎1吋（1.55m）の高さで第3条に示すが如きネットを充分にしっかりと保つようにし，**コートのサイド・ラインの上に立てる**。これが出来ない場合にはネットの下を通過するサイド・ラインの位置を示す何等かの方法を講じなければならない。即ち　1½吋（3.8cm）以下の薄いポストかストリップを用いサイド・ラインに固定させネットの紐に垂直に立てる。ダブルスのために作られたコートにこれが用いられる場合にはシングルス，ダブルスの何れのプレーに拘らずダブルス・コートのサイド・ラインの上

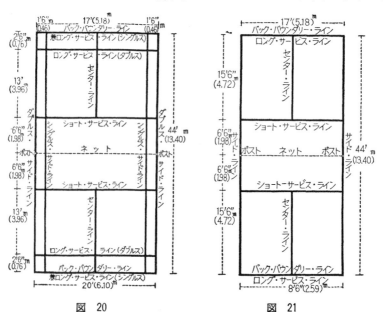

図　20　　　　　　　　　図　21

におかれなくてはならない。

〔註〕 ポストはダブルスのために作られたコート或はシングルス用のコートとを問わず常に一番外側のサイド・ライン上に立てられなければならない。これが出来ない時にのみストリップをポストの代りに外側のサイド・ライン上に垂らす。このストリップは条文にある如くに，シングルス．ダブルスに関係なく，一番外側のサイド・ライン以上に

(ハ)「ネットについて」

① 第3条 ネットは $3/4$吋 (1.90cm) の網目にしなやかな紐で作り，両ポスト間にしっかりと張り，その巾は2呎6吋 (0.76m) とする。ネット上縁の高さは中央の所で5呎 (1.52m)，ポストの所で5呎1吋 (1.549m) で3吋 (7.62cm) の白い布を二つ折にして縁付け，その縁の中に紐または索条を通してポストに張る。

〔註〕 このネットの上縁の白い帯は，3吋 (7.62cm) 巾のものを二重にするから，$1 1/2$吋 (3.81cm) の巾がなくてはならない。これはプレーヤーにネットの高さを明確に指示するためで，白い帯の巾が狭いとプレー中にネットの高さに錯覚を起すことがあるからである。

(ニ)「シャトルについて」

第4条 シャトルは重さ73〜85グレイン(4.73g〜5.50g)，直径 $1〜1 1/2$吋 (2.5〜2.8cm) のコルクに14〜16枚の羽根を付けたものとする。羽根の長さは先端からコルクの合まで $2 1/2〜2 3/4$吋 (6.4〜7.0cm) で先端において $2 1/8〜2 1/2$吋 (5.4〜7.0cm) くらい拡がり，糸が他の適当なものでしっかりしばりつける。

普通の力のプレーヤーがバック・バウンダリー・ラインの上でサイド・ラインに平行する方向に，しかも上に向って下手打（アンダー・ハンド・ストローク）で打った時，向い側のバック・バウンダリー・ラインの手前1呎 (30cm) 以上2呎6吋 (76cm) 以内に落ちたならば，そのシャトルは正当な飛び方をするものと見做される。

〔註〕 シャトルの規格中最も問題となるのはシャトルの飛ぶ距離です。普通の力のプレーヤーというのは，バドミントンにおいて普通の技術を持った男子と思ってよい。一応の技術を持ったプレーヤーが打った場合，力のあると思われる人と，ない人の差は，シャトルの飛ぶ距離において大体に30cm内外しかないものです。シャトルを打

つのはフォアハンド・ストロークでドリブン・クリヤーである。この場合ラケットがシャトルに当る位置はバック・バウンダリー・ライン上でなければならないから，打つ人の足の位置はエンド・ライン上，若くは少し後方になる。ラケットがシャトルに当る位置がコートの内側に入っても，或は外側で打ってもシャトルの落下点に狂いを生ずるから注意が必要である。

(ホ)「**プレーヤー**について」

① 第5条第1項　プレーヤとはゲームに参加する凡ての人を意味する。

② 第2項　ゲームはダブルスの場合は各側2人ずつ，シングルスの場合は各側1人ずつでなされる。

③ 第3項　サーブする権利を有する側(サイド)を〝イン〟サイドと称し，反対側を〝アウト〟サイドと称す。

(ヘ)「**トス**について」

第6条　試合開始に先立ち，両サイドはトスを行う。トスを得たサイドが次の選択をする。

    a　最初にサービスをするか。

    b　最初にサービスをしない。

    c　エンドを選ぶ。

トスを失ったサイドが，残った何れかを選ぶ。

(ト)「**スコアリング**について」

① 第7条第1項　ダブルス・ゲームと男子のシングルス・ゲームのスコアリングは協定により15点，或は21点とする。但し15点ゲームでスコアが13オールになった時，先に13に達したサイドが後5点でゲームするか，またはスコアが14オールになった時，先に14に達したサイドが後3点でゲームにするかを選択(セッティング)することが出来る。

セッティングが行われた場合には，スコアはラブ・オールを宣せられ，最初に5点または3点を取った者をもってそのゲームの勝者とする。以上の何れの場合でも，その宣言は13オールまたは14オールに達した直後のサービスを行う前にこれがなされなければならない。21点ゲームの場合には19点と20点の時に，13点と14点の時と同様のスコアリングがなされる。

〔註〕セッティングはプレーヤーが決定するのであって，審判が決定するのではない。

Ⅳ　単元の展開とその方法　　　　　355

しかし，審判はセッティングする機会が来た時は，最初に13点或は14点を取ったサイド，即ちセッティングする権利を有するサイドに，セッティングをするかしないかを尋ねる。

②　第2項　女子のシングルス・ゲームは11点とする。スコアが9オールになった場合には先に9点に達したプレーヤーが後3点でゲームとするか，或はスコアが10オールになった場合，先に10点に達したプレーヤーが後2点でゲームにするかを選択することが出来る。

〔註〕女子の場合は単に得点する点数が違うのみで，他は全て前項に準ずる。

③　第3項　最初の機会にセッテイングをすることが出来，しかもこれをしなかった側が再び機会を得た時に，セッテイングすることが出来る。

〔註〕15点ゲームの時に13—12のスコアから13—13オールになった時，先に13点取っていた方にセッティングすることが出来る権利があって，13オールになった時にセッティングしなければその後チェンジ・サービスを繰返えして13オールが続いている時でも，セッティングすることは出来ない。更に試合が進行して，何れかが14点になり，そして14オールになった時には，改めて最初に14点取った方がセッティングする権利を有するのである。この場合13オールの時にセッティングしなかったサイドが，14オールの時に再びセッティングの権利を得たならばセッティングしてもよい。即ち13オールの時にしないで14オールの時にセッティングしてよいのである。「最初の機会」というのはチェンジサービスまたはセカンド・サービス（ダブルスの時）が行われる以前の13点に追いつかれた直後，次のサービスの行われる前という意味である。セッティングされた場合の最終スコアは，18—何点，または17—何点というように記録する。女子のシングルスの場合には12—何点というように。

④　第4項　ハンディキャップ・ゲームにおいてセッティングすることは許されない。

⑤　第8条　プレーヤーは協定により3ゲームの試合を行う。プレーヤーは2回目のゲームの始め，及び3回目（ゲーム・オールの場合）のゲームの始めにエンドを換える。3回目のゲームでは，次のようなスコアに達した時にエンドを換える。

　　a　15点ゲームの時には8点
　　b　11点ゲームの時には6点
　　c　21点ゲームの時には11点

ハンディキャップ・ゲームの場合には，一方がゲームに勝つに必要な全点数の半数を得た時に換える。（端数の場合は繰上げる）もしも不注意でこの規則に示したようなスコアになった時に，プレーヤーがエンドを換えなかった時には，誤りに気が付いた時直ちにエンドを換え，スコアはそのままとする。

〔註〕 もし不注意でエンドを換えないで試合を行い，試合終了後気が付いても，その試合は正当なものと見做される。チェンジ・エンドは絶対に行われなければならないが，チェンジ・エンドをしなかったことが，その試合に何等の変化を及ぼすものではない。ハンディキャップ・ゲームの時「端数の場合」とは，例えば，15点ゲームで10点のハンディが一方にある場合の第3ゲームにおいては，ハンディがあるサイドが取るべき得点5点の半数の上3点を取って13点に達した時にチェンジ・エンドをするのである。

(チ)「**ダブルス・プレー**について」

① 第9条第1項 どちらの側がサービスするかを決定したならば，そのサイドの右側のサービス・コートのプレーヤーが対角線上の相手方のサービス・コートにサービスしてゲームを開始する。もしレシーバーがシャトルが床面に触れる前に返した時，更に，イン・サイドの人によって返えされ，次にアウト・サイドの人によって返えされ，フォルトになるか或はシャトルがイン・プレーでなくなるまで続けて行く。（本条第2項参照）もしもフォルトがイン・サイドによってなされたならば，サーバーの側がアウトになる。最初のインニングでそのサイドがゲームを始めるのはただ1回だけである。（第11条参照）そして反対側の右側のサービス・コートのプレーヤーがサーバーとなる。しかしサービスが返えされなかったり，アウト・サイドによってフォルトがなされた場合には，イン・サイドが1点を得る。次いで，イン・サイドのプレーヤーが互いにサービス・コートを換り，今度は左側のサービス・コートから反対側の対角線上のサービス・コートにいるプレーヤーに向ってサービスが

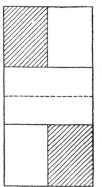

図 22

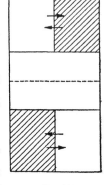

図 23

なされる。一方がインを続けている間はサービスは交互に各サービス・コートから対角線上にある反対側のサービス・コートに向ってなされる。このサービス・コートを換えることはイン・サイドが得点を得た場合に限られる。

〔註〕 ダブルスの場合にプレーヤーが占めるべき位置（サービスが行われる時の）は試合開始の時に占めた位置が自分の方の得点が零または偶数の時の位置である。反対にパートナーと左右入れ換った時の位置が，自分の方の得点が奇数の時の位置となる。この位置はイン・サイド，アウト・サイドに関係なく，また相手方の得点に関係なく，何処までも自分の方の得点に従ってサーブする人，レシーブする人の位置であって，夫々のパートナーは何処にいてもよい。例えば，コートの外でも，サーバー，レシーバーと夫々のパートナーが同じサービス・コート内にいてもよい。

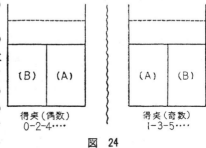

図 24

② 第2項 各インニングの最初のサービスは右側のサービス・コートからなされる。サービスはシャトルがサーバーのラケットで打たれた時に始まる。シャトルがその後床面に触れるまで，或はフォルトかレットが起るまで，或は第19条に規定された場合を除きイン・プレーである。サービスが行われた後はサーバーとサーブされたプレーヤーはバウンダリー・ラインに関係なく，ネットを境として自分のサイドにおいて如何なる位置をとってもよい。

〔註〕 インニングとは，チェンジ・サービスから次のチェンジ・サービスまでの間，即ち一方がサービスを得てから相手方にサービスを渡すまでの間を1インニングという。また「イン」，「イン・プレー」というのはシャトルが床面に触れるか，フォルト或はレフトが起る瞬間までの間をいう。次に「ネットを境として」とは，ネット及びその延長線を境としての意味であり，イン・プレー中はネット及びその延長線を境として自分の側ならば，コートの外へ出てもよいという意味である。

③ 第10条 サーブされたプレーヤーのみがサービスを受けることが出来るので，そのパートナーがシャトルに触れるか打った時は，イン・サイドが1点を得る如何なるプレーヤーも同一ゲームで2回連続してサービスを受けることが出来ない。ただし第12条の適用を受ける場合を除く。

〔註〕 サービスをレシーバーのパートナーが受けたり，打った時は，例えレシーブ・

コート外にあってもイン・サイドに1点が与えられる。即ちサービスは床面に落ちるまでは有効であると考えるのである。また順序正しくサーブ，レシーブすれば同一プレーヤーが2回連続してレシーブすることはないのであるが，もし間違って2回連続してレシーブするようなことが起れば第12条の適用を受ける。

④　第11条　ゲームを始めるサイドは，最初のインニングでは1回だけである。その後のインニングでは続いて夫々のパートナーが1回だけゲーム（サービスの意味）を始める。続いて夫々のパートナーのサービスを行う。ゲームに勝を得たサイドは常に次のゲームで最初にサービスをする。ただし勝者側の何れがサービスをしてもよいし，負けた側の何れがレシーブしてもよい。

〔註〕　ゲームの最初のサービスをするサイドでは1人しかサービスが出来ない。相手方にサービスが移って以後は2人ずつサービスが出来る。第2ゲームで最初にサービスをするサイドは第1ゲームに勝ったサイドであり，第3ゲームのそれは第2ゲームの勝者である。

⑤　第12条　プレーヤーが順番でないのにサービスをしたり，或はサービス・コートを間違えてサービスをし（サービスすべきでない時や，間違ったコートよりサービスした時），そのサイドが勝った時にはレットとなる。そのレットは次のサービスが打たれる前に要求され，または許されなければならない。

もしプレーヤーが間違ったサービス・コートに立ってサービスを受け，そのサイドが勝った時はレットとなる。そのレットは次のサービスがなされる前に要求され，また許されなければならない。

〔註〕　サービス・サイドがサービスの順番或はサービス・コートを間違えてプレーを行って得点をした場合は得点とならず，レットとなる。しかしサービス・サイドがアウトとなった場合はレットとならずに，その時のプレーは正当なものと見做される。同様にアウト・サイド即ちレシーブ・サイドが，レシーブの順番或はコートを間違えてプレーした場合も，アウト・サイドが勝った場合はレットとなり，負けた場合はレットとならず正当なものと見做される。

つまり，イン・サイド，アウト・サイドに関係なく間違えた方が勝った場合はレットとなり，負けた場合はその時のプレーは正当なものと見做されるのである。またこの種の間違いに気付いた時は，次のサービスが打たれる前に要求されなければならないが，イン・プレー中に気が付いた時は審判は直ぐプレーを中止させ，そのプレーのレットを宣言する。この宣言はイン・プレー中即ち，シャトルが床面に触れるか，フォルト或は他のレットが起る前になさるべきで，正当なプレーであるかを判定する。また審判がプレーヤーがサービス前に順番或はコートが間違っていることを発見した

ならば直ちに正当な順番或は位置に変えさす。

この種の間違いに気が付かずプレーが続行され，数インニング過ぎた後に気が付いた時，気付いた直前のプレーに対して本条の規則が適用され，それ以前のプレーは全て正当なものと見做される。間違いが発見されたならば直ちに正常な順番またはサービス・コートに復帰してプレーを続行する。

第 2 時 限

（1） 単 元　ロー（Laws 試合規則）
（2） 主教材　ローの解説
（3） 準 備　ラケット，シャトル
（4） 指導例

　　　黒板に図を描きながら解説して行く。黒板のある所で行う。

（イ）「シングルス・プレーについて」

①　第13条　シングルスでは規則第9条から第12条までの適用を受く。ただし次の場合を除く。

シングルスではサービス・サイド，レシーブ・サイド共に1人しかいないからダブルスの規定中夫々のパートナーの部分は除かれる。

②　第1項　サーバーの得点が零の時もしくは試合中に偶数の得点した時は，プレーヤーはそれぞれの右側のサービス・コートからサービスをし，レシーブドする。サーバーが奇数の得点をした時はプレーヤーは左側でサービスをし，またレシーブをする。

〔註〕　シングルスではサーバーの得点によってレシーバーのレシーブ・コートが違ってくる。（ダブルスでは相手方の得点に関係なく自分の側の得点で位置が右か左か決る。（第9条第1項）

③　第2項　プレーヤーは得点ごとにサービス・コートを換える。

（ロ）「フォルトについて」

①　第14条　イン・サイドのプレーヤーがフォルトをするとサーブを交代する。アウト・サイドのプレーヤーがフォルトをするとイン・サイドが1点を得る。次の場合はフォルトである。

②　第1項　サービスをする時，シャトルがサーバーの腰より高い所で打た

れた時，またはラケットの頭の何の部分もシャトルを打った瞬間にラケットを持ったサーバーの手よりも高く出た場合。

〔註〕 腰とは腰骨の上端を意味し，その線より高い所でシャトルとラケットが当った時はフォルトになり，また例え腰骨より低い所であっても，

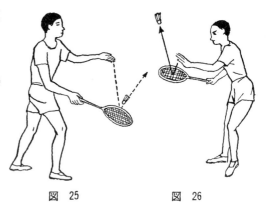

図 25　　　　　図 26

ラケットのフレームの何の部分もラケットを持ったリストより上ってはならない。

③　第2項　サービスをする時シャトルが違ったサービス・コートに落ちた場合（即ちサーバーの対角線上の相手方のコートに達せず，或はロング・サービス・ラインを越え或はサービスをなすべきサービス・コートのサイド・ラインの外に落ちた場合。

〔註〕 いわゆるレシーブ・コート外に落ちた場合で，もしレシーバーがシャトルが床面に触れる前に，シャトルをラケットで打つか，触れるか，レシーバーの身体の一部にでも触れた時は，シャトルがレシーブ・コート内に落ちたと同様に見做される。

④　第3項　サーバーの両足がサービスをする時，サービスをすることに決められているサービス・コート内にない時，もしくはレシーブするプレーヤーの両足がサービスされるまで対角線上のサービス・コート内にないとき。（規則第16条参照）

〔註〕 サーバー，レシーバーの両足はサーバーのラケットがシャトルに当るまで，それぞれサービス・コート，レシーバー・コート内になくてはならない。第16条の註を参照されたい。

⑤　第4項　サービスのなされる前，或はサービスのなされる時，プレーヤーが相手を瞞したり，または意識的に邪魔した時。

〔註〕 相手を瞞す或は意識的に邪魔するとは，ラケットを振り廻すとか，意表外に大きな声を出すとか，パートナーが不必要と思われる程動き廻るとか，第16条末尾にある如き常識で考えてプレーに必要でないと思れる言動をして，相手方の行動の上に迷惑となり精神的に動揺を起させるような行為，動作，発言をいう。また，本規則末尾

Ⅳ 単元の展開とその方法　361

の解説にある如く，サーバー，レシーバーが共に構えた後にサーブを止めて，他の構えからサービスをすることは，この項を適用されてフォルトとなる。

⑥　第5項　サービスの時，もしくはプレーの最中にシャトルがコートのバウンダリー外に落ち，ネットを通りまたはくぐり（図27），ネットを越えそこな

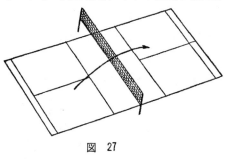
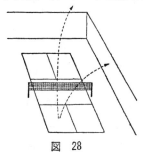

図　27　　　　　　　　　　　図　28

ったり屋根や周囲の壁に触れ（図28），或はプレーヤーの身体または着衣に触れた時。

ライン上に落ちたシャトルは，そのラインがバウンダリーとなっているコート，或はサービス・コート内に落ちたものと見做される（図29）。

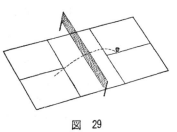

図　29

〔註〕天井及び天井から吊り下っているものに対してはその時々に，特別のグラウンド・ルールを定める。

⑦　第6項　イン・プレー中のシャトルが進行中ネットを横切る前に相手側によって打たれた場合，しかし打った後にラケットがネットを越してシャトルを追うことは許される（図30）。

〔註〕ラケットがネットを越えてシャトルを打つことは許されないが，自分のサイド内のシャトルを打って，シャトルがガットを離れた後ならば許される。即ち打った後のフォロウ・スルーでネットを越えるのは許される。

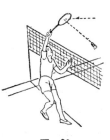

図　30

⑧　第7項　シャトルがイン・プレーにある時プレーヤーがラケット，体，または着衣でネット或はそれを支えているものに触れた時。

〔註〕イン・プレー中にネットに触れてはならない。触れたことによって相手方に邪魔になったか、妨害になったかということは関係なくフォルトになる。

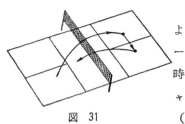

図 31

⑨ 第8項 シャトルが同一プレーヤーによって連2続回打たれたり、1人のプレーヤーとそのパートナーによって続けて打たれた時、或は明らかに打たれなかった時、或はシャトルの台がラケットの枠（フレーム）、柄（シャフト）及び握り（ハンドル）で打たれた時。（解説2を参照のこと）

〔註〕ダブル・タッチ及びウッド・ショットの規定でダブルスで、2人のラケットが重なってぶつかり、シャトルは一つのガットにしか当らなかったならばフォルトにはならない。また次にラケットのガットの間にシャトルが入ってしまった場合、及びガットの面を転った場合は解説2のaにもあるようにフォルトになる。

ウッド・ショットの場合の「シャトルの台」とは、シャトルのキルクに革を覆った部分で、この部分がラケットのガット以外の部分に当ったならばフォルトになる。

図 32

⑩ 第9項 プレーヤーがコートのバウンダリーの内部に立っていようと、外に立っていようと、イン・プレー中シャトルを打ち、それによって返球（リターン）しなかった場合、またはシャトルがプレーヤーに当った場合。

⑪ 第10項 プレーヤーが相手を妨害した時。

〔註〕妨害とは相手方のプレーヤーに行動の上において害となり、精神的に動揺を起させるような言動をいい、プレーに不必要なものと審判が認めた言動をいう。

⑫ 第11項 規則第16条が犯された場合。

（ハ）「一般規定について」

① 第15条 サーバーは相手がレシーブの用意をするまでサーブすることが出来ない。但し相手がサービスを返そうとした時は用意したものと見做される。

〔註〕相手方が用意しないのにサービスをした時、審判はレットを宣言し、そのサーバーにもう一度サービスをさせる。

Ⅳ 単元の展開とその方法

② 第16条 サーバーとサーブされたプレヤーはそれぞれのサービス・コート内に立たなければならない。（ショート・サービス・ライン，ロング・サービス・ライン，センター・ライン，サイド・ラインに囲まれたサービス・コート内）。そしてこれ等のプレーヤーの両足の一部はサービスが済むまで静止の状態で床面につけていなければならない。サーバー或はレシーバーの足がライン上，或はラインに触れているとサービス・コートの外側にあると見做される（第14条第3項参照）。それぞれのパートナーは如何なる位置をとってもよい。ただし相手方を見えなくしたり邪魔してはならない。

〔註〕 サーバーがサービスをしようと構え，レシーバーがレシーブしようとして構えた後は，サーバーのラケットがシャトルに当るか，明らかに空振りしたと思われるまでは，サーバー，レシーバー共に左の足の一部及び右足の一部はそれぞれ「静止の状態」で床面についていなくてはいけない。ステップはいけない。静止の状態とは足の一部が床面上を移動しないことで，床から離れたり，床面を滑ってもいけない。また片足が爪先または踵を中心として1廻転するのは，その回転の中心が床面を移動しなければよいのであるがこれ等はすべて審判の判定に待つ。ダブルスのパートナーは相手を邪魔しないなら，ネットを境として何処にいてもよい。

③ 第17条 サービスの時シャトルがネットに触れるとその他の点で故障がなければレットとなる。打合の途中でシャトルがネットに触れて越えた場合には，そのまま続行する（図33）。 返球（リターン）の時シャトルがポストの外側を通過して，反対側のコートのバウンダリー・ライン上もしくは内側に落ちてもよい（図34）。 レットは予期せざる偶発的な如何なる障害に対しても審判がこれを宣することが出来る。サービスの時シャトルのネットのトップに当り，その後シーバーがこれを打ったり，触れたりした場合は，シャトルが正当なサービス・コートに落ちるものと考えレットする。

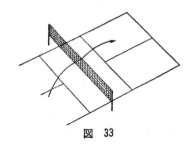

図 33

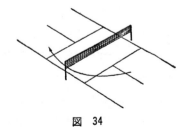

図 34

サービスの時または打合中シャトルがネットを越えた後ネットの上に乗ったり，ネットにかかったりした時はレットとなる。レットの時はそのサービスの時のプレーは無効とし，レットになった時最後にサービスをしていたプレーヤーが再びサービスをする。

〔註〕 サービスのネット・インはシャトルがネットに触れた後，定められたサービス・コート内に落ちるか，それをレシーバーが打ったならば，ネット・インとなる。ネットに触れた後に定められたサービス・コート内に入らなければフォルトとなる。

また，サービスでネットに触れて来たシャトルをレシーバーが打つ時に，ウッド・ショットをしても，或はサーバーの方に返えされなくともネット・インとなる。この場合には規則第14条第8項後半の規定，及び第14条第9項前半の規定より本条が先行してレットとなる。レットは審判によって与えられるもので，プレーヤーが勝手に決定し，また判断すべきものでない。レットは所謂ノー・カウントのことである。

④ 第18条 サーバーがサービスをしようとしてシャトルを落した場合にはフォルトにならないが，ラケットに触れればサービスはなされたことになる。

〔註〕 サービスをする時の空振りはサービスをしたことにならない。やり直しである。

⑤ 第19条 試合中にシャトルがネットに当ってひっかかり，またはネットに当ってこれを打った者（ストライカー）のサイドに跳返って落ちてから，またはコートの外側の床面に落ちた時は，その後に相手がラケットや体でネットまたはシャトルに触れても何等の罰則は与えられない。その時のシャトルはイン・プレーではないからである。

〔註〕 フォルトの条件が起った後ならば，ネットやシャトルに触れてもよいので，2個のフォルトが起った場合は単にレットとせず，先に起ったフォルトでプレーは中止され，後のフォルトはプレー外のことで問題にしない。時間的に先に起ったフォルトを取る。

⑥ 第20条 プレーヤーがネットの極く近くで下方へシャトルを打つような場合には，相手はシャトルがラケットから跳返るようにネット近くでラケットを高くあげてはならない。これは規則第14条第10項の意味で妨害となる。

しかしプレーヤーは相手方の妨害とならない限りで，顔を防ぐために，ラケットを差上げても差支えない。

〔註〕 規則では上から下へ向って打つ場合の相手の妨害行為を規定しているが，下から上へ向って打つ場合は規定していない。本条では（i）ネットの極く近くで，（ii）

下方へ向って打つ場合で，反対に下から上へ打つ場合は第14条第10項の妨害の項に該当しない範囲なら差し支えない。

⑦　第21条　審判はフォルトやレットの生じた時は，プレーヤーから訴えがなくともこれを宣する義務を有し，また解決のつかない点に関する訴えに裁決を与える義務を有する。ただしそれは次のサービスのなされる前になされることを要する。また審判は随意にラインズマンを指名する義務を有する。審判の決定は最終のものであるが，ラインズマンの決定を確認しなければならない。レフリーが指名されている場合は規則に関する疑問についてのみ審判の決定に対する異議申立はレフリーに対してなされる。

〔註〕　アンパイヤーは審判に当り，レフリーは審判長(もしくは審判長を代行する者)に当る。

　　アンパイヤーの決定は最終のものであるが，規則に関する事項のみレフリーの決定が先行する。故に規定に従って判定する事柄（例えばインかアウトか，ネットに触れたか否か等）はアンパイヤーの決定が最終のものとなる。

⑧　第22条　プレーは最初のサービスがなされてから競技終了まで続けて行なわなければならない。ただし次の場合を除く。

⑨　第1項　第2ゲームと第3ゲームの中間で5分以内の休憩が許される。

⑩　第2項　プレーヤーの責任でない外部事情によって必要が生じたときは，審判はその必要と考える時間プレーを一時中止させることが出来る。プレーが一時中止された時は，スコアはそのままとし，そのスコアからプレーを続行する。如何なる場合でもプレーヤーがその体力または息切れを回復し，或はコーチを受けるための一時中止は許されない。

審判の承認なしにプレーヤーはコートを去ることが出来ない。

一時中止に関する唯一の判定者は審判であって，その判定を犯す者を試合から除外する権利を有する。

(二)「解説」

①　サーバーがサービスをし，レシーバーがサービスを受けるための位置をとった後，サーバーがサービスを続けることをやめるような動作や仕草をとった場合は，そのサービスはだましたことになる（規則第14条第4項を見よ）。

〔註〕　サーバーが構え，レシーバーが構えた後，余り長い時間サービスをしなかった

② 第14条第8項のフォルトは次の如し。
（ⅰ）ストロークの間にシャトルがラケットにより保たれた場合，即ち明瞭に打たれる代りにラケットにのっかかって振り投げられた場合。
（ⅱ）1回のストロークでシャトルが2回打たれた場合。
　　ただし，次の場合は他の点でストロークが合法的であるならばフォルトではない。シャトルの台と羽根が同時に打たれたとき。
③　プレーヤーが規則第14条第6項に許された場合を除き，ラケットまたは体で相手のコートを少しでも犯した場合には妨害となる（規則第14条第10項を見よ）。
④　建物の構造のため必要な場合には地方のバドミントン協会支部は本部協会の反対がなければ，シャトルが障害物に触れた場合に関する細則を作ることが出来る。

第 3 時 限

（1）単　元　ストローク
（2）主教材　フォア・ハンド，バック・ハンド
（3）準　備　ラケット，シャトル，ネット
（4）指導例

A　ウォーミング・アップ
　①　徒手体操
　②　力を抜いたリストの運動
　③　乱打

B　フォアハンド
　①　フォアハンド・ストロークは基本的なストロークで最も無理のない自然なもので簡単なストロークである。これはラケットを持った側（右利きのプレーヤーなら右側，左利きなら左側）にシャトルが飛んできた時に使われる。
　②　グリップはイースタン・グリップで，拇指と人差指との"V"字型が，ラケットの頭の端に副って一直線になっている。

③ リストは固苦しくなく，ゆったりとしていなければならない。固苦しくないゆったりとしたリストのスゥイングはあらゆるバドミントンのストロークになくてはならぬ大切なものである。

図　35

④ リストだけで楽々とラケットを振ることが出来ないようならば早くグリップを調整しなければならない。

⑤ フォアハンド・ストロークの時体はネットにほぼ直角に――横向きに――なっているわけである。即ち正しいフォアハンドのスタンスは左肩はネットに向っていなければならない。

⑥ 腕の前方へのスゥイングを楽にするために，左足は右足の前に出ていなければならない。即ち左足をネット寄りに，右足はそれよりも遠く，両足を結んだ線がネットに大体直角に近いようにする。

⑦ フォアハンド・ストロークのスゥイングのラケットの軌道は，体，腕，リストがスムーズな平なC字を描く。それはシャトルを飛ばしたいと望む方向に一直線に，平面的な弧を描くようにラケットの頭を振るのである。

⑧ 腕とリストは，体重が前方に移動しかける時にスゥイングをコントロールするのである。シャトルが腰から肩の高さの間の位置にある時のストロークのスゥイングである。

図　36

⑨ フォアハンド・ストロークでは，ラケットと腕は肩からラケットの先端まで一直線になった時に，ラケットの面とシャトルが接触する。即ちラケットの面がシャトルと接触した瞬間，腕を十分に伸ばして，ラケットと腕は肩からラケットの頭まで一直線になる。

図　37

⑩ この時，最大に働いているのはリストである。リストで打つのである。一直線に伸ばした腕とリストとが，一緒になってテニスのように前方に押しや

るのではない。リストで打ち，それに続いて腕が水平に前方に振られるのである（**フォロウスルー**）。

⑪　ショットの速さと巨離は，リストの振りのスピードと半径による。これは大切なスウィングの一つである。

⑫　胸の高さのフォアハンドのスタンスはラケットとリストを出来るだけ後へ曲るまで曲げて，胸の高さに持ってくる。

⑬　腕を少ししか動かさないで，リストは水平に（床面と平行に），ラケットの頭を前方に振る。これをリストの〝フリック〟という。これはバドミントンのあらゆるスウィングの中での基礎的なところである。

⑭　このリストの振りに続いて，フォロウ・ススルーが行われる。

⑮　スウィング中ラケットが，手・腕を打つ方向に引張るようにする。

⑯　あらゆるバドミントン技術の基礎となるものであるから十分に練習してリストのフリックが無意識のうちに，楽に自然に出来るようにしよう。

C　本技の注意事項

①　ストロークするとき，ラケットを持った方の肩を十分に後ろにひいて，バック・スウィングする。この時のリストは曲るだけ後方に曲げるのである。

②　従って，胸はネットとほぼ直角に即ちサイド・ラインに平行になる。

③　胸とネットとが平行して，スウィングの幅が狭くならないように，スウィングの幅が狭いとシャトルの飛ぶ距離は短く，力弱いショットになる。

④　〝プッシュ〟ストロークにならないように注意する。

⑤　シャトルが〝ポップ・アップ〟しないように，ラケットの面を床面に対して直角に保ちながら，ストロークに移る。腕とラケットを前方に移動させながら，リストがラケットの頭より先行する（リストをラケットの頭より少し前に押し出すような気持で）。シャトルとラケットの面とが接触する瞬間にフリックする。フリックを忘れないように，フォロー・スルーのとき上方にもって行かないで，長い水平な尾を引いたC字形を描くようにする。

D　バックハンド・ストローク

①　シャトルは体の両側に飛来して来る。従って両側のストロークが共に出来なければならない。

IV 単元の展開とその方法

② もしシャトルが体の左側に飛んで来たら,左手に持ち替えない限り,バックハンド・ストローグで打ちかえさなければならない。それ故,よいバックハンドは,よいフォアハンドと同様に,バドミントンの技術の中で大切なものである。

③ バック・ハンドストロークのグリップはフォアハンド・ストロークのグリップと少し違ってくる。それはフォアハンドの時のラケットの面の反対側即ち裏面でシャトルを打つためにグリップを変えなければならないのである。

④ 先ずフォアハンド・グリップをする,次にラケットを少し右にねじる,従ってハンドルは手の中で廻わる。

⑤ それから次に,拇指をちょうどラケットのシャトルを打たない面と直線をなして,ハンドルの片面に,平たくなるように拇指で支える(図7参照)。(サム・アップする)

⑥ このグリップで拇指がテコとなってスイングを助け,ラケットを前に導くことが出来る。そしてリストの動きに柔軟性を加え,非常な力とコントロールを与える。

⑦ 左肩を引き十分にバックスイングした時には,右肩はネットに向い,胸はネットに対し鈍角になるように回転させなければならない。この時の足は,右足はネット寄りに左足はそれよりも遠く,即ち右足を前にしなければならない。

⑧ このスウィングは背面を軸として体と腕を左にねじらせる。左足に移された体重は,ねじれの融けるに従って右足に移る。

⑨ 低いシャトルをハイ・クリヤー(上方に打ち上げる)でリターン(返球)するときは,下方から斜上方に向って高くスウィングする。これはフォアハンドのスウィングの時と同じように,シャトルを自分の希望する方向にスウィングし,且つ常にラケットの面で真直ぐに打つことである。この際カットやスライスしようとしてはならない。

⑩ 高いシャトルを下方に打つには,スウィングは高い所から始まり,斜下方に向って打ち下される。

⑪ バックハンド・ストロークで,シャトルを打つ時,ラケットの先端がリ

ストより上を指し，リストがラケットより前に出ているままの状態で前に動かし，シャトルが触れる瞬間フリックする。そうするとラケットの先端が急速に前方に動いて，最も有効な力がシャトルに加えられるのである。

⑫ シャトルが打たれた後，フォロウ・スルーのためにスゥイングを続ける。このフォロウ・スルーの間に，リストは軽く曲り，掌を横に返す。

⑬ バックハンド・ストロークは特にゲームの重要な部分である。何となれば，バックハンドは多く用いられ，且つ大部分のプレーヤーは苦手とするところから，非常にしばしばシャトルはバックハンド側に飛んで来る。大いに練習し，コントロールをつけ，スピードを増すようにしよう。

E 本技の注意事項

① リターン（返球）を待機しているとき，そのときの準備姿勢は，ネットに応対し，両足の爪先に，均等に体重をのせ踵を浮かせて構えている。左に来たシャトルをバックハンド・ストローでリターンするのに腕だけをバック・スゥイングしてリタンしないことである。

② シャトルの飛行によって，左足のボール（拇指のつけ根）を軸としてまわる。軸とした左足の前に右足を前に出すと同時に，または，右足のボールを軸として左足を退くと同時に，右肩と腕をバック・スゥイングして横向きに，ねじれの運動を起すのを忘れてはならない。

③ このバック・スゥイングの時，サム・アップをすること，ラケットの頭をむちを振るように振るリストの運動とフォロー・スルーで終るべきであるのも忘れてはならない。

F クーリング・ダウン

徒手体操

第 4 時 限

(1) 単 元 ストローク
(2) 主教材 オーバーヘッド・ストローク，ネット・ストローク
(3) 準 備 ラケット，シャトル，ネット
(4) 指導例

A ウォーミング・アップ
  ① 徒手体操
  ② 力を抜いたリストの運動
  ③ 乱打
B オーバーヘッド・ストローク

① バドミントンの主なポイントを得るストロークは，頭上で，シャトルを高い位置で打つことである。上から強く打下すスマッシュや，下へドロップするのに，或はハイ・クリヤーでコート深くリターンしたりするのにオーバー・ストロークを用いる。

② このストロークのグリップはフォアハンド・グリップである。

③ オーバーヘット・ストロークはオーバー・スローのモーションに似ている。

④ 左足は，飛んで来るシャトルの方向と一直線となるように，右足の前に踏み出す。左肩は前方に出す

図38 オーバーヘッド・ストローク

と同時に右肩に後に引く（即ちバック・スウィング）。ラケットは右肩の後ろ下に，一瞬間停止させ，再び上方に振りもどされる。頭上のやや前方でシャトルにミートするように右腕を十分にのばす。そしてミートする時，フリックしフォロー・スルーする。

⑤ オーバーヘッド・ストロークのリストの運動は，フォアハンドやバックハンドの場合と同じようにスナップのさいリストが必ずラケットより前に出ていなければならない。

⑥ シャトルとラケットとが接触するのは，許される限り高い地点でなくてはならない。従って，腕を十分に伸ばし且つつまさき立ちになって背伸びするぐらいにしてストロークする。

⑦ 体重は，スタートしたときとストロークし終った（フォロースルー）とき除いて，ストロークしている間中後足にかかっている。それはラケットの頭が，シャトルに触れるように前方にスウィングする時，体重は後足から前足に

移る。全体重を後足にかける。

⑧ 相手が〝ポップ・アップ〟したときか，〝ハイ〟クリアで打ってきた時にのみオーバーヘッド・ストロークを用いる。

C 本技の注意事項

① フォアハンドやバックハンドのときと同様に，ストロークの態勢に移り始めると同時にラケットのバック・スゥイングを始める。ストロークの際あわてなくてもすむように，十分**余裕**をみて**スウイング**しなくてはならない。

② つまさき立ちのまま後にそり反りながら，腕と上体を一緒に合せて深くバック・スゥイングする。

③ ストロークに最大限の力を与えるのは，体，腕，リストが一体となることである。

④ ストロークに注がれる力の大部分はたれさがったラケットが再び上に振り戻されるときに集中するのである。

⑤ 出来る限り高い位置で，即ち十分に腕を伸ばして，体の前方でラケットとシャトルを接触させることである。

⑥ リストが頭上を通過する瞬間に，ラケットの面がリストより先に出るように素早く〝スナップ〟し，さらにシャトルに接触する直前に〝フリック〟する。

⑦ グリップを絶対に変えぬこと。

D ネット・ストローク

① ネット・ストロークは，ネットのすぐ近くに落ちてきたシャトルをリターンするときに使われる。

② このネット・ストロークの目的は，やっとネットを越えたシャトルがネットすれすれにそって相手方のコート内に落ちるようにリターンすることである。

③ このリターンには細心なタッチが必要である。即ち，シャトルがネットすれすれに越えるように（ヘアピン・ライト），またはシャトルがクロス・コートする（クロス・コート（ネット）・フライト）ように，十分ストロークをコントロールしてシャトルを打上げる（リフト）ようにしなければならない。

④ ラケットとシャトルが接触する瞬間，グリップを固くして，シャトルが思いどおりに打ちかえされるようにラケットの面を床面と平行にして，安定させる。

⑤ 自由な力いっぱいの動作と，柔軟性のリストとを必要とするフォアハンド，バックハンド，オーバーヘッド・ストロークなどとはまったく正反対の性質のものである。

⑥ このネット・ストロークの場合ラケットの動きはリストを動かしてスウィングするというよりも，主としてラケットそのものを〝持ち上げる〟ようにするのが特徴である。

E 本技の注意事項

① 〝ヘアピン・フライ〟トのリターンするにはリストを動かさないように注意する。

② クロス・コート・フライトのリターンには，リストと同時に肘をいくぶん曲げて静かにスウィングする。この場合出来るだけネットぎわに近寄る。

F クーリング・ダウン

徒手体操

第 5 時 限

（1） 単 元 フット・ワーク
（2） 主教材 各種ストロークにおけるフット・ワーク
　　　　　　 防禦におけるフット・ワーク
（3） 準 備 ラケット，シャトル，ネット
（4） 指導例

A ウォーミング・アップ

① 徒手体操
② 力を抜いた軽いスウィング
③ 乱打

B 各種のフット・ワークにおける身体のバランス，体重の置き方

① 正確なフット・ワークは立派なストロークをする上に最も大切な要素で

ある。

② フット・ワークはストロークの動作と密接な関係がある。予め目測した攻撃位置へ早めにつかねばならない。位置につくのが遅れればそれだけ余裕が少くなるので, どうしてもあわててストロークすることになる。従ってストロークに必要なワインド・アップやバック・スウィングを完全にやる時間がなくなる。

③ フォアハンド・ストロークのフット・ワークは, 左足を右足よりも前にして, ラケットをバック・スウィングで後方に引くと同時に, 左足のボールを軸として右足を後方に引き, 体重をその足に移す (図39)。或はシャトルの飛行によって, 右足のボールを軸として左足を前に踏み出さねばならない場合もある (図40)。いずれの場合にしても左足は右足の前にあって, 体重は後足 (右足) にある。前方へのスゥイングに連れて後足から前足に重心が移る。

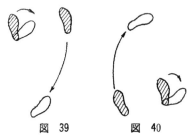

図 39　　　図 40

④ バックハンド・ストロークでは, 右足のボールを軸としてまわる。左足を後ろに引く。または左足のボールを軸として廻る。軸とした左足の前に右足を出すと同時にバック・スウィングしてねじれる。体重は後足 (左足) にかける。シャトルが近づくにつれて, 腕と体は同時に前方に進み出し, 体重は左足 (後足) から右足 (前足) の方に移って行く。そして前後になっている足を構えのスタンスに戻す。

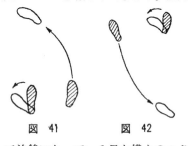

図 41　　　図 42

⑤ オーバーヘッド・ストロークは左足を右足の前にし, 楽な姿勢をとる。左足は飛んできつつあるシャトルの方角に一直線をなす。つまさき立ちのまま後ろにそり返る。上体の重心はスタートした時とストロークし終ったときを除いて, ストロークしている間, 後足にかかっている。

⑥ 防禦の構えのフット・ワークは上体をわずか前向きに傾け, 体重を両足

に平均してかけて構える。両足の間隔は40cm前後で，両膝を軽く曲げて両踵をわずかに床から離れている。重心はつまさきの方に多くかかっている。そしてラケットの頭を上にしていなければならない。

⑦ 体の左右への，または後向きへの素早い移動には，〃ピボット〃を使うべきである。この〃ピボット〃の上手下手がバドミントンの上達に深い関係がある。上手であれば，速く目的地につくことが出来るので余裕が出来よいストロークが出来る。

⑧ フット・ワークの要点は，如何にして最もやりやすい地点に素早く飛び込むか，それと同時に如何にしてうまく体のバランスをとるかにある。なかでもバランスの問題は直ぐその後に続くリターン・ストロークに移る上に決定的な意味をもっている。

⑨ すぐれたフット・ワークの持主であれば，出来るだけフォアハンドを使うチャンスを多くしてバックハンドのリターンを避けるようにすることが出来る。

⑩ シャトルが高く遠く飛んできた場合，フット・ワークが悪いと，後ろに退った場合には，バランスがくずれてしまいがちであるばかりでなく，どうしても体の後ろでシャトルを打ってしまうため，ストロークが詰まってしまい，弱いリタンしか出来なくなる。その上バランスを失うため，続きのリターンに備えて素早く態勢を回復することがむずかしくなる。

⑪ シャトルを打ち合っている（ラリー）最中は，いつでもコートの中央にいるように努力すべきだ（シングルスの場合）。

C 本技の注意事項

① 防禦姿勢にあるときラケットを下向きにたらして構えないこと。

② 両足と上体を十分に使いきらないこと。即ち，ただ腕だけにたよって動作を行うことはいけない。

③ 頭上に飛んできて，その場では届かないシャトルをリターンしようとする場合，頭をあお向けにしてそのまま後ろにさがるべきではない。

D クーリング・ダウン

徒手体操

第 6 時 限

（1） 単　元　体重の移動と腰のバランス
（2） 主教材　フォアハンドの乱打
（3） 準　備　ラケット，シャトル，ネット
（4） 指導例

A　ウォーミング・アップ
　① 徒手体操
　② 力を抜いた軽いスウィング
　3　乱打

B　フォアハンド・ストローク

　① 第3時限のフォアハンド・ストロークと第5時限のフット・ワークとを組合せて，スウィングとフット・ワークを関係させて体重の移動と腰のバランスを練習する。

　② 次に，スウィング後のラケットの位置に注意し，リターンに引続いて構えについて研究する。

　③ もしネットが邪魔になるようであったら，初めははずして行い，後半にはネットを張ってクリヤーする。

C　バックハンド・ストローク

　① 第3時限のバックハンド・ストロークと第5時限のフット・ワークとを組合せて，スウィングとフット・ワークを関係させて体重の移動と腰のバランス，特にこのバランス並びに十分にバック・スウィングすることを忘れぬようにして練習する。

　② 次に，スウィング後のラケットの位置及びリターンに引続いておこる次の構えについて研究しよう。

　③ 前のフォアハンドの時と同様に，ネットにひっかかるようであるならば前半はネットなしで，後半に張る。

D　クーリング・ダウン
　徒手体操

第 7 時限

（1） 単　元　体重の移動と腰のバランス
（2） 主教材　オーバーヘッド・ストローク
（3） 準　備　ラケット，シャトル，ネット
（4） 指導例

A　ウォーミング・アップ
　① 徒手体操
　② 力を抜いた軽いスウィング
　③ 乱打

B　オーバーヘッド・ストローク

　① 第4時限のオーバーヘッド・ストロークと第5時限のフットワークを組合せて，スウィングとフット・ワークを関係させて体重の移動と腰のバランスを練習する。

　② スウィング後のラケットの位置に注意し，リターンに引続いて構えについて研究する。

　③ スマッシュ，ハイクリヤー，ドロップ等の決めてのストロークとなるので十分に練習しよう。

C　ネット・ストローク

　① いままでの他のストロークのように，十分，時間をかけて完全なバックスウィングしないのであるから注意して練習しよう。

　② このことについては第4時限においてやっているのである。体のもって行きかた，体重とそのバランスに注意しよう。

　③ バドミントン独特の軽妙な戦法で，高等の技術を要するから十分に練習すべきである。

D　クーリング・ダウン
　徒手体操

第 8 時限

- (1) 単　元　ゲーム
- (2) 主教材　15点1ゲーム
- (3) 準　備　ラケット，シャトル，ネット，記録用具1式
- (4) 指導例

A　ウォーミング・アップ
- ① 徒手体操
- ② 力を抜いた軽いスウィング
- ③ 乱打

B　ゲームの説明
- ① 正式のゲームは15点の3ゲームであるが，15点の1ゲームとする。
- ② 試合規則（ロー）の違犯，即ちフォルトをとってやるから，フォルトにならないように注意してやる。
- ③ 15点1ゲームであるが，1ゲームに時間がかかるから，セッティングなし，交代は敏捷にし，練習は1本とする。
- ④ この時限には全員出来ないから，他の者に審判及び線審をさせる。

C　ゲームの反省
- ① 交代に時間がかかりすぎて，全体の時間がのびていないか。
- ② フット・フォルト，ハンド・フォルトが大分あるから十分注意しなくてはならない。
- ③ サービスの順序を間違えたり，誰がレシーブするのかわからなくなったりした。

D　クーリング・ダウン
　徒手体操

第 9 時 限

- (1) 単　元　ゲーム
- (2) 主教材　15点1ゲーム
- (3) 準　備　ラケット，シャトル，ネット，記録用具1式
- (4) 指導例

A　ウォーミング・アップ
　①　徒手体操
　②　力を抜いた軽いスウィング
　③　乱　打
B　ゲームの説明
　①　前の時限と同じ方法で行う。
　②　前の時限にゲームしたものは審判と線審を行う。
　③　ゲームを行う前にフォルトについて注意する。
C　ゲームの反省
　①　カウントの取り方，ポイント数によってプレーヤーのつく位置について，はっきりしない者はいないか。
　②　試合規則（ロー）について不明の点はないか。
D　クーリング・ダウン
　徒手体操

第 10 時 限

（1）　単　元　ゲーム
（2）　主教材　15点1ゲーム
（3）　準　備　ラケット，シャトル，ネット，記録用具1式
（4）　指導例

A　ウォーミング・アップ
　①　徒手体操
　②　力を抜いた軽いスウィング
　③　乱打
B　ゲーム
　①　第8時限と第9時限のゲームの時間において受けた注意及び反省をよく思い出してやる。
　②　ゲーム，審判，線審を行わないものは全て審判であり，線審のつもりでゲームを見学させる。

C　ゲームの反省
　① 試合規則（ロー）を研究する。
　② サービス及びレシーブについて研究する。
D　クーリング・ダウン
　徒手体操

Cコースの年間学習指導計画案

単　元	主　教　材	10時間配当	15時間配当	指導の着眼点
各種の打方	スマッシュ ハイ・クリヤア ドロップ	1 }2 3	3	打点，ポイントとラケットについてシャトルをキャッチする位置，高さに注意（出来るだけ高い位置で）
ダブルス・プレイの各システム	サイド・バイ・サイド フロント・アンド・バック ディアゴナル ローティション	3 }2 4	3	各システムでのパートナーとの呼吸動き方
ゲームの仕方	シングルス・ゲーム ダブルス・ゲーム	5 }2 6	4	
試合の見方とそのポイント		7—1	1	審判の仕方
正式ゲーム		8 9}3 10	4	

3　C　コース（経験者のためのコース）

第　1　時　限

（1）単　元　ストローク
（2）主教材　スマッシュ，ハイ・クリヤア
（3）準　備　ラケット，シャトル，ネット
（4）指導例

A　ウォーミング・アップ
　① 徒手体操
　② 力を抜いた軽いスウィング
　③ 乱打

B　スマッシュ

①　オーバーヘット・ストロークで打たれたシャトルの飛び方に3種類〝スマッシュ〟,〝ハイ・クリヤア〟,〝ドロップ〟がある。これからその一つである〝スマッシュ〟について練習する。（Bコース第3時限参照）

②スマッシュは，コートの中央或いはそれより前方から相手のコートに一直線に打ちこむものである。

③　バドミントンのいろいろのストロークの中で最も威力のある攻撃武器であるから，いよいよとどめの一発という場合によく用いられる。

④　スマッシュは強力な攻撃法であるから，濫用して疲労を早めないことである。

⑤　スマッシュを効果的なものにするためには，腕を十分に伸ばし，できるだけネットに近い位置で，できるだけ高い所から鋭く打ちこむことに留意しなければならない。

⑥　シャトルが落下する地点より約40cm位後方の場所でオーバーヘッドの態勢にはいる。

⑦　シャトルをネットのトップすれすれに相手のコートに落ちるように打ち下ろすのである。

⑧　ラケットは頭の上方且つ前方でうまくシャトルにミートする。

⑨　正確なタイミングと正しいフット・ワークがとくに重要である。

⑩　グリップは絶対に変えないでストロークすることである。

C　ハイ・クリヤア

①　ハイ・クリヤアは主としてつぎの三つの場合に用いる。

（ⅰ）　味方の態勢が乱れたとき——自分または自分のパートナーが定位置から遠ざかってしまって味方のコートに隙が生じたため態勢を整える〝時〟をかせぐ必要がある場合。

（ⅱ）　相手の弱点であるコート上の地点に敵を誘って試合を有利に進めようとする場合。

（ⅲ）　相手に対する幻惑戦法として効果をねらう場合。

②　さらに，相手をネットぎわや中央からバック・コートにまで後退させる

ことによって敵のエネルギーを消耗させ，その上，その間に相手のスピードやフット・ワーク，ストローク，戦術などに潜んでいる欠点を暴露させることができる。

③　この他，相手のストロークのタイミングを狂わせる効果もある。

④　勢を失って頭上相当高い所から〝フラフラ〟落ちてくるシャトルをうまくねらうのはむずかしい。

⑤　思わず錯覚を起して，早く打ちすぎたり（この場合は完全に空振りするか，フレーム・ショットする），その逆に打ちかたが遅すぎたり（この場合にはシャトルをネットにひかけるか，自分のコート内に打ちつけてしまう）することがあるからタイミングに注意しなければならない。

⑥　ハイ・クリヤアを飛ばすにはつぎの点に留意しなければならない。

（i）　十分高く打上げて，窮地を脱する〝時〟をかせぐようにすること。

（ii）　できるかぎり遠く飛ばして（相手のバック・コートぎりぎりの地点に落下するように）相手をしてシャトルを打ちかえすのがせいいっぱいになるように，即ち，敵に〝スマッシュ〟などの強烈なリターンをさせる余裕を与えないようにする。

（iii）　シャトルがそれ自身の重味で〝フラフラ〟落ちてくるような高さにまで打ち上げるようにすること。

⑦　バック・コートから相手のバック・コートにリターンするには，距離が非常に長くなる関係上相当高度のテクニックを必要とするから十分練習して効果を十分に上げるようにしなければならない。

D　クーリング・ダウン

徒手体操，体力を非常に使っているからこれを考慮した体操を行う。

第　2　時　限

（1）　単　元　ストローク
（2）　主教材　ドロップ
（3）　準　備　ラケット，シャトル，ネット
（4）　指導例

Ⅳ 単元の展開とその方法

A ウォーミング・アップ
  ① 徒手体操
  ② 力を抜いた軽いスウイング
  ③ 乱打

B ハイ・クリアとスマッシュ
  ① この時限の前半は前の時限のオーバーヘッド・ストロークのハイ・クリヤアとスマッシュを練習する。
  ② 2列に並べてこれを行う。片側はハイ・クリヤアのみを行い，反対側にスマッショをやらせる。次に交代してハイ・クリヤア，スマッシュをする。

C ドロップ
  ① 〃ドロップ〃ショットを用いるのは，自分に向って飛んでくるシャトルが次の場合に来たときである。
  （ⅰ） ハイ・クリヤアなどの高い場合。
  （ⅱ） スマッシュやドライブあるいはラッシュなどの速い場合。
  （ⅲ） どうしても床面近くからストロークしなくてはならないような低い場合。
  ② 巧妙におこなわれるとシャトルがネットぎわに落ちる。従ってそれをレシーブするのにストロークしにくい。バック・コートからの攻撃武器として非常に効果がある。
  ③ ドロップ・ショットは相当の熟練が必要である。ストロークするときのコントロールの上手下手が結果を左右する。従って細心のテクニックを必要とする。
  ④ 第1時限のスマッシュと同じように，オーバーヘッド・ストロークのバック・スウイングからストロークに移ったラケットが頭の上にまできたとき，いったんラケットを止め，シャトルがうまく相手のネットすれすれに落ちるようにストロークを調節する。
  ⑤ 〃スマッシュ〃と〃ドロップ〃との相違は，オーバーヘッド・ストロークのバック・スウイングから頭上までのスウイングは同じである。ただスマッシュのときは，後半において強いヒッティングが行われる。後者のドロップは

ストロークの途中，頭上でいったん停止させてからストロークを調節する。
　⑥　スマッシュをやる動作でたくみに敵をあざむき，不意にドロップを飛ばすという手がよく使われる。
　⑦　スマッシュやドライブなどの速いシャトルにつられてスウィングでリターンしがちであるがつられないように注意しなくてはならない。この場合，インター・セップトをもってリターンするのが普通である。
　⑧　このインターセプットはシャトルとラケットの面がミートする時，スウィング停めて強く握り，フォロー・スルーをしない。
　⑨　床面近くでのリターンは，シャトルとラケットの面がミートする時，リストのスナップで（ネットすれすれに越えるドロップを）コントロールする。
D　クーリング・ダウン
　徒手体操

第 3 時 限

（1）単　元　ダブルス・プレイのシステム
（2）主教材　サイド・バイ・サイド，フロント・アンド・バック（アップ・アンド・バック，前衛後衛）
（3）準　備　ラケット，シャトル，ネット
（4）指導例
A　ウォーミング・アップ
　①　徒手体操
　②　力を抜いた軽いスウィング
　③　乱打
B　ダブルスについて
　①　ダブルスの面白味は，チーム・ワークで，呼吸がぴったり合ったプレーヤー同志のコンビネイションにある。
　②　巧みなチーム・ワークを実現するには個々のプレーヤーが味方コート内での自分の受け持ち区域をたえずはっきり守ることが大切である。
　③　このようなチーム・ワークを成功させる戦法として，次の四つの基本的

な方法がある。

（i）サイド・バイ・サイド，（ii）フロント・アンド・バック，（iii）ダイアゴナル，（iv）ローテイション

C　サイド・バイ・サイド

① 味方のコートを，センター・ラインを境として等分に分けて各人の受持ち区域とする。

② これは一般に男女のダブルスで，2人のプレーヤーの技倆がほぼ等しいか，それに近い場合に用いられる戦法である。主として守勢的形式であるからあまりこれに拘泥したり，また活動を責任区域内にのみ限ってはならない。

③ もし活動を責任区域内に限ると，次の諸点について問題が起きる。

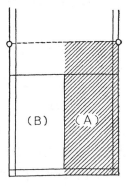

図　43

（i）コート中央附近に飛んで来たシャトルをリターンするのに混乱が起きて，お互いのラケットがぶつかり合ったり，ラケットのぶつかりを避けてその中間を抜かれたりする恐れがある。

（ii）レフト・コートのプレーヤーの強烈なフォアハンド・リターンが十分間に合うにもかかわらず，ライト・コートのパートナーがバックハンド・リターンしてしまうようなことが起れば，明らかに損をする。

（iii）敵のリターンによるオーバーヘッド・フライトが，コート中央付近またはライト・コートのバック・バウンダリー・ライン附近に落ちてきた場合，ライト・コートのプレーヤーにとってはバックハンド・リターンとなるので不利である。

（iv）ゲーム中，片方のプレーヤーがネットぎわに接近すると，バック・コートに隙が生じる率が多くなる。

D　フロント・アンド・バック（アップ・アンド・バック）

① 前・後衛のシステムである。2人の活動責任区域が比較的明確に分られ，初心者を前方の守備区域に，熟練者が後方の大半を受け持つ戦法である。

② これは混合（ミックスド）ダブルスの場合ごく一般に用いられる戦法で，

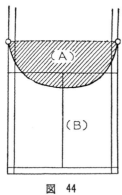

図 44

普通女子が前衛となってショート・サービス・ラインとネットの間の区域を受け持ち，後方を男子が後衛として受け持つのである。

③ 図44でもわかるように，この戦法の場合後衛(B)を受け持つプレーヤーの負担が大きい。

④ 各自の受け持ち区域の性質上プレーの技術がどうしても片寄りがちになり，シングルスや普通のダブルスの戦法になった場合あまり応用がきかぬことがある。

⑤ 前衛がオーバーヘッド・フライトをリターンするのは，自分の守備態勢が乱されない場合に限られ，敵が〃ポップ・アップ〃したシャトルを急速なドロップまたはドライブでリターンする場合にかぎられる。

⑥ このような場合には強烈なスマッシュに必要なワインド・アップをする余裕はほとんどないのが普通である。

⑦ 従って，大低のオーバーヘッド・プレーは〃後衛〃がやらなければならないことになる。

⑧ それにもともと〃後衛〃の役目は，できるだけ敵がシャトルを高く打ちあげざるを得ないように導いて，味方のパートナーにスマッシュ・リターンをねらわせる機会を作ることである。

⑨ この戦法で注意しなければならないのは，サービスの後に前衛がネットぎわの自分の守備位置にいるかの問題である。これはサービス直後のネットぎわの守備をどちらが受け持つかによって決まるのであるから，ゲーム開始前に決めておく必要がある。

D クーリング・ダウン

徒手体操

第 4 時 限

（1） 単 元　ダブルス・プレイのシステム
（2） 主教材　ダイアゴナル，ローテイション

（3）準　備　ラケット，シャトル，ネット

（4）指導例

A　ウォーミング・アップ

　①　徒手体操

　②　力を抜いた軽いスウイング

　③　乱打

B　ダイアゴナル

　①　サイド・バイ・サイドとフロント・アンド・バックの戦法を組合わせたシステムである。

　②　通常，サーバーまたはレシーバーがゲーム開始のサービス直後ネットぎわに接近して守るプレーに用いる。

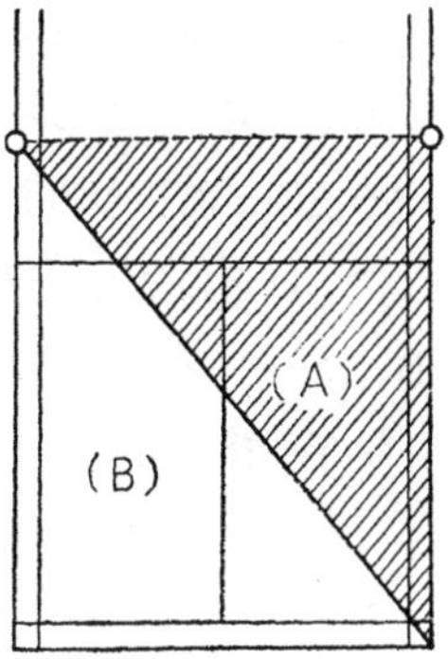

　③　図45のように，ライト・コートのプレーヤー（A）が自分のバック・コートの守備をレフト・コートのパートナー（B）に任せてネットぎわに進んで守備する。フロント・アンド・バックのシステムと異なるところは，バック・コートを受け持つプレーヤーの守備範囲が比較的狭い点である。

　④　このシステムの長所は図45のように大部分のバック・コートは（B）の受け持ちになるが，大抵のオーバーヘッド・プレーやライト・コートでのプレーは（B）1人で十分的確に処理出来る筈である。（A）がライト・コートにいない方がむしろ（B）のプレーを妨げず好都合である。

図　45

　⑤　敵のリターンがバック・コートぎりぎりに飛んでくると幾分応待に窮すのが難点である。

C　ローテイション

　①　このシステムは前の三つのシステムの組み合せである。ゲーム中，2人のプレーヤーの位置が絶えず正反対側にあるように，時計の針と逆方向に回転しているシステムである。

　②　ゲーム中の2人の動きは例えば（A）がネットぎわ左の地点に防戦する

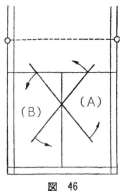

図 46

必要が生じてから後（B）は本来ならば（A）の守備位置であるライト・コートへ移動してプレーするようになる。一方（A）は無事ネットぎわのプレーをすませたら，すぐ前まで（B）がいたレフト・コートに引返して防戦に当る。

　③　いずれか一方のプレーヤーが通常の守備範囲外に移ったとき，必要となればこれに従ってもう一方のプレーヤーも移動を開始する。それ以外の点は大体サイド・バイ・サイドのシステムと変りはない。

　④　このシステムは他の三つのシステムにみられる欠点を補える点でよいシステムである。いろいろの変化あるプレーをおこなう機会が2人にとって均等にめぐってくるところに特徴があるといえる。このシステムは2人のパートナーの技倆があらゆる面で平均していることが最大の条件である。

　⑨　以上のことに意を用いてダブルス・ゲームを行なわせる。

D　クーリング・ダウン

　徒手体操

第 5 時 限

（1）　単　元　ゲームの仕方
（2）　主教材　ダブルス・ゲーム
（3）　準　備　ラケット，シャトル，ネット
（4）　指導例

A　ウォーミング・アップ

　①　徒手体操
　②　力を抜いた軽いスウィング
　③　乱打

B　チーム・ワーク

　①　シングルス・ゲームと違ってダブルス・ゲームにはチーム・ワークの問題が附加される。ゲームに先立って，パートナー間で打合せをする必要が起き

てくる。
　② どの戦法でいくか，あらかじめの打ち合せを忘れないこと。
　③ ゲーム中敵のリターンに対していったんスタートを起したら途中で決して中止しないように，そうでないとパートナーをまごつかせることになる。
　④ サービス直後の敵のリターンをレシーブする場合の守備範囲をお互いにはっきり決めておくこと。
　⑤ ネット・プレイが済むとすぐネットぎわを離れてはならない。
　⑥ 〃前衛〃はゲーム中あまりネットに接近しすぎぬように。
　⑦ 〃前衛〃が〃後衛〃の守備地域にまで後退してはならない。
　⑧ ゲームの最中パートナーのことを考慮せず，1人勝手なプレイをしてはならない。
　⑨ 常に攻勢に立つ心がけを忘れないこと。
　⑩ チーム・ワークをより一層よくするために，ゲーム開始に先立って次の点を打ち合せておくとよい。
　（i） 味方のサービスを敵がショート・リターンしてきたら2人のうちどちらがカバーするか。
　（ii） 味方のサービス直後にネットぎわをカバーするのは誰か。
　（iii） オーバーヘッド・フライ及びコート中央付近低目に飛んでくるドライブのリターンをどちらが受け持つか。
　（iv） パートナーがスマッシュ・リターンをした場合のネットぎわをカバーするのは誰か。
　⑪ 左ききと右きき同志の組合せの場合には，十分に打ち合せておくこと。
C　守備と攻撃
　① プレーヤーはコートを右・左に切半して，サイド・バイ・サイドで行うか，1人がコートの前の部分を，他方がコートの後の部分を守るフロント・アンド・バックで行うか（混合ダブルスに用いられる），この両システムの結合で行うか，または，コートを筋違いに（ダイアゴナル），或は，左廻りながら行うシステム（ローテイション）で行うかを選択する。
　② 各々のフォーメイションには夫々の長所と短所がある。そしてプレーヤ

ーはこれらの長所と短所とを各々見定め，各自に適するものを選択すべきである。

③　一般にダブルス・チームの守備は，サイド・バイ・サイドで，攻撃はフロント・アンド・バックで行なうことである。

④　それは，相手のチーム（アウト・サイド）よりの貧弱な打ち返えし（リターン）――ネット近くで高いリターン――に対してウイニング・スマッシュをすることが出来るし，イン・サイドが窮地に陥ったならば，サイド・バイ・サイドにして守る。そして，ドロップまたは，急速に落下するスマッシュに対し，ネット近くに動く位置につくことが出来る。

⑤　如何なるシステムが用いられたにしても，パートナーとの間に若干のサインをもつべきである。一般にシングルス・プレーの時と同様な攻撃が，ダブルス・プレーにも適用される。これは相手のバランスを失わしめ，また相手に疑惑をもたせることになる。

D　クーリング・ダウン

徒手体操

第 6 時 限

（1）単　元　ゲームの仕方
（2）主教材　シングルス・ゲーム
（3）準　備　ラケット，シャトル，ネット
（4）指導例

A　ウォーミング・アップ

①　徒手体操
②　力を抜いた軽いスウイング
③　乱打

B　ゲームについて

①　基本的必須条件は正確に完成されたストロークに策戦の知識である。
②　全てのバドミントンのストロークにおいて，単にシャトルを打つ方法のみならず，それを打つ場所を考えなくてはならない。

C　守備と攻撃

①　ショットの混用——ドライブ，クリヤア，ドロップ，スマッシュと変えるならば，相手のバランスを失わしめることが出来る。

②　定位置に戻るために走らねばプレーヤーは完全なリターンがしにくい。そこで出来るだけ相手から離れた所に，ショットを狙うのである。このために狙った地点にシャトルを打つ練習が必要である。相手の正面，体に直接シャトルを打つことは非常に効果的である。殊に相手がネット近くにいる時は，このようなシャトルのリターンを正しく処理することは非常に困難であるからである。

③　ショット後，相手のリターンが，正しく返される地域をカバーすることが出来る位置に走ることを練習する。この位置は一般にコートの中心である。

④　サービスの時，相手を守勢に立たせるために，相手をネットの後方へ離れるようにロング・ハイ・サービスをする。そして相手に疑惑をもたせるように，時折りショット・サービスを加える。

⑤　ネットに突進させられたり，またリターンのためにかなり走ることを余儀なくさせられて窮地に追い込まれた時には，相手の頭上を越えるロングによりクリヤアにする。こうすることは，相手を後方に戻し，相手に対してリターンが出来るための位置を取る時間を得ることが出来る。クリヤアは相手の頭上を越えるよう，且つコートいっぱいにシャトルを打つようにしなければならない。

⑥　ネットに近く適当な位置にいない時には，スマッシュしてはならない。ネットより遠く離れている時には，その偉力を発揮することは出来ないばかりでなく，体力を消耗するばかりである。

⑦　シャトルを打つ時は，それから目を離すようにする。

D　クーリング・ダウン

徒手体操

第 7 時 限

（1）単　元　審判の仕方

(2) 主教材　シングルス・ゲームとダブルス・ゲームについて
(3) 準　備　ラケット，シャトル，ネット
(4) 指導例
A　ウォーミング・アップ
　① 徒手体操
　② 力を抜いた軽いスウイング
　③ 乱打
B　シングルス・ゲームの審判の仕方
　① ゲーム開始に先きだって技術に応じて，即ち同じ程度の技術の者で組合せを行う。
　② プレーヤーをコートに入れて，トスをさせ，トスを得たサイドに，次ぎの三つの中即ち，（i）最初にサービスをするか，（ii）最初にサービスをしないか，（iii）エンドを選ぶかを選択させる。そしてシャトルを渡し，練習3本（時間によって1本，2本，何本でもよろしい）といって練習させる。
　③ 3箇のフォルトをしたら，練習はそれまでといって，練習をやめさせる。
　④ イン・サイドA君，アウト・サイドB君といって，競技者を発表する。
　⑤ スリー・ゲームス，マッチ・オブ・フィフティーン（女子の時はイレブン），ポイント，レディー・プレイと称して，イン・サイドがライト・サービス・コートからゲームを開始させる。
　⑥ イン・サイドがサービスし，アウト・サイドがレシーブする。
　⑦ そしてラリーを続ける。もしフォルトがイン・サイドによってなされたらフォルト，チェンヂ・サービス，次ぎに，カウント0：0（ラブ・オール）を唱えて，今までのアウト・サイドがイン・サイドとなってサービスをさせる。
　⑧ カウントは必ずサーバー・サイドを先きにしなければならない。
　⑨ イン・サイドが得点を得ている間は，サービスは交互に各サービス・コートから対角線上にある反対側のサービス・コートに向ってさせる。
　⑩ もし，イン・サイドの得点が奇数の時は，左サービス・コートから，得点が偶数の時は右サービス・コートからサービスさせる。
　⑪ また，スコアが13オール（女子は9オール）になった時には，先きに13

点（女子9点）になった者に，セッティングするかどうかを尋ね，セッティングをするといったら，ラブ・オールと唱えてゲームを続行させる。そして，早く5点（女子3点）を取った方が勝とする。スコアは 18：× とする。もし希望しない時はそのままゲームを続けさせる。14オールになったら13オールの書と同じ事をする。この時セッティングが行われたら，ラブ・オールと唱え，早く3点（女子2点）を得たサイドが勝ちである。スコアは 17：× とする。

⑫ 第1ゲームが終ると，ゲーム・カウントを唱え，エンド・チェンジさせる。勝った方が第二ゲームの最初のサービスをしてゲームを開始する。

⑬ 第1ゲームの勝者が第2ゲームにも勝ったら，ゲーム・カウント2：0（ツー・ラブ）と唱えて終りとする。もし第1ゲームの勝者が破れた時は，ゲーム・カウント1：1（ワン・オール）と唱え，チェンジ・エンドさせて，第3ゲームは第2ゲームの勝者がサービスをしてゲームを開始する。

⑭ 第3ゲームで次のようなスコアになった時にチェンジ・エンドと唱えてエンドを換えさせる。15点（11点）ゲームの時には8点（6点）。

⑮ 所定のスコアに達したらゲーム・セット，ゲーム・カウント 2：× と唱えて終りとする。

C　ダブルス・ゲームの審判の仕方

① ダブルス・ゲームの審判はシングルス・ゲームとほぼ同じであるが，各サイドに2人ずつプレーヤーがいるので少し違う。

② 第1，第2，第3ゲームとも最初のインニングでのサービスは1回だけで，その後各インニングの最初のサービスは右側のサービス・コートからなされ，シャトルがラケットで打たれた時にゲームが始められる。

③ ダブルスでは1インニングに2箇のサービスがある。イン・サイドがフォルトをするともう1人のパートナーがサービスをする。その時のカウントは7：1　ワン・ダウンと唱え，セコンド・サービスと唱える。

④ チェンジ・サービスした時誰がサービスをするかは，その時の得点によって違う。自分のサイドの得点が零または偶数の時のプレーヤーの位置は，試合開始の時に占めた位置である。得点が奇数の時にはパートナーは左右入れ代った位置につく。

⑤ ロー(試合規則)のフォルト,(第14条)一般規定(第15条)を熟読して,フォルトを取るチャンスを逃さないよう,ローが犯されたら直ちにフォルトを唱えなければならない。

D ゲームの見方

① シングルス＝ショットの混用の仕方及び,その正確さ,それに策戦について。

② ダブルス＝シングルスと同じであるが,それに,そのチームのチーム・ワークとダブルス・プレイの基本的システムの用い方について。

E クーリング・ダウン

徒手体操

第 8 時 限

(1) 単 元 正式のゲーム
(2) 主教材 ダブルス・ゲーム
(3) 準 備 ラケット,シャトル,ネット,記録用具1式
(4) 指導例

A ウォーミング・アップ

① 徒手体操
② 力を抜いた軽いスウイング
③ 乱打

B ダブルス・ゲーム

① 先ず2人ずつ1組の組を人数に応じてつくり,次に組合せをきめる。

② 組合せがきまったらゲームをただちに始めなければならないが,1試合(15点,3ゲーム)約30分〜90分位(上手なものと下手なものとで非常に所要時間が異なる)かかるから時間をよくにらみ合せて始めなければならない。

③ 生徒に審判(アンパイヤー),線審(ラインズメン)をさせ,先生がレフリーをする。

④ 天井の高低,その他プレイするに邪魔になるもの等がある時には特別ルール(グラウンド・ルール)を作る。

⑤ 記録用紙に月日，時間，審判，線審の氏名，プレーヤーの氏名，スコアを記入して保存し，課外活動の参考資料とする。

C　クーリング・ダウン

① 徒手体操

② コートの掃除とネット，シャトルの整理をプレイをしなかった全員にさせる。

第 9 時 限

(1) 単　元　正式のゲーム
(2) 主教材　ダブルス・ゲーム
(3) 準　備　ラケット，シャトル，ネット，記録用具1式
(4) 指導例

A　ウォーミング・アップ

① 徒手体操
② 力を抜いた軽いスウイング
③ 乱打

B　ダブルス・ゲーム

① 前回の残余組で前の時限と同じ方法でゲームを行う。
② 前回と今回で全員が出来なければ，スコアリングを協定して，11点（女子のシングル・ゲームと同じ方法）でゲームを行なう。
③ 前の時限と同じく記録用紙を保存し，前のと一緒にして整理しておく。

C　クーリング・ダウン

① 徒手体操
② コートの掃除とネット，シャトルの整理をプレイとしなかった全員にさせる。

第 10 時 限

(1) 単　元　正式ゲーム
(2) 主教材　シングルス・ゲーム

（3）準　備　ラケット，シャトル，ネット，記録用具1式
（4）指導例
A　ウォーミング・アップ
　① 徒手体操
　② 力を抜いた軽いスウイング
　③ 乱打
B　シングルス・ゲーム
　① 一つのコートでのシングルス・ゲームは約30分かかることを計算に入れて生徒の中から代表者を選らでゲームを行なう。
　② レフリー，アンパイヤー，ラインズマンについてはダブルス・ゲームの時と同じ方法で行なう。
　③ 記録用紙の記入とその整理，保存はダブルスの時と同じである。
C　クーリング・ダウン
　① 徒手体操
　② コートの掃除，ネット，シャトルの整理をプレイをしなかった全員でさせる。

Ⅴ 評　　価

　評価は学習が効果的に行なわれているか否かを知るため行なわれるものであり，その結果指導目標に如何程達したか，教師の立場及び生徒の立場の両面より考えて判断しなければならない。バドミントンを習得する過程において，技能の評価のみならず，社会性，安全性，知的評価などの各々についても評価しなければならない。

1　ゲーム中の目標に対するものとしての評価
　①　積極的に授業に参加しているか。
　②　熱心に研究しているか。
　③　種々のショットの方法を活用しようとしているか。
　④　楽しんでゲームや乱打をするか。
　⑤　自分や他人の安全について注意するか。
　⑥　自分や他人，相手，パートナーに対して正しい態度がとれるか。
　⑦　よく反省し，研究するか。
　⑧　コート・マナーをよく守るか。
　⑨　校内競技会に参加するか。

2　技能の評価
　種々の方法が考えられるが，一例として次に例記してみる。
　（1）第1テスト……サーブと乱打
　　①　準備──ラケット，シャトルを用意し，ネットを正式に張る。
　　②　要領──先生を相手として，腰から下でサービスをさせて乱打5回以上を行なう。次ぎに右，左サービス・コートよりロングとショート・サービス各2回，計4回行なう。
　　③　採点──乱打　5回未満……0，以上……1
　　　　　　　　サービス　1回につき……1点として計算する。

（2）第2テスト……スマッシング
　①　準備——第1テストと同じ。
　②　要領——先生が打ち揚げたシャトルをスマッシングさせる。5回行う。
　③　採点——成功1回につき1点とする。
（3）第3テスト……ネット・プレイ，ドロップ
　①　準備——前と同じ。
　②　要領——先生を相手として，ヘアーピン・フライトを5回とドロップ5回行なう。
　③　採点——各成功1回につき1点として双方を加え2等分する。端数については自由である。繰上げた方がよいと思う。

3　集団的自己評価

　グループ学習で大切なことは話し合いによる協力学習である。集団的自己評価によってグループ全体としての成功や失敗点，並びに成員間のチーム・ワークや役割分担，学習計画設定の可否などについて，その原因や条件を分析考察してみる機会をもつことが必要である。この話し合いは，学習の終末において，あるいは必要によっては学習の途中に休止して行わせる。そして，リーダーの司会の下に秩序的な討議によって進められなければならない。

Ⅵ 校内競技とクラブ活動

1 校内競技の目標

正課時の練習によって得られた技能を発表する機会をすべての生徒に試合を通じて与えることが出来るので効果の多いものである。正課時では思う存分動けないものも，自主的に試合に参加することにより，よりスポーツを愛好し，そしてそれが生活化する過程へと発展するのである。勿論競技を上手に運営するかは十分な準備をしなければならない。

2 校内競技の準備

（1）運営委員会を作ること

各クラスより委員が出され，それに体育委員，体育指導教官等で委員会を構成し，その中に常務委員会を作って，中心になって進めて行くとよい。

（2）開催期日

各種目に関連をもつので，学年末か学期始めかに，バドミントンの授業の展開状況により，決定しなければならない。実際は教官の年間計画の中に折り込まれて準備されていることが望ましい。

（3）経　費

委員会運営費や用具費（シャトルコックは勿論，ラケット，記録用紙など）や賞品に必要な経費を見積っておく。

（4）出場選手の資格

なるべく多くの選手を参加させてやるために，ダブルス・ゲームがのぞましい。また，特に健康の点も注意し，要注意者は除外するように留意しなければならない。（要注意者は審判や線審や記録係などに任命して参加意慾を強めるよう考慮したいものである）

（5）競技の型式

参加チーム数によって型式は決定されるがなるべく多く試合出来るようにすべきであるが，コート数や期日によって運営準備すべきである。

試合数の計算法は，

トーナメント型式　全試合数＝（n－1）

リーグ戦型式　全試合数＝$\dfrac{n(n-1)}{2}$

（n＝チーム数）

リーグ戦型式は右の図表のように作っておけば便利である。

チーム	A	B	C	D	E
A	＼	1	2	3	4
B	1	＼	3	4	1
C	2	3	＼	1	2
D	3	4	1	＼	3
E	4	1	2	3	＼

（6）その他

プレーヤーには審判の権威を十分に納得させて，スポーツマン・シップを体得させる絶好の場としては勿論，応援のあるべき姿，特にコート・マナーを体得させるのによい機会である。

3　クラブ活動への主なる留意点

（1）バドミントンのクラブ活動と他の部との間に留意することは体育館の使用上についてであって，良く話し合う。特にチーム・ワーク（ダブルス）のことは十分に念頭におかなければならない。

（2）練習の強さは上級生を標準としやすいが，下級生や身体の弱いものには過度になりやすいので注意しなければならない。

（3）特に身長におけるハンディキャップに注意して，体の小さいものに劣等感や絶望感をいだかしめないで，特に注意し，身体の敏捷さ等を生かすように留意すべきである。

（4）正選手や補欠の選び方には技能だけでなく，平常の態度等も十分考慮して決定しなければならない。

Ⅶ 用具・施設

施設や用具もまた，指導計画をつくるうえに重要である。幾ら指導の効果をあげようとしても，貧困な施設・用具では手の施しようがない。

しかし，余り理想的な施設用具を望むわけにも行かないが，2人に1個位のシャトルが普通であるが，出来るだけ多くもたせたいものである。文部省で一応あげた基準を示すがこれは最底の線として考えてよいと思われる。

バドミントン用	5学級以下 中学校	5学級以下 高等学校	6～17学級 中学校	6～17学級 高等学校	18学級以上 中学校	18学級以上 高等学校
ラケット（本）	5	10	10	16	10	16
ネット（組）	1	2	1	2	2	2
シャトル（個）	—	—	—	—	—	—
コート（面）	1	2	1	2	2	3
支柱（組）	1	2	1	2	2	2
笛	2	5	5	10	10	15
メガホン	2	—	4	—	4	—
体育用腰掛	10	—	20	—	30	—
巻尺	1	2	1	2	2	3
ライン引き	1	2	1	2	2	3

* 中学校は指定統計第74号学校設備調査報告書（文部省統計課29年10月現在）による各器具数。
* 高校の各器具の基数は，指定統計第74号を参考に文部省中等教育課において作成されたものである。

用 語 の 解 説

アウト・サイド サーブを受ける側,即ちレシーブする側の意。イン・サイドに対する語。

イースタン・グリップ 米国東部に多い握り方,ラケットの持ち方の一種。縦持ち。

イン・サイド サーブする権利を有する側,アウト・サイドに対する語。

インニング 打ち番。サービスの番。

ウエスターン・グリップ ラケットの持ち方の一種。横持ち。

エンド ネットによって二分された両側のコートのこと。

グリップ ラケットの握り方。

コントロール 調節。

サーブ サービスの意。

サービス ゲーム開始の打球。

サム・アップ 拇指で支える。

ショット 狙い打ちの意。

ショート・サーブ ショート・サービス・ラインをちょうど越えて落ちたサービスのフライトをいう。

ショート・サービス・ライン ネットから 1.98 m ($6^1/_2$呎) 離れた平行の境界線。

スウイング ラケット,腰などを振る動作のこと。

ストローク 打法の総称。

セッティング 得点が9オール,10オール(11点ゲーム)13オール,14オール(15点ゲームの)19オール,20オール(21点ゲームのとき)になった時,ゲームの点を増す。

ダウン インサイドの失敗で起きた得点上の損失。ダウンを二度するとサーブする権利は相手(アウト・サイド)に移る。

ダブルス 複試合。ダブルス・ゲームの略。各サイド2人ずつ行うゲーム。

トス 貨幣を拇指で投げ上げて地上に落し,その表,裏によって,サーブまたはエンドの選択に用いられる方法。或は貨幣の代りに,ラケットを地表で廻して倒し,その表裏で決める。日本では「じゃんけん」を用いることが多い。

バック・コート バック・バウレダリー・ラインとロング・サービス・ラインの間にある区劃。バック・アレのこと。

バック・グリップ ラケット持った側の反対側でシャトルを打つ握り方,フォアハンド・グリップの対意語。

バックハンド・ストローク ラケットを持った側の反対のストローク。フォアハンド・ストロークに対する意。即ち右利きの人が,左側でストロークすること。略してバック,またはバックハンドということがある。

バック・スウイング 後ろに振ること。

パートナー ダブルスの組手。

フォアハンド・ストローク　ラケットを持った側のストローク。
フロー・スルー　打球後振り続ける動作。
フット・フォルト　足の罰則。サービスの時，ラインを踏んだり踏み越したり，または打ち終るまで足を動かした時のフォルト。
フライト　飛ぶこと。
プレーヤー　競技者。
ポスト　ネットの支柱。
ラインズ・マン　線審，審判補助者。
ラブ　零
ラリ　打ち合い。
リスト　手首。
リターン　返球すること，返すこと。
レシーブ　受ける。サーブされたシャトルを受け返えすこと。
レシーバー　受ける人。レシーブする人。
ロング・ハイ・サービス　高く深くロング・サービス・ライン近くに落ちるサービス。

遊　　　戯

東京教育大学
教　　授　梅田利兵衞

I 遊戯の性格と指導目標

1 遊戯の性格

　一般に遊戯と呼ばれるものの中には，いろいろの内容が含まれており，他教材との重なりもあって，端的に遊戯教材一般の性格を示すことはむずかしい。これを単に体育的なものに限定しても，子供の遊戯と中学・高校生の遊戯には性格的にもかなりの差があるように思う。

　しかし極めて常識的な立場で遊戯の特性を示せば次のようなものであろう。
（1）自由で，自発的な活動自体の満足のために行なわれる活動である……と言われる遊戯一般の根本的性格を中核とする。

　勿論このような遊戯の概念的規定に，そのまま当てはまるようなものは少いのであるが，遊戯と呼ばれる以上は，こういうものを基底として持っていなければならないと思う。
（2）無定型

　それぞれの遊戯教材とは，一定の型や規則がきめられてはいるが，一般的にいって他教材のように公認規則とか，規格にはまった用具や施設というようなものがない。別の云い方をすれば，自由に場所・用具・方法等を改変してもよい。否むしろ時と所に応じて自由に方法について工夫し，改変していけるところに遊戯の特性があり，そのほうが望ましいことが多い。
（3）技術に深かさや連続性がない。

　遊戯に技術がないわけではないが，他教材において強調される技術とはかなり違った面を有している。遊戯においては技術の上達というようなことが直接のねらいとして意識され，努力されることは他教材に比較して少い。勿論上手に越したことはないが，技術が下手であっても楽しい，逆に技術のまずい人がいて却って楽しいということもあり得る。

　また，他教材のように技術が系統的，発展的に考えられ，技術の一つの体系というようなものが作られているのに比べると，遊戯は比較的断片的であり，1回限りで終ってしまうというようなことが多い。しかし，これを別の見方か

らすると，わずかの時間を利用してでも，どんな人達にでも，どんな所でも行ない得るということになる。

（4）内容の多様性

内容が極めて多種多様であるから，いろいろな場合にふさわしいものを選ぶことができる。しかし一方からみれば多くの教材の中から時と所に応じ，参加者の体力や興味などに応じた最もふさわしいものを選ぶためには，これらの多くの教材について広い知識を有していなければならないことになる。

2 遊戯の指導目標

以上のような遊戯の性格を考えると，その指導目標もおのずから明らかとなってくる。遊戯は他教材と同じように，健康や身体的発達，社会性の発達などが当然指導の目標とならなければならないことは云うまでもない。しかし，他の教材とは別に，型やルールに，勝敗や技術にとらわれることなく，自由に楽しく運動しながら，楽しく遊ぶ方法や技術について学び，余暇を有効に利用し他の人達といろいろの活動を通じて，多様な交わりをなし，生活の中に運動や遊びをとり入れていく方法を学び，態度を身につけることが主なる指導目標となるべきであろう。

Ⅱ 指導上の一般的注意

　遊戯は体育教材として極めてすぐれたものであり，体育の生活化やレクリエーションの観点からも重要な意味を持つが，現在中学，高校においては，余り重要視されておらず，他教材に比べると補助的教材とか余興的なものの域を出でない。これは時間の不足などが大きく影響しているが，一つには遊戯についての体育的な意義が，生徒の生活において占める地位等についての認識の不足によるものであり，その内容や指導についてもあまり研究がされていないためであると思う。

　遊戯が特種の行事と結びつけたり，補助的な教材として扱われているとしても決してその価値が低くみられてよいとは言えない。中学や高校においては，むしろ遊戯の本質はそのような利用のされ方にあるといってよい。しかし，そのためにその価値が軽くみられたり，指導や取扱いがいいかげんになされているとすれば問題である。

　このような観点に立って，遊戯を指導する場合の一般的な注意を挙げてみよう。

（1）指導計画と準備

　綿密周到なる計画が遊戯の指導においても必要であることは云うまでもない。しかし指導計画は充分弾力性に富んだものでなければならない。遊戯の指導においては，特に天候，参加者の希望，その場の雰囲気などに応じて計画を適宜変更しなければならないことが多いから，計画を立てるに際して特にこの点を考慮しなければならない。

　しかし実際的な問題としてこのような具体的な要求にこたえ得るような綿密な計画を立てることは困難であろう。たとえ立派な計画を作っても単なる計画だおれとなっても意味がないのであるから，計画を立てるに際しては次のような方針に従えばよいと思う。

A　他教材との関係を考慮する。

　他教材の準備運動，基本練習，補償的なものとして行なわれるものは，一般

計画の中に折りこむようにする。
B　特別教育活動，例えば臨海学校，キャンプ等に関係あるものは，それらの行事計画の中にくみ入れる。
C　雨天やその他の事情で運動場や体育館が使用できない場合を利用して指導するものを一般計画の中に加えておく。

(2) 目標の確立

　時間が余ったからとか，何んとなく楽しませてやろうというような漠然たる意図で指導するのではなく，関連する教材，前後の運動，遊戯の中に含まれている学習内容などを考慮し，はっきりとしたねらいをもって指導することが必要である。従って同一の活動であっても，そのねらいが違っていることがあるわけである。

（3）教材についてよく知る。

　遊戯について広く知っていると同時に，指導せんとする教材について，特性ルール，指導の要点，段階的発展的な取扱い法等についてよく研究しておくことが必要である。漠然とした知識，自信のない態度ではうまく指導できない。また，一つの遊戯を常に同じ方法で行なわせるだけでなく，常に変化を与え，発展的に取扱っていく工夫も必要である。

（4）生徒の自主的，民主的な活動を重んずる。

　実施する遊戯については，生徒の興味や希望を重んじて彼等のやりたいものをやらせることがあってもよいが，指導者が教材を選択して指導する場合でもリーダー，グループ活動，審判等他教材でも重視される自主的，民主的な指導原理は遊戯の場合でも同じように重んじなければならない。しかし時間の関係等から何時もこのような理想的な手続きをとることは困難であるから，指導者が主導権を握ってどしどし実施せしめざるを得ない場合もあってよい。

　問題は，生徒が遊戯を実施することによって体育的効果をあげるとともに，楽しい遊戯の方法，技術，態度等について学び，これを自分達の手で計画し，運営して行く技術や態度を身につけることも，指導のねらいであることを忘れてはならないと思う。

Ⅲ　指導の段階と注意

遊戯を指導する場合の一般的な処理や注意を段階をおって述べてみよう。
(1) 準　　備
準備の内容はいろいろのものが考えられるが，主として次のようなものが必要である。
A　教材について研究
教材の研究の必要なことは前にも述べたが，一般的な遊戯のルールや方法について研究するだけでなく，遊戯の発生や伝統などとともに，参加者の能力・場所・実施のねらい等をも考えて，実施の方法やルールの改変等についても考えておく。

多くの種目を実施する場合には，実施の順序，体形，組分け，時間配当などについても考え，必要な事柄は紙片等にメモをとっておいて，必要に応じて現場で見ることができるようにする。
B　施設・用具・遊戯場
必要な施設・用具等は予め点検をして破損の有無を調べて修理をしておき，必要な遊戯場等もできれば予め作っておいた方がよい。簡単な遊戯でも，遊戯場を清掃し，明瞭にラインを引き，遊戯場を明瞭に区割し，危険物を除いておくなど遊戯の環境を整えておくことは，安全やルールによく従わせる為や後で述べるよい雰囲気を作る為にも極めて重要なことである。
C　雰囲気を作る。
遊戯を指導する場合には，遊戯を行う楽しい気分になることが必要である。参加にいやいや加ったり，強制や無理が加っては本当に楽しい遊戯はできないのであり，そのような条件のもとで遊戯が行われても，それは最早遊戯とは云えないであろう。

遊戯の指導に当っては，先ず楽しい雰囲気をつくり，その雰囲気の中に生徒をひきこむ。逆に生徒の中からそのような雰囲気をつくりあげるということが必要である。そのためには，一般に前に述べた物的な環境を整える以外に音楽

や歌を利用したり，簡単でとっつき易い遊戯そのものから作り出したり，指導者やリーダーの態度やユーモアーによって作られたりする。参加者が未知の，あまり親しくない人達の集りであるとか，激しい競技や固苦しい勉強の後などでは，このような技術が必要である。しかしこれには指導者の人柄や態度も大きい力を持つ。例えば，指導者がにこにこしながら，張りきって参加者の前に立って，参加者にある期待を抱かせるというような簡単なことだけでも充分効果を発揮することができる。

しかしこのような簡単な事柄でも，誰にもすぐできるというものではない。平常からこのような技術や態度を身につける修練をすることが必要であり，その場，その時の条件が参加者の気分を直観して，最もふさわしい態度や方法をとる練習をすることが必要である。

(2) 遊戯の実施

遊戯の実施の段階は遊戯の種類によって，参加者の能力や経験によって違ってくるのが当然であるが，普通の段階として次のようなものが考えられる。

A 組 分 け

遊戯には，それぞれその特性に応じて最もふさわしい人数があり，いくつかの組に分けて実施したり，組同志で互いに競争をする形式をとることが多い。また人数の多すぎるような場合には，交代で実施する必要もおこってくる。平常の学習においてグループ学習的な形態をとっているところでは，そのグループをそのまま利用できるであろうが，遊戯本来の主旨からも，できるだけ多くの人と接触させる機会をつくることが望ましいので，なるべくいろいろの組分けをした方がよいとも考えられる。しかし遊戯の変る度に組分けを変えることは繁鎖にすぎるから，いくつかの遊戯を行う場合には同じ組分けで実施できるようなものを選ぶことも考えなければならない。またそれぞれ必要な組分けを最も簡単に，はやくできるように練習をしておくことも大切である。

組分けを簡単にするためには次のような方法がとられる。

(a) 予め作っておいた組（前後列，グループ学習のグループ）を利用する。

(b) 開列させて，各列を組とする。2列横隊で番号をつけ，3列，4列，8列等を作る。

(c) 番号ごとに集める。生徒を集めて1から分けようとする組数までの番号（例えば5組の時は1から5番までの番号）を先頭からつけ，先頭の5名を一定の場所に立たせ，各番号ごとに集まらせる。この場合，番号ごとに集まる前に各組ごとに手を挙げさせる等の手段を講じて，組を間違わないようにすることが必要である。

(d) 必要な人数ごとに集まらせる。人数のきまった遊戯においては，各組の人数を一定にすることが必要であり，指導者（リーダー）は「何人ずつ手をつないで」という指示を与え，生徒に適宜近くの者で示された人数だけ手をつながせる。但しこの場合注意しなければならないのは，身長の順で並んでいる場合には，各組の身長や体力が著しく異なることがおこってくる。従って各組で競争させるような場合には不均衡の生じたり，グループごとに行う遊戯でも，同じ用具や遊戯場の規格ではうまく行かないこともおこってくることを考えなければならない。

(e) 指導者が組分けをする。リレーとか格力型などのように，体力や技術をそろえる必要があるような場合には，指導者が組分けをきめる必要がおこる。この場合はテストの結果や前回の結果等を考慮して適宜組の入れ換え等を行うことが必要である。

組分けをする場合には次の点に注意することが必要である。

① 遊戯の特性に応じた人数にすること。
② 参加者がじゅうぶん活躍できる人数にすること。
③ 端数を生じないように分ける。端数の生じた場合には，他の組の誰かに二度やらせるとか，余った者は審判や記録等の役割りに交代でつけるようにする。
④ 組分けを終ったら，必要に応じ，タスキや帽子の色等で各組を明瞭に区別できるようにしておく。
⑤ 各組にはリーダーをきめておくのが便利である。

B 実施の隊形

遊戯を実施する場合には，それぞれの遊戯に独特な隊形に参加者を集める必要が生ずる。ここでは，これらの隊形の一般的な特色とその作り方について簡

単に述べておく。

(a) 自由隊形

参加者を特別の隊形に集める必要はなく，自由に分散させて活動させるもので，鬼遊びやかくれんぼ等の場合がこれである。

(b) 円　　形

この隊形の特色は，遊戯者自体が一つの遊戯場を区劃できるということや，円中に位置した物や人をすべての参加者が見ることができるし，それが円の中心にある場合には，円周上のすべての者と同じ関係に立つことが出来ることである。

円形の中でも一重の円と二重円が最も多く使われるが，最も簡単に一重円を作るには，参加者全員に両手をつながせて円をつくり，参加者を適宜円の中心に向って前進もしくは後退させて必要な大きさにする。二重円をつくるには，一重円のまま番号をつけ，偶数番号の者を，若い番号の奇数と重ねるようにする。

正確な大きさの円形を必要とする場合は，予め巻尺等を用いて円を描いておき，その円周上に位置せしめる。

(c) 並列隊形

一定の間隔をおいて，いくつかの横隊や縦隊に並んだ隊形である。

このような隊形をとるには，組分けの方法で述べたような方法を用いて，組分けをした後，リーダーもしくは先頭（または基準となる者を所定の箇所に，一定の方向を向き，必要な間隔をおいて並べた後，残りの者を各組毎に並ばせればよい。

(d) その他の隊形

遊戯ではこのほか，三角形，四角形，放射形，十字形など各種の隊形を必要とすることがあるが，これらも大体(c)の方法に準じて行うのがよい。

C　遊戯の規則や方法の説明

遊戯の規則や方法について説明する場合には，生徒に注意を集中させることと，できるだけ簡単明瞭に説明してやる必要である。遊戯では一般に複雑な方法やルールを有するものは少いが，それだけにまた早合点をして失敗するよう

なことも多い。

　生徒の注意をひく為には，いろいろの方法がとられるが，次のような方法が有効である。

　(a) 生徒のよく知っている面白い遊戯を先ずやらせて，遊戯の雰囲気をつくり，一先ず運動意欲を満足させておちつかせる。

　(b) 生徒の一部に，簡単な遊びをやらせて，他の者の注意をひく。

　(c) 遊戯に関係のある伝説や起源について話し，生徒に興味を持たせる。

　(d) 音楽を利用したり，歌をうたわせて生徒の気持を統一し，おちつける。

　生徒に説明の内容を理解させるためには，次のような方法がある。

　(a) 遊戯場や説明の要点等を黒板・プリント等に図示してわかりやすくする。

　(b) 生徒を遊戯実施の体形に集めたり，それぞれ配置につけておいて説明をする。遊戯場が広いとかいくつかの組に分けて実施するような場合には，1組だけを位置につけて説明する。

　(c) 説明は，順序をおって，一部の生徒に実際に動作をやらせながら説明する。特に誤りやすい点などについてもその例を実際にやってみせる。

　(d) 説明後，要点について生徒に質問するか，生徒にわからない点や疑問点について質問をさせる。

D　遊戯の実施と指導上の注意

　生徒が遊戯の方法についてよく理解したら，各組をそれぞれ位置につけ，じゆうぶん準備ができたら，合図によって遊戯を開始させるか，リーダーの指示に従って各組ごとに実施させる。

　指導者は遊戯の実施についてよく観察し，遊戯がうまく行われない場合は，その原因をよく確かめ，それが規則の理解が不充分なためである場合には，プレーを一度中止させて，更にもう一度説明してから改めて実施させる。基礎的な技術がよくできないためにうまく行かない場合も同じように遊戯を中止させて，基本的な練習をやりなおすことが必要である。しかし何れの場合でも，生徒が喜んで遊戯に熱中しているようであれば，少しぐらいの誤りや技術的にまづい点があっても，そのまま遊戯を続けさせたほうがよい。ある程度実施した

後，遊戯を一旦中止して改善すべき点をなおしていくようにするのがよい。

遊戯を指導する場合，特に次の点に注意しなければならない。

(a) 実施の時間

同じ遊戯をどのくらいの時間続けたらよいかということは，遊戯の種類，生徒の興味の程度，実施の形式等によって異なることは言うまでもないが，一般的に遊戯では参加者の一部がその遊戯に飽きかけたら，次の種目に移るのがよいと云われている。しかしこれは遊戯をどしどし新しいものと変えていくのがよいというのではない。同じ遊戯でも実施の形式，例えば相手を変えるとか，競争形式にするとか，ルールを若干変えるなど若干の変化や目新しさを加えることによって，参加者を飽きさせない工夫をすることの必要なことは云うまでもない。

(b) 遊戯の興味と馬鹿騒ぎ

遊戯に興味を持って熱中することはよいのであるか，どうかするとこれが誤った方向にはしり，所謂馬鹿騒ぎに発展する。これにはいろいろのきっかけがあり，例えば敗けた方の組がやけになるとか，一部のいたずら生徒が遊戯を妨害したり，破壊しかけるとか，一部の者に唱和して他の者も妙な歌を歌い出すとかいうような場合である。軽度の場合は問題はないが，どうかすると収拾がつかなくなり，遊戯そのものも破壊されてしまうことになる。このような徴候に対しては，できるだけ初期のうちに中止させる手段を講ずることが必要であり，次第によっては遊戯を変えてしまうのがよい。平常から遊戯が単なる遊びではなく極めて重要な学習活動であることをよく理解させておくことも必要である。

(c) 交代法

激しい活動的な遊戯や遊戯用具・遊戯場の関係によって遊戯を実施する組と見学する組に分けて行うことが必要となる場合がある。しかし，これとは別に特に見学する組を作って見物人を置くことが，よい雰囲気をつくり，遊戯実施者を張切らせ，実施の態度そのものをよくすることが多い。勿論この場合，見学者の組には声援や拍手など見学の態度についてもよく指導することが大切である。

(d) 自主的な運営

　各グループごとにリーダーを置き，グループごとに実施させる種目については，必要に応じて審判・記録・連絡等役割りをきめて，できるだけ自主的に遊戯を運営させ，遊戯の実施方法を変えてみたり，新しい遊びを工夫させたり，相手を変えて実施させるなど積極的に活動させる。これとともにリーダーの役割りや各係りの任務等についても具体的に指導することが必要である。

(e) 規則と審判

　遊戯のルールは一般に比較的簡単なものが多いが，ルールが簡単であってもこれを確実に守らせることは，他のスポーツの場合と同様でなければならない。従って審判になった者も厳正に審判を行うことが大切である。しかし一面からみれば，遊戯はスポーツ程厳格な規則も必要としないし，勝敗や記録などをそれ程重要視するものでないから，規則そのものも簡単であり，厳正に規則に従わせるとなると具体的に種々の問題を生じてくる。従って審判の判定によく従う態度や問題が起った場合には，参加者が話し合いできめたり，指導者に相談してきめなければならないことも多いであろう。リーダーや審判になった者も，参加者も遊戯の特性をよく理解して，遊戯がうまく運営されていくようにお互いに協力しなければならない。

(f) 遊びの技術

　遊戯においては，他教材と同じような基本的な技術も必要であるが，前にも述べたように，遊戯においては技術の下手な者もいてかえっておもしろいのであり，指導に当っては，運動技術の下手な者にも充分活躍の機会が与えられなければならない。

　また，運動技術だけでなく，遊戯を楽しく遊ぶ技術というか，同じ遊戯を行うにしても，参加者が勝敗や失敗にのみこだわることなく積極的に活躍したり自分だけが活動せず，他人にも活躍の機会を与えるとか，遊びを楽しくするためにお互いが工夫したり，協力するような技術も指導することが大切である。

(g) 勝敗と罰

　勝敗をきめたり，罰を課することは，遊戯において度々用いられる。これは云うまでもなく遊戯に刺戟と興味を与える手段である。勝敗のために夢中にな

ることは決して悪いことではないが、そのために規則に反したり、敗けた方の者が不快になったりしては、遊戯本来の主旨に反する。この点スポーツの場合と同様フェアー・プレーの精神が必要である。

遊戯の罰も同様であって、罰を課せられたものが過度の苦痛を与えられたり不得手な余興をやらせられて二重の恥をかくというようなことがあってはならない。従って遊戯において失敗したり、敗けた者に罰を課する場合には、ユーモアに富んだ簡単なものにするか、誰にもできやすいような課題やスタンツのような軽いものを課し、かえって罰を課せられた者の長所を生かしてやるようなものがよい。

また、チームや組で行われるような種目については、ある種の運動技能の低い者に敗けた責任を感ぜしめるようなものはよくない。例えばリレーにおいてある少数の走力の弱い者が勝敗の責任を負わされるということになるのはよくない。従ってこの種の弊害を除くためにはある種目一つだけで勝敗を決することなく、いくつかの異った種目の綜合点で決めるようにし、これらの種目の中には、体力や技術だけでなく、偶然によっ勝敗が決せられるような種目を加えたりするのがよい。

(h) 指導者やリーダーの位置と態度

指導者やリーダーが何所に位置し、どのような態度をとるかは、遊戯の種類やその時、その時の任務によってきめられるべきであることは云うまでもない。しかし、原則としては、指導者やリーダーは遊戯の実施者全体がよく見え逆にすべての遊戯の実施者からもよく見える所に位置するのが原則である。

遊戯の実施中、指導者やリーダーのとるべき態度はさまざまであり、その場その時に応じて適切でなければならないが、一般的には次の点に注意すべきである。

① 常にきちんとした服装、明るい表情、活気にみちた態度で、誰にも好印象を与えるようにする。

② 指導者やリーダーとして、遊戯の実施には、なくてはならない存在ではあるが、できるだけ目立たない存在にする。これは極めて抽象的な言いまわしではあるが、極めて含蓄に富んだ言葉である。

③　単に眺めているだけでなく，自らもできるだけ遊戯に加わるようにする。参加しない時は，全体をよく見回わって激励やサゼッションを与え，常に遊戯に興味も関心を示すことが必要である。殊に臆病な者やひっ込み思案の者技術の下手な者には特に目をつけて指導や激励を与えてやるようにする。

④　機会均等ということは民主的社会における原則であるが，遊戯においても，参加者に同じような行動の機会を与えることについては常に注意しなければならない。これはリーダーやその他の役割りにつける場合も同様である。

⑤　指導者が遊戯の中にまきこまれ，楽しく活動することは，遊戯において特に必要なことであるが，これと同時に，遊戯が教育として指導される以上は遊戯の実際について明瞭な教育的な意図を持ち，冷静に遊戯の実際は眺めて適切な指導をしなければならない。

E　遊戯の実施後

遊戯が終ったら，勝敗や得点について結果を明瞭にし，実施中に気のついた点，技術・実施の態度，リーダーや係の態度，その他問題になった事柄等を反省して話し合い，指導者の考えを述べ，次の計画等について話し合う。

実施した遊戯が参加者にどんな影響を与えたかを知ることは重要な事柄である。従って参加者のそれぞれがどんな経験をし，どんな印象を持ったかを知ることも重要であり，個人的に話し合ったり，作文を書かせることなどによってこれらについて知ることも必要である。

Ⅳ 教 材 例

　前にも述べたように遊戯の教材は極めて多いが，これらの中から比較的，中学・高校生に興味のあるようなもので，目新しいようなものを選んであげることにする。
　これらは一応項目を分けて示してあるが，単なる便宜的な分け方であって，決して完全な分類ではない。また男女の性別・体力・季節等に応ずる適用の範囲を示していない。これはそれぞれの地域や生徒の実情に応じて適当に取捨選択し，ルールや指導の方法等を改変していただくということを予想したものである。

教材例1　集団的なもの

　体育やレクリエーションは多く集団で行われ，整列・組分け・移動などいわゆる集団行動とよばれるものが必要なことが多い。集団行動がうまくできないと無駄な時間が労力をついやし，時には，遊戯そのものの雰囲気をこわしてしまうことにもなりかねない。ここに集団行動の取扱い方や指導のむずかしさがあるわけであるが，これらの集団行動を遊戯化して否むしろ遊戯そのものとして行う。また逆に遊戯を実施することによって集団行動の練習をさせようとする意図のもとに考えられたのが集団行動遊戯である。

（1）並び競争
A　性　　　　格
　各組は正方形の一辺にできるだけはやく並ぶ競争をする。
B　準　　　　備
　（a）全員を同数の4組にわけ，各組ごとにリーダーをきめる。
　（b）図1のように各組を正方形の1辺に並べ，各組の関係位置をよく理解させる。この場合，各組はリーダーを右先頭に1列縦隊に並び，かならず，1

2，3，4組の順序に並ばなければならない。また，各組の先頭と末尾は大体接近しなければならない。

C 方　　　法

（a）各組の順序とそれらの関係及び位置を理解させた後，指導者は，笛を吹くと同時にその場で向きを変えるか，位置を移動して何れかの方向を向いて立つ。

図　1

（b）各組のリーダーは，競って指導者の前2mの位置にこれと面して立つ。

（c）最も正しい位置に，最も早く立ったリーダーの組は，リーダーを先頭に1列横隊に並ぶと，他の組は順序に従ってこの組を基準として並ぶ。

（d）1番早く上手に並んだ組が勝ちである。

D 指導上の注意

（a）指導者は前回の各組の位置を考えて，次の位置や方向を考え，各組になるべく公平になるようにする。

（b）並ぶのが早くても，並び方の悪い組は敗けとする。

（c）列員は組をまちがって，他の組に並んでいることがあるからよく確かめることが必要である。番号をかけさせて，番号のかけ終る時の早さを競争させるのもよい。

（d）常に1，2，3，4の順序だけでなく，逆の順々並ばせたり，正方形でなく，いろいろの隊形に並ばせるのもよい。

（2）打　球　並　び（一）

A 性　　　格

攻撃側と防禦側とに分け，ボールを打ったり，捕えたりする動作と整列を結びつけたものである。

B 準　　　備

図 2

(a) 参加者を2組に分け，攻撃側と防禦側に分ける。

(b) 攻撃側は図2のように，ファール・ラインの外側に一列横隊に並び，防禦側はファール・ライン内に分散をする。

(c) 攻撃側の1番にボール（バレーボールなど軟かいもの）を1個与える。

C　方　　　法

(a) 開始とともに，攻撃側の1番はその位置からボールを片手でファール・ラインを越えて打ちこむと同時に，スタートをし，1列に並んだ攻撃側の列を完全に1周して元の位置に戻る。

(b) この間に，守備側の者は誰かがボールを捕えてその場に任意の方向を向いて立つと他の者は，ボールを持った者を右先頭としてできるだけ早く1列横隊に並ぶ。

(c) 攻撃側の打者が列を回わり終るのと，守備側が完全に並び終るのを比べ，早い方は1点を得る。

(d) このようにして，攻撃側が全部打球を終ったら，攻守を交代して同じように行い，最後に得点の多い方が勝つ。

D　指導上の留意点

(a) 守備側のボールを捕えたものは何れの方向を向いて立ってもよいが，自分の位置と他の者全体の配置を考え，全員が早く集れるような方向を向いて立つことが必要である。ボールを捕えた者は移動してはいけない。

(b) 打球がファール・ラインを越えない場合はファールであるからやりなおす。

(c) 攻撃側が全部終るまで攻撃を待たないで，5人とか10人で攻守を交代するようにしてもよい。

（3） 打球並らび（二）

A 性　　　格

打球並び（一）を攻守に分けず，これを同時に行なう方法である。

B 準　　　備

組分けは（一）と同様であるが，ファール・ラインを遊戯場の中央に引く。ボールを2個用意する。

C 方　　　法

（a） 両組はファール・ラインを挾んで分散をする。

（b） 両側の1番の者は，ファール・ラインの内側（自分の側）の任意の地点にボールを持って立ち打球の準備をする。

（c） 指導者の笛の合図と同時に，両組の1番はボールを相手側の方へ打ちこむ。

（d） 相手側から打ちこまれたボールは，誰かができるだけ早く捕えてその場に任意の方向を向いて立つと，これを右先頭として他の者は1列横隊に並ぶ。

図　3

（e） このようにして，早く並び終った組に1点を与える。

（f） 上のように1番から順序に打球し，全員が打球を終った時，得点の多い組が勝つ。

D 指導上の注意

（a） 打球は笛の合図と同時に行なうようにし，特に後れた時は，早く並んでも負けとする。

（b） 並び方の特に悪い時は早く並び終っても負けとする。

教材例2　準備運動的なもの（あたたまる遊戯）

　準備運動には多くの場合徒手体操やそれぞれの種目の基本的な練習などが用いられる。しかし準備運動は必ずしも型にはまったものをやる必要はなく，軽い遊戯などから入ってもよい。殊に寒い時などは，まず楽しい遊戯によって生徒の気分をほぐし，からだをあたため，運動欲求をひとまず満足させ，生徒をおちつかせてから次の段階に進んでもよい。

（1）フォロー・ザ・リーダー

A　性　　格

　型にはまった体操ではなくて，生徒の創意を生かした，自由な運動を行なわせることによって準備運動の目的を達する。

B　準　　備

　生徒を10人前後の組に分け，各組にリーダーをおく。

C　方　　法

　（a）各組ごとにリーダーは先頭に立ち，ゆっくりと歩いたり走ったりしながら，いろいろ自分の好きな運動，例えば，徒手体操，跳躍，木登り，腕立て前方転回，各種のスタンツ，土堤を登るなどを運動場附近の地形や施設などを利用して行なう。各組の者はリーダーの後に従いながら，リーダーの行なった運動を模倣して行なう。

　（b）指導者はリーダーの創意や変化，各組の者の運動のやり方などを比較して順位をきめる。

D　指導上の注意

　（a）準備運動として行う場合には，最初は徒手体操や軽い運動を行い，次第に強い運動を加えるように，リーダーをよく指導する。

　（b）区域を明瞭に定め，危険な所に入ったり，危険な遊びをしないようによく注意する。

Ⅳ 教材例

(2) 足ふみ

A 性格

2人で互いに足をふみあう遊びで,僅かの時間を利用して行うのによい。

B 準備

2人ずつを組とし,各組は互いに図4のように両手を保持する。

C 方法

(a) 開始とともに,2人は手を保持したまま,互いに隙をみつけて相手の足をふみつける。

図 4

(b) 1回ふんだら1点というように数え,一定の時間内(せいぜい2～3分)に得点の多い方を勝ちとする。

D 指導上の注意

(a) 言うまでもなく,ズック靴かはだしで実施させる。

(b) 2人は単に機会をみてふむだけでなく,進んで攻撃に出て,相手をつり出してふみつけるなど積極的に活動させる。

(c) 時間や相手を変えたり,3人1組で実施するとかして方法に変化をもたせることも考える。

(3) じゃじゃ馬ならし

A 性格

一方が馬になり,他方が乗り手となって,乗せまいとする馬を,乗り手は何とかして乗りこなそうとする。

B 準備

参加者を2人ずつ,体格の同じくらいのもの同志で組を作らせた後,ジャンケンで一方は馬に,他方は乗り手となる。馬は上体を曲げ,図5のように両手を膝において両腕を伸ばした姿勢をとる。

C 方法

(a) 笛の合図とともに乗り手は片手で馬のバント附近を保持し,馬にとび

図 5

乗ろうとする。これに対して馬は，その場で向きをかえて乗せまいとする。

（b）乗り手が馬にうまく乗ったら，その位置で馬は向きをかえたり，とびはねたり，体を揺ったりして乗り手を背からふり落とそうとする。これに対し乗り手は馬の背にしがみついて落とされまいとする。

（c）一定時間経過後，笛の合図で馬と乗り手は役割りを交代する。

D　指導上の注意

（a）馬は両腕を曲げたり，手を膝から離したり，背中を立ててはいけない。また他の位置に移動してはいけない。馬の位置には小円を描いておくのがよい。

（b）乗り手は馬の衣類をつかまないようにする。また馬の胴体に脚をまわしてはいけない。

（c）乗り手を乗せておいてから開始するか，乗り手が背中に乗った瞬間から遊戯を開始するようにしてもよい。

教材例3　一般的なもの

特殊の目的に使われるのではなく正課の時間やその他の場合に，生徒の運動欲求を充分満足させ，他種目のリードアップ・ゲームとして役立ち，体育的な効果をあげるのに役立つような種目である。これらの中から特に，中・高校生に興味のあるようなものを若干類型的にあげてみることにする。

鬼遊び型

相手を追いかけるのと鬼につかまらないで逃げるか，相手からある場所や物を占領されないうちに自分が占領しようとすることが中心となる遊びである。

(1) パートナー・タッグ

A 性　　　　格
比較的狭い場所で実施できる。運動するものは少人数であるが，活動していない者にも，見ていて興味がある。

B 準　　　　備
最初鬼になる者と逃げ手になる者を2名選んだ後，他の者を2名ずつ片手をつながせて，遊戯場に分散させる。

C 方　　　　法
（a）　合図とともに逃げ手は逃げ，鬼はこれを追いかける。鬼が逃げ手のからだに手を触れた時は，一般の鬼遊びと同じように，その役割りを交代する。

（b）　但し，逃げ手は逃げる途中で2人ずつ組になっている者の誰かのからだにつかまると，逃げ手である役割りからのがれることができる。この場合，逃げ

図　6

手につかまった者と手をつないでいた者は，新しい逃げ手となって逃げなければならない。この場合新しい逃手は手を早く放しすぎないようにしなければならない。

（c）　このようにして逐次鬼と逃げ手はその役割りを新しく交代しながら遊戯を続ける。

D 指導上の注意
（a）　手をつないだ者は，移動しないようにする。

（b）　この遊びを興味あるものとするには，逃げ手のやり方が大切である。逃げ手はただむやみに逃げるだけでなく，次のような方法を用いて遊戯に変化と興味を与えるようにつとめる。

① どれかの2人組の傍を通りすぎるようにしながら，不意につかまる。

② どれか2人組の者を挟んで鬼と相対し，いろいろのジェスチャーを使って何れにつかまるか迷わせながら，不意にその1名につかまったり，再び逃げ

たりする。

③ 図6のように新しく逃げ手になった者①が，再び図のように反対側に回わって，今まで自分のパートナーであった者②は新しく逃げ手とする。

（c） 人数の多すぎる場合には，2～3つのグループに分けて実施するか，鬼と逃げ手を2組作って，鬼も逃げ手も共通とし，鬼は何れの逃げ手をつかまえてもよいことにするのもおもしろい。

（2） 鬼の背打ち

A 性　　格

一般に鬼遊びにおいては，鬼は追いかけるだけ，逃げ手は逃げるだけというのが多いが，これは逃げ手も鬼を追いかける機会を与えて変化をつけるようにしたものである。

B 準　　備

鬼を1名選び，比較的狭い範囲に遊戯場を限定する。

図 7

C 方　　法

（a） 普通の鬼遊びと同じように開始し鬼は逃げ手を追いかけてつかまえる。

（b） 鬼は誰かをつかまえると，つかまった者は捕虜（地蔵さん）になってその場に直立して動けない。

（c） 鬼は更に他の者を追いかけて，捕虜が3名になったら，鬼は1番古い捕虜と交代する。

（d） 鬼が逃げ手を追いかけたり，チャンスをうかがっている間に，他の逃げ手の者は，鬼の後方から近づき鬼の背を平手で打つ。鬼につかまらないで打つことに成功したら，一番古い捕虜は解放されて再び逃げ手となることができる。勿論この際，鬼につかまったら捕虜となる。

D 指導上の注意

（a） 遊戯場の広さを適当にして比較的つかまえやすいようにする。鬼は疲

れたら一番古い捕虜と交代してもよい。
　(b)　逃げ手がなるべく積極的に鬼を攻撃するように指導する。

(3) 棍棒とり

A　性　　格

相手につかまらないで棍棒をとって逃げる。

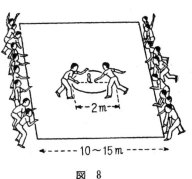

図 8

B　準　　備

　(a)　全体を10～20人のグループに分け，各グループごとに図8のような正方形の遊戯場を作り，リーダーを1人選ぶ。

　(b)　遊戯場ごとに棍棒（棒等を代用してもよい）を1本用意し，遊戯場内の小円の中央に立てる。

　(c)　各グループを同数の2人組に分けて，遊戯場の両側に向い合って並ばせ，それぞれ右から番号をつけさせる。

C　方　　法

　(a)　指導者（リーダー）は大きい声である番号を呼ぶと，番号を呼ばれた者が走り出して棍棒をとって遊戯場外に出ようとする。

　(b)　棍棒をとり遅れた者は，相手が遊戯場外に出ないうちにつかまえる。この場合，中央の小円内に相手が足をふみこんでいる場合は，棍棒を持っていなくともつかまえてよい。

　(c)　このようにして，相手につかまらないで無事に遊戯場外に出るか，相手をつかまえることに成功したら1点を得る。

　(d)　一定時間何回も実施して得点の多い方が勝ちとなる。

D　指導上の注意

　(a)　番号は時々変えるか，常に一つの番号を呼ばないで，違った2つの番号を呼び，一方の組の方を先に呼ぶようにきめておくのもよい。

　(b)　棍棒は走って行って素早くとって逃げてもよいし，円の周囲を回わりながらチャンスをうかがい，不意につかんで逃げてもよい。

(c) 棍棒の代りに，棒を立て，その上にハンカチを置いてこれをとるようにしてもよい。また，ボールをおいて，ボールをとったらドリブルをして逃げ相手は追いかけてこのボールを奪うようにしてもよい。

（4） 木の中のリス（一）

A 性　　格

笛の合図ごとに場所を移動し，他人に入られないうちに新しい場所を占領する。

B 準　　備

図 9

鬼を1～2名選んだ後，残りの者を3人ずつの組とし，図9のように大きい円を作って集まる。各組は2名が向い合って手をつないで木となり，1名はリスとなってこの中に入る。鬼は中央に位置する。

C 方　　法

(a) 笛の合図とともに，各組のリス（中に入っている者）は，必ず他の木に移らなければならない。

(b) 鬼は，これと同時にリスが移動して空いた木のどれかにもぐりこむ。

(c) このようにして，入るべき木がなくて残ったリスは次の鬼となる。

D 指導上の注意

(a) 人数，参加の端数等に応じて鬼を2名とし，特に人数の多い場合は2カ所で実施する。

(d) 何回か実施したら，リスと木の1名は交代をする。

(c) 同じ木に2名入った場合は勿論先に入った者に有先権がある。同時の場合はジャンケンできめる。

(d) 木になっている者は腕を上下したり，妨害をしたりしない。

（5） 木の中のリス（二）

A 性　　　　格

㈠のように円周上に集らないで，木は適宜分散する。また木はリスが入りに来たら逃げてよい。

B 準　　　　備

（a） 木になる者とリスになる者は㈠と同様である。

（b） 遊戯場の範囲をきめ，リスは木の中に入ったまま適宜分散して歩く。鬼は遊戯場の中央附近に立つ。

C 方　　　　法（図10）

（a） 指導者の笛の合図とともに，木の中に入るリスは他の木に移り変る。木の者は次の新しいリスを中に入れないように逃げる。リスは新しい木を追いかけてつかまえ，この中に入る。

（b） 鬼もリスと同様，空いた木を追いかけて中に入る。

（c） このようにして残った者が次の鬼となる。

D 指導上の注意

（a） リスは確実に他の木に移らなければならない。

図 10

（b） 木が逃げながら遊導場外に出た場合は反則で，その時追いかけたリスをその場で入れてやらなければならない。

（6） 棒　と　り

A 特　　　　色

二つのチームが境界線を挟んで相対し，互いに相手の領域をつかまらないように通りぬけて棍棒をとって帰える。

B 準　　　　備

（a） 全体を20人前後のグループに分け，各グループごとに図11のような遊戯場を作る。

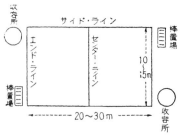

図 11

　(b) 各グループを組に分け，それぞれセンター・ラインを挟んで遊戯場に分散する。

　(c) 各組の後方に短棒5本づつを用意する。

C　方　　　法

　(a) 開始とともに各組の者は機会をみつけ，センター・ラインを越えて相手方の領域に侵入し，相手方につかまらないように走りぬけて，相手方のエンド・ラインをふみ越える。

　(b) 相手方につかまらないで無事通りぬけに成功したら，相手方の棍棒を1本持って帰えるか，味方の捕虜が相手方の収容所にいる時は短棒の代りに連れて帰ってよい。何れでも帰る時には相手方につかまえられることはない。

　(c) 自己の領域に侵入して来た相手方の者をつかまえた時は，捕虜としてエンド・ラインの外にある収容所に入れる。

　(d) 味方の領域は帰えったら再び遊戯に参加してよい。

　(e) 相手の領域にふみこんでも，再び自分の領域に戻ることはよいが，サイド・ラインを越えて逃げてはいけない。

　(f) 以上のようにして遊戯を続け，一定時間後，捕虜の数と短棒の数の和が多い方を勝ちとするか，または相手より早く相手の棒を全部とり捕虜を全部連れ戻した組を勝ちとする。

D　指導上の注意

　(a) 人数や参加者の能力に応じて遊戯場の広さを適当にする。

　(b) 捕虜を連れ戻す場合は，遊戯場の外を通るようにする。

　(c) なれるに従って種々の技術や作戦を工夫させ，ブロッキングやフェイントの技術，協同動作等を研究させる。

リ レ ー 型

(1)　円形パスリレー

A　性　　　格

味方同志でボールをパスして互いに相手のボールを追い越そうとする。ボールのパス・ガードのフェイントの基本的な技術練習に役立つ。

B　準　　　備
（a）　バスケットボール，ドッジボール，バレーボールを2個。
（b）　全員を手をつながせて大きい円をつくり，各人の位置に直径1mぐらいの円を描かせる。
（c）　全員に番号をつけ，全体を奇数と偶数の2組に分ける。
（d）　ボールを奇数組の1番と偶数組の中ごろの番号の者に与える。

C　方　　　法（図12）
（a）　合図とともに，ボールを持ったものはボールを味方の次の番号の者に手渡し，順次にパスをしていく。
　この場合，ボールをパスしたり受とるには，自己の小円内で行なわなければならない。
（b）　ボールをパスしながら相手のボールを追い越したら勝ちである。
（c）　この場合，ボールを受け損じた場合は，ボールを拾って自分の小円に戻ってからでないと次の者にパスできない。相手の側はこのパスを妨害してはいけない。

D　指導上の注意
（a）　参加者の能力に応じて遊戯者の間隔を長くする。
（b）　パスの代りに，ドリブル等を行わしめるのもよい。
（c）　中間にいる者は，相手がボールのパスを妨害してもよい，というふうにしてもよい。この場合，妨害は自己の小円の中で行なう。ボールを捕えたら，もう一度投げた者にかえしてやる。はじきとばした場合は，ボールを受取る者が拾って自分の円に戻り，次の者にパスをする。（図12参照）

図 12

（2）　行き戻りリレー

434　　　　　　　　遊　　戯

A　特　色

普通のリレーのように一方向に走らず，笛の合図によって行ったり戻ったりする。従って走るのがおそい者でも活躍のチャンスが与えられる。

B　準　備

（a）　図13のようにスタート・ラインとゴール・ラインを描く。

（b）　全体を10人前後の組に分け，各組はスタート・ラインの後方に3m間隔で1列縦隊に並ぶ。

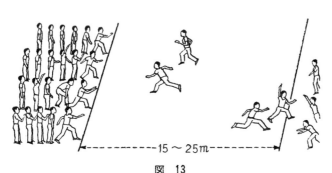

図　13

C　方　法

（a）　笛の合図とともに，各組の先頭の者はスタートしゴールに向って走るが，途中で笛が鳴ったらランナーは反対の方向に向って走らなければならない。ランナーがスタート・ラインに戻らないうちに再び笛が鳴ったら，ランナーは再び方向を変えて走る。

（b）　このようにしてランナーは，スタートした後はゴール・ラインかスタート・ラインを踏むまでに笛が鳴ったら何度でも方向を変えて走る。しかし笛が鳴るまでに何れかのラインをふんだら，次の走者が走り出す。ゴール・ラインを踏みこえた場合には，片手を挙げて次の走者に合図をする。

（c）　以上のようにして全員が走り終るまで遊戯をつづけ，全員が終るのが早い組から順位をつける。

D　指導上の注意

（a）　指導者は笛のふき方を適当にして，なるべく各組に公平になるようにする。但し笛のふき方に変化を持たせ，走者が予想できないようにする。

（b）　走者は笛の合図に応じて正しく方向を変え，常に真剣に走るように指導する。

（c）　最後の走者はゴール・ラインを越えても，スタート・ラインを越えて

もよい。

（3） ドリブル妨害リレー

A 性　　　格

ボールをドリブルしながら行うリレーであるが，他の組のボールを蹴ってとばし，妨害してよい。

B 準　　　備

（a） 全体を10人前後のいくつかの組に分け，各組にサッカーのボール1個を与える。

（b） 図14のような遊戯場を作る。

（c） 各組ごとに図のように先頭の者が円周上に位置するように放射線形に並ぶ。

C 方　　　法

（a） 各の先頭の者はボールを足もにおいてスタートの用意をする。

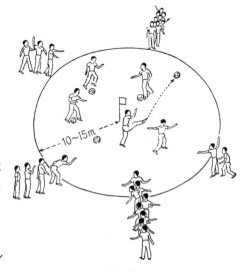

図　14

（b） 合図とともに，サッカーのドリブルの要領でボールを蹴って，中央に向い，旗を一周して元の位置に戻り，次の人と引き継ぐ。

（c） この場合チャンスをみつけて，他の組のボールを蹴ってとばしてもよい。ボールをとばされた者は，ボールを追いかけ，ボールをドリブルしながら持ちかえって次の人に引き継がなければならない。

（d） このようにして全員が早く終った組を勝とする。

D 指導上の注意

（a） 引き継ぎはボールが円周に到達してからする。

（b） 自己のボールが円内にあるのでなければ，他のボールを蹴れない。

（c） 自己のボールをドリブルすることばかり考えないで，他の組のボール

を積極的に蹴るようにしないと興味がない。また自己のボールを蹴られた時はあきらめるようなことなくできるだけ早く拾って帰るようにする。

　（d）　他の組のボールは何度蹴ってもよい。
　（c）　バスケットボールのドリブルで行なってもよい。

ボール遊び型

（1）　ボール当て血闘

A　血闘の要領でボールを投げて当てる。
B　準　　　　備
　（a）　参加者を2組に分ける。
　（b）　5～10mの間隔をおいて直径50cmぐらいの小円を2個描き、小円にバレーボール1個ずつおく。

図　15

C　方　　　　法（図15）
　（a）　2組の先頭より2名が出て、小円の中に、ボールを保持して、互いに背中を向いあわせて立つ。
　（b）　笛の合図とともに、2人は後ろを向いて、手に持ったボールを相手に投げて当てる。この場合ボールをさけるためにこの円から出てはいけない。
　（c）　相手より先にボールを当てるか、相手のボールに当たらないで相手にボールを当てた者は1点を得る。
　（d）　このようにして次々と交代して実施し、最後に得点の多い方が勝つ。
D　指導上の留意点
　（a）　ボールは笛の合図とともに投げなければならない。特に遅れた場合は当っても得点としない。
　（b）　両方共に当たらなかった場合は引きわけである。
　（c）　勝ち残り形式とし、相手より先に当てたものは残るようにしてもよい。

（2） 馬乗りボールパス

A 性　　　格

他人の背中におんぶした姿勢でボールをパスしあう。

B 準　　　備

（a） 20人前後を1つのグループとして，各グループごとに同じぐらいの体格の者を2人ずつ組となし，図16のように直径7，8mの円周上に集る。それぞれの組の位置に，直径50cmぐらいの小円を描く。

図 16

（b） 各組の人はジャンケンをなし，最初馬になるものと乗り手になるものをきめる。

（c） 各グループごとにボール1個（バスケット，バレー，サッカーボール等）を用意する。

C 方　　　法

（a） 用意の合図とともに各組は16図のように，乗り手は馬に乗って，両手を自由にしておく。乗り手の1名にボールを与える。

（b） 開始と同時に，ボールを持った者は，ボールを他の乗り手の誰かにパスする。

（c） 馬は乗り手がボールを投げたり，受取ったりする時，小円を出ない範囲において，向きを変えたり，屈身したり，跳躍したりして，乗り手の動作を妨害する。

（d） このようにしてボールを次々と任意の方向にパスしている間に，パスに失敗してボールを地上に落したら，全部の乗り手と馬は，その役割りを交代して遊戯を続ける。

D 指導上の注意

（a） 馬は両手で確実に乗り手を保持してやる。

（b） 技能に応じパスの距離が適当になるように，大円の大きさを伸縮する。

（3） ストップボール

A　性　　　格

番号を呼ばれた者が，他の者にボールを投げて当てる。

B　準　　　備

（a）　全体を10人前後の組に分け。各組のリーダーをきめる。各組に1個バレーボールを与える。

（b）　各組の者は番号をつける。

（c）　組ごとに，直径1mの円を描き，ボールを円の中心におき，各人は片足をこの円の円周に触れて立つ。

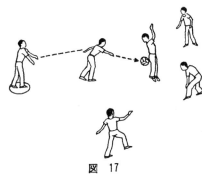

図 17

C　方　　　法（図17）

（a）　リーダーは誰か2名の番号を呼ぶ。番号を呼ばれない者は円から離れ分散して逃げる。番号を呼ばれた2名のうち先に番号を呼ばれた者はボールを拾い，後から呼ばれた者は他の逃げる者と一緒に走る。

（b）　先に番号を呼ばれた者は，ボールを拾いあげると同時に，大きい声で「ストップ」と呼ぶ。すると全員は直ちにその場に留まらなければならない。

（c）　ボールを拾った者は，近くにいる者に直接ボールを当てるか，または一緒に番号を呼ばれた者にボールをパスして当てさせる。この場合ボールを投げつけられた者は，両足を地面から離したり，移動したりしないでボールをさける。

（d）　ボールがうまく当ったらボールを当てた者が，またボールが当らなかった場合はボールにねらわれた者が，次の回で番号を呼ぶ役をする。

D　指導上の注意

（a）　ボールはなるべく腰から下に当てさせる。

（b）　ボールを受取っても当ったものとみなす。

（c）　ボールに当てられた者を除外して行く方法もおもしろい。但しこの場合番号を呼ぶ1名だけとし，その者がボールを投げて当てるようにする。

（4） ボール当て棍棒とり

A 性格

棍棒とりを変改したもので，棍棒をとって逃げる者を追いかける代りに，ボールを投げつけて当てる。

B 準備

（a） 図18のような正方形の遊戯場をつくる。各遊戯場に棍棒とバレーボールをおく。

（b） 全体を20名前後のグループに分け，各グループを二つの組に分け，図のように，遊戯場を挟んで一列横隊に並んで向いあわせた後，各組毎に番号をつける。

（c） 各グループごとにリーダー（見学者でもよい）をおく。

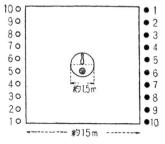

図 18

C 方法（図19）

（a） リーダーはある番号を大きい声で呼ぶと呼ばれた者は中央に走り出して，棍棒をとって遊戯場外に出る。棍棒を先にとられた者は，すぐボールを拾って，棍棒を持って逃げていく者に投げて与える。

（b） ボールに当たらないで棍棒を持って無事遊戯場外に出た場合は2点，ボールをうまく当てた場合は1点を得る。この場合棍棒やボールをとるために，足を小円の中にふみ入れてはならない。

図 19

（c） リーダーは次々と番号をよび，一定時間実施した後，得点の多い組を勝ちとする。

D 指導上の注意

（a） リーダーは適宜交代させる。

（b） リーダーが番号を呼ぶ時は，一つの番号だけでなく，2人の違った番号をよび，何れか一方の組を先に呼ぶようにきめておくようにし，常に同一の相手ばかりで競争しないようにする。

(5) 打球遊び

A 性格

野球型の遊びとドッジボールを結びつけたもので,ボールを打って飛ばした後,ボールを当てられないようにさけながらベースを回って帰える。

B 準備

図 20

(a) 全体を20人前後のグループに分け,各グループごとに図20のような遊戯場をつくる。

(b) 各グループを二つに分け攻撃側と防禦側をきめ,攻撃側はベース・ラインの後方に1列横隊に並び,防禦側はベース・ラインの反対側フィールドに分散をする。

(c) 各遊戯場にバレーボール1個を用意する。

C 方法

(a) 試合開始とともに,攻撃側の者は先頭から1名ずつ打者となり,ベース・ライン上の任意の点から,ボールを手で打ってフィールド内にとばせた後,走者となってベースを回って走る。

(b) 守備側の者はボールを拾って走者に投げ当てる。この場合,防禦側は味方どうしでパスをして走者をボールで追いかけてよいが,ボールを持って1歩以上移動してはいけない。

(c) 走者はフィールド内を自由に走ってよいが,必ずベースを回らなければならない。また,ボールをさけるためにジグザグに走ってもよいが,遊戯場外に出てはいけない。遊戯場外に出た場合はアウトとなる。

(d) 走者が出たら,次の打者はベース・ラインの任意の地点で走り出す用意をして待つ。

(e) 走者がボールを投げつけられるか,直接ボールで触れられたら,片手を挙げて合図をすると,次の打者はボールを打たないで,代表者となり,ベー

ス・ラインから走り出す。この走者もボールを当てられたら，次の打者が走者となって走る。

（f） このようにしてボールに当たる度に走者を出し，走者がベースを回わり，無事ベース・ラインを踏み越えるまで続ける。

（g） 走者が無事ベース・ラインを越えたら，1点を得る。この場合，次の打者はベース・ライン上からボールを打って新しく走者となる。

（h） 攻撃側の打者が全部終ったら，防禦側と交代する。こうして得点の多い方が勝つ。

D　指導上の注意

（a） 走者は何れの方からベースを回ってもよく，また遊戯場内である限りどんなに大きく回ってもよいが，必ずベースを回らなければならない。

（b） 審判は攻撃側の者が交代で行う。

（6）　投げこみボール

A　性　　　格

相手方が受けとれないように相手方のコートにボールを投げ入れる。バレーボールの準備運動，リード・アップ・ゲームとして利用できる。

B　準　　　備

（a） 全体を18〜30人のグループに分ける。

（b） 各組ごとにバレーボールのコート及びネットを配当するか，図21のような遊戯場を作り，中央に綱かネットを張ったものを作らせる。

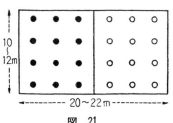

図　21

（c） 各コートごとにバレーボール4個を用意する。

（d） 各コートごとに審判2名をおく。

C　方　　　法

（a） 各グループは2組に分かれて図のように配置につき，各組はボールを2個ずつ持つ。

(b)　笛の合図とともに，ボールを持った者はネットを越えて相手方のコートにボールを投げこむ。

　(c)　自分のコートに投げこまれたボールは，ボールが地面に触れる以前に捕えて，相手方コートへ投げ返えす。この場合ボールは味方にパスをしたり，ボールを持って1歩以上歩いてはいけない。またボールを3秒以上保持していてはいけない。

　(d)　相手がボールを受取ることに失敗したら1点を得る。

　(e)　更に次の場合には，反対側の得点となる。

　①　ボールがネットに触れる。

　②　ボールがネットの下を通った場合。

　③　ボールを味方にパスをしたり，歩いたり，2人が連続してボールに触れた場合。

　④　ボールを相手方のコート外に投げた場合。但しこの場合，相手方の者がボールが地面に落ちる以前に触れたらミスとはならない。このボールを受取ることに失敗したら勿論相手方のミスとなる。

　⑤　このようにして一定の時間ゲームを続けた後，得点の多い方が勝つ。

D　指導上の注意

　(a)　ネットの高さやコートの大きさは人数，技俩に応じて適当にする。

　(b)　ボールの数は減らしてもよい。

　(c)　必要に応じ，コートを交代する。

　(d)　審判には見学者等を当ててもよいが，適宜交代して実施するようにする。審判はコートのハーフを受持ってそのミスと相手方の得点を数える。

格　力　型

(1)　押し合い（一）

A　性　　格

　2人ずつ組となり，一方は押し，他方は押されまいと力を競そう。

B　準　　備

　2人ずつ組となり，ジャンケンで最初に押す方をきめる。

Ⅳ 教　材　例　　　　　　　　　443

C　方　　　　法（図22）
　（a）　押す方になった者は，笛の合図とともに相手の後に回って，腰のあたりを押そうとすると，相手は両足を前に出してつっ張り，押されまいとする。
　（b）　20～30秒実施したら，役割りを交代して行う。
D　指導上の注意
　極めて簡単な遊びであるから，二，三度同じ組で実施したら相手を変える。

図　22

（2）　押　し　あ　い　（二）
A　性　　　　格
　㈠の方法を紅白組の対抗で実施する。
B　準　　　　備
　（a）　5mの距離をおいて長い平行線2本を描き，スタート・ラインとゴール・ラインとする。
　（b）　参加者をスタート・ラインの後方に，1m間隔の2列横隊に並べる。
　（c）　前後に重なった2人は組となり，後列は前列の者を後から用意をする。
C　方　　　　法（図23）
　（a）　笛の合図とともに，後列の者は前列の者を押してゴールラインに到着しようとすると，前列の者は押されまいとして頑張る。
　（b）　前列の者をゴール　ラインまで押し出した者は，他の者を援助して押す。
　（c）　このようにして前列が全部押されてゴール・ラインに到着するまでの時間を計時する。

図　23

　（d）　次に前・後列の役割りを交代して行ない，同じように全員終るまでの時間を計り，短い時間内に終った組が勝ちとなる。

D 指導上の注意

（a） 相手は押すだけで，引っ張ってはいけない。2人で押す場合は問題はないが，3人以上で押す場合は，味方の背を後方から押して援助する。

（b） 押す場合に衣類を持たないようにする。

（c） 押すのも，抵抗するのもゴール・ラインに直角の方向にする。

（d） 押される者は腰をおろしてはいけない。

（3） 毒　　　蛇

A 特　色

両手をつないで円形をつくり，互いに引き合って誰かを中央の小円の中にふみこませる。

B 準　備

（a） 全体を10人ぐらいの組に分ける。

（b） 各組毎に直径 1.5m ぐらいの円を描く。

（c） 各組ごとにこの小円を囲んで，両手をつないで円を作る。

C 方　法（図24）

（a） 開始とともに互に引っ張ったり，弛めたりして，他の者をこの小円の中に踏みこませようとする。

図　24

（d） 誰かがこの円に触れるか，円内にふみこんだら，その者は除外される。

（c） このようにして，次々と除外し，最後に残った人が勝ちである。

（d） 遊戯の途中で手を放した者は，2人共除外される。

D 指導上の注意

（a） 中央の小円の代りに高さ1mぐらいの棒などを真中に立ててもよい。この場合は，この棒に触れるか，倒したものを除外する。

（b） 小円に踏みこんだり，棒に触れた者を除外しないでその回数を数え，最も回数の少ないものを勝ちとする方法もよい。

（4） 障 害 突 破

A　特　　　色

互いに相手の囲みから早く脱出して外に出る競争である。

B　準　　　備（図25）

（a）　参加者を10～25名の2組に分ける。

（b）　各組は先頭の1名を残して，両手をつないでそれぞれ円を作る。

（c）　残った1名は相手の円の中に入る。

図　25

C　方　　　法

（a）　笛の合図とともに，円内の者は相手の囲みを突破して外に出る。この場合囲みを作っている者は，つないだ腕を上下して妨害してよいが，その他の方法を用いてはいけない。囲みを押し破ったり，腕の下をくぐったり，飛び越したりしてもよいが，脱出のために乱暴なことをしてはいけない。

（b）　早く囲みを脱出した組は1点を得る。

（c）　このようにして順次に1名ずつ相手方の円内に入り，最後に得点の多い組が勝ちである。

D　指導上の注意

（a）　囲みの円は移動してもよいが，円の大きさを縮小してはいけない。円は常に全員が両腕を大体伸ばした状態でなければならない。円を縮めた組は早く脱出しても得点とはならないことにする。

（b）　両方の代表とも脱出に時間がかかったら，引き分けとする。

（c）　人数の多い時は，円内の者を2名としてもよい。

（5） 人間綱引き

A　性　　　格

網の代りに長く連なって互いに引き合う。

図　26

B　準　　　備

（a）　全体を10人ずつの組に分ける。

（b）　各組は2つずつ1列縦隊になって，向い合う。各組の先頭の者の中間に線を描く。

（c）　各組の先頭の者は図26のように組みあい，その後の者は互いに前の者の腰の骨に両腕を回わして，確実に保持する。

C　方　　　法

（a）　笛の合図とともに，両組は互いに引張り合い，相手の組を線内に引きこんだら勝ちである。

（b）　この場合，先頭の者が切れて離れたらやりなおす。先頭以外の者が切れた場合は，そのままつづけてやってよい。

D　指導上の注意

（a）　腰の骨より上の腹部を保持することは危険であるから，持たせないようにする。

（b）　切れた場合には尻もちをつくからよく注意する。

小グループ型

内容はいろいろであるが，小グループで行うものを集めた。

（1）　ねことねずみ（人垣鬼）

A　性　　　格

型としては鬼遊びであるが，小数で実施できるのでここに入れた。

B　準　　　備

（a）　参加者を5人ずつの組に分ける。

（b）　各組は，ねことねずみになる者を選び，図27のように残りの3人は両

手つないで円を作り，ねずみは円中に，
ねこは外に位置する。
C　方　　　法
　（a）　開始とともに，ねこはねずみに
ふれようとする。
　（b）　これに対し，ねずみは反対側へ
逃げたり，体をかわしたりして円内を逃
げまわり，手をつないだ者はねこが円内

図　27

に入ったり，手を伸ばしてねずみをつかまえようとするのを，腕を上下にした
り円の形を変えたりして妨害する。
　（c）　ねこは円内に侵入してよいが，ねずみは円外に出てはいけない。
　（d）　ねこがねずみのからだに触れることに成功したら，その時ねずみをつ
かまえさせた責任のある者（ねこを侵入させたり，つかまえさせた時，両側に
いた者）はジャンケンをして敗けた者はねことなる。ねこであった者はねずみ
となり，ねずみであった者は外に出て手をつなぐ。
　（e）　このように交代しながら実施する。
D　指導上の注意
　（a）　手をつないだ者は，手を放してはいけない。手を放した場合は，ねず
みがつかまったものとみなし，手を放した2人でジャンケンをして，まけた者
がねことなる。
　（b）　ねこも，これを妨害するものも乱暴な動作をしない。

　（2）　**場所変えボール当て**
A　性　　　格
　位置を交換する2人の何れかにボールを投げつけて当てる。
B　準　　　備
　（a）　参加者を10人ぐらいの組に分け，各組ごとに番号をつける。
　（b）　各組は1名の鬼を選び，他の者は直径10mぐらいの円を描き，その円
周上に位置して，それぞれの位置に小円を描く（図28）。

図　28

　（c）　各組ごとにバレーボール1個を与え，鬼はこのボールを持って円の中央に立つ。

C　方　　法

　（a）　鬼は中央に立って，大きい声で誰か2人の番号を大きい声で呼ぶと同時に，手に持ったボールを円周上の誰かにパスをする。

　（b）　番号を呼ばれると同時に，呼ばれた者は片手を挙げて合図した後，走って位置を交換する。鬼からボールを貰った者は直ちにボールを鬼に投げ返えす。

　（c）　鬼はボールが手元に戻るのを待って，位置を交換するために走っている2人の何れかにボールを投げつけて当てる。

　（d）　ボールが当ったら，鬼はその者と交代する。

D　指導上の注意

　（a）　番号は最初につけた通りで，位置を変えても変わらない。

　（b）　番号を呼ばれた者は，直ちに片手を挙げて合図をしなければならない。また，位置を交換する場合には，必ず円周内を通らなければならない。

　（c）　鬼がボールをパスする相手が番号を呼んだ者である場合でも同じように鬼にボールを返えしてから位置を交換する。

図　29

（4）　こわい細道

A　性　　格

　尻をたたかれるのをできるだけ避ようと努力をする者と，できるだけ尻を打とうとする者との競争である。

B　準　　　備
（a）　全体を10〜20人ぐらいのグループに分ける。
（b）　組ごとに図29のような遊戯場を作る。
（c）　各組ごとに1名を走者としスタート・ラインにつかせ，他の者は平行線を挟んで双方に分かれて立つ。

C　方　　　法
（a）　走者は列員の者に何かの姿勢（例えば，腕立て伏せの姿勢，倒立の準備姿勢，仰向けに寝る等）をとらせる。
（b）　列員は平行線の外側（体の一部は平行線の一つに触れてよい）に示された姿勢をとる。
（c）　走者は列員が示した姿勢をとったのを見て，「行くぞ」と合図すると同時に，スタートし，平行線の間を通過してゴール・ラインに向って走る。
（d）　列員は走者の合図とともに，とっていた姿勢をくずして立ちあがり，平手で走者の尻を打つ。
（e）　最初の走者が終ったら，スタート・ラインに近い者から1名ずつ走者になって同じように遊戯につづける。

D　指導上の注意
（a）　芝生や体育館でない時は，列員のとる姿勢に制限を設けて，衣類をよごさないようにする。
（b）　尻以外の部分を打たないようにする。

教材例4　休養的な遊び

運動量が比較的少ないので，激動後などに休養を兼ねて行うのによい。

（1）　めくら剣道

A　性　　　格
目かくしをして，互いに相手を打ちあう。

B　準　　　備
（a）　直径5mぐらいの円を描き，手拭の一端をこぶに結んだもの2本を用

450　　　　　遊　　戯

図 30

意する。
　（b）　全体を2組に分け，各組ごとに番号をつける。
C　方　　　法（図30）
　（a）　各組の先頭から1名ずつ手拭で目かくしをして円内に入れ，こぶを作った手拭を持たせる。
　（b）　2人はジャンケンをして最初に攻撃する者と防禦する者をきめる。
　（c）　開始の合図とともに，防禦する者は大きい声で「ヤーッ」とかけ声をかけて自己の位置を知らせた後，場所を移動する。
　（d）　攻撃者は相手の位置を見当をつけて，手拭で相手を打ちながら「ヤーッ」とかけ声をかける。
　（e）　次には，攻撃側を交代し，防禦者であった者は，相手のかけ声で位置をたしかめ，かけ声とともに手拭で相手を打つ。
　（f）　このようにして互いに相手を攻撃し，手拭が相手の体の一部に当ったら勝ちである。
　（g）　勝った者は残り，敗けた方の組から次の選手が出て試合をつづけ，相手方を全部負かした組が勝ちとなる。
D　指導上の注意
　（a）　遊戯場の周囲には若干の者を配置して，遊戯者が円外に出た場合に中に入れてやる。
　（b）　手拭はあまり固く結ばない。
　（c）　審判は常に場内において2人の選手の衝突をさけるようにする。
　（d）　相手のかけ声があっても直に打たなくてもよいが，余り時間をかけないようにしたほうがよい。

（2）　熊　打　ち
A　性　　　格
　チャンスをみつけ，熊の飼主につかまらないように熊の尻を打つ。

Ⅳ 教材例

B 準　　備
　(a)　全体を10人前後の組に分ける。
　(b)　各組ごとに直径2.5mぐらいの円を描く。
　(c)　各組ごとに熊と飼主を選び，2人は円の中に入り，図31のように熊は上体を前に倒した姿勢をとり，飼主は片手で熊の腰のバンド附近を保持する。他の者は円を囲んで集る。

図 31

C 方　　法
　(a)　開始とともに，円外の者は円内に入り，熊の尻を平手で打つ。
　(b)　飼主は円内に踏み込んだ者に手を触れる。この場合飼主は左右何れかの手でバンド附近を保持していなければならない。
　(c)　円内で熊の飼主につかまった者は熊となり，熊であった者は飼主となり，飼主であった者は円外に出る。

D 指導上の注意
　(a)　熊の尻以外の場所を打たないようにする。
　(b)　熊は打ちに来た者をさけてよいが，打ち手を妨害してはいけない。
　(c)　飼主は熊を持つ手を変えてよいが，常に何れか一方の手で保持していなければならない。

(3) 名ざしボール

A 性　　格
　名前を呼ばれた者はとび出してボールが地面に落ちるまでに捕える。

B 準　　備
　(a)　全体を10名前後のグループに分ける。
　(b)　各グループごとにボール1個を用意し，直径3mぐらいの円を描く。
　(c)　全員円周上に集まり，1名がボールを持つ。

C 方　　法 (図32)

図 32

（a） 開始とともにボールを持った者はボールを頭より高く，しかも円内に落ちるように投げあげると同時に，誰かの名を呼ぶ。

（b） 名前を呼ばれた者は，とび出してボールが地面に落ちるまでに捕える。

（c） ボールを捕えると同時に，円内から最初と同じようにボールを投げ上げると同時に誰かの名を呼んで円周上に出る。

（d） ボールを暴投して，ボールが円外に落ちるが，頭より低い場合，ボールを受取る者が失敗した時は遊戯から除外される。

（e） このようにして遊戯をつづけ，最後に残った2人が勝つ。

D　指導上の注意

（a） 円周上にいる者は何所に位置してもよい。

（b） 円周外にとび出しそうなボールでも受取ってよい。但し受取れなかった場合は除外される。

（4）　ドリブル・ボールはじき

A　性　　　格

まりつきのようにボールをつきながら，機会をみつけて，相手のボールをはじきとばす。

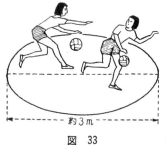

図 33

B　準　　　備

（a） 全体を20人前後のグループにわける。

（b） 各グループごとにボール（バスケットまたはバレーボール用など）2個を用意し，直径3m程の円を描く。

（c） 各グループごとに2組に分ける。

C　方　　　法（図33）

（a） 各組の先頭の1名はボールを持って円内に入り，合図とともに片手で

ドリブルを始める。
　（b）　互いに機会をみて，相手に近づき，手で相手のボールをはじき円外にとばす。ボールを円外にとばされた者は，次の者と交代し，勝ったものは，そのまま残って相手の組の交代したものと遊戯を続ける。
　（c）　このようにして，相手の組の全員を敗かした組が勝つ。
D　指導上の注意
　（a）　ボールをはじいてもよいが，相手のからだを引張ったり，突きとばしてはいけない。
　（b）　ボールをはじかれても円内にある限りは，そのままつづけてボールをついてよい。
　（c）　ボールの数を増し，各組から2名ずつでて4名で実施してもおもしろい。

教材例5　野外遊戯

野外で行うのにふさわしいもので，キャンプ，ハイキング等で利用できる。
（1）　子ふやしかくれんぼ
A　性　　　格
　普通のかくれんぼと反対に，最初はかくれ手は1人で，残りが全部さがし手となる。そしてかくれ手がだんだん増して，さがし手が減っていく。
B　準　　　備
　（a）　全体を10名ぐらいグループに分けて行う。
　（b）　グループごとに遊戯場の範囲をきめる。
　（c）　各グループ

図　34

は1名ずつ最初にかくれ手となる者をきめる。残りの者はさがし手となる。

C　方　　　法（図34）
　（a）さがし手全員が一定の方向を向き，その中の1名が大きい声で百まで数える間に，かくれ手は何所かにかくれる。
　（b）さがし手は百数え終ると分散して，それぞれかくれ手を探しに出かける。
　（c）さがし手の者が，かくれ手を探した場合は，一般のかくれんぼのように，名前を呼んだり，声を出さないで，他の探し手に知られないように，自分もこっそり同じ場所にかくれる。
　（d）このようにして，さがし手はかくれ手を発見する度に減って，最後の者が見つけるまで続ける。
　（e）全員が発見し終ったら，最初に発見した者が次の最初のかくれ手となる。

D　指導上の注意
　（a）遊戯場に危険な場所がないかどうか予め調べておく。
　（b）かなりの人数が隠れるだけの場所が多い所を選ばなければならない。
　（c）かくれ手は遊戯場の範囲内で移動してもよい。
　（d）さがし手は発見しても他の者に知られないようにいろいろ工夫する。
　（e）遊戯場の範囲，遊戯をやめて集合する合図等をよく知らせておく。

（2）鹿　が　り
A　性　　　格
　自然の地形や地物を利用して，発見されないで近づこうとする者と，できるだけ早く発見しようとする者の競争。

B　準　　　備
　（a）全体を10～20人のグループに分けて実施する。グループごとにリーダーをきめる。
　（b）グループごとに遊戯場の範囲をきめ，全員によく知らせておく。
　（c）グループごとに鹿になる者をきめ，鹿はやや小高い見晴らしのきく所で，しかもその附近は土地の高低や草木・岩石などが多い所を選ぶ。

（d）　残りの者は狩人となり，最初は鹿から離れた所に位置をする。
C　方　　　　法（図35）

　（a）　鹿はきめられた場所に立って四周をよく監視をする。この場合鹿は場所を移動してはならない。
　（b）　狩人になった者は，開始ととに，狩人にみつからないように，コースを選んで，次第に鹿に近づく。
　（c）　鹿は誰かを発見した場合には，大きい声でその名を呼ぶと，名を呼ばれた者は立ち上がって遊戯の妨害をしない場所を歩いて鹿の方に進む。
　（d）　狩人は地形を利用したり，物にかくれて進むか，鹿が横を向いている間に走って，だんだんと近づく。
　（e）　狩人が鹿に充分接近したと思われる頃，指導者は笛の合図をすると，狩人はその場に立つ。この時鹿に最も接近していた者が次の鹿となる。
D　指導上の注意
　（a）　遊戯場内に危険な場所や物がないか，予め調べておく。
　（b）　狩人は木の枝や葉で顔をかくしたり，発見されて見学している者の後にかくれたり，まぎれこんだりしてはならない。

　（3）　宝　さ　が　し
A　性　　　　格
　一定範囲内で，一定の時間に最も珍らしい物を発見する。

B　準　　備

一定の範囲の遊戯場をきめ，全員によく知らせる。

C　方　　法

（a）合図とともに全員は遊戯場内を分散して歩き回わり，珍らしい物（動植物の標本など）を探がす。

（b）5分間過ぎたら再び合図をなし，全員を集め，探し出した物を一定の箇所に集める。

（c）全員でどれが一番珍らしいかを皆に選ばせて順位をつける。

D　指導上の注意

石や朽木の下などには不用意に手を突込むと毒蛇などがいて危険であるから予め注意をしておく。

（4）追　　跡

A　性　　格

先行した人の足跡を辿って追跡して，その人を発見する。

B　準　　備

（a）予め遊戯場について調査し，危険な場所や危険物が無いか調べるとともに，追跡のコースを作っておき，誰かをコースの最後の点に置いておく。

コースには次のようなマークをつけておく。

① 花・木の葉・木の実等を点点と落しておく。

② 足跡をつける。

③ 地表に石や杖などで筋をつけておく。

④ 図36のような標識を作っておく。

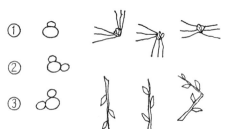

図 36　①まっすぐ進め，②右に曲れ，③左に曲れ。

⑤ 進むべき方角，距離を書いた紙片を樹木等に固定しておく。

（b）指標の意味，方位の判定，距離の測り方等について教えておく。

（c）　かくれている者は声を出したり移動したりしないようにする。
　（d）　遊戯終了時刻，その合図，集合場所等についてよく知らせておく。
　（e）　全体を5名ずつのグループに分け，各グループにリーダーになる者をきめさせる。
C　方　　　法
　（a）　全グループを出発点に集め，必要な注意事項を徹せしめた後，グループごとに出発する。
　（b）　各グループはリーダーの指揮に従い，足跡やマークを辿って，他のグループより早くかくれた人を探そうと努める。
　（c）　一番早くかくれた人を発見したグループが勝ちである。
D　指導上の注意
　（a）　標識を作るために木の幹に傷をつけたり，大きい枝を折ったりしない。
　（b）　標識があまりに明瞭すぎては興味がないから，簡単に発見できないようにする。但し一部に追跡者が通ると消えてしまうようなものでは困る。
　（c）　各グループは根跡やマークを発見しても他のグループに気づかれないように追跡する。また，これらの根跡やマークを消したり，除いたりしないように注意する。
　（d）　終了後は人員の点検を確実に行なう。

監修・編集・執筆者紹介 (五十音順)

青井水月 (編集)
大正8年生　東京教育大学卒
現　在　東京大学教養学部教官
　　　　日本バスケットボール協会
　　　　規則委員
現住所　東京都北区滝ノ川5の25

梅田利兵衛 (執筆)
大正元年生　東京教育大学卒
現　在　東京教育大学教授
　　　　日本水泳連盟委員
現住所　東京都練馬区下石神井2の
　　　　1209

太田芳郎 (校閲)
明治33年生　東京高等師範学校卒
　　　　　　ロンドン留学
現　在　東京ローンテニスクラブ支
　　　　配人
　　　　芝浦工業大学教授
　　　　東京女子大学講師
　　　　東京都立大学講師
現住所　東京都北多摩郡東村山町久
　　　　米川82

加藤橘夫 (監修)
明治40年生　東京大学卒
現　在　東京大学教養学部教授
　　　　同　大学院人文科学研究科
　　　　併任
　　　　日本体育学会常任理事
現住所　東京都世田谷区代田1の380

栗本義彦 (校閲)
明治30年生　東京高等師範学校卒
現　在　日本体育大学学長
　　　　日本体育学会理事
　　　　日本ソフトボール協会理事
　　　　長
　　　　世界ソフトボール協会副会
　　　　長
現住所　東京都大田区久ケ原629

斎藤定雄 (執筆)
昭和2年生　東京教育大学卒
現　在　順天堂大学助教授
　　　　千葉大学講師
現住所　千葉県市川市菅野町5の240

高橋秀吏 (執筆)
明治30年生　中央大学卒
　　　　　　元中央大学体育科講師
現住所　東京都渋谷区神泉町21

滝沢英夫 (編集)
大正11年生　東京大学卒
現　在　東京大学教養学部教官
現住所　千葉県市川市須和田町2の
　　　　310

西尾貫一 (編集)
大正6年生　東京大学卒
現　在　東京大学教養学部助教授
現住所　東京都墨田区太平町1の13

兵藤昌彦(執筆)
　　大正　年生　慶応義塾大学卒
　　現　在　慶応義塾大学助教授
　　　　　　同　体育会副主事
　　　　　　日本体育協会評議員
　　　　　　日本バドミントン協会理事
　　現住所　鎌倉市岡本32

細見　隆(執筆)
　　昭和8年生　日本体育大学卒
　　現　在　丸善石油株式会社総務部教
　　　　　　育課勤務
　　　　　　丸善石油高等工学院教諭
　　現住所　大阪府箕面市新稲1082

前川峯雄(監修・執筆)
　　明治39年生　東京教育大学卒
　　現　在　東京教育大学教授
　　現住所　千葉県市川市真間町3の885

| 中学校
高等学校 | スポーツ指導叢書 Ⅲ　レクリエーション・スポーツ | ￥ 850. |

　　　　　　　　　昭和33年8月30日　印　刷
　　　　　　　　　昭和33年9月10日　発　行

　　　監　修　　加　藤　橘　夫
　　　　　　　　前　川　峯　雄
　　　　　　東京都千代田区神田神保町1の62
　　　発行者　　木　村　　誠
　　　　　　東京都板橋区栄町23
　　　印刷所　　新興印刷製本株式会社

発行所　株式会社 世 界 書 院　東京都千代田区神田神保町1の62
　　　　　　　　　　　　　　　電話(29)4027・4086, 振替東京42777

乱丁本・落丁本はお取替えいたします。

世界書院の体育指導書

東京大学教授　加藤橘夫　監修
東京教育大学教授　前川峯雄

中学校・高等学校　スポーツ指導叢書

各巻A5判美装上製
写真図版600〜700葉

正課体育時における実技の指導に重点をおき，グループ学習の系統的指導を具体的・総合的に解説した指導書。

第1巻　チーム・スポーツ　定価 800円

総論（前川峯雄），**バレーボール**（池田光政），**バスケットボール**（青井水月・滝沢英夫），**ハンドボール**（高嶋 冽・石井喜八），**サッカー**（竹腰重丸・多和健雄）。

第2巻　個人スポーツ　定価 760円

総論（前川峯雄），**巧技・徒手体操**（浜田靖一），**陸上競技**（久内 武），**水泳**（梅田利兵衛・江橋慎四郎）。

第3巻　レクリエーション・スポーツ　定価 850円

総論（前川峯雄），**テニス**（太田芳郎・斎藤定雄），**卓球**（高橋秀吏），**ソフトボール**（栗本義彦・細見 隆），**バドミントン**（兵藤昌彦），**遊戯**（梅田利兵衛）。

日本体育大学レクリエーション研究会　藤本祐次郎 編

日本民踊とフォーク・ダンス　定価 430円
―――実技とその指導―――

加藤橘夫・前川峯雄　監修

高等学校　体育理論　―方法と資料―　定価 400円

東京都　千代田区　神田神保町1の62　**世界書院**
振替口座東京42777　電話(29)4027・4086

中学校・高等学校 スポーツ指導叢書
Ⅲ レクリエーション・スポーツ解説

日本体育大学大学院体育科学研究科博士前期課程　小　山　凜　雄
日本体育大学教授　石　井　隆　憲

　昭和22（1947）年6月22日、文部省が戦前の教授要目に代わるものとして発行した『学校体育指導要綱』では、学校目標の1つに「レクリエーション的目標」が掲げられ、これは身体の発達のための体育ではなく、生活のための体育、すなわち「生活体育」を志向したものであったとされている[1]。
　その後、昭和24（1949）年9月12日には『学習指導要領 小学校体育編（試案）』が出され、昭和26（1951）年7月25日には小学校編とほぼ同じ内容の『中学校・高等学校 学習指導要領 保健体育科体育編（試案）』が公表された。その後、これら体育編は改定がおこなわれるが、昭和33（1958）年には現在のような大臣告示の形として学習指導要領が発表されることで、国家の保障のもとでの教育の普及と機会均等が担保されるようになった。
　文部省が種目別の学習内容を示したのは、昭和31（1956）年1月10日に発行された『高等学校学習指導要領 保健体育科編』においてである。同要領では、「これは、高等学校の保健体育科の指導を計画し、実施する際の基準を示すもの」であると明記され、はじめて教育課程の基準性を強調した学習指導要領となった。
　ここでは運動の内容について、様々な運動を体育の3つの主要な目標（身体的目標、社会的目標、レクリエーション的目標）との関連を図り、「個人的種目」、「団体的種目」、「レクリエーション的種目」に類別している。具体的な種目は以下a、b、cのように、3つの運動群にまとめられている。

　a　個人的種目
　　徒手体操・巧技・陸上競技・柔道（男）・剣道またはしない競技（男）・

すもう（男）
　b　団体的種目
　　　バレーボール・バスケットボール・ハンドボール・サッカー（男）・ラグビー（男）
　c　レクリエーション的種目
　　　水泳・スキー・スケート・テニス・卓球・バドミントン・ソフトボールまたは軟式野球・ダンス
（注）個人的種目のなかに格技系統の運動種目も含めた。

　昭和31年に発行された『高等学校学習指導要領　保健体育編』には、高等学校の時期に適当と考えられる運動の主要な目標を「運動によって身体的発達の完成を助ける」、「運動によって社会的態度を発達させる」、「運動によって生活を豊かにするようにくふうさせる」[2]という3項目を設定して、これらとの関連の度合いによって、①個人的種目、②団体的種目、③レクリエーション的種目に分類している。本書もこのような趣旨に沿いながら、高等学校の運動分類の方式を踏襲し、そこで示された主な内容が収められていることから、そのタイトルを「レクリエーション・スポーツ編」という表題にしたと説明している。

　高等学校の学習指導要領ではレクリエーション的種目を水泳・スキー・スケート・テニス・卓球・バドミントン・ソフトボールまたは軟式野球・ダンスという9種目を基準としているが、加藤・前川らは必ずしもこうした考えを受けいれてはいない。本書ではレクリエーション的種目を、運動遊戯・個人的スポーツ・団体的スポーツ・対人スポーツ・ダンス・体操・野外スポーツの7種類に概念区分し、その中に個別のスポーツ種目を位置づけるという考え方が取られている。さらにこれ以外にも「レクリエーション活動としてあげることのできるものは数多くあろう」としながらも、「少なくとも、これらの種目のいくつかができるように用意されていることは、近代人にとって必要な生活技術と考えてもよいであろう」として、その必要性を説いている[3]。しかしながら本書において、7種類に区分された中に含まれる、すべての種目について書く余裕はないこと、またそこに含まれる種目の中で、すでにこ

の叢書の「チーム・スポーツ編」、「個人スポーツ編」のうちで取り扱われたものもあるため、主として高等学校学習指導要領に出てくる冬季スポーツ、ダンスを除いたテニス（軟式テニス：現在はソフトテニス）、卓球、バドミントン、ソフトボール及び遊戯の5種目について取り上げている。こうしたレクリエーション的種目の学習を通して「将来の生活において活用されるところの運動種目をどのように学習させるか」、「その学習を通して、レクリエーションに必要な態度をどのように形成するか」、「現実の生活を豊かにするために、どのような工夫をすればよいか」[4]という点について本書で明らかにするとしている。この背景には監修者たちが、従来のレクリエーション指導が適切におこなわれてこなかった、という認識を持っていることによるものである。

次に、本書において取り上げられている種目のテニス（軟式テニス）・卓球・ソフトボール・バドミントンについては、競技の起源と日本でおこなわれるようになった歴史について記されており、指導については、次の様にコース別に分けられバドミントン以外では年間学習指導計画案が例として示されている。

Aコース	初心者－中学校初級程度
Bコース	やや経験ある者－中学校上級または高校初級程度
Cコース	経験者－高校上級程度

本書で取り上げられているテニスは現在のソフトテニスであり、本書が出版された当時は軟式テニスと呼ばれていた。軟式テニスの特徴は「日本特有であると同時に、レクリエーションに適したスポーツである」[5]とされ、テニスをレクリエーションとして評価するとともに、その特徴をさらに発展させるためには学校体育教材として計画的な指導がなされ、テニスを通して運動文化を高めるという方向性を模索している。軟式テニスの特性は「スポーツマンシップを基礎とし、コートマナーを尊重する」、「ボールとラケットを媒介として行なわれるデュアル・スポーツ（Dual Sports）である」、「ルール、運動量共に簡易、軽度で容易にゲームが出来、親しみ易い」[6]としている。

指導目標は、生活化、社会的目標、身体的発達、技能的発達、健康安全との関連・関係を考えるとされ、指導計画では、3コースで3単元を設け、単元を扱う場合には、生徒の発達段階に応じた到達目標を決め、それに基づいて指導の系統を考慮し、単元計画を立案しなければならないとしている。単元計画と方法では展開の仕方が、グリップの握り方や素振りの様子などの写真付きで丁寧に解説されている。また。評価、校内競技およびクラブ活動との関連における留意点についても触れており、指導、用具の項目ではコートのラインの引き方などが詳しく写真付きで解説されている。

　本書によれば卓球は、欧米諸国においてレクリエーション、または軽運動として親しまれているが、体育および競技としての卓球は日本の方が普及しており、その理由として中学校、高等学校の教材として取り入れられるとともに、古くは大学および職場スポーツ競技としての組織や制度を持っているからだと説明している。また卓球は、興味がある、いつでも出来る、誰でも出来る、簡単で安価、運動量を調節出来る、精神修練に適している、永続しておこなうことができる、立派な生活態度を作るのに適している、という特徴があるとしている。卓球の特性としては、全身の運動であるが、脚の運動を特に必要とし、次いで腰・胴体の屈伸・捻転などの運動を必要とするようになり、動作と感の敏捷さ器用さと同時に沈着で、かつ強い闘志が必要だとしている。単元の展開ではAコースはグリップの握り方から始まり、ストローク、ドライブ、シングルスのゲームまでが単元として示されている。B・Cコースになるとドライブ・ロビング・スマッシュ・カッティング・乱打、さらにはダブルスの試合方法と高度なゲームの展開の方法といった難易度の高い技術や戦略までが取り上げられ、詳しく解説されている。またグリップの握り方や有名選手のラケットの持ち方などについても写真を用いて解説している。校内競技とクラブ活動では、校内競技会の開催時期の例や役割分担などについてもふれられている。施設・用具では、競技室の説明、ネット・ラケット・ボールについて詳細に記されている。

　ソフトボールでは、本書が書かれた段階ではソフトボールが生まれて50余年に過ぎず、まだ我が国でおこなわれるようになって30余年あまりの歴史でしかないとしている。野球のようにスケールは大きくないが、これを除

くと、野球の持つ一切のよさを備えており、それ故に今後発展する余地を持ったスポーツであると同時に、危険性が全くなく安全なスポーツであるため普及率が高くあらゆる階級の人から愛され、すべての人から親しまれており、誰でもすぐに入門できることは、ソフトボールの重要な特徴であるとしている。単元の展開では、Ａコースではソフトボールの沿革に始まり、キャッチボール・ピッチング・バッティング・ゲームへと展開されるようになっている。Ｂコースになると攻防法（盗塁・ダブルプレー・バント・バント守備）・攻撃法（トスバッティング・フリーバッティング）などが取り上げられている、Ｃコースでは記録法・審判法などについての解説がなされている。また、このソフトボールの項目では、評価、校内活動、施設・用具の他に主な競技規定の解説が付されている。

　次に、バドミントンについてであるが、この種目はここ数年の間に日本において普及発展したスポーツの１つであると紹介されている。バドミントンの特性としては、身体の頑丈さが重要な要素ではなく、熟練・タイミングと戦略だけで得点することができ、年齢差に関係なく良い競技がおこなえると解説されている。また、本書の説明によれば、スピードと持久力によって、競技をスピーディーかつ活気に満ちたものにできるが、スピードより戦術やコントロールに重点を置くことでも、ペースに変化を与えることができるため、良い競技が可能であるという。また、競技場所については、室内で競技をするには高い天井でほとんど何もない空間が望ましいが、規則などを工夫するなら平地と小空間地があればどこででもおこなえると説明している。指導目標では、正規の授業で習得した技能・競技の仕方などを将来の生活化への一過程と考えられる自由時間の活用と、レクリエーションとして将来の社会生活に取り入れる能力と習慣を身につけさせることであるとしている。Ａコースではラケットやシャトルの持ち方、またサーブ、レシーブ、さらにシングルスやダブルスの方法や得点の数え方などが取り上げられている。Ｂコースでは細かな試合規則から始まり、ストロークや身体の使い方などが取り上げられ、Ｃコースではストロークから入りダブルスのシステムや審判方法を学ぶ授業の解説がされている。また、他の項目と同様にバドミントンについても評価、校内活動、施設・用具の他に用語解説が付されている。

本書の最後は遊戯が取り上げられており、遊戯は「自由で、自発的な活動自体の満足のために行なわれる活動」、「無定型」、「技術に深かさや連続性がない」、「内容の多様性」[7]という4つの特性をあげている。遊戯の指導目標としては、他の教材と同様に、健康や身体的発達、また社会性の発達などが目標となるが、遊戯教材であるが故に、「型やルールに、勝敗や技術にとらわれることなく、自由に楽しく運動しながら、楽しく遊ぶ方法や技術について学び、余暇を有効に利用し他の人達といろいろの活動を通じて、多様な交わりをなし、生活の中に運動や遊びをとり入れていく方法を学び、態度を身につけることが主なる指導目標となるべきであろう」[8]している。本書によると、遊戯は体育教材として極めて優れたものであるにもかかわらず、この価値が軽んじられていたり、指導や取扱いがいい加減になされることは問題であるとしている。

　しかしその一方で、遊戯に興味をもって熱中することは良いが、これが度を過ぎて馬鹿騒ぎに発展しないように注意している。教材については、他の教材とは異なり、単元に分けられずに「教材例」として提示されている。教材例として取り上げられているものは、集団的なもの・準備運動的なもの・一般的なもの・休養的な遊びに大別され、それぞれにいくつかの個別の教材が示されている。例えば、一般的なものに関しては、鬼遊び型・リレー型・ボール遊び型・格力型・小グループ型に分けられそれぞれの遊びについて解説されている。

（こやま　りお、いしい　たかのり）

引用参考文献

1．前川峯雄編集責任『戦後学校体育の研究』不昧堂出版，1973年，p.104.
2．文部省編『高等学校学習指導要領 保健体育科編 昭和31年度改訂版』教育図書，1956年，pp.4-5.
3．加藤橘夫・前川峯雄監修『中学校・高等学校 スポーツ指導叢書 Ⅲ レクリエーション・スポーツ』世界書院，1958年，p.16.
4．同上，p.23.
5．同上，p.42.

6．同上, p.44.
7．同上, pp.407-408.
8．同上, p.408.

中学校・高等学校
スポーツ指導教本
③ トリエーション・スポーツ

2018年8月25日 発行

編 訳　小山進雄・石井 尾筆
場 力　民和文庫理究会
発行者　桃沢 亮二
発行所　株式会社 グレス出版
　　　　東京都中央区日本橋小伝馬町14-5-704
　　　　☎03-3808-1821　FAX03-3808-1822
印刷所　冨士リプロ　株式会社
製本所　東和製本　株式会社

落丁・乱丁本はお取り替えいたします。

ISBN 978-4-86670-035-9 C3337 ¥1500E